An Invitation to Cultural Psychology

文化心理学への招待

記号論的アプローチ

Jaan Valsiner
ヤーン・ヴァルシナー =著

サトウタツヤ
滑田明暢
土元哲平 =監訳
宮下太陽

誠信書房

An Invitation to Cultural Psychology
by Jaan Valsiner

原著は Sage Publishing（ロンドン，カリフォルニア，ニューデリー，シンガポール）より刊行された。
日本語版権は Sage Publishing との契約で，
日本ユニ・エージェンシー（東京）の仲介により誠信書房が取得した。

日本語版への序

　本は旅人です。本は興味がある読者がいるところへと世界中を移動し、他の言語に翻訳されることで新たな存在の形となります。それぞれの書籍の翻訳は、その著者のアイデアがまさに、新しい世界の読者——つまり、異なる言語や、読者の個人的な生活世界の中——に遭遇しつつあるという意味で、その書籍の未熟な著者にとっての冒険なのです。

　本書の邦訳版の出版は、私に深い謙遜と謝意をもたらしてくれます。心理学における文化という、いまだ探究されていない側面をより深く掘り下げるために読者を招待するという私の試みを、日本の仲間たちが共同研究の中で評価してくれたことに、謝意を表したいと思います。最近数十年間にわたり、私たちを知的に用心深くさせ続けた、私のアイデアについての彼らの関心と本質的な問いは、人間のあり方の基本的な問題に対する、日本人の注意深く本質的な探究の美を著者に実感させてくれます。今回の翻訳は、2007 年の『新しい文化心理学の構築：〈心と社会〉の中の文化（*Culture in Minds and Societies: Foundations of Cultural Psychology*）』（Valsiner, 2007/2013）の邦訳の成果に続くものです。ついでながら、『文化と人間発達（*Culture and Human Development*）』（Valsiner, 2000）は、2007 年に中国語に翻訳されています。30 年以上にわたるアジアの仲間たちとの共同研究は、私を深く満足させる学びの経験を与えてくれました。

　本書の歴史は奇妙なものです。本書は、当初は 2000 年に出版された『文化と人間発達』の第 2 版として、大幅な（30 パーセント）増補を伴うものとして企画されていました。それは、私が第 1 版において欠けていたり取り上げられていなかったりした多くの重要なトピックに気づいたためでした。しかしながら、出版社は、またもや非常に高度な専門書を出版することに乗り気ではなく、その代わりに、やや一般向けの入門書のようなジャンルを提案してきました。この種のジャンルは、現代の出版業界に数多く存在する、厳密な理論的な問題の網羅と、幅広い読者に向けられた一般向けの説明の間のどこかに位置すると思われます。私は挑戦することに同意したのですが、幅広い読者のために十分に一般向けのものにすることは、どうしてもできなかったのです。さらに、出版社は、その判型を 2000 年の書籍の判型より 30 パーセント小さくするように要求してきまし

た[1]。そこで私は、本来意図していた書籍よりも小さな判型で、やや一般向けの本を書くことにしたのでした。

その結果、不思議なハイブリッドの書籍ができあがりました。この小さな本は、そのままの形ではそれほどは売れないでしょう。しかし、知的な楽しみを見いだすことができる本書の中のさまざまなアイデアが、世界中の研究者仲間の多くの関心を集めています。結果として、このベストセラーではない本は、最初はイタリア語（Valsiner, 2017a）、その後、私の母語であるエストニア語（Valsiner, 2021）と、異なる言語に翻訳され、関心を持たれるようになりました。そして今回、私の仲間たちによって注意深く作られた日本語訳を手にすることに深く感謝したいと思います。彼らは、困難な課題を成し遂げただけでなく、——私の英語表現の背後に複雑なアイデアが注意深く隠されていることをよく理解してくれています——彼らは私に、日本の視点から詳しく説明する必要がある私の思考の限界について教えてくれたのです。

なぜ21世紀において文化心理学という新しい領域に読者をいざなうのでしょうか？　そして、文化心理学は、具体的にはどのような点で文化的なのでしょうか？　後者の問いに対する答えは、10年ほど前に出版された『文化と心理学のオックスフォード・ハンドブック（*The Oxford Handbook of Culture and Psychology*）』（Valsiner, 2012a）の全1128ページの中のさまざまな場所で見つけることができます。言語、習慣、音楽といった文化的発明を通して人間が存在するために、すべての人間の心理学が必然的に文化的であると認めるという、一見単純な課題に対して、実に多くのページが費やされています。過去2世紀における科学としての心理学が発展してきた歩みは、人間の精神における文化的な複雑性をいわば軽視するものでした（Valsiner, 2012b）。ゆえに、すべての心理学の文化的性質という自明なことが、心理学という科学に徐々に入り込んできています（Valsiner, 2019）。1990年代に新たに始まった文化心理学の領域は拡大していますが、ほとんどの心理学の研究機関においては傍流のままです。

このような新しい領域の参入を難しくしているのは何でしょうか？　今日の文化心理学は、大部分が心理学における発達的思考から派生したものであり、そのこと自体が心理学への道を険しくしてきました。心理学の公理的基盤は存在論的です——すなわち、存在についての静態的な前提と、基本的な心理機能があらかじめ形作られた状態にあることが含意されています。したがって、ある特定のテーマ、例えばパーソナリティを研究するためには、それが存在すると仮定する必要があります。その後、そのさまざまな形を明らかにするための方法を構築するのです。これに対して、文化心理学は、創発（emergence）の公理に基づいて

います。心理的機能は所与のものとして存在するのではなく、人間発達の行路における記号生成の過程を通して構築されるのです。この発達的（創発）かつ記号論的な（記号に基づく）パーソナリティへの見方は、パーソナリティをどのように研究できるのかについてのまったく異なる見方を築き上げるものです。自分の存在に関する固定的な質問から構成される質問紙ではなく、その人を自らのパーソナリティの新たな特徴を発見することへとガイドする微発生的な手順を用いることは、パーソナリティをどのように研究できるかという問いに対する文化心理学的な答えとなります。しかし、心理学の方法論は歴史的に、発生論的な立場ではなく存在論的な立場に基づいています。それゆえ、文化心理学の参入は遅かったのです。

さらに、文化心理学は、人間の魂の複雑で動態的な創造物を扱っています。人を他者と、そして共有された宗教的、観念的な信念体系と結びつける深く個人的、ないし極めて社会的な過程において、このような複雑さはもっともなことです。科学としての心理学は、——よくも悪くも——それらから距離を保ってきました。しかし、21 世紀には、それらを理解することが避けられなくなったのです。

そのため、結局のところ、文化心理学が私たちの生活に与えてくれる可能性を、幅広い読者層に探究するようにいざなうことは、極めて妥当なことです。日本の読者が、本書から刺激を受けること、そして、本書から自らの新たな問いを導くことを願っています。

ウィーンにて

2023 年 5 月

ヤーン・ヴァルシナー

引用文献

Valsiner, J. (2000). *Culture and Human Development*. Sage. ［Chinese translation in 2007, East China Normal University Press.］

Valsiner, J. (2007). *Culture in Minds and Societies*. Sage.

Valsiner, J. (Ed.). (2012a). *The Oxford Handbook of Culture and Psychology*. Oxford University Press ［1128 pp］.

Valsiner, J. (2012b). *A Guided Science: History of Psychology in the Mirror of its Making*. Transaction Publishers.

Valsiner, J. (2007). *Culture in Minds and Societies: Foundations of Cultural Psychology*. SAGE.〔ヴァルシナー, J. サトウ タツヤ(監訳) (2013). 新しい文化心理学の構築：〈心と社会〉の中の文化. 新曜社.〕

Valsiner, J. (2017a). *Mente e cultura: La psicologia come scienza dell'uomo*. Carrocci.

Valsiner, J. (2017b). *From Methodology to Methods in Human Psychology*. SpringerBriefs.

Valsiner, J. (2019). Culture & Psychology: 25 constructive years. *Culture and Psychology, 25*(4), 429–469.

Valsiner, J. (2021). *Teejuht kultuuripsühholoogiasse.* Tallinn University Press

監訳者まえがき

　「記号」を中心概念とし、人間の未来志向的かつ動態的な発達を理解することを目的とする文化心理学。これが本書の主題です。この分野では、文化を「記号の配置」として捉え、個人が記号を介して社会環境と相互に関わりながら生きていく様相、すなわち「個人に属する文化」がどのように構築、更新されていくのかを明らかにしていきます。

　ここで提唱される文化心理学に、違和感を覚える読者がいるかもしれません。それは、比較文化心理学を文化心理学のすべてだと考えているからなのかもしれません。確かに、A という文化と B という文化を比較してその違いを明らかにするのも文化心理学の一側面です。しかし、もし比較がなければ文化が存在しないとすれば、地球文化のようなものは存在しないことになってしまいます。さらに、比較は差異を強調するため、その目指す精神とは逆に、世界に分断の種をまくことにもなりかねません。著者や訳者たちが提唱する文化心理学では、文化に個人が属するのではなく、文化が（記号を通じて）個人に所属すると考えます。この考え方は、記号論的文化心理学とも呼ばれ、ロシアの心理学者ヴィゴーツキーに由来しています。

　類似した立場の著作として、マイケル・コールの『文化心理学：発達・認知・活動への文化－歴史的アプローチ』（新曜社、2002 年）があります。この翻訳書は 20 年以上前に出版されたもので、コミュニティを現場とする人たちが文化－歴史的視座から研究を行うための強力な基盤となりました。本書における文化心理学は、ヴィゴーツキー流の心理学のうち記号を重視する立場に立つものであり、コールの著書とは趣を異にしますが、それでも広義のヴィゴーツキー流心理学の範疇に収まっています。この新たな視点が、記号を媒介にした文化理解をさらに深めることを期待しています。

　文化心理学は、心理学の一分野でありながら、主流（メインストリーム）心理学の存在論的な公理的基盤に挑戦（チャレンジ）します。日本語版のために書き下ろした序で著者自身が述べているように、この分野は心理的機能が静態的に存在するという考えに異を唱えようとしています。そして、第 1 章で詳述されているとおり、文化心理学は心理学を「存在していること」と「実現していること」の間の科学として位置づけるこ

とを目指しています。何かになるプロセスにおいて、何かになるということは、それになる前の状態と、それになった後の状態とは異なる状態です。これは従来の心理学の公理的基盤とは相いれません。なぜなら、何かが創発することと、何かが不変に存在し続けることは両立しないからです。

　著者のヤーン・ヴァルシナー（Jaan Valsiner）は世界的に著名な文化心理学者です。彼はソ連支配下のエストニアに生まれたためロシア語に堪能であり、アメリカにヴィゴーツキーの翻訳・紹介をしたことで知られています。また 1995 年に *Culture and Psychology* 誌を創刊したことはこの分野の知的交流を活発化させました。彼は記号論的動態性（ダイナミクス）の文化心理学（cultural psychology of semiotic dynamics）という新たな学範を切り拓き、現在はデンマーク・オールボー大学教授を務めています。2004 年以降、ヤーンはたびたび来日し、日本質的心理学会や立命館大学総合心理学部（客員教授）を中心に日本の研究者たちと交流を深めてきました。サトウタツヤや安田裕子らとともに TEA（複線径路等至性アプローチ）の開発にも貢献したことでも知られています。

　本書では、記号を媒介とした人間発達を描くために、「記号」の本質や人々と記号との関わりについて探求しています。また、質的研究法 TEA に通じる重要概念も解説しています。これらを通じて、ヤーンの基本的な考え方を理解し、TEA への理解をも深めることができるでしょう。

　翻訳作業は、立命館大学の大学院において筆者の指導のもとで文化心理学、質的研究、TEA に関心を寄せる者たちが担当しました。翻訳に着手するまで数年にわたって研究会形式で本書を読み込み、また、学会などで本書の意義に関するシンポジウムなどを開催する中で、日本語訳を作成してきました。ヤーンと出会って約 20 年、『新しい文化心理学の構築』を出版してから約 10 年、ヤーンの考えやその知的背景についてやっと少しは分かってきたというのが私たちの実感です。少なくとも 2004 年の最初の出会いのときよりは理解が深まっていると信じたいものです。本書によって、文化心理学の面白さに多くの人が気づいてもらえるのであれば望外の喜びです。

　本書の出版にあたっては誠信書房の小林弘昌氏にお世話になりました。氏の編集作業によって、どれだけ内容が向上したかは言い表すことすらできません。記して感謝いたします。

　今回の翻訳にあたっては、可能な限り単語レベルでの日本語化を目指しました。アフォーダンスやエージェンシーなどカタカナ表記が残ったものも多く力不足を実感していますが、結果として新しい訳を提唱したものもいくつかあります。以下では、その訳語にした理由の解説あり単語と、解説なし（英単語と日本

語並記部分）に分けて紹介しておきます。

【解説あり】

- affection, emotion, feeling：いずれも感情に関わるもので、さまざまに訳されてきたが以下のように整理した。まず feel が感じるという動詞であること、そして ing を「づけ」と訳すのがよいことから、feeling を「感情づけ」とした。emotion はモーションに向かわせる何かであるから「情動」とした。affection は影響されたというニュアンスを出すために「情感」とした。
- act, behavior：いずれも行いを表しているが、前者は「行為」、後者は「行動」とした。心理学界隈の方言である（笑）。
- boundary：「境界域」。境界の界も広がりを示しているが、域をつけることで強調した。『新しい文化心理学の構築』に倣った。
- deep experiencing：「深い経験づけ」。experience を動詞として用い ing 形にしているものについては、ing を「づけ」と訳すという日本語翻訳の知恵を活用して、「経験づけ」とした。
- dynamics, dynamic：カタカナ表記も魅力だが、dynamics は「動態性」としてダイナミクスとルビを振り、dynamic は「動態的」とした。
- Gegenstand⁽独⁾：俗に言う壁が立ち現れることであるから「壁象（へきしょう）」としてゲーゲンスタンドとルビを振った。
- guide, guidance：「輔する」「輔助」。なお、文脈に応じて guide を「輔助する」「ガイド（する）」と訳している箇所がある。
- heterotopia：単なる異空間ではなく異質性が併存するという意味を表すために「異空間混在場」とし、ヘテロトピアとルビを振った。
- hyper-generalization：「更一般化（さらいっぱんか）」。hyper は超えるというよりも、もっともっと、というニュアンスだと捉え、「更」を使うことにした。
- liminality：ある時期とある時期の狭間の時期における人のあり方を示すものであり「移境態」とした。
- meaning, meaning-making, meaning-construction：meaning については、ing を「づけ」と訳すことで動態感を出そうとした。ただし、ハイフンでつながれた場合に「意味づけ形成」のようにすると冗長なので、「意味形成」「意味構築」とした。
- microgenetic, macrogenetic：microgenetic は、ドイツからアメリカに亡命したウェルナーが Aktualgenese⁽独⁾を訳したものである。Aktualgenese⁽独⁾は実際に現れるという意味で発生を示しているのだが、micro という程度を表す接頭辞がついたことにより、意味が曲げられてしまった。発生を micro,

mezo, macro という程度の問題で片づけることがよかったとは思えないが、アメリカ心理学の文脈においてドイツ語時代とは異なる理論的広がりをもたらしたのかもしれない。今回は発生という現象に焦点化するため、「視」の字を使わずに microgenetic を「微発生的」とした。これと歩調を合わせ、macrogenetic を「巨発生的」とした。なじまないと違和感があるかもしれないが、mezogenetic は中間発生的になっていたことを考えれば、「視」の字にこだわる理由はさらに薄くなるのではないだろうか。

- natural selection：現在は自然淘汰ではなく自然選択と訳されることが多いため「自然選択」とした。
- pleromatic, schematic：『新しい文化心理学の構築』では前者を繁体的、後者を簡体的と訳していたが、「豊穣的」「枠組的」と訳し直した。
- rapture：「破裂」と訳し、ラプチャーとルビを振った。
- symbolic remove：「象徴的再移創」とした。第8章の訳注〔2〕を参照。
- systemic：「包括体系的」。システミックとシステマティックを混同したら大変である。『新しい文化心理学の構築』に倣った。
- uncertainty：「未定性」。不確定という訳もありうるが、時間の概念を含ませるために、未定性とした。『新しい文化心理学の構築』に倣った。

【解説なし】

- constructive：構築的
- discipline：学範（一部、しつけ）
- duality：二重性
- emergence：創発
- heterogeneity, heterogeneous：異種混交性、異種混交的
- mind：心
- moral imperative：道徳的要請
- psyche：精神
- psychological function：心理的機能
- self-reflexivity：自己省察
- semiosis：記号過程
- SWIB（sign with infinite borders）：境界なき記号
- SWIBs：境界なき記号団

2024 年 8 月

監訳者を代表して　　サトウ　タツヤ

序　文

　本書は、心理学の新しい方向性である文化心理学への転向を誰かに勧めるためのものではありません。現代の多くの社会科学者が、自分たちの視点が関心のある人々に受け入れられるよう説得するために一般書を書こうとするのに対して、私は常に抵抗感を持ち、皮肉を込めた視線で見てきました。そういった試みとは異なり、本書は**文化**という一般的なラベルのもとに含まれる現象を見る新しい方法を開発するための道具です。読者はすぐに気づくことでしょうが、文化はおよそ 200 通り以上の方法をもってしても定義することはできません。では、心理学と文化という 儚い概念の境界線上に、なぜ新しい学問を作るのでしょうか？

　その理由はいくつも挙げることができます。グローバル化によって、互いに理解し合えそうで、すぐにそうでないと気づく人々が出会うようになりました。新たに近づくことで新たな誤解が生まれ、時には、新たな紛争が発生することもあります。文化は、このような新しい展開を説明するための簡単なラベルとなるのです。隣人が私の前を通り過ぎて挨拶をしなかった際、彼女は私に「邪視（evil eye）」を向けられるのを恐れているのだと決めつけるのではなく、「隣人に挨拶することが受け入れられないのは、**彼女の文化のせいだ**」と自分に言い聞かせられれば気が楽になります。

　文化心理学は、過去 20 年の間にますます広く受け入れられるようになりました。現代の文化心理学にはいくつかの傾向があります。これらは他の場所で紹介されていますので、ここでは概観しません（Valsiner, 2012b や *Culture & Psychology* 誌を参照）。本書で私は、その新しい方向性の 1 つである「記号論的動態性の文化心理学（cultural psychology of semiotic dynamics）」の関心領域を概説しようとしています。本書は、2007 年に出版された *Culture in Minds and Societies*（Sage; 邦訳『新しい文化心理学の構築：〈心と社会〉の中の文化』2013 年刊、新曜社）の続編にあたるものです。本書には新しい特徴があります。それは、主に抽象的な理論的アイデアを詳しく説明するために、視覚的・文学的な、しばしば比喩的なメッセージをより多く使用しているということです。無数の例の背後には、理論的な概念の構造があり、議論が進むにつれて、徐々にその形が見えてくるのです。

この本を書くにあたっては、多くの友人や同僚が惜しみなく協力してくれました。ケネス・R・キャベル氏には、各章について本質的なアドバイスをもらいました。ピナ・マリスコ氏とラッファエーレ・デルーカ・ピチオーネ氏は、イタリアの出版社を見つけ、私が必死になって原稿を書いている間に、原稿の一部の翻訳を引き受けてくれました。また、サルバドール、バイーア、ブラジリア[1]の学生グループが熱心に関心を示してくれ、セミナーの中で章の草稿の一部が議論されたことで、執筆を続けるモチベーションを保つことができました。深く感謝しています。

　本書は、著者の学問的人生の転換点を示すものでもあります。北米に32年間住んでいた私は、新しい世界が与えてくれたすべてのポジティブな学びを胸に、ヨーロッパに戻ろうとしているところです。その中には、最初はノースカロライナ州の同僚たち（ロバート・ケアンズ氏とギルバート・ゴットリーブ氏）と、そしてこの17年間はマサチューセッツ州のクラーク大学で、同僚たちと創造的な議論を重ねてきた年月が含まれています。クラーク大学の同僚の中ではニック・トンプソン氏、マイケル・バンバーグ氏、そして知的好奇心が衰えることのないロジャー・ビバーチ氏には特に感謝しています。彼らのおかげで私は「クラーク時代」に成長することができましたが、残念なことに、歴史的に主要な学術機関が徐々に衰退していくのを目の当たりにすることにもなりました。クラーク大学は昔も今も、学部生から名誉教授まで、あらゆるレベルの研究者が生産的に交わることのできる、素晴らしい高等教育機関です。私の教え子たちは、学部生、大学院生を問わず、私に多くのことを教えてくれましたし、学問の世界でそれぞれの道を見つけていきました。彼らの多くの仕事は、本書に関連しています。クラーク大学では私や学生と一緒に仕事をするために、海外からの訪問者が絶え間なく訪れ、「キッチンセミナー[2]」という独特の知的雰囲気を作り出しました。良質のコーヒーと参加者の相互尊重が、本書で紹介するものを含むさまざまな新しいアイデアを生み出しました。このセミナーでの私の役割は、コーヒーを注いで話を聞くことでした。聞くことは、考える時間を与えてくれるという利点があります。後になってのみ——例えば本書や他の本の中で——セミナー時の私の沈黙は破られることになるのですが、願わくは、少しでも中身のある結果を出したいと思います。私は、アメリカ大陸でのあり方を特徴づけることで知られる、私が身につけた落ち着きのない熱心さをヨーロッパに持ち帰り、今の大学を団結させたいと思っています。私たちが新たに設立するニールス・ボーア・プロフェッサーシップ・センター[3]は、文化心理学の国際的な知名度を高めるための新たな地平を切り開くことを約束します。この成功の裏には、オールボー大学の同僚で

あるブレイディ・ワゴナー氏とクリスティアン・ヤンツェン氏の静かでかつ粘り強い努力があり、決定的な瞬間におけるこの方々の行為がすべてを可能にしたのです。

　この新しいセンターが、私がこれまでに出会った多くの文化的−歴史的な立場をとる研究者たちにとって、またデンマークで出会い親しくなる人々にとって、触媒的な役割を果たすことを願っています。スカンディナビアと中央ヨーロッパの境界地帯に位置するデンマークは、ゼーレン・キルケゴール以来、強い自治意識と高い教育水準を維持しています。私の記号論的な視点は、デンマークで大いに発達した文化的現象学的な視点によくフィットするはずです。本書が、将来、本書の枠を超えたアイデアの成長のための実りある基盤となることを願っています。本書が著者のもとを離れ、世界のどこでも読める領域に入ったとしても、私たちが人間であるということの極めて一般的な側面を理解するための努力に変わりはありません。

ノースカロライナ州チャペルヒル、マサチューセッツ州ウースター、デンマークのオールボーにて
2013 年 8 月

　　　　　　　　　　　　　　　　　ヤーン・ヴァルシナー

目　次

はじめに

なぜ文化心理学なのか？

人間性を意味づける

　本書は、私たち人間がどのようにして自分自身と世界を作っているかに関するものである。私たちは、強迫的な意味形成者として存在することを通してそうしている。私たちが人生で出会うものはすべて、単に**反応したり行為したり**ではなく、**意味づけ**が必要である。より正確に言えば、私たちは自分たちが生きている世界に**反応し、行為する**ことで、世界を**自分にとって意味のあるもの**として構築する。そして、その意味のある生き方こそが、私たちの中心なのだ。

　さらに、私たちの努力が可能なのは、この意味構築（meaning construction）の習慣自体が、私たちが他者や自分自身を振り返ることのできる種（ホモ・サピエンス）であることの大きな特徴として現れているからである。このような自己省察性は、人類発生の長い過程において、他の種との関係から生まれ、いったん定着すると、新たに自己省察性を持った動物は自分の生活世界で行動する方法を完全に変えてしまった。ホモ・サピエンスは自分の身体や洞窟を飾り始め、身の回りにある物を使って仲間に働きかけ、物理的環境を変え始めた。制服を着た役人をやたらに信用し、自分がそのような制服を着れば誇らしく感じ、少なくともロレックスの腕時計で現在の時刻を確認するようになる。

　私たちは種として、未来に向かって目的意識を持って行為する方法を見つけた。例えば、人間は死者を埋葬する唯一の種であり、死者の魂がどのような場所に到着しても役立つと思われるさまざまな物を一緒に埋葬する。何十万年もの時を経て、人類は世界に対する理解を、洞窟や教会の壁などの特別な場所や、あるいはそれほど特別ではない場所、自分たちが住む村や町と呼ばれる奇妙な集合体にある建物の壁などに、さまざまな印をつけて符号化するようになった。他者とのやりとりや地方支配者への税金を記録したり、信仰のよし悪しについて他者を説得するメモを書いたりするために、人は文字を書き始めた。最終的には、自分たちの生活や知恵、お互いを支配するルールについての考察を記録するようになる。書記、法律家、ジャーナリストは、多くの人が目指す職業となった。

　そのような書き物は、新聞や雑誌、政治的指導者の著作集などの形で一時的に

関連する柔軟な物質、つまり紙に現れる。それらは保存されることもあれば破棄されることもある。紙は腐敗するし、時に公の見世物として燃やされることもある。「危険な」書物の焼却は、人類の歴史の中で繰り返されてきた。紙に書かれたものは、時には何世紀にもわたって大切にされ、維持されることもある。紙の記録は粘土板の記録に比べて保存性は高くないが、コンピュータのファイルに比べればはるかに保存性は高い。最後になるが重要なこととして、人間が意味形成に夢中になることで、人間の感じ方や考え方、そしてそのような内省の歴史全体の利用について説明することが可能になる。本書のような文化心理学の本は、それ自体が私たちが意味形成を探究するという例なのである。

文化心理学とはつまり？

　文化心理学は、それぞれの身体とともに未来を志向する人間が、文化的に提示するものとしての人間の身体に関わるものである。他のどんな種も、自分の髪や肌の色を変える方法、あるいはこれらの色の違いを作り出す方法、身体を覆う方法を、絶えざる行為の対象として発明したことはない。こうした身体——および人——の文化的作り込みは、現れ、収まり、消えていく。そして、類似の新しい方法に取って代わられることになる。

　他の動物とは対照的に、人間は自分たちの身体に対して特別な扱い方をしている。出産によって他の身体から創発するとき、その身体は、その創造者——創発した心に付与された他の人間の身体——によって意味深く形成された世界へと入っていく。つまり、そうした心は、新しい身体の意味形成を意味深いものとする。生まれてくるのは単なる「子孫」の身体ではなく、「私の娘」「私の息子」といった**子ども**の身体なのである。生まれてきた子どもの身体は、すぐに意味づけられた存在、意味を生み出す存在として扱われることで、人間へと変化していく。「邪視（evil eye）」を防ぐためのお守りや、親の愛情や財産を誇示するための装飾が施され、寝る、食べる、排泄する、人と付き合うといった人間としての訓練を受ける。身体は状況に応じて、さまざまな衣服で覆われたり、隠されたりする。

　衣服は重ねて着ることができ、「美しい」（あるいは「醜い」：第10章も参照）とされる模様で装飾され、男子／男性、女子／女性に適したものとして検閲され、異なる機能を持った身体の部位の異なる部分を覆う。ペニスシース（鞘）やハイヒールは、ズボンやスカート、サンダルとは機能が異なる。帽子（hat）や野球帽（cap）も同様だ。ズボンを履くことは、公共の場で衣服を一切着ないこ

とと同様に、公共の場のモラルに反する場合がある[1]。人間は意味形成を頭の中だけでなく、身体を包むものにまで広げた。そして、身体を包むものから、生きるために意味のある環境を構築するものへと広げた。森の中に小道を作り、村に家を建て、街という新しいセメントのジャングルを作る。小屋やアパートに住む普通の人々を、雲の向こうの「あそこ（up there）」にあるとされる天空の力へと輔するために、ミナレット[1]や教会の塔を建てる。他の場所で他の人を探そうとする好奇心から、船や宇宙ステーションを作る。しかし、その中心にあるのは生きている人間の身体であり、自分の世界を積極的に探究し、不可能に挑戦し、——地平線を越えて——人間の経験に特有の限界を次々に動かしていく。

たとえ存在しなくなっても、身体は意味づけ（meanings）に包まれている。人間は、もうすぐ朽ち果てようとしている身体を、生きている人が知らない場所に送り出すために、葬儀という儀式を発明した。そのような場の発明は、生きている者にとって重要であり、意味深い身体をより多く作ることに関わっている。意味深い身体を作る際には、自分たちを作った人々に従うが、常に少しずつ新しく、とはいえ過去と連続したものを作ることになる。革新を生み出すことは、人間の生き方の主要な伝統である。

というわけで、始まりにも終わりにも身体があった（そして今もある）のである。言葉は身体を通して現れ、身体を劇的に再編成する。再編成の過程こそ文化心理学が人間の存在様式の**科学**として研究するものである。文化心理学は科学であり、個々の事例の独自性に必然的に基づいた一般化された知識を目指している。文化心理学は、ネズミやゾウやクモの生き方ではなく、**人間の生き方**に焦点を当てている。文化心理学は心理学という科学の根底にあるもので、19世紀に人間の言語や世界各地の生活様式の違いについて考えた思索の結果である。

しかし、その現代版は非常に新しいものである。本書は、古いものと新しいものの両方を創造的に考えるための招待状である。

文化心理学：人間の心理的複雑性研究のための新たな可能性

文化心理学は、心理学の新たな下位分野として、1990年代から台頭してきている（Cole, 1996）。文化心理学は、他の心理学分野が意図的に避けてきた人間精神（psyche）の一部、すなわち高次精神機能を捉える機会を持っている。高次精神機能とは、志向性、目標指向性、世界に適応する柔軟性、そして世界を自分に適応させることを意味する。彼らの世界は、彼らの行動によって社会道徳的な世界になる（Brinkmann, 2006）。その結果は劇的である。人間は、発明され

た一般的な「真理」や命令の庇護のもとに、互いに崇拝したり殺したりする。人間は自分の命を神や王や政府に捧げているのだ。ホモ・サピエンスは自らを**演劇的な**種にしたのである。他の種は、その発達においてそのような状態に達していない。

　本書の残りの部分で私がしていることは、科学が、それも心理学としてではなく、現代の生物学、化学、ロボット工学、人類学において十分に発達した科学が、心理学の方法論的領域を革新できる新しい方法を描くことである。文化が、もし心理学に再び取り入れられ、精神の中に役割を与えられたなら、研究している現象に対する「実験者の統制」という概念、現象の安定性（および研究からの非干渉性）、心理学的理論化における常識の役割など、心理学の古典的な前提条件の多くに抜本的な革新をもたらす。革新のための分野は広く開かれているが、その分野上で科学のための意味のある規範を構築することは容易なことではない。本書を読み終えて初めて、誰もがその努力がどのような点で失敗したのか、あるいは成功したのかを判断することができるだろう。一方、本書の各章は、著者が予想しなかった方向に新しいアイデアを引き起こすことを目的としている。したがって、本書は文化心理学の考察を通して、読者の自己発見のための手段となるのである。

第1章

文化というレンズを通じた人間体験

新しい鍵となる心理学へのいざない

　私の仕事場は乱れている。といっても、他の人にとってそう見えるとしても、私にとってはそうではない。本、本、本、そしてもっとたくさんの本がそこらじゅうに。紙——コピーされた記事、放置された下書きなど——が床一面に散らばっている。自分以外の誰にも、この混乱の中に秩序を見いだすことができない。時に、私にも秩序は見いだせない。芸術的な混沌の中で——後で必ず見つけられるように——特別な場所に置いておいた論文を、探し出せなければそれはドラマになる。もちろん論文はいつか見つかる。でも、「いったいどこに置いたんだろう」という緊張感は、見つかるときまで続くことになる。

　すべての本が私にとって同じというわけではない。チャールズ・ダーウィンの本——初めてのロシア語訳——は、父の書庫のほとんど唯一の名残である。私はそれらの本を読むことはない——だが、整然とした本棚に囲まれた幼少期を覚えている。父は、それぞれの本が書庫のどこにあるのかにこだわっていた。父は、熱心な読者たちが本をなくしたり、傷つけたりするのを恐れて、しぶしぶ本を貸し出していた。しかし、今、私の本棚にある本の中には、父が怒りのあまりそれをつかんで床に投げつけたときに、父自身が破損させた本がある。私は宿題をせずに『コン・ティキ号探検記[1]』を読んでいた。私から奪い取られ、投げられた本は、飛んで行った先のテーブルの角で傷がついた。その傷はまだ残っている。父に怒られたのはこのときだけだった。半世紀たった今でも覚えている。

　読書をする中で私は私の周りにあった本を通じて検閲というものを知った。棚で見つけた『デカメロン[2]』を私が半分むさぼり読んだところで、突然消えてしまったのだ。12歳の少年であった私にそれがどこに行ったかを誰も説明してくれなかったが、鍵のかかったキャビネットにあるのを見つけた。そして、それを最後まで読み切った。今、私は本棚の上にあるギュスターヴ・クールベの『世界の起源[3]』の複製画を大切にしている。それが何を意味するの

か、それを楽しんでいる。人間の身体の美しさほど奥深いものはない。しかし、あまりにも多くの場合、それは覆い隠されてしまう。人間ドラマは単純で基本的な事柄から始まるが、ドローンや麻薬、独裁政治、民主主義で満たされた私たちの社会的世界においてはとても複雑なものとなる。

（著者の日記から）

　人間の経験は深く、個人的なものであり、無限の可能性を秘めている。生まれたばかりの赤ん坊の最初の泣き声から、年老いた人が亡くなるときの最期のため息に至るまで、自分の身近な環境にある意味のあるものを通じて、自分の個人的な世界を創造するのは人——唯一無二の個人——である。私たちが自分のために作った場所によって私たちの主観的な世界は穏やかになる。私たちは見慣れた状況設定（setting）で「異質（foreign）」を感じると動揺し、あるいは異質な状況設定では興味をそそられる。私たちは、あらゆる対象物や世界との出会いから——文化的な意味体系に基づいて——個人的な感覚を常に創造することで、見慣れないものを見慣れたものにしている。そして、慣れ親しんだものが再び慣れ親しんでいないものになるように工夫することで、生きることの面白さを維持する。私たちは退屈と戦い、生きる次の瞬間における異質性を克服するのである。

　意味ある環境を散策することの一体感は、——心の中で意識の流れが激しくなりながらも——心理学者よりも詩人が捉えた人間のあり方へとつながる。同様に、画家や歌手、優秀な料理人は、科学者よりも人間の精神の官能性を深く捉えている。ファッションデザイナーや占い師は、専門家である心理学者を訪れるよりも人間のニーズを十分に満たすことができるかもしれない。美容師や墓掘り人は私たちに「存在すること」と「もはや存在しないこと」の現実を向き合わせてくれる。グレゴリオ聖歌の美しさには抗しがたいものがある。

　どうしてそんなことがありうるのだろうか？　科学が芸術に遅れをとっている理由はいくつかある。新しく**移境態的な**（liminal）科学[1]としての心理学は、これまでのところ、人間特有の経験の主観性を捉えることができていない。実際、心理学のほとんどの分野の研究努力において、その経験は最初から排除されており、個人の感情や思考の複雑さを、心理的特性を「客観的に」反映すると期待される「データ」に翻訳することが優先される。しかし、人間の経験の性質全体は、生き抜いた過去と予測される未来に基づいた主観的なものである——であれば、そこにおける「客観性」はどこに行ったのか。心理学における客観とは**個人に独自の主観**なのだという不安な認識を持って臨む必要がある。

　一見すると、こうした事実認定は、用語の矛盾——あるいは科学の否定のよう

に見える。本書における私の目標は、そのどちらでもないことを示すことである。むしろ、人間の主観性の客観的な性質は、——極めて特殊な主観的経験の一般的な知識から生み出される——新しい種類の科学を探究するための扉を開いている。1980年代以降の文化心理学の創発とともに、複雑で動態的な現象である人間の経験づけ（experiencing）を捉える新しい機会があるかもしれない。しかし、それを実現するためには、心理学がその知識を創造する既存の方法の多くについて建設的な刷新が必要である。本書は読者を、そのようなイノベーションが必要とされる、さまざまな普通の、日常的な、人間の現象に案内する。私は、科学が心理内的（intra-psychological）、心理間的（inter-psychological）な性質の、深く情感的な主観的プロセスの一般的な特徴を捉えることができる方法がどのように可能なのかを示してみたい。そのため、私はすべての人に、少なくとも観客として、理想的には参加者として、難しいが必要なこの課題に参加していただきたい。科学としての心理学は、一般的に言って再調整される必要があるのである。

なぜ心理学は問題を抱えているのか？

　人間の経験づけに関する科学的心理学の発展を阻む主な障害は、実存的なものである。同じような文脈の中で**同じ思考や感覚**が再び起こることはありえない。似たようなことは起こりうるが、その**類似性**にもかかわらず、すべての現象は個別で固有であることを意味している[2]。これは、非可逆的時間の中で繁栄するすべての生物にとって避けられない条件である——私たちは明日を楽しみにしているが、昨日を再生することはできない。ハンス・ドリーシュは以下のように簡潔に述べている。

> 　私は2度目、3度目もまったく同じ内容を得ることは**できない**、というのは、すでにそれが得られたということ自体が、それが最初に得られたときのものとは違うものにしてしまうからである！　2度目、あるいはそれ以降のいかなる際も、その内容はそれ自体2つの特徴を持っている——1つは**以前のもの**、もう1つは**すでに知られている**ものである。このようにして、それぞれの内容はそうであることについて排他的であり、まったく同一の2つの内容は**ありえない**。
>
> (Driesch, 1925, p. 25)

　もちろん、独自であるという感情は、エフェソスのヘラクレイトス[4]（紀元前535-475年）の時代から西洋人の考え方として知られている。彼は古代ギリシャ

のポリスのよき市民たちに、彼らがどんなに同じ川にもう一度入りたいと思っても、失敗することを指摘した。川も自分たち自身も、たとえ川岸や水中に反射する像が変わらず同じであるように見えても、入るたびに「同じ」というわけではない。

このような独自性は、明らかに、ヨーロッパの文脈におけるここ数世紀の科学の理想とは相いれないものである。科学は、比較的安定した基本的で普遍的な知識を創造する。同時に、心理的現象は一過性のものである。思考が頭の中を横切ったり（消えたり）、美しい光景を見て幸せな気分になったりする。ここに問題があるのだが、これは解決策でもある——精神は深く構築的である。それは単純に以前に経験されたことを繰り返すことはできないが、必然的に新しい瞬間に新しいニュアンスを加える。その結果、それは多くの異なる思考や感情の形態を生み出し、そのすべてが消えてしまうかもしれない。心理学は科学として、このように急速に過ぎ去っていく瞬間を説明しなければならない。

しかし、心理学ではこの焦点が理解されてこなかった。それとは反対に心理学は、そのような瞬間が相対的な永続性を獲得し、それを研究することができるという前提の上に成り立っているのである[3]。もちろん、ここでの心理学は安定した調査対象に焦点を当てている他の諸科学に従っている。他の科学と同様に、心理学は普遍的な知識を創造する必要がある。そのような知識は抽象的で安定したものであるとはいえ、急速に変化する現象について扱っている可能性がある。科学の一般的なノウハウは、（これまでに）観測されたものだけを説明するのではなく、まだ観測されていない心理的現象に対しても適切なものである必要がある。

心理学：存在していることと実現可能なことの間の科学

最近の歴史の中で、心理学は「客観」の科学であることを誇りにしてきた。最初の瞬間は「行動」に信を置くことは堅実で現実的に見えるが、結局のところ、「行動」について考える人は、「行動」について考えることも含めて、同時に「行動」に関与している人なのである——「行動」の領域には観察することができない、仮説とは逆のものを含む必要がある場合、状況はより複雑になる[4]。文化心理学では、本質的に志向的な性質を持つ高次精神機能を扱っているので、この点は特に重要である。行為者は、ある状況では期待された方法で行動しないことを決めるかもしれないが、非行為の存在は、ここでは行為の場合と同様に関連している。また、心理学における発達の視点は、非−発生、つまり、まだ観察されていないが、原理的には存在しうる「行動」を含める必要がある。この問題は、文

図1.1　建築物の商業施設の一部としてデザインされた穴（フランクフルト・アム・マイン[5]のツァイルにて）

化心理学を含むすべての精神発達論において、「今、ここで観察できるものは、将来のある出来事に向いている」という場合に発生する。後者はまだ存在していないが、出現する可能性が高い。

　創発の問題を扱うことは、多くの科学にとってパズルのようなものであった。例えば、地球の歴史の中で無機化学成分から有機物が創発したことは、理論的には複雑な問題である。同様に、地球の歴史の中で、有機物が無機化学成分から有機物へと変化していく過程を正確に理解するのは難しい問題である。進化の過程を理解することは、理論的な課題である。とはいえ、理論的には起こると予想されているが、まだ観測されていない現象に基づいて検証できる一般的なモデルを開発することは、さまざまな科学（ここでは宇宙物理学がその例に当てはまる）において困難なことではない。さらに、存在するもの（「何か」）の隣には何もないもの（「何もない」）があるという関連性がある。地方の商業施設のデザインに意図的な穴を作った建築家は、「無」の存在（穴）をデザインの一部として利用している（図1.1）。ドーナツについて考えるとき、その中央にある穴は、全体を取り囲むリングと同じくらい、その特徴を定義する部分である。私たちの世界のゲシュタルトは、あたかも両方が存在するかのように、現在の部分と非現在の部分を含むことができる。もちろん、そのようなゲシュタルトを生成するのは、私たちの「文化的に構築された」心を通してである。

　しかし、心理学は、「何か」の一部としての中心に「無」があるということを受け入れることができない。その主な理由は、帰納的一般化のモデル（演繹的な方法や発 綻 的な方法ではなく[5]）を証拠の基礎として社会的に規定してきたからである。一般化された知識への帰納的な径路は、各標本が与えられたクラスの同等のメンバーであるかのように扱われる現象のカテゴリーの確立を必要とす

る。この一般化の最初の行為――「A1 と A2 は**類似しており、クラス A に属し
ている**」という概念を「A1 と A2 はクラス A の**同等のメンバーである**」という
概念に置き換えることは、すべての生成的な[6]現象を物理的な現象のクラスに還
元することにつながる。この一般化の動きは、A1 と A2 を**相互に代替可能なも
の**にする。クラス A の対等な構成員として、どちらか一方が A を表現するため
にどこにいるかは問題ではない[7]。対照的に、誰もが有している独自の生活史は
この一般化によって非可逆的に失われ、その結果、同じ部類の中の異種混交性に
すぎないという考えに置き換えられてしまうのである。

「経験科学」を装うこと：帰納法に依存することの弊害

心理学における帰納的一般化の最初の行為は、心理的現象が見られている方法
で非可逆的な変化をもたらす。可変性は、「真値」の概念に置き換えられ、それ
ぞれの現象の持つさまざまな歴史は、それ以上の検討から排除される。ルート
ヴィヒ・ウィトゲンシュタインは、科学としての心理学に対する彼の破壊的な批
判の中で、心理学の混乱を非常に正確に指摘している。

> 心理学の混乱と不毛さは、それを「若い科学」と呼ぶことによって説明され
> るべきではない。……実験的方法の存在は、私たちを悩ませている問題を解決
> する手段を持っていると思わせる。　　　　　　　（Wittgenstein, 1958, p. 232[8]）

問題と方法がすれ違ったとき、私たちは科学ではなく、中世の錬金術に似た、
社会的に認められた科学の遊びをしているのである。心理学は、物理科学のイ
メージを引き継ごうとする動きと、心理学の科学的方法としての統計手法[9]の増
殖とによって、このような混乱状態に陥っている。このような成り行きに対して
は、この 学 範 の歴史の中で周期的に批判されてきたにもかかわらず、人物[10]
の個人的な経験過程を注意深く見ようと**しない動き**は、21 世紀に入っても増殖
している。

文化心理学のロードマップ

このような動きを修正するために、本書の読者が招待されている文化心理学と
いう新しいハイブリッドな 学 範 を紹介することができる。文化心理学は、人間
学、歴史学、社会学、社会言語学、教育学などが最も近い隣人として存在し、発
達心理学と社会心理学の２つの下位分野が交差するところで生まれてきた。文化

心理学は、低次の心理機能である直接知覚、注意、行動、問題解決などを研究してきたこれまでの他の心理学とは異なり、より高次の心理機能である人間の意思の使用、つまり意味の意図的な構築を伴う機能の研究を志向している。文化心理学では、他の心理学の分野とは無関係な、精神を組織化する役割を持つ社会的規範も研究対象としている[11]。文化心理学では、実在する人間の証言と、小説や映画、さまざまな儀式的文脈に登場する架空の登場人物である発明家の証言を、同じように貴重なデータ源として扱う。小説家が創作した登場人物（例えばトルストイの『アンナ・カレーニナ[6]』）は、現代におけるアンナ・Xへのインタビューや、ジークムント・フロイトの著作におけるアンナ・O[12]への回帰のように、心理学的分析のためのデータとして貴重なものである。

日常生活の文脈における志向的な行動

　志向的な行動は、諸活動の日常のパターンに埋め込まれている。朝、家を出るという志向は、洗濯、着替え、朝食をとるという一連の日常的な行為につながり、一日、自分自身、そして世界に意味を持たせる場となる[13]。未来に向けた環境の中で意味のある行動をすることで、人間は環境を再構築するのである。その過程では、新しい建物や技術装置などの「ポジティブ」な再構築と、汚染や森林破壊、歴史的価値の低下などの「ネガティブ」な再構築の両方が生じる。かつての環境は、今、新たな形に再編成される。これらの形態は、意味体系の保存を伴う歴史的連続性を持っており、現存する古代ギリシャの彫刻や神殿は、現代にまで存続する意味体系の核心を持っている。このような建築物は、かつては完全に機能していた神殿であったが、現在は廃墟であり、過去と現在の間の架け橋となる複雑な記号である。

> 　建物の廃墟は……芸術作品が死にかけているところに、他の力や形、自然のものが成長していることを意味している。そして、廃墟の中に今でも息づく芸術的なものと、その中にすでに息づく自然のものとから、新しい全体、特徴的な統一体が出現したのである。
> 　　　　　　　　　　　　　　　　　　　　　　　　（Simmel, 1959a, p. 260）

　このようにして、記号は創発し、成長し、そして衰退していく。グラフィック・デザインの中には、短い歴史的期間の中で劇的な意味の変容を遂げるものもあり、同時代の人々がそれらに出会っただけでも、深く感情移入する意識の流れを引き起こしてしまうことがある。

　第二次世界大戦後のヨーロッパ・アメリカの人々にとって、鉤十字（svastik[独]）

図 1.2 日常的な文脈における深く象徴的な形態（日本の京都の脇道にある小さな寺院の表戸）

のイメージは、戦争やホロコーストの残虐行為との個人的なつながりとは無関係に、深く否定的な情動を引き起こす可能性がある。対照的に、東洋の人々にとっては、同じ象徴的な形は、その逆の方向に深く情動が引き起こされ、その人を幸福と平穏で満たしてくれる（図 1.2）。鉤十字の場合、イメージがポジティブな感情からネガティブな感情へと変容していくのは、歴史的には 1920 年代から 1940 年代にかけてのナチスのイデオロギー的な象徴形成の短い期間に遡ることができ、それによってヨーロッパの人々にとってはこの形の意味が大きく変容していった。

　東洋の文脈では、鉤十字は幸運と幸運をもたらすポジティブな感情を持ち続けている。歴史的には、古代メソポタミアや中国から古代ローマ、さらにはそれらを超えて、ほぼすべての社会に鉤十字のイメージが存在していた（Wilson, 1896; Loewenstein, 1941）。多くの場合、その彫刻は陶器や骨切り道具などの日常的で小さなものに見られ、活動的な文脈での保護のお守りとして使用されている。また、古代の装飾化の中には鉤十字のイメージが見て取れる（図 1.3）。

図 1.3 紀元前 6〜5 世紀の古代ギリシャの装飾に組み込まれた鉤十字（Wilson, 1896, p. 839）

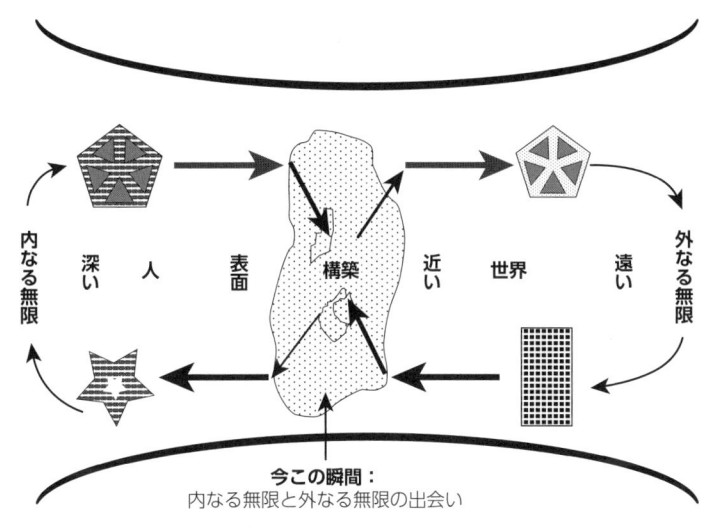

図 1.4　2 つの無限に挟まれた精神

本質的に両価的なものとしての人間の経験づけ

　心理学は歴史的に、精神の複雑さを均質なクラス——相互に排他的と見なされるカテゴリー——に還元しようと試みてきた。これは、常識のニーズには合致しているが、人と世界の境界線上に存在する心理的現象の本質を捉えていない（図1.4）。図 1.4 は、ウィリアム・シュテルン（Stern, 1938）が心理学に持ち込んだ人格学（personology）的な考え方の精緻化である。シュテルンによると、精神は「内なる無限」（自己についての人の深い感情）と「外なる無限」（「外」の世界についての想像力と知識）に向かって、常に 2 つの努力によって交渉されているという。外なる無限のうちのいくつかは知覚可能であるとはいえ、その多くはある特定の人にとっては把握することができないままである。

　シュテルンの精神についての説明は、人間の人格の連続性に関心を持つ人格学者のものであった[14]。本書で紹介されているような文化心理学がシュテルンから借りているのは、**2 つの無限同士が直接的に交渉すること**に焦点を当てていることである。こうした交渉は、記号を構築し、使用し、破壊することによって行われる。それぞれの瞬間に、人は自身の現在にいて、自分自身の精神の深さを直接的な環境の深さと調整している。宗教的な文脈[15]で祈るという行為（図 1.5）は、人が自分の主観的な内面の無限と、与えられた社会的設定に帰せられた意味づけの無限とを関連づけようとする場である。後者は、与えられた場所に描かれた（他の宗教システムでは、原則としてイメージ[16]として示されることが許さ

図 1.5　上海の観音像の前で祈る若い中国人女性

れない）神のそれだけではなく、直接的で象徴（シンボル）的な対象を超えて構築された理想的な世界である。

　2つの未定性（uncertainty）の調整のための一般的な構造を図1.6に示す。ここでは2つの対立、すなわち**自己**と**他者**および**過去**と**未来**の間の対立が、人間の経験づけにとって避けられない未定性を生み出している。記号的媒介の文化心理学は、**経験する人間の中心性の公理**に基づいている。この点で、記号的媒介の文化心理学は、人を中心としたものであり、ウィリアム・シュテルンの人格学的説明と連続している（図1.4）。それにもかかわらず、それは**自己**と**他者**の間の障壁を超越している。あらゆる瞬間に、**現在**の平面上で、人は現実か非-現実か、現在か非-現在か、そしてそのような**社会的参照**を通して、未来に向けて自分の理解と行動を構築している。文化心理学が人格学とは異なるものになるのは、**他者を介して**生きる**自己**に焦点を当てているからである。

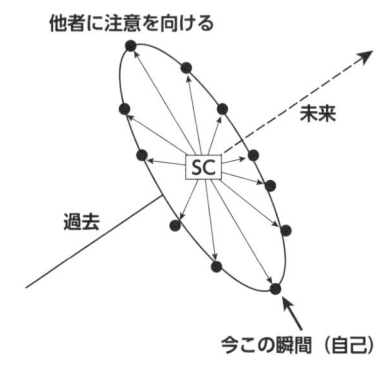

図 1.6　人間の生活における未定性の構造：自己<>他者、過去<>未来（SC＝周囲のさまざまな他者に注意を向ける中心としての自己）

　人は他の人によって「影響を受けて」いない（そして他の人に「影響を与えて」いない）。人から人へ、あるいはその逆という単純な因果の矢印の代わりに、私たちは、人の意味づけ（「最愛の祖母」）、人への投影（「父は私と同じように生きることを恐れている」）、人への共感（「大通りですれ違った哀れな物乞い」）、人への行為（食べ物を与えたり、世話をしたり、あるいは殺害[17]したりして）を通して、人が人と人とを関係づけるという建設的なループを持つ。このような形で相手と関係を持つということは、相手を介して自分自身と関係を持つことになる。

　しかし、**他者**の領域は均質ではないし、予測可能な領域でもない。他者に目を向けることによって、人は、彼らの応答性の未定性に直面する。そして経験づけしつつある自身に関連する彼らの目標志向的な行為の未定性に直面する。人は自分の人生の領域の中心であり、その領域の中で行動し、その世界に存在する他者を選択的に参照している。しかし、社会的参照の行為は本質的に未定性を持っている。図 1.6 において、「他者」の一部（図 1.7 の C）が、その人の参照する努力から「逃避」することがある。例えば、**自己**は友人に助けを求めるが、友人（C）はそれを拒否したり、避けたりする。同時に、今ここにある苦境に即座に対応する他者（E）もいるかもしれない。例えば、SC（中心としての自己）の母親はすぐに SC を助ける準備ができている。しかし、未来が次の現在に変わりつつあるときに、後になって対応できるように配置されているかもしれない他のエージェント（D, F）が現場にはさらにいる。

　他者の多くはこちらからの参照を無視する。他者に目を向ける人は、自分のリアクションのいくつかの側面をある人に開示したり（例えば、祖父母には見せる

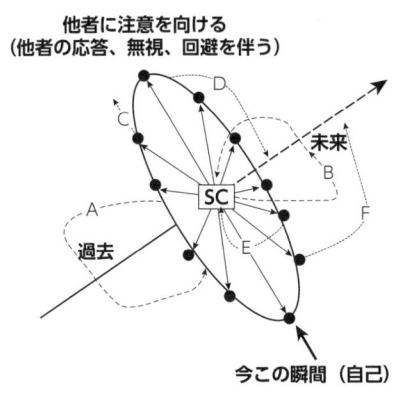

他者に注意を向ける
（他者の応答、無視、回避を伴う）

今この瞬間（自己）

図 1.7　二重の未定性の中の調整：自己<>他者・過去<>未来（SC＝中心としての自己）

が両親には見せない、同業者には見せるが両親には見せない)、他者から隠れたり（例えば、教師や上司から）、他の人に誤解を与えたり（例えば、交通警察官や徴税人から）するという戦略的な行為を行う。ちなみに、「社会的であること」とは、「社会的な文脈に参加すること」（あるいは「社会に参加すること」）とは等価ではなく、「社会的なフィールドを介して、すべての制約や余裕を持って、人を中心とした、計算された、目標に向かった動き」である。

　自己<>他者の対話が主観的領域（図 1.6 と 1.7 の SC）で継続されている間、人は同時に自分の過去（A）を参照することで、社会的状況を理解する努力をしている。人は自分の人生の中で能動的なエージェントであり、過去を選択的に参照し、社会的な参照の過程で他者に目を向けることによって、自分の未来を構築する。

人の心の核心：幹概念

　人間の自己とは、エージェントが自身について内省できるようになった結果である。人間が他の種と異なるのは、この能力にある[18]。このような自己省察性は、自己という対象について何か新しいものを見つけたいという恐怖と欲求の両方を含む、本質的に曖昧なものである。アブラハム・マズローは次のように述べている。

> 　知識の他のどの種類よりも私たちは私たち自身の知識、私たちの自尊心および私たちの自己イメージを変えるかもしれない知識を恐れる。私たちが知る限り、猫は猫であることを簡単だと思っている。猫であることを恐れていない。しかし、完全な人間であることは困難であり、恐ろしく、問題的でもある。人間は知識を愛し、それを求め、好奇心旺盛であるが、同時にそれを恐れてもいる。それが個人的なものに近づけば近づくほど、彼らはそれを恐れる。
>
> （Maslow, 1966, p. 16）

　自己省察のプロセスは、キャリアの意味、すなわち自己が区別を行うために使用する抽象的で一般化された概念に基づいている。このような意味への依存は、自己の実際の存在を自分自身で認識することである。これはどのようにして起こるのだろうか？

　自己についてのいかなる言及についても到達するためには、非可逆的時間の中で、ある程度の期間にわたる自己の存在の反映の核心的な維持が必要であり、そ

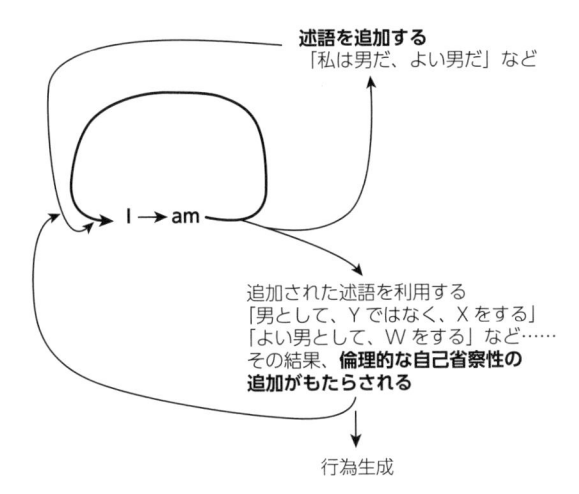

述語を追加する
「私は男だ、よい男だ」など

I → am

追加された述語を利用する
「男として、Y ではなく、X をする」
「よい男として、W をする」など……
その結果、**倫理的な自己省察性の
追加がもたらされる**

行為生成

図 1.8 I → AM 循環への述語の追加

れは幹概念（stem concepts）としての**私**という**存在**の維持である。この維持は、自己に情報を送り込む周期的なプロセスを必要とする。**あちら**（鏡）の動物は、別の動物ではなく自分自身である[19]。**私はここにいる**——私の鏡像はそちらにある——そして**私はここにいる**。あるいは、**あそこにいる**私の母が、**ここで**私（赤ちゃん）の発声をまねして、前後の声の対話という相互の声のゲームに変えてしまうのである[20]。

　一度 I AM という幹概念が確立されると、その幹概念はそれ自体の安定性を維持しながら、さまざまな述語をそれ自身に結合させるための基礎となる（図1.8）。ここでは、過度に引用されたデカルトの独白「我思う、ゆえに我あり」を逆にして、それを可能にするプロセスのアーキテクチャを介して思考の可能性（と自己意識）を参照してほしい——**我あり、ゆえに我思う**（ことができる）。

　「**私（I）**」はどのようにして創発するのだろうか？　ここで I は、時間をかけて自分のエージェント的役割を安定させることによって安定性に到達する必要性を示唆している。言い換えれば、未来志向の目標に関連したあらゆる行為は、（動態的に）安定した循環である **I（今）→ I（次の瞬間）**→などの連続性を可能にする**延長された持続**[21]を生み出す。その延長された持続から、**I（今と過去の瞬間）→ I AM → I（次の瞬間）**を見るという自己省察的な瞬間が出現する。かくして、創発する I は、記憶（延長された持続時間）のおかげで可能になり、自分自身に関係している連続的な I からの自己中心的な抽象化が可能になる。そして、**I → AM → I →** などという循環に帰結する（図 1.8 参照）。

Ｉシステムのさらなる発展は、異なる述語——自己省察の性質をさらに特定する特性——を結合することを伴う。I AM 循環に新しい述語を追加（あるいは放棄）することで、常に新しいものでありながら循環を維持する[22]。述語はあらゆるタイプや組み合わせの記号であるため、**自己は記号論的な（自己の）媒介の結果としてのみ存在することができる**。そのような媒介は、人類進化の過程で発生した性質であり、種が、生きている時間の不可逆的な性質の現実によって自分たちの生活に設定された限界に対抗するために、発展してきた結果である。

　しかし、人は時間の境界（**過去と未来**）で活動しているので、主要な幹概念であるＩ AM は、絶え間ない変化の世界に存在するためには十分ではない。もし人が**I-AM → ｛述部 X｝ → I-AM...** システムだけに限定されていたとしたら、世界に影響を与える何の行為も続かないだろう。人は環境条件の人質となり、環境の影響を受けて新たな自分の資質を登録することになる。自己はそれ自体が終着点としての自己中心的なものであるが、幹概念であるＩ AM は、自分という存在にのみ思いを馳せ、世界に対して能動的でない人に可能性を与える。環境からの入力に反応して、**I-AM → ｛述部 X｝ → I-AM...** システムが完全に機能しているシナリオは、何の行動にも関係しない受動的な自己言及である。かくして、人は、障害物につまずいて転んでしまい、「不注意」という述部を循環の中に受け入れる。誰かがその倒れている人を抱き上げて介抱し、「感謝している」という述部が追加される。システムの中で作動している人は、**述語が行為のための記号論的な媒介子になることなく**、果てしなく自己記述的である。しかし、行為に転じる可能性は、これらの概念を通して準備されている。**I-AM** は他の幹概念で補完される必要がある（図 1.9）。

　幹概念 I-NEED も同様に、自己維持型の循環であるが（図 1.9 の I-AM のように）、それは現時点では**存在しない対象**に向けられている。幹概念 I NEED は、現在から未来への移動を導入するが、それは依然としてＩ AM 概念によってフレーム化されている。I AM ｛I NEED → I DESIRE｝ → X. 必要性の認識は未来に向けられているが、必ずしも必要性を満たす行動につながるということはあり

図 1.9　人間の文化的自己組織化の幹概念

えない。ニーズを自己省察的にもたらすのは、**I WANT** という幹概念である。I WANT も同様に未来を志向しているが、行動的ではない。人は、I WANT 循環に述語を付加する循環（例：「月に行きたい」「億万長者になりたい」「子どもが欲しい」「全世界の平和が欲しい」）で動作することができるが、まだ自分が欲しいものについて話す以外には何のアクションもありえない。これはニーズについての話に似ている。「私は X, Y, Z を必要としている」ということは、人が幹概念に述語をつけるプロセスを超えて変わることを意味していない。

　最後に、幹概念 I WILL は、人を何らかの（約束された、しかし必ずしも実行されるとは限らない）行動に結びつける。以下のように、丁寧な強盗が自分の意図をあなたに説明しているところを想像してみてほしい。

　　「私は貧乏なのである」→
　　　「お金が必要なのである」→
　　　　「あなたの財布が欲しいのである」→
　　　　　「もしあなたが私の ｛欲しいもの／必要なもの｝ をくれないなら、あなたを殺す」と説明したとしよう。

　4つの基本的な幹概念は、さまざまな方法で組み合わせることができ、それぞれが主な役割である述語の結合を中心に、意味の複雑な構造を形成することができる。幹概念のこの関係性の中に社会的規範[23]が挿入され、行動を禁止したり強制したりする。とすれば、上の例は少し違ったものになるかもしれない。

　　「貧乏**である**」→
　　　「お金が必要である」→
　　　「財布が**欲しい**」→
　　　　「必要なものをくれないなら殺して**やる**。」「でも**私はあなたを殺さない**。これは X（神や社会的規範など）によって禁止されているので。」

　意味形成の最後の部分は、人間の生活における社会的規範性の役割の上に築かれており、**迂回戦略**[24]——感情や思考の特定の方向性を逆転させる方法——を構築している。人は、未定性のある状況下で、最初の考えによって生み出された不安を「和らげる」意味を与えられた状況に持ち込むことによって、自己防衛の装置を作るのである。

「家を出るときに鍵をかけた**かな**」
{心配、不安、正確に覚えていない}
「鍵をかけた**と思う**」（迂回戦略）

　本人にはその状態についての新たな証拠はないが、自己説得力のある迂回戦略は、最初のアイデアによって作られた感情に基づいて作動する。迂回戦略は、感覚形成プロセスの進行を**可能にする**。同様に、人は**記号的妨害**——特定の制約に世界への意味のある関連を制限する意味を作成することができる（第6章を参照）。

文化的に調整される自己：行為の中の意味の階層性

　動態的な記号過程の文化心理学は、本書の読者が参加して発見することについての方向性である。この心理学では、人間の自己は本質的に対話的であり、記号の移ろいやすい階層性を通じて階層的に規制されていると考えている。このような意味体系の構築の例として、G. スタンレー・ホールが19世紀末に行った恐怖の研究がある。

> 　あるイギリス人女性教師は、子どもの頃、「暗闇の中で一人でいるとき、私は安全について奇妙な考えを持っていた。私はいつもベッドの4つの隅に1頭ずつライオンがいると想像していたが、ライオンはとてつもない数のトラやヘビと戦うために常に警戒していた。ライオンがいる限り、私は安全だと思ったが、**もし1頭が消えたと思うと、他のライオンがトラと闘うのに十分ではないのではないかと、恐ろしい恐怖で目が覚めてしまう。**」

（Hall, 1897, p. 185, 強調は引用者）

　この特定の意味構造は、エンパワーメントのシナリオ（4頭のライオンすべて）の創造性と、潜在的な危険のシナリオ（そのうちの1頭が失われた場合）の創造性から、両方とも注目すべきものである。したがって、当初の不安は克服され、その後、新しい形ではあるが、取り戻される。

　自己調節システムの階層的な性質は、自己の中で**生産的に一貫性がない**ことを可能にする。学校の校長、政治家、あるいは心理学者が、「内的に堅固」で「論理的」な思考をするように厳しく期待することと正反対である。「内在的な種類

の階層[25]」が記号論的調整システムの主要な形態である。このように、人はある期待や規範を知っていても、あるいは他人から期待されていても、それを自分では使わないことがある。例えば、ノルウェーで育った若いパキスタン系移民の女性は、同性のいる公共の場（例えば、体育の授業の前など）における着替えの必要性について話している。アスリート志望のセルマは説明する。

> 私にとって身体は神聖なものなので、お互いの前で服を脱ぐべきではない。**でも、私はそうしている。私は気にしない**が他の人たちはそういうふうに育てられているから、彼女らは平気だってことをかなり理解している。「なぜ他人に自分の体を見せなければならないのか？」という感じなのだ。
>
> （Strandbu, 2005, p. 35, 強調は引用者）

迂回戦略（「気にしない」）の使用は別として、ここでは文化的規範からのセルマ自身の視点の脱中心化を見ることができる。規範の束縛を克服することで、彼女は世俗的な生活の文脈（バスケットボール）に参加する中で、自分の自律性について折り合いをつけることができる。

動態的なドラマ化としての文化的行為

社会的規範の交渉には、社会的文脈の中で行為することが必要であり、それは他者に目を向けることである（図1.8）。他者は、異なる方法で、異なる距離で、異なる力の役割で、自己と関係している。他者の注意を引くことは、使用される具体的な戦術とそれに対抗する戦術に依存することがある。子どもたち——親に最も従属しているにもかかわらず親たちによって愛された未来——は、社会的な設定の中で彼らの意味のある探究をドラマ化することを学ぶ。ファーティマ・メルニーシーは、子どもたちが（映画館に）出かける許可を得るにはどうしたらよいか、モロッコの子ども時代のことを覚えている。

> 私たち子どももまた普通は映画館に行くことを許されていなかったのであるが、私たちは女性たちと同じように、自分たちの反抗を演出して、最終的に許可を得たこともあった。私が「私たち」と言ったのは、本当にサミールのことである。私は、大人に向かって叫んだり、彼のように飛び上がったり下がったりして不快感を示したり、床に転がったり、見物人を蹴ったりするのが苦手であった。母の奇妙な態度のせいだけではあるが、反乱を演出することは厄介なことであり、私にとってはそうであることを止めることはできなかった。母は

しばしば私に反抗するように促し、サミールが二人分攻撃的になることに頼らないようにと繰り返していた。**しかし、私が床に身を投げて彼女に叫び始めると、彼女はその場で私を止めた。「私に反抗しろとは言っていない。他のすべての者には反抗してもいいが、母親には従わなければならない。そうでなければ、混乱を招くことになる。愚かな反抗をしてはいけない。状況をよく考えて、すべてを分析しなさい。勝利の可能性があるときに反乱を起こすのだ。」**その後、これらの人々が私を利用していることが明らかになるたびに、私は自分の勝ち目を分析することに多くのエネルギーを費やしたが、半世紀近くたった今でも、私が出した答えはいつも同じである。結論が出ない。

(Mernissi, 1994, p. 117, 強調と太字は引用者)

　ドラマ化とは、与えられた社会的文脈の中で、注目を集める焦点を作り出すことである。人間の人生はドラマで満たされている。例えば、スーパーマーケットでの幼児の癇癪から、日々の国への忠誠を宣言すること、劇場でオペラを見ることから、熱狂的な兵士として戦争という劇場に参加することまで、人間の人生はドラマで満たされている。どのような信仰体系においても、宗教的な礼拝は、人間のライフコースにおけるすべての主要な出来事をドラマ化するものであり、その終焉後の出来事でもある。これらのドラマはすべて、それが上演される特定の記号圏[26]によって意味を持つようになる。すべての参加者は同時に「演出家」であり、「俳優」であり、「観客」である。

結論：なぜ新しい鍵を握るのが心理学なのか？

　本章では、心理学を、最初から最後まで、そしてある時間の瞬間から次の瞬間まで、非可逆的時間の中で、記号を媒介とした人間の行為の科学として見るための前提条件を整えた。この視点は新しいものではない。実際、19世紀のすべての心理学は、人間とその社会的世界との関係を見る社会科学として登場した（Valsiner, 2012）。人間は、その性質上、必然的に不確実な将来の目的に向かって努力するため、記号生成を止めることはできない。人間は、生物圏との相互関係のおかげですべての生物と平行して、記号圏の中で生きている。本書の残りの部分は、このような意味形成活動を通して、人間と社会の構築を描くことを意図している。顕在的な種類のすべての現象（一般的には**行動**という言葉でくくられている）は、不可抗力的な意味形成（と再形成）という文化的なプロセスに付随するものである。**行動は客観的ではなく**、行動に紐づいている意味づけを通して

主観的なのである。新しい鍵を握るこうした心理学は、行動の客観性を前提とした（行動主義の伝統が前提としてきたように）伝統と、完全な社会的構築物としての人間の精神を扱うという伝統（これは急進的な社会構築主義の信念の特徴となっている）の両方を超越している。あれか／これか、どちらか一方を選ぶ代わりに、行動している人間によって意味のあるものにされている世界での振る舞いとして行動を見ている。**人間心理学は、人間の振る舞いの科学であって**行動の科学ではなく、すなわち認知の科学でもある。このように、文化心理学への招待は、人間の状態の 科 学 ヴィッセンシャフト としての一般心理学の中核をなすものである。

第2章

文化とは何か？

そして、なぜ人間の心理学は文化的である必要があるのか？

　文化は儚いものである。それはどこにでもあるのに、私たちはそれを指し示すことができない。私たちは文化とは何かを知っているような気もするが、それを定義することはできない。文化について知的に語ることはできても、何について話しているのかは決して明確ではない。それは、西洋史の偉大な謎に満ちた発想の1つである。それは古すぎる発想ではない。以下のように、文化に関する言説は、ヨーロッパの歴史の文脈の中で——他の背景を持つ人々との出会いや自己と他者との違いを知ることが重要であった交易での取引、巡礼、そして軍事的な征服などの活動の中で——浮かび上がった。

　自分自身の人生における他者の役割は常に両価的なものである。私たちは皆、母乳を飲むことから始まり、銀行員がお金を貸してくれたり、交通警察官が駐車違反の切符を切ったりと、他者に依存して生きている。強盗や泥棒はもちろんターゲットとなった犠牲者に依存し、将軍は兵士の愛国心やナイーブであり男前でたくましい感情を頼りとして、歴史に関する書物やモニュメントの栄光に名を連ねる戦場で戦う。私たちが依存しているのは、信頼できない競争相手や潜在的な敵でもある。美しい容姿をしている彼氏がいる女友だちに対して、嫉妬心を抱くことがある。かつての友人が恨めしいライバルになるのは、驚くほど簡単なことである。

　天候のような用語を用いるのとは対照的なやり方で、社会集団間の区別を行うために**文化**という概念を用いる可能性は、イデオロギー的に複雑な意味づけを持つものとして、文化という用語の使い方を設定する（Moore, 1974）。「他者」の違いを和解できないものとして強調したり、あるいは、介入（教育など）によって克服できる（そして克服すべき）ものとして強調したりするために使われることがある。同様に、それは、集団間の差異は「文化」の違いによって「引き起こされる」ものであるとすることによって、社会における社会的プロセスの操作を覆い隠すために使われることがありうる[1]。アメリカ人の親しみやすさは、「アメリカ人らしさ」という発想の本質によって説明することができ、あるいは、も

し火星人が発見されたならば、その発展途上の様相は、彼らの特別な文化によっ
て説明することができる。もちろんそのようなレッテル貼りは説明にはなってい
ないのだが、常識的な精神に訴えかけている。

　医療のようなさまざまな社会的実践において、概念としての文化の使い方は、
援助を必要とするかもしれない人への援助を拒否することができ、必要としない
人に強制することができる（Dorazio-Migliore et al., 2005）。19 世紀の人類学に
おける概念としての文化の発想は、以下のように示される。

> 　……文化とは、特定の社会集団の中で共有されているものであり、固有のも
> のであり、束縛されたものであり、均質なものである、という一般的には語ら
> れていない概念を私たちに残した。それは比較的固定された、一貫した、安定
> したものであり、そして全体論（holism）と歴史的耐久性によって特徴づけら
> れる。たとえ疎外されてきた人々の苦しみを和らげようとする意図があったと
> しても、文化の狭い概念化は、植民地的不平等を永続させる民族中心的な西洋
> の概念に忍び込ませたり、覆い隠したりすることがある。
>
> （Dorazio-Migliore et al., 2005, p. 339）

　つまり、文化という概念には 2 つの顔がある。それは隠れたり、現れたりす
る。社会科学におけるこの用語の使い方は、かくれんぼのような認識論的ゲーム
の一種である。それはより広い社会的言説の中に位置づけられる[2]。このような
言説の機能は、社会的に受け入れられる方向への科学の密かな輔助であり、それ
は過去 2 世紀における心理学の宿命であった（Valsiner, 2012）。社会的に重要な
科学に対する社会的統制のメカニズムは、植民地時代の秩序の中で原住民をその
場にとどめておくために行われたことと似ている[3]。

「文化小ばなし」のヨーロッパ史

　ヨーロッパの文脈の中で、**文化**という言葉はどのように広く用いられるように
なってきたのだろうか。フランス語、ドイツ語、英語の 3 つの言語は、ヨーロッ
パの歴史の中で「文化」についての話題が創発した際の異なる複数の文脈を示し
ている。18 世紀の社会問題と啓蒙主義の発想である「文化」は、文明と自然と
の対比として言説に登場する。フランス語の「シヴィリザション（civilisation⁽仏⁾:
文明）」という言葉とドイツ語の「クルトゥーア（Kultur⁽独⁾: 文化）」という言葉
は、それらが生まれた社会の歴史と結びついていた。

> （フランス語で、）……「シヴィリザション（文明）」とは、フランスの啓蒙主義の原則によって定義された人間の行動の理想的な状態のことである。それは、何世紀にもわたって国境を比較的変えずに保ってきたアイデンティティと政治的安定性に自信を持った人々の視点を反映していた。この自信は非常に強く、フランスは国境を越えてヨーロッパの外の多くの地域を植民地化するために、文明を持たない人々に文明を広めているという口実で、自らを拡大したのである。
>
> （Vogt, 1996, p. 129）

　この確信の痕跡は、その対象に合わないと思われるテーマ（例：**市民**社会）のラベルを通して、現代にも伝わっている。文明という言葉が複数形で使われることはありえないが、現代では文明の代わりになるものや文化の違いを容易に語ることができる。

　対照的に、ドイツ語の「クルトゥーア（文化）」という概念は、18世紀のドイツがそうであったように、多くの方言が飛び交い、政治的統一性のない地域という文脈で生まれたものである。さらに、次のように述べられている。

> 　……「クルトゥーア（文化）」は文明という概念やドイツの貴族階級が受け入れたフランス啓蒙主義の客観的で理性的、普遍化された理想に対する直接的な反応として生まれた。それは、普遍的な人間形成のモデルから外れて、それぞれの集団の人々の個性と独自の特徴を表すようになった。それは、ドイツ国民が、自分たちをまとめる単一の国家の枠組みを持たず、政治的・領土的な文脈の外で自分たちを定義しようとしたため、とっちらかった分布と政治的不安定さを反映したものである。
>
> （Vogt, ibid.）

　ドイツの言説におけるクルトゥーアへの注目は、18世紀後半に現れ、19世紀を通じて一貫して続けられた[4]。このような一般的な関心の高まりが、1850年代に民族心理学（Völkerpsychologie（独））が創発する文脈となった。カール・ランプレヒトは、この新しい種類の心理学を文化史（Kulturgeschichte（独））の研究の中心に置こうとした。文化心理学が最初に登場したのは、1850年代から1900年代にかけて、民族心理学と文化史の共生としてであったと主張することができる[5]。

　英語圏の文脈における文化という概念の運命は、異なるメタファーの上に成り立っている。イギリス人は庭を耕すことを好み、文化という概念と耕すこととい

う概念は密接に結びついている。植物やペット、家畜を養うことができるように、子どもや妻や夫を養うこともでき、犯罪者を養う（更生する）ことさえもできる[6]。アングロ・サクソン人の心には、耕すことへの希望が深く刻み込まれており、時にはそれが功を奏することもある。しかし、近代農業の汚染と殺虫剤がまかれた後に生き残った数匹のキツネを必死に狩るために高度な教育を受けた紳士たちが馬で駆け抜ける森や谷の荒々しい自然とは、劇的なまでに対照的である。アングロ・サクソン人の世界では、文化は自然と直接的に対峙しているものであり、弁証法的に対峙しているのではない。

　イギリスの歴史の中で庭を耕すこと[7]は、原住民を捕らえて統治することと結びついていた。――植民地帝国の歴史は、「他者」の扱い方に影響を与えてきた。イギリスの植民地支配における「間接支配」は、現地の条件を整えつつ、さらに成長する方向性や速度、形態を調整するという一種の社会的園芸行為である。しかし、21 世紀になると、こうした「他者」の育成は、逆に「他者」（かつては植民地時代の劣等生だったが、現在は経済的、政治的、移民的パワーで急速に発展している）がイギリス社会を育成していくようになる[8]。

　しかし、文化という概念が英語の言説に現れてきたときには、グローバル化がますます進む現代の不安感とはまったく違った世界が見られた。1870 年代には、「人種」――「私たちのもの」と「彼らのもの」の話の流れになっていた。文化という概念はドイツ語からの輸入品でありながら[9]、英語の文脈にぴったりと合っていた。社会の**一員である**という概念は、後者（Tylor, 1871）にとって中心的なものであっただろう。エドワード・バーネット・タイラーは、文化という概念を文明の「ためらいのある代替案[10]」として用いた。文化を解明するために学問を重視したことは、タイラーの視線を文化史への焦点に近づけた[11]。

　文化の発展を前提とした進化思想の重要性を強調することは、イギリスの人々における優先事項でもあった。定義条件としての「社会の一員」を強調することは、文化という概念をドイツのクルトゥーアを超えて、単数形から複数形へと変化させるための準備をさせるものである。後者は、文化を、その人の中にあるもの（後天性）ではなく、その人が「中に入っている」「容器」として捉えるための道を開く。ドイツのクルトゥーアは独自の言語を用いた社会集団の統一に**向かっていき**、フランスの**文明**が他のすべてのものと対比して、「文明人」（ここでは明らかにフランス人のこと）の中心性を**維持していた**とき、イギリスの**文化**は**既存の社会集団**（小さな共同体――Mead, 1930）の中で学問の現実に注意を払っていたのである。これら 3 つの言語で 3 つの異なる機能を持つ用語は異なるニュアンスの使い分けを広げる土台となる[12]。

日本文化を構築すること

（ヨーロッパから見て）東であり（アメリカから見て）西の社会である日本の
ユニークな歴史は、長い鎖国の時代があったにもかかわらず、何世紀にもわたっ
て中国やインドからさまざまな記号システムを借りてきている。ヨーロッパやア
メリカとは異なる思想が、時に日本に上陸し、歴史の中で培われてきた思想と融
合していく。英語圏の世界とは対照的に、日本では文化は自然から切り離された
ものではなく、自然の中に調和的に織り込まれている。さらに、日本語では文化
を表す言葉として「bunka（文化）」がある。

> 「bunka（文化）」は前世のカルマ（業）を背負っている。その起源は中国の
> 古典にまで遡るが、現代日本語では「文化」と「文明」という意味で使われて
> いる。「文化」と「文明」という文字は、特定の限定された文脈の中で登場す
> る。また、「武」の字と二項対立の概念である。この文脈では、「文化」と「文
> 明」は、「武」（剣）よりも「文」（文字、学問、規則）によって社会を秩序づ
> け、向上させることを意味する。　　　　　　　　　（Morris-Suzuki, 1995, p. 762）

ヨーロッパ人の「文化」が自己と他者を対立させて比較することに焦点を当て
てきたのに対し、日本人は第三の要素である「自然」を介して自己と他者の一体
性を創造する。自己は、さまざまな形の自然の中を移動する自分自身を見てい
る。自己への道は自然の中を通っていく。

　人間の自己と最も近縁な動物の魂との関連性は、儀式的に保たれている[13]。
さらに、日本庭園は、自然と人間の調和を重視している。その調和とは、自然界
に対抗するのではなく、自然界を通して人間性を創造することである。その調和
に基づき、自己の概念を構築し始める社会的対比は、人間の生存のために栽培の
対象となる関連する自然の対象に符号化されたまま残っている。

　日本における発達する自己とは、エージェント（人）と生存の文脈（自然）と
の相互依存関係である。しかし、後者は人間の絶え間ない活動の結果、培われた
ものである。つまり「日本人らしさ」とは、人に投影された性質ではなく、他者
と、そして自然との生き方である。そのような自己構築の場として登場するの
が、最も一般的な食べ物である「米」である（Ohnuki-Tierney, 1993, 1995）。こ
こでの文化とは、日常生活の中で最も中心的な食べ物と人**との関係性の中**にあ
る。それは、原料の栽培から実際の調理手順、食品を食べるための社会的ルール

まで、日々の食卓の準備のことである[14]。シンプルに、発達には食べることが必要とされる[15]。

食べ物をシェアすること：自己と他者を対比させる第一の文脈

食べることは日常的な行為であり、生存や社交性には欠かせない。それは、飢えて泣いている乳児から始まり、葬儀の一環としての追悼夕食会に至るまで、誰かに提供され、誰かから要求される最初の交換対象である。食べることが最初の社会的接触を確立するのである。エドワード・シーフェリンは、ニューギニアのカルリ族の長屋根を持つ住民たちの共同空間に入ったことを振り返り、こう語っている。

> 私は男たちの寝台の端にぐったりと腰を下ろし、靴下の中にいたヒルを引っ張り出していると、一人の男が黒ずんだローフ状の小包を手に持って近づいてきた。彼は1つを割って、灰色がかったゴムのような皮に覆われたカルキ状の物質を手渡して、私がどうするかを見ていた。しぶしぶ一口食べてみた。味はチョークを強く連想させるものだった。「ナファ？」（「おいしい？」）とホストの一人が、そのとき私が知っていた数少ないカルリ語を使って、期待を込めて尋ねた。「ナファ」、私は口の中に唾液が戻ってきたときに答えた。「ああ」、と私のホストは他の人たちを見回して言った。彼らはリラックスしていた。サゴ（サゴヤシ）を食したことで、私は仲間の一員としての地位を確立したのである。
> (Schieffelin, 2005, p. 46)

関係性の確立は、食べ物を分け与える行為、味わう行為、扱う行為、より多くの食べ物を拒むか受け入れるかという行為、そして摂食状況から離れるという行為に埋め込まれている。人と人との間に親密さを確立する根拠として、摂食はセクシュアリティを凌駕している[16]。食に関連した活動は日常生活のための一定の重要な価値を持ち、一方で性機能は与えられた社会単位の生殖継続を保証するために必要とされているのだから、これは驚くべきことではない。

文化の多様性：意味とイデオロギーの交差点

アルフレッド・クローバーとクライド・クラックホーンは、1950年代初頭までに、文化のさまざまな定義の比較分析という巨大な課題を達成した（Kroeber

& Kluckhohn, 1952)。その結果、164 の異なる定義からなる分類体系ができあがり、英語使用や社会科学において「文化」という言葉が意味するさまざまなニュアンスの心象風景が現在まで蓄積されている。文化定義の異種混交性は、その後、図 2.1 のようなさまざまな組織的な取り組みに委ねられている（Jahoda, 2012a, 2012b）。さまざまな定義が人＜＞環境の取引の異なる側面を捉えており、その多くは著者自身のメタ理論的な位置づけと定義に期待される機能に依存している。

　図 2.1 は、文化が社会科学の中でどのように位置づけられるようになるかを適切に描いたものである。しかし、本書で提示されているような文化心理学の体系には不十分である。文化に関する多様な定義について、静的な分類体系を作り、それらを異なる「流派」に属するものとする努力は、「文化が何であれ」人間がいかに生きるかを理解するための生産的な概念として機能すると考えられる領域の問題を回避しているのである。このように、本書で紹介する記号論的文化心理学の観点からは、文化とは、能動的な心（「文化を担う人々」）とその環境（「社会文化システム」）との間にあるものである。その関係の中で、「社会文化システム」と「文化を担う人々の心」の両方をさらに刷新する、さまざまな「心の産物」（意味、道具、象徴）が生まれてくる。このように文化を動態的な関係性のプロセスとして捉えることは、共時的な側面と通時的な側面の両方を持ってい

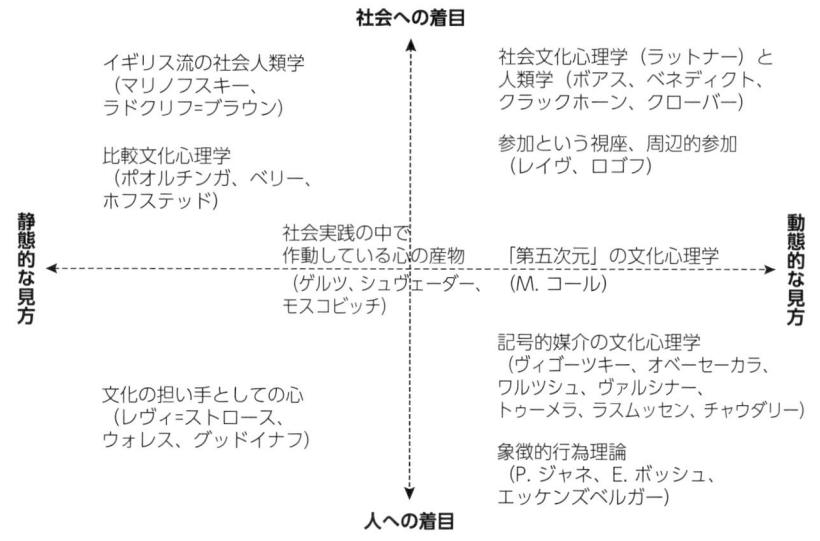

図 2.1　文化の概念の類型化

る。文化はプロセスであり、実体ではない。文化にはエージェンシーがなく、人間がエージェンシーである。しかし、文化の力は人間のエージェントが行う行為にある。文化が何かを引き起こすわけではないが、人間は文化を通じて目標志向的に世界を再構成している。要するに、文化を作り、文化を維持し、文化を破壊するのは、世界のどの地域にもいる私たち人間である。

心理学と文化：耕すことに抵抗する行動

　しかし、20世紀初頭までには、科学としての心理学は、文化とのいかなる連携に対してもバリケードを築いていた。低次心理機能[1]の実験的心理学に焦点を当てることで、心理学が真の科学になることが期待されていたのである。特に一般的な歴史や文化史との結びつきは、科学的な純粋さへの王道を行く上で障害となっていただろう。その結果、心理学者による複雑な文化現象の本格的な研究は、さらに1世紀ほど行われなかった。音楽は、19世紀から20世紀初頭の初期の心理学者にとって好ましいトピックであったが、21世紀に入ると、研究分野としては目立たなくなった。この話は宗教の場合にも似ており、宗教はさまざまな形で世界中の社会生活や個人生活に影響を及ぼしている。1920年代には、宗教は研究分野として心理学者からほとんど見放されていた。それから100年近くたった今、私たちの生活は、新しい宗教団体に簡単に取り込まれ、常に浮き沈みする精神的な感情で満たされている。科学としての心理学は、人間の生活における宗教的感情の深い重要性について、ほとんど語ることができない。

心理学の硬直性：文化の見落とし

　心理学は、**社会的に野心的な**学問である。それは「本物の科学」であることを目指し、そのことに焦点を当てることで自らの劣等感を伝えている。しかし、そうありたいと**宣言されている**科学（例えば、「余暇科学（leisure science）」、「行動科学（behavioral science）」、あるいは「経験科学（empirical science）」など）や、その対象となる現象について新しい知識を生み出す科学も存在する。後者は、固定された標準化された方法に頼ることはできず、その方法を革新するための絶え間ない努力をする必要がある。研究者の世界観や理論的関心によって意味を持たせた研究課題こそが、研究方法の構築につながる。

▎　（科学的発見は、）新しい知識を明らかにするが、それに伴う新しいビジョン

は、知識ではない。しかし、それは知識以上のものであり、まだ知られていないこと、現時点ではおそらく想像もつかないことを予見している。物事の一般的な性質についての私たちのビジョンは、将来のすべての経験を解釈することを輔するものとなる。このような輔助は不可欠である。科学的真理の確立を、純粋に客観的な形式的手続きによって説明しようとする科学的方法の理論は、失敗する運命にある。知的な情熱に導かれていない探究のプロセスは、砂漠の中に広がるように価値あるものが必然的に見失われてしまうだろう。

（Polanyi, 1962, p. 135）

　知識の創造は、このように、社会的に正当化された手続きによる「データ」の安全な蓄積ではなく、深く情感的で、常に曖昧なものである。芸術、詩、科学の境界域は儚いものであり、科学が刹那的なのは、人間の精神の理性と非理性をきちんと分離しておくための、一見して乗り越えられない壁として、あるときは合意的に作り出されるからである。

　しかし、心理学は曖昧さに対してはほとんど寛容さを示していない。科学界の神々（パンテオン）（the pantheon）に認められたいという社会的野心から、**硬直した科学**（a rigid science）になってしまい、それ自体、矛盾している。心理学では、「正しい方法」の使用に関する言説が聞かれるが、それは通常、定量化・標準化されたものを指している。どんな科学にも「正しい」（あるいは「間違った」）方法は存在しない。むしろ、理論と実践が現象と出会うことで、方法論が浮かび上がってくるのである。それらは「科学的であること」の象徴（シンボル）ではなく、新しい理解のための道具である。つまり、「知能測定」の実践は、科学的な（知識構築や科学（ヴィッセンシャフト）という意味での）活動の領域には属していないのである。むしろ、そのような測定の実践は、社会工学の管理的実践である。「科学」というハロー効果[2]を得るための社会工学の手順には象徴（シンボル）的な価値があり、それゆえにそのための主張がある。しかし、心理学における実際の知識ベースにとって、これらの社会的実践はほとんど追加されない。

心理学のチャンス：文化をどこで（再）発見するか？

　心理学の関心をひく現象は、その構成要素というよりも、複雑な全体像である。これらの要素は、特にその膨大な集積（度数分布、要約統計量）の中で扱われる場合、全体を構成する構造的な形態を表すものではない。それにもかかわらず、19世紀末以降の心理学の実証的研究手段はすべて、全体<>部分（whole<>

parts）の関係の複雑さを排除し、部分を要素として扱うようなものであった。全体の構造的な関係が破壊され、全体はもはやデータとして見えなくなっている。心理学の経験的習慣が膨大な量の疎外されたデータを生み出してきた。

　20 世紀における心理学の歴史は、その方法論がどこに向かうべきかを認識しながらも、それを達成することができない言説であった。このように、1920 年代から 1930 年代にかけてのレフ・ヴィゴーツキーの分析単位への正確な焦点は、実用的な精緻化がなされないままに残っている。

> 　心理学は、複雑な全体を研究することを望むので、……単位の部分を明らかにする分析方法によって要素ごとに分析の方法を変える必要がある［文字通り：全体をリンクされた単位に分割する——*metod... analiza, ... razchleniayushego na edinitsy*］。それは、さらに分割できない存続する特徴、つまり、相互に対立する方法でこれらの特徴が表象される統一単位としての与えられた全体の特徴を見つけなければならない［ロシア語：*edinitsy, v kotorykh v protivopolozhnom vide predstavleny eti svoistva*］[17]。　　　　　（Vygotsky, 1999, p. 13）

　ヴィゴーツキーの提案を実践することは、20 世紀の心理学が弁証法的になることを意味するが、19 世紀ドイツの文脈で自然科学分野と人文科学分野の戦いに巻き込まれた心理学は、そうなることができなかった（Valsiner, 2012）。20 世紀の間に、弁証法的思考を心理学に導入しようとした数少ない試みは、失敗[18]するか、横道にそれてしまった。その失敗の結果、過去 60 年間の心理学の知識基盤の価値について、正当な問いを投げかけることができる。アーロ・トゥーメラ（Toomela, 2009, 2012）の意見は、動揺をもたらすものではあるが、真実である。曖昧なラベルを張られた流行[19]と科学的に見える視点[20]に踊らされ、基本的な新しい知識はほとんど生み出されていない。

常識を超えて：実体ではなくプロセスとしての文化

　文化に関する社会的言説の歴史の限界をどのように克服し、「文化」という言葉を科学で使えるようにすることができるのだろうか？　心理学はどのようにして、庭作りから教育に至るまでの共通言語の用語を、21 世紀の心理学者が飽くなき情熱を持っている無数の実証的努力を照らす建設的な抽象用語として生産的に変えることができるのだろうか。

　まず、当たり前のことを明確に否定するところから始めよう。1951 年に遡る

と、タルコット・パーソンズは文化を定義しようとする努力の中で検出されるすべての変動性を３つの条件にまとめた。

> ……第一に、文化は**伝達されるもの**であり、それは遺産や社会的伝統を構成するものである。第二に、文化は**学習されるもの**であり、文化は人間の遺伝子構成が特定の内容で現れるのではない。第三に、文化は**共有されるもの**であるということである。
>
> (Parsons, 1951, p. 15)

　文化の３つの特徴はすべて、20 世紀前半の理論的言説から自然に生まれたもので、行動主義が台頭し（学習が重視されるようになり）、伝達技術が発達し、そこでは、内集団<>外集団（ingroup<>outgroup）の区別が再び出現し、共有すること、少なくとも自分の内集団と他の誰かの外集団が他と比較して何かを共有しているかのように見せることが必須となったのである。
　文化の３つの特徴のどれもが現在の文化心理学の視点には当てはまらない。その代わりに、これらの特徴は、活動する人とその世界との関係を暗示する別の特徴に置き換えられている。

　　文化は：
　　伝達されるもの　→　**再構築されるもの**（方向性のあるコミュニケーション行為の過程を経て、世代間、同年代の人々の集団間での新たな形で再構築されるもの[21]）
　　学習されるもの　→　**内化／外化されるもの**（記号によって伝達されるメッセージを能動的に**分解し、新たな心理内的パターンに再構成し**、それを他者がアクセス可能な範囲に持ち込むこと）
　　共有されるもの　→　**コーディネートされるもの**（異なるエージェント、人、社会制度が、指示されているが**境界域的に不確定な**（boundedly indeterminate）ままである方法で、互いの人生世界の経験を調整している[22]）

　本書で概説されている文化心理学の主な焦点は、**人間の経験の個人的な（主観的な）領域と社会的な（集合的な）領域の調整された（同型的ではなく）発達**である。文化心理学の焦点は、社会世界の能動的な構築者である精神、そしてそれを通じた自分自身の精神にある。文化とは、人間発達の主体と客体との間のプロ

A. 人は「文化」に属する

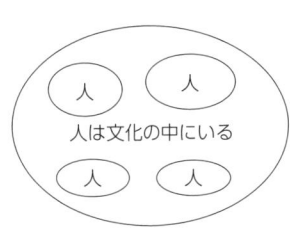

人は文化の中にいる

「文化」の境界域は厳密かつ
定義されたものと想定される

B. 関係づけるプロセスとしての文化
　（主体としての私<>客体としての私<>世界）
　——G. H. ミードをもとに

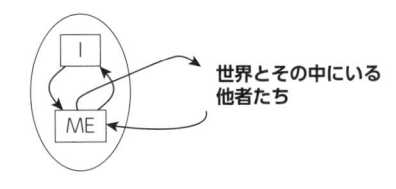

世界とその中にいる
他者たち

図 2.2　文化を「容器」（A）または「関係づけるプロセス」（B）として用いることの
対比

セス関係である[23]。そのため、文化は人の一般的な心理システムの一部であり、心理的現象の高次のレベルに属している。文化は人の中にあるのであって、その逆ではない。とはいえ、**内にある**ということは、人と世界の**間にある**ということである（図 2.2B）。

　人間は、自分の生命世界の中で活動するアクターとして、常に現在の発達の状態と将来の予想される状態の間に存在している。図 2.2 では、私は、ジョージ・ハーバート・ミードの研究から、I（部外者にはアクセスできない固有の自己中核）と ME（自己の個人的にアクセスできる社会中核）を分離するという基本的な精神内的スキームを借用している。ここでいう「文化」とは、「内部ループ」（図 2.2 の I<>ME）内での記号的内省のプロセスと、外の世界（その世界に向かって目標志向の行動をとる他の社会的行為者がいて、その中の特定の人（I<>ME）に向かっている可能性がある）との ME のプロセスを指す。**ここでいう文化とは、記号の構築と使用のプロセスであり、心理内的な領域と心理間的な領域で同時に生じている。**人は、知覚された環境をそれ自体が意味のあるものとして扱いながら、まず自分の主観的な内的無限の中で世界と意味のある関係を構築する。

　さらに、意味づけの説明を構築することは、階層的な形態をとる。それは、内的無限と外的無限を意味づけするこれら 2 つの構成プロセスを調整するシステムである。時には、内的主観のループ内に出現する意味が、外的行為を輔する意味を支配する。また他のときは、それと逆の場合もある。記号はこれらの領域間の関係を設定し、さまざまな形で相互に協調する[24]対話的なものである。時には、これらの形態が弁証法的な関係へと変化し、緊張を高めながら、新しい構造形態を生み出すこともある。

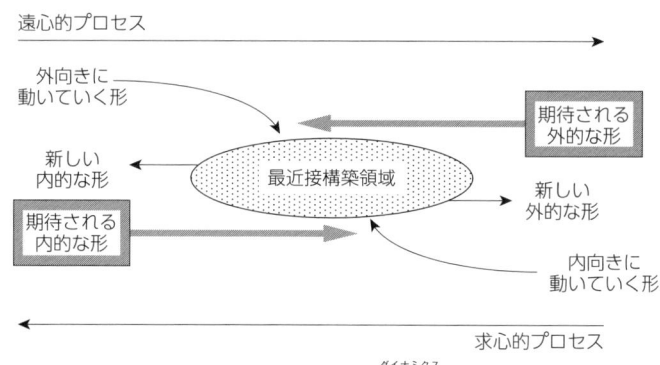

図 2.3 意味構築における内部と外部のループの動態性（ダイナミクス）

　文化はこのようにして必然的に動態的で異種混交的なものであり、内部ループ（I<>ME）の働きと外部ループ（ME<>YOU）の働きが同型になることはほとんどないだろう。「個人」と「社会」の世界の完全な統一のような瞬間は、経験のその瞬間的な充実感にもかかわらず、発達を助長するものではないだろう[25]。人間の精神は**二重**であり、ここでは（少なくとも）2つの部分が互いに関連している[26]。このようなシステムの二重性から、心理的現象の動態的なメカニズムを導き出すことができるのである[27]。同じ全体の一部であるプロセスが分岐することで、移行を説明できる可能性が出てくる。プロセスの二重性は、哲学的な二元論ではなく、機能的な全体を理解するための鍵となるものである（図 2.3）。

　文化人類学と、それに対応するヨーロッパの民族学や社会人類学は、歴史的に、文化をどのように概念化するかという理論化よりも、非常に多様な種類の人工物の収集に強みを持っている。しかし、フランツ・ボアスによって創始され、ルース・ベネディクトによって引き継がれた伝統の中では、文化の構造的・動態的な見方が優勢であった。例えば、ベネディクトは次のように記している（執筆は 1934 年）。

　　　文化とは、一人の個人と同様、多かれ少なかれ一貫した思考と行為のパターンである。それぞれの文化の中には、他のタイプの社会では必ずしも共有されているわけではない特徴的な目的が存在する。これらの目的に従うことで、それぞれの人々は経験をますます強固なものにし、その衝動の緊急性に比例して、異種混交的な行動の諸項目はますます一致した形をとるようになる。よく統合された文化に取り込まれると、最もまとまりのない行為さえ、しばしば最もありそうもない変容によって、その文化の特異的な目標の特徴となる。この

> ような行為がどのような形をとるかは、まずその社会の情動的、知的な源泉を理解することによってのみ理解することができる。　（Benedict, 1959, p. 46）

　文化の**布置**としてのベネディクトの見方は、記号圏としての文化の見方（後述）とよく関連している。このように、文化はゲシュタルト現象[28]であり、それは「……その構成要素の総和以上のもの」である（Benedict, 1959, p. 47）。しかし、上記の引用文が示すように、文化は人と社会の**間**にあるものだとも概念化されている。文化の話は、あたかも人であるかのように語られているが、それは人と「社会」が同時に共有する集合的な実体（「各人」）である。では、文化はどこにあるのだろうか。

文化的景観

　文化心理学と記号論を統合する努力の中で、ユーリ・ロトマンの**記号圏**（Lotman, 1990）という概念を呼び起こすことが流行している。

> 　……記号圏とは、異なる言語の総体ではなく、言語の存在と機能に必要な記号論的空間であって、ある意味で記号圏は**先に存在し、言語と常に相互作用し**ている。この点で、**言語とは機能であり、記号論的な諸空間とそれらの境界域による１つの集合体であり**、たとえそれが言語の文法的な自己記述では明確に定義されていても、**記号論的現実においては常に侵食され、過渡的な形態でしかないのである。**記号圏の外には、コミュニケーションも言語も存在しない。
> （Lotman, 1990, pp. 123-124, 強調は引用者）

　（記号圏の概念が示すような）人間の全体的文脈の異種混交的な性質は、このように「明快な領域」（一般的には言語や記号論的なコード）と、**これらのコード間の移境態領域**が含まれ、そこでは多様な移行形態が常に出現している。このような領域、すなわち、確立された記号圏の構造単位の「間」こそ、十分に分化した部分の間に緊張を生み出すことによって、記号圏の構造単位の発展に寄与する。ヴィクター・ターナーが指摘しているように、関連する心理的現象のほとんどは、演技者と世界との間の境界線上で行われる移境態的なものである。

　言語以外にも、記号圏は社会的に関連した記号——社会的地位や社会的関係を示すものを含むことができる。対人関係の意味に基づいて、さまざまなコミュニケーションの異なるスタイルが生まれる。例えば、次のような記述である。

……礼節は、親密な関係と敵対的な関係の間にある社会的関係の中間領域で最もよく栄える。礼節は、異なる背景を持つ人々の間のやりとりに共通の基盤を提供するため、地位や身分の違いを超えて社会的関係を支配する傾向がある。　　　　　　　　　　　　　　　　　　　　　　　　　　　　（Ikegami, 2005, p. 78）

　親密な関係にある者同士の間では、礼節は必ずしも必要ではないが、多くの心的葛藤に満ちた夫婦関係に例示されるように、心的葛藤があっても耐久性があり、心的葛藤を関係維持のための道具に変えてしまうことがある。同様に、互いを完全に排除してしまった当事者間の心的葛藤も持続させることができる。それは親密な関係と敵対的な関係の間の中間的な領域であり、それが関係交渉の舞台である。

記号圏における境界の重要性

　記号圏の構造は、このように境界線によって構成されている。こうした境界線は、明確に定義された構造から、明確に定義された部分（言語など）の「島々」の間にある移境態的な空間まで、さまざまなものがある。

　　　［境界域は、］……一人称の形式の外側の限界として定義することができる。この空間は「私たちのもの」であり、「私自身のもの」であり、「文化的なもの」であり、「安全なもの」であり、「調和のとれたもの」である。対照的に「彼らの空間」は「他のもの」「敵対的」「危険」「混沌」などである。境界域は、生者と死者、定住した人々と遊牧民、町と平原を分けるものであり、それは国家の辺境であったり、社会的、国家的、あらゆる種類の辺境であったりする。　　　　　　　　　　　　　　　　　　　　　　　　　　（Lotman, 1990, p. 131）

　境界域はどこにでもある。境界は、ロック（施錠されたもの）、フェンス、有刺鉄線などの離散的な境界で標す（mark）こともあれば、記号論的に構成された領域から別の領域への流動的な遷移を伴うこともある（図 2.4）。乾いた土地と海の境界は具体的であるが、潮の満ち引きによって常に位置を変えている。海と空の境界（水平線）は、決して到達することのできない「向こう側にある」想像上の線である。海の上のどこかに、ブラジルという国の想像上の国境線がある。地図上では明確に区分されていても、海には物理的な目印がない。同時に、浜辺

図 2.4　浜辺の境界域

において人間の許容できる「身体の露出」の境界は、人が浜辺で着る水着の形に符号化されている。それは、静態的な身体を覆う布地の具体的な境界であり、決して静態的ではない浜辺の砂と水の境界とは対照的である。

　同時に機能する境界の多様性によって例証される記号圏の異種混交性は、記号圏内の人間中心の位置の非対称性によってさらに組織化される。

> 　「普通の」生活の中心が平坦な場所だとすると、家と非–家の境界域空間は階段や玄関である。そしてこれらは、ホームレス、麻薬中毒者、若者たちなど疎外された社会集団が「自分たちのもの」としている空間である。その他の境界域となる場所とは、スタジアムや墓地などの公共の場である。境界域から中心に移動する際には、受け入れられている行動規範に大きな変化がある。
>
> （Lotman, 1990, p. 140）

　また、社会的規範の変化は、その人自身や他者による強制によって示されるように、その人が移動によって発見している記号圏の異種混交的な性質の証左であると付け加えることもできる。

> 　［例えば日本では］……襖の敷居、障子、畳、玄関など、家の中の線を踏むことはタブーとされ、マナー違反とされている。襖は日本の伝統的な引き戸で、木の格子の上に和紙を貼り付けたもので、畳は和室の床に敷くマットのようなものである。……
>
> 　敷居を踏むという言葉がある。敷居を踏むのは家主の顔を踏むのと同じだから、他人の家に行くときには絶対に踏んではいけないという言い方もある。また、父親の頭を踏むのと同じであるから、先祖に対して失礼だという考え方も

ある。他には現世と来世を分けるものとして、境界域の線に頭を乗せて寝ると幽霊が出たり、親が病気になったり、何か不幸が起こるかもしれないという説もある。

(Yama, 2011, pp. 37-38)

私たちの記号圏は構造化されており、構造化している区分け、境界の領域、敷居などの分離装置は実際に分離された部分を一体化させる。記号圏は環境と等価ではないが、環境は、人間の意味づけの努力の結果である記号圏を支えるシステムである。人は環境に意味を持たせ、環境が意味を持つように変化させる。森や川といった自然の一部を、人間にとって特別な意味を持つ場所にすることが、その**意味づけ**の最もシンプルな行為である。この意味の注入は、環境に対する最小限の差異、つまり森の中の道を作ることから始まる。

2つの集落の間に最初に道を作った人々は、人類最大の偉業の1つを成し遂げたといえる。それまでも人々は2つの集落の間を何度も往復していただろうし、それによっていわば**主観的に両者を結びつけ**ていただろう。しかし、彼らが地面に道をはっきり見える形で刻むことで両者は初めて客観的に結ばれたのである。

(Simmel, 1994, p. 6, 強調は引用者)

道路、運河、鉄道、そして飛行機が他の大陸に到達するための空路の整備は、社会的記憶を生み出し、維持するための環境変化である。そのような記憶は、記号圏が機能するための場である。道によって結ばれた場所は、異なる価値を持つようになる。

例えば、景観の中を通る道は、道の両脇に対する評価の差につながる。道の一部は**神聖な森**となり、通り過ぎる人（または通り過ぎた人）に畏敬の念を抱かせるかもしれないし、深い信仰を持つ人はガンジス川に沈む至福を感じるかもしれない。さらに、人間の目標指向的な行動は、特殊な建造物、つまり建築物やモニュメントで環境を飽和させることに導く（図2.5参照）。モニュメントまで移動して写真を撮ってもらう人は、その記号圏の異なる部分同士を結びつけている。写真撮影のエピソードの前には、文化的に構築された環境（モニュメントを含む）と、若い訪問者の個人的な世界とは距離があった。撮影という行為によって、個人的な文化的領域と社会的に組織化された環境との間のつながりが確立された。それは後になって放棄されたり（例：写真を捨てたり、**その象徴的な場所**で撮影されたことを忘れたり）、維持されたり（例：写真をアルバムに入れたり）、エピソード的に訪れたり（例：象徴的な場所や物と一緒に自分の写真を見

図 2.5　中国・杭州の兵士の記念碑

せる）することができる。人は、その行動を通じて、記号圏のさまざまな部分同士の間のつながりを織り成す。このプロセスは、その人に固有な**個人的文化**の構築を伴うものであり[29]、すべての人間の行動の基礎となるものである。

　一般的に言えば、記号圏は厳密にあるいは緩やかに組織された境界によって構造化されており、人間の行動は、これらの境界の中に隙間を生み出す。このような記号圏の再構築によって、記号圏は常にそこにあり、常に新しいものであるという動態的な安定性を獲得する。

　世界全体が舞台であり、人間はすでに書かれたプロットの単なる役者にすぎない、というのが――シェイクスピアの言葉を借りて――流行になっている。私たちはそれを修正することができる。再構築を通して、記号圏の**人間は自分自身が演じている演劇の脚本を書いている**。この演劇的なアナロジーは、「劇場」として指定された建物をときどき訪れるだけではなく、人間の生活の中でより広い意味での演劇の役割を強調している。私たちの日常的なドラマの一部が舞台劇に取り込まれ、それは私たちの平凡な生活の中にもさらに影響を与えている（図2.6）。演劇は、日常生活の中で想像力を働かせるための基礎となるものである。『オセロ』の顕現的なパフォーマンスは、**嫉妬**は正常なもの、「与えられたもの」であり、もしかしたら必要なものでさえあるとして受け入れる、日常的な言説の修辞的構造の中に送り込むのである。

　その結果として、嫉妬のドラマは家庭の閉ざされたドアの向こうでさまざまな形で演じられ、より多くの人々が誇張された人生の悲劇を求めるようになる。テレビで見られる多くの戦争映画やメロドラマは、顕現的なパフォーマンスの役割を果たしている。その目的は、与えられた社会の中で暗黙の修辞的手段を準備し、示唆された社会的役割を演じる準備ができるようにすることである。

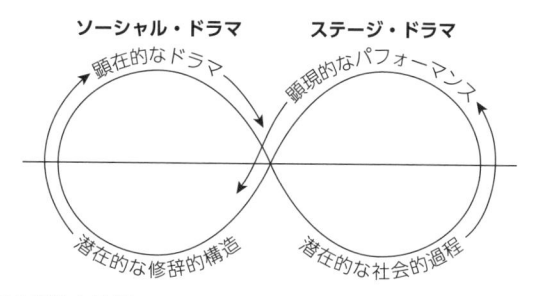

図 2.6　記号圏の劇的な性質

文化はその間にある

　文化とは、人が（同化や社会化によって）「持つ」「得る」実体や「もの」ではなく、心理内的および心理間的な領域の両方において記号を通じて人間の生活を媒介する能動的なプロセスである。文化心理学の中心的な課題は、主体的な人々の生活活動の中に文化を位置づけることである。これらの人物は意味形成をする人であり、作られた意味が環境との関係を構成する。ガナナート・オベーセーカラは次のように指摘している。

> 　……動物は、その心理生物学的な限界から、経験という事実に満足しなければならず、経験に意味を与えることはできない。これに対して、**人間は、嫌な経験をしたという事実だけでは満足できないので、その経験を内省し、意味を与えなければならない**。このことは、アクシデント、偶然、チャンスなどの概念は経験を意味づけできないために、文化を超えて通文化的に普及しないことを意味している。私の自動車事故が事故であるとか偶然の出来事であるとか言ってもあまり意味がない。私がそれを魔術やカルマや占星術のせいだと言った瞬間、私は個人的な経験に文化的な意味を持たせたことになる。
>
> （Obeyesekere, 1981, p. 114）

　意味づけをなすという行為はプロセスであり、そこでは人がエージェントである。そのため、意味形成を行う人は含意（言外の意味）をも構築している。

> 　「人魚は緑だ」と言うならば、人魚が探される領域を前提としているが、これは人魚に関する事実の暗示である。……「人魚が存在するならば」、あるい

は「人魚の存在領域を仮定するならば」、あるいは「人魚が見つかるとすれば、私は「人魚は緑だ」と付け加える。判断は、統制の領野（control sphere）を**暗示しているか**、あるいは**仮定しているか**、あるいは**前提としているか**、あるいは**想定しているか**のいずれかであると解釈されうることが明らかになる。

（Baldwin, 1908, p. 134）

ジェームズ・マーク・ボールドウィンは、このような意味形成の建設的な見方を理解する上で、時代の先を進んでいた。X is Y という意味を作ることで、たとえ経験的な証拠（「天使は美しい」）がなくても、意味形成者は X の存在を肯定する。そして、その後に続く特徴（「美しい」）を介して、理解できる意味で、生きている（「天使」）という（まだ）経験していない特徴の存在を肯定している。このつながりは、繋辞（the copula）によって作られた総合である。ボールドウィンは次のように説明している。

　繋辞は総合の記号であり、通常または一般的に言われているように、関係の表現ではない。これまで見てきたように、総合的な動きは、まさに発生的な動きであり、つまり新しい要素を集めることによって意味全体が変化することにほかならない。「犬」は「猛犬」に、「太陽」は「雪を溶かす太陽」に変化する。今、私たちは、このような概念的な意味の進行の段階を示すのが判断の機能であることを見てきた。私の意味する「犬」が新しい経験によって「猛犬」に成長したとき、この述語の動機は、**この変化を主張する**ことである。私はこの事実を明らかにし、隣人に知らせ、警告したいのである。総合的な主張の動機は、意味づけの実際の展開にある。これが繋辞の役割であり、**意味づけの展開の前段階と後段階を結合する**。私が隣人に「タイガーという犬は私の考えを通り越し、あなたの中でも獰猛な犬になるはずだ」と言う。私が隣人に単に「タイガーは獰猛だ」と言うのは、まさにこの意味である。「タイガーは獰猛になった、あるいは獰猛であることが分かった」というのが完全な意味である。

（Baldwin, 1908, p. 263）

文化からエージェンシーへ：文化を作る人

　作り手のいない文化は存在しない。文化とは、記号を作ることと使うことのプロセスの中で、人間が自分自身や外の世界と関係を持つことの一部である。その言葉が独立した存在であるかのように使われることで、私たちと彼（彼女）ら

（WE<>THEY）の対立という観点から、新しい種類の差別が導かれる[30]。「文化間の関係」（あるいは文化の比較）について語るとき、私たちは人間について語る。

> 文化同士は出会うことができない。なぜなら、「文化」にはエージェンシーがないからだ。それは単なる言葉であり、概念であり、概念は出会うことがないのである。そのため、文化があれこれできるかのように話すこと、つまり、出会う、ぶつかる、衝突する、ということは、何が人々を動かすのか、という問いを投げかけることになるのだ。**行為する力を持っているのは文化ではなく人であり、よくも悪くも人生を変えることができるのは、文化ではなく、人である。**
>
> （Wikan, 2002, p. 10, 強調は引用者）

人は文化を通じて行為する——人は文化を作る道具や記号、他の文化的な道具によって行われる働きを組織するメタ記号を通して行動する。したがって、文化は個人と社会的世界の間に位置するものである。文化は環境と人間の魂の深い層の両方にその痕跡を残す。

第3章

心を社会的に共同構築する

交感を超えて

　交感[1] (communion) は、心理学の理論的発想としては不十分である。宗教の歴史におけるその中心性は、儀式を共有することで人を信念体系に縛りつけるという作用があることからも理解できる。その目的は、社会的世界の**均質化**であり、あらゆる組織が社会的統制を行うための必要条件である。これに対して、「発達」を特徴とする実際の生活は、個人内および個人間の質的差異を拡大する**異種混交化**という逆のプロセスの上に成り立っている[2]。生物的、心理的、社会的なプロセスはすべて、常に異種混交化する方向に向いており、それは別の言葉で言えば、常に交感を**断ち切る**ことに等しい。精神や社会における新しい形態が発達するためには、あらゆる均質性への反作用の可能性が必要である。均質化が成功するならば、それは発達の終焉を意味する。

　誰かに「譲る」べき「対象」としての「文化」という概念がなじまないのは、まさに異種混交化という角度からである。文化は（電気信号のように正確さを完全に保存するという意味では）「伝達」されえないが、伝達行為においては、文化は必然的に再構築される必要がある。つまり、「文化」の「提供者」とその「受け手」の間の共通性を高めるのではなく、受け手が既存の文化的ノウハウや慣習、意味体系を超越できるようにすることが、転移プロセスには必要なのである。本書では、文化とは、人間と環境との関係を記号的に媒介するプロセスであり、人間の生活様式を絶えず革新する道具であると同時に対象でもある、と見なしている。文化は、他者との関係によって共同構築され、ある目標に到達するために方向づけられるものである。それはどのようにして可能になるのだろうか？

前方向に生きる：2つの間主観性の間

　ラグナール・ロメトハイト (Rommetveit, 1985) は、人間のコミュニケーションの動態性（ダイナミクス）を理解するために、人間の生活における前向きな意味構築に適用できる解決策を紹介した。まず、人間の生活のあらゆる場面で、私たちは「他者」

——自分とよく似た外見を持つ人——を理解しているという幻想を抱き、自分がポジティブに感じるように行為する。このような**幻想的な間主観性**は、当事者間の相互行為（transaction）を進めるための基礎となり[3]、**現実の**間主観性を構築することにつながる。ロメトハイトは次のように表現している。

> 　**間主観性は、ある意味で、当然と見なされなければ達成されない。**この準パラドックスは、まさに人間の言説のプラグマティックな前提条件と考えることができるだろう。これは、初期の母子相互作用の観察者や深刻なコミュニケーション障害の研究者が到達した洞察だけでなく、大人の日常会話のお決まりの話題に関するエスノメソドロジー的な調査や、通常の会話の公理的特徴に関する最近の言語学的省察から得られた収束した結論をも凝縮して捉えている。
>
> 　　　　　　　　　　　　　　　　　　　　　　（Rommetveit, 1985, p. 189）

　非可逆的な時間の中でコミュニケーションに目を向けると、「準パラドックス」は逆説的な性格を失ってしまう。他者との関係を開始するためには、他者に対する直接的なイメージが舞台を設定する。イメージである以上、それは他者の現実を知らされていない。関係が進展して初めて、想像上の他者が経験上の他者となるのである。

　また、ロメトハイトは、もう1つの「パラドックス」のようなものを指摘している。

> 　大人の完全な対話の役割分担は、初期の一貫した非対称なコミュニケーション制御のパターンを持つ、大人と子どもの相互作用からしか発達しえないのである。
>
> 　　　　　　　　　　　　　　　　　　　　　　（Rommetveit, 1985, p. 191）

　非対称なパターンはどの対話にもある。対称性は、ある非対称状態と、別のものの間の過渡的な段階にすぎない。さまざまな形の非対称性は、あらゆる関係の通常の状態である。上司や警察官、強盗との「対話」と、配偶者や子どもとの「対話」は異なるというように、これらは社会における権力関係の固定化から始まる。しかし、どのようにだろうか？

　図3.1Aと図3.1Bの2種類の関連づけは、他者との出会いがリラックスした状態（Aの場合）と、危険にさらされた状態（Bの場合）という2つの状態を示している。また、社会的関係における最小の権力階層が誕生する場所を示すものでもある（例：3.1Aから3.1Bへの移行）。「危険な他者」——人、あるいは条件

A. 相互性の対称性

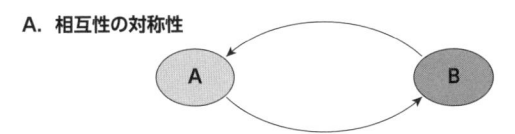

A は B にフィードフォワードし、B は A にフィードフォワードする
（「私は私をコントロールするためにあなたをコントロールする」——Valsiner, 1999）

B. 相互性の非対称性

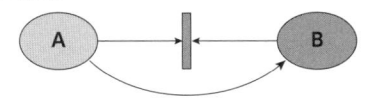

A が B にフィードフォワードしながら、B が A にフィードフォワードしようと
する努力をブロックする
（「私はあなたをコントロールするが、私をコントロールしようとするあなたの
努力はブロックされている」いわば掃除の状況 "私は B が私を危険にさらすことなく
B を掃除しなければならない"）

図 3.1　関係性の対称性から非対称性へ

（例えば、汚染されていたとしても行為、つまり清掃をし始める必要がある環
境）——を扱う必要性から、他者との二重関係（図 3.1B）——**私はあなたに働
きかけるが、あなたの私に対する働きかけは妨げられる**——が生じる。その苦境
は、医療用手袋、コンドーム、汚染地域や戦闘地域に入るための特別な衣服か
ら、悪魔、隣人の「邪視」、不妊の危険などの目に見えない危険から身を守るた
めの象徴的なお守りまで、さまざまな保護具の発明によって例証されている。潜
在的に危険な物質との接触が避けられない場合における自己防衛のための日常的
な道具（図 3.2 参照）の発明全体が、相反するものの間に存在する緊張関係を必
然的に示している。

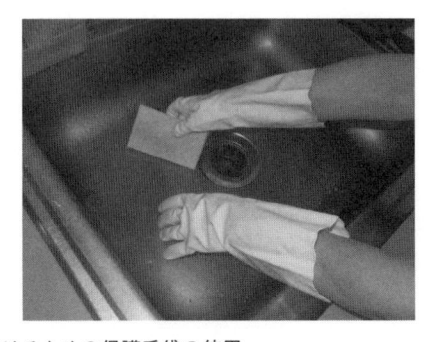

図 3.2　危険を遠ざけるための保護手袋の使用

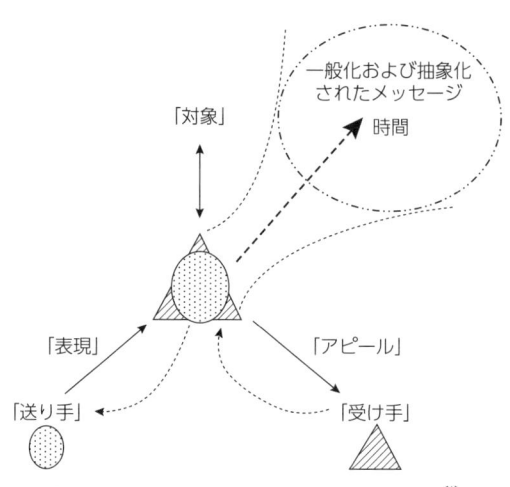

図 3.3　修正版オルガノンモデル：非可逆的時間における一般化[1]

コミュニケーションという行為：意味づけの交渉

　人間は**個々に社会的**であり、**社会的な個体**である。カール・ビューラーのオルガノンモデル[4]（図 3.3 参照）を見てみよう。1920 年代に科学界で流行した場の理論を背景に、ビューラーは、すべての記号は「場依存的（場の中では使用可能；fieldable[5]）」でなければならない、つまり、与えられた場の中で使用可能でなければならないと主張した。例えば、楽譜内で音符は「場依存的」である。しかし、そのような「場依存性」には限界がある。例えば、音楽の音符記号は地図上では「使用可能」ではない（またはその逆で、地図記号は楽譜上では「使用可能」ではない）。形式論理学の記号は、論理学者の狭義の場の中でのみ「使用可能」である。

　表象の場（Darstellungsfeld[独]）には 3 つのレベルがある。

①**第一の表象の場**は、音声記号が現実化（actualized）するときに（いわば）「それ自体を持ってくる」場、ないし場所である。記号は、その形式が与えられると、解釈者がその意味をさらに構築することができるような、特定の関係分野を呼び起こす。例えば、地理的な地図である都市やルートを参照することは、（その必要な文脈として）地図の参照体系全体（その表象のすべてを含む）を呼び起こす。地理的に特定の質問に対する答えは、この参照体系の中でしか与えられない。同様に、音声記号は、豊かな経験の集合体を呼

び起こす。

②**第二の表象の場**は、共同構築的な聞き手において発話行為が呼び起こす、個人的な記憶や生産的な空想の場である。この表象の場は、聞き手の理解の構築を「今ここ」から解放し、聞き手の個人的な世界の中にある音声記号の内化された制御機能を発達させることにつながる。この焦点は、ビューラーが強調する歴史の役割をもたらす（Bühler, 1990, pp. 65-66）。人は、第二の表象の場でフィールド化される個人的感覚に過去の経験を持ち込むのである。

③最後に、**第三の表象の場**は、特定の発話行為によって呼び起こされる構文上のスキーマを含む。話し手は志向的であり、特定のメッセージを目標志向の可能な意味づけの集合である場の中で符号化する。この場は、聞き手にとってさまざまな解釈の可能性を開いておくものである。

　ビューラーの３つの場は、発話行為理論のお決まりの例、例えば「塩を取ってもらうことができますか？（Can you pass me the salt?)」という発話で説明することができる。明らかに、第三の場の文脈では、この発話は目標志向の要求であり、**そのように扱われれば**、発話者は相手から目標のものを受け取ることにつながるのである。しかし、同じ言葉を第二の場で発すると、相手からは次のような不安げな反応が見られる。「なぜ私の能力を疑うのですか？　もちろん、私はあなたにあの塩を取ってあげることができますよ！」といった具合に。これは、この要求が過去の個人的な生活史のエピソードの中で領域化され、相手がその人の能力を疑っていると解釈されるからである。それは情感のレベルであり、置き換えられたメッセージ（これは非言語的発話行為になっている）と認知的理解とを個人のライフコースに結びつけている。さらに、第一の場の中で領域化された場合、（行為を伴わない）応答は「はい、できます」──塩の位置を変えることなく──となる可能性がある。受け手は、その発話を自分の能力についての質問であるかのように解釈するのである。要求が３つの階層的な場の枠組みの中で同時に解釈される場合、その解釈においてどのバージョンの「場」が支配的になるかは、人それぞれである。

　図3.3からも分かるように、ビューラーにとって、記号はコミュニケーション・プロセスの中心でありながら、常に開放的な性格を持つものであった。彼自身の言葉を借りれば、次のようになる。

　　中央の円は具体的な音響現象を象徴している。その中にある３つの変動要因は、３つの異なる様式で記号の地位を与えている。内接する三角形の辺は、こ

れら3つの要素を象徴している。ある意味では、三角形は円よりも小さく囲まれている（したがって、抽象的有意性の原理を示している）。別の言い方をすれば、それは円を超えて、感覚に与えられたものが常に知覚的な補完物を受け取ることを示している。平行線は、（複合）言語記号の意味的機能を象徴している。それは、対象や状態との協調によって**象徴**〔シンボル〕となり、内的状態を表現する送り手への依存によって**徴候**：指標〔インデックス〕（Anzeichen〔独〕, indicium〔拉〕: index）となり、他のコミュニケーション的記号と同様に内的あるいは外的行動を指示する聞き手へのアピールによって**信号**となる。

〔Bühler, 1990, pp. 34-35; 1934/1965, p. 28〕

オルガノンモデルでは、メッセージの送り手と受け手が同じ位置を占めることは不可能であることを認識している。自分自身とのコミュニケーションであるオートコミュニケーションの場合でさえ、非可逆的時間のために同じ位置に立つことはありえないのである。

ビューラーのモデルは、言語使用によって達成される3つの機能の概念に基づいている。

①**表現**：送り手の主観的な理解の表現。送り手は自己を表現することによってメッセージを構築する。したがって、コミュニケーションの出発点は個人の主観の表現であり、その結果が構築されたメッセージとなる。これはプレゼンテーションの行為である。

②**アピール**：メッセージの受け手に対するインパクト（「セックス・アピール」に類似した、「スピーチ・アピール」の一種）。受け手は、記号で表現されたメッセージを避けることはできない。メッセージは、能動的な再構築を伴うプロセスによって、受け止められるためにそこにある。

③**表象**：言語によって反映されているものの状態のこと。送り手は何らかの外界を指し示し、それは受け手も知覚することができる。しかし、送り手と受け手という2つの立場が同一である以上、同じ客観的世界が2つの異なる個人の立場から見て同じであることはありえない。

ビューラーのモデルには、メッセージの階層的な組織化（図3.3の三角形と円は、参照者からの距離という第三の次元を作り出すことができない）と、時間という2つの特徴が欠けているのである。前者は、ビューラーが抽象化に焦点を当てた他の仕事には存在するものである。私は、図3.3に時間従属的一般化を追加

した。

抽象化による一般化

　ビューラーの抽象的有意性の原理（Prinzip der abstraktiven Relevanz^(独)）は、オルガノンモデルの図式的限界を克服するために必要な出発点である。複雑な理解のニュアンスの創発を覆すような、抽象的な慣習が出現することがある。記号材料の知覚可能な特性（それが音声であれ、色であれ、織物の模様であれ）に基づき、慣習によって、記号の新しい抽象化された意味が現れるのである。このように、ビューラーのモデルはコミュニケーションの現実を捉えている。私たちは、共有する環境のある側面についてコミュニケーションをするとき、それらに記号を付与し、今ここでどの記号を使うかを（送り手と受け手の間で）交渉するだけでなく、参照する対象に「付加価値」――個人的な情感的な香り――を加えることに直ちに「ジャンプ」する。私たちが共に見る「夕焼け」は、単なる夕焼けではなく、「**美しい夕焼け**」として意味づけされるようになる。

一般化を超えて：時間を超えて一般化された記号フィールドの構築

　一般化は、私たちの記号使用のあらゆる瞬間に起こりうる。その結果、カテゴリーや抽象的な描写が、心理的に距離を置いた世界の省察を可能にするのである。このような省察は、非可逆的な時間を超えて、一般化されたカテゴリーを超えた、更一般化された記号フィールドを生み出す（図3.4）。これらのフィールドは、献身、恐怖、情熱といった人間の全体像を「捉える」ものである（コラム3.1 参照）。

　ビューラーのオルガノンモデルから生まれるコミュニケーションの図式は、送り手と受け手が互いの関係において、またメッセージの異なる抽象化レベルにおいて、常に再配置されることを含んでいる（図3.3）。

　記号による人間のコミュニケーションの中心的な性質は、その柔軟性であり、与えられた抽象的なレベルにおいても、レベル間においても、開放的であることである。ことわざ、比喩、隠喩といった異なる言語使用形態は、抽象化プロセスを強化するために作用する。つまり、ことわざがきっかけとなってイメージ[6]が膨らみ、抽象化の枠組化がさらに進むのである。私たちは、生活のほとんどすべての場面で、隠喩や直喩[7]を使っている。私たちは常に新しい、そして不確かな生活設定を経験しているため、直喩の作成は心理的距離をとる方向への第一歩となるのである。例えば、「私は今、5歳のときに感じたような気持ちだ」と自分

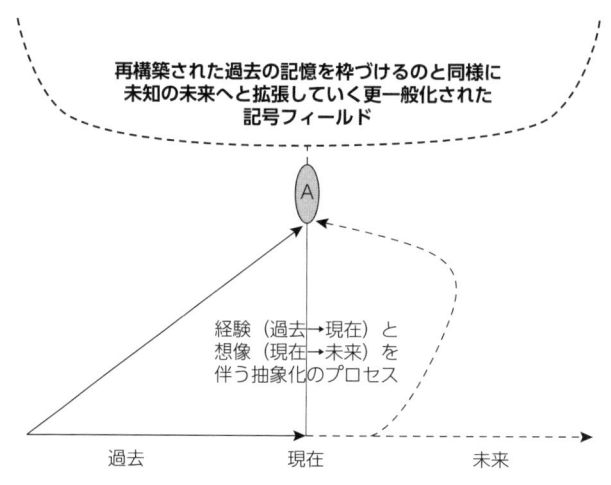

図 3.4 一般化と更一般化（A＝抽象的な記号）

に言い聞かせることができれば、人は過去と現在の2つの経験の間に直喩関係を確立することができる。このプロセスは、現在を明確にし、過去の記憶を維持するのに役立つのである。これが「水平移動」であり、非可逆的な時間の中で前進することである。人は、現在の経験を過去の経験に関連づけることによって自分の位置を変え、過去が現在に持ち込まれる。その結果、更一般化された記号が確立される（図 3.4）。愛など、私たちの生活の中心的な意味複合体は、このような動きの例である（コラム 3.1 参照）。

コラム 3.1　愛を伝える

　これは、ミルチャ・エリアーデの小説『ベンガルの夜（邦題：マイトレイ）』（Eliade, 1993）から引用したもので、インドのベンガル地方に派遣されたイギリス人労働者アラン（語り手）と、彼の上司であるベンガル人の土地所有者の娘で、彼を実家に招待した16歳の娘マイトレイとの交流の様子である。結婚の社会的不可能性が、二人の親密さを際立たせている。親密になっていく過程では、双方が両価的な感情を繰り返し抱くことになる。

・スタート地点
「宗教の意味を理解していない」と、マイトレイが公の場でアランたちに挑

発し、感情を爆発させた後、アランは自分の部屋に引きこもった。彼の言葉を借りれば、次のようになる。

> 「……今まで経験したことのないような不穏な空気と歯がゆい焦燥感に打ちのめされた私は**突然**、マイトレイに会わなければ**ならないと感じて**、私は彼女を探しに行きました。その日はとても重要な日でした。……
> 　……私は彼女が泣きそうになりながら打ちひしがれているのを見つけました。私は、彼女に呼ばれたから来たということにしました。その言葉は彼女を驚かせたようでした。……彼女は私の目をじっと見つめ、ほとんどささやくような声で何度も尋ねました。『どうしたの？』……」
>
> （p. 74, 強調は引用者）

　突然何かをしたくなる瞬間は、不穏な状態が、不確定でありながら目標に焦点を当てた行為につながるという働きを示している。その後、互いに言葉を発することができなくなる。アランが自分の状態を描くことは、全体における相反する感情の統合が中心的な役割を果たすことを示している。

> 「それは、**私の魂が反対することのない、穏やかで激しい幸福であり**、官能を超えた感覚の開花であり、私を至福の喜びで満たすものでした。」
>
> （p. 74, 強調は引用者）

　アランが語る感覚は、更一般化された記号フィールドの一例である。情感的記号は、あたかも何の形もないかのように見えながら（例えば、「至福」とはどのような形態だろうか？）、精神の最高の心理的組織的形態である「至福の喜び」にその人全体を取り込んでいる。アランはマイトレイの手にキスをし始めた。

> 「彼女は恍惚とした表情で、とても激しく、しかし**とても純粋な**情熱で唇を嚙んでいました。しかし、私は必死で自分を抑えました。この状況は危険でした。階下から来る人に見られてしまう。私はもう一度彼女に、なぜ私たちは結婚を禁じられているのかと尋ねました。彼女は震え上がりました。」
>
> （p. 75, 強調は引用者）

　この若い女性の情感的な行為全体が、更一般化された抽象化である**純粋さ**に

よって記述されるようになる。マイトレイは以前、貞操を守るために導師に従うことを自分に課していた。求婚者が手にキスをすることは彼女にとって許容範囲だが、それ以上のヨーロッパ流の進め方は阻まれた。しかし、彼女は互いの身体の探求に新しい道を開いたのだ。

・足での触れ合い

　「そして、彼女は私にサンダルを脱いで、私の足で彼女の足を触るように言いました。そのときの感動は忘れられません。それは**私がこれまで受けてきた嫉妬**をすべて埋め合わせるほどの幸せでした。足首と足を甘く差し出すことで、他の人に身を委ねたことがなかったマイトレイが私に完全に身を委ねているのだと思いました。彼女は**あのように私に触れながら、私を欺くことはできなかったのです。**」　　　　　　（p. 75, 強調は引用者）

　手ではなく足で触れ合うという新しい形の冒険は、直ちに抽象的で曖昧な意味（「欺くこと」）と結びついた。エリアーデのアランの人物像の構築は、予想された嫉妬という現象の存在を伴っている。足で触れ合うという冒険は、より親密な関係につながったのである。

　「**ほとんど意に反して私**の足はより高く、彼女の膝のくぼみに向かって進んでいきました。その柔らかさと、信じられないほどの温かさを感じた肉のひだに向かって。そこは**間違いなく未経験の領域**でした。ここまで探検する勇気のある男はいなかったのです。」　　　（p. 75, 強調は引用者）

　「未経験の領域」についての男性の文化的懸念は、直接的な接触により、暗黙のうちにその人全体に広がるものだが、もちろん多くの社会で文化的現実として存在している。エリアーデは、クリストファー・コロンブスからごく普通の近所の女たらしまで、「探検家としての男」という社会的表象を、ベンガルの献身的な宗教伝統と対比させるために設定した。そこでは、身体的に束縛された女性が、人間（男性）の形をとることもある神に献身することによって、心理的に自由になるのである。

・理解されないドラマ

　アランは相互の感情を前提としながらも、マイトレイに自分の愛情を明示していなかった。彼の幻想的な間主観性（Rommetveit, 1985）は崩壊したので

ある。

> 「だから、彼女が私から離れ、恐怖で言葉を失い、目がパニックにな
> り、両手で顔を覆うのを見たとき、私は悲しみ、困惑しました。私は彼女
> を理解できなかったのです。……
> 　私は、彼女に『愛している』と言いました。私は私の言葉が彼女に与え
> た影響が分かりませんでした。彼女は目をつぶり、何も言いませんでし
> た。私は彼女に近づき、ベンガル語で表現できる数少ない愛の言葉を、と
> ても温かく、誠実に繰り返しました。彼女は離れていきました。」(p. 76)

マイトレイは自分なりの解釈を述べた。

> 「私をそっとしておいて……。あなたは私の愛を理解していないようで
> す。私はあなたを友人として、とても大切な友人として愛しています。私
> は違う愛し方はできないし、したくない……。」　　　　　　　 (p. 76)

　西洋的なモデルとして規範的に捉えられている**自己の他者への所有**（および
その逆）と、**献身の相互性**（バクティ[(2)]の伝統における愛の概念）という２つ
の愛の文化モデルを、エリアーデは出会いの構築の中で対話させているのであ
る。どちらのモデルも情感的に身体化されたものであり、身体的な接触（官能
性）に感情との関連性を含んでいる。それはある条件下では性的な出会いに発
達することもあるが、最も重要なことは、そのように進む必要がないことであ
る。この２つのモデルは、普通の生活においても、世界のどの地域において
も、生活の宗教的組織化の歴史においても、互いに対立することはない。
　エリアーデの記述によると、この出会いの後、マイトレイの強い希望により
（しかも複数の言語で）、言葉による愛の宣言に転じたという。しかし、マイト
レイは家族的な関係（「この家では私たちは兄妹よ」）を主張し、アランが基本
的な人間関係を理解していないことを指摘したのだ。

- ### 破裂
  〔ラプチャー〕

　この出会いは、思いがけない展開となり、またしても両価性を示すことにな
る。

> 「マイトレイは泣き出し、私の手から離れました。彼女は部屋を出よう

としました。私は彼女を腕に抱き、その髪に顔を寄せ、優しい言葉をつぶやき、彼女を説得しようとしました。もう泣かないでくれ、許してくれと懇願しました。しかし、私は香水や温かさ、甘い身体の誘惑には勝てず、彼女にキスをしました。彼女はもがき苦しみ、手を口に当てて泣きました。私はこのやりとりが周囲に聞かれるかもしれないと怖くなり、彼女を放しました。」 (p. 77)

小説の中の架空の登場人物が性的虐待で訴えられる可能性がないのは幸いかもしれない。もしそうなら、アランがマイトレイに無理強いすることで、少女に不要な心理的圧力を与えることになりかねない。

しかし、このドラマは両価性を全面に押し出した形で続いていた。マイトレイは逃げず、そこにとどまった。アランの彼女に対する見方は、絶望的な恋人の喪失感の感情だった。

　　「彼女の奇妙で必死な目、涙に濡れたその目を見て、私は震えました。彼女は唇を噛んでいました。まるで幽霊か狂人のように私を見て、私が今キスをしたところを指さしました。彼女は話すことも、自分を守ることもできませんでした。」 (p. 77)

この行き場のない状況が、青年のさらなる感情の爆発を引き起こした。

　　「私は彼女のところへ行き、腕に抱き、新鮮なキスで彼女を覆い、まるで情熱に酔いしれたように、**狂気の中で思考も行為もできなくなりました**。彼女の口にキスをすると、温かく、柔らかく、香りのよい唇が見つかりました。それは、**決して私がいつかキスをする日が来るとは思わなかったような唇でした**。最初は私の身体を守るように締めつけていましたが、彼女の力がほとんどなくなったとき、私はその力が抜けて、**キスされたり、噛まれたりすることを望むようになったのを感じました**。……彼女の胸が私に触れるのを感じました。彼女の身体は私に身を委ねていました──そのあまりの奔放さに、**私は彼女がこれほど容易に身を委ねてくれることに一抹の憂いを覚えたのでした**。」 (p. 75, 強調は引用者)

愛の結合は、2つの異なる文化的、ジェンダー的モデルを超えて、アランの感情と行為において西洋的な両価性を示しながら、こうして完成に至ったので

ある。兄と妹の親密さから、男性と女性の身体的な親密さへと、関係が混乱しながら変容していく一連の流れは、言葉の上では愛と名づけられた、創造された更一般化された記号のもとで起こっているのである。それは外的な「傘」ではなく、参加している人々はそれによって組織される情感の流れに完全に入り込んでいる。それは具体的な抽象化（Falmagne, 2006）であり、更一般化された意味によってすべて完全に飽和している状況における行為である。

エリアーデの小説は、アランとマイトレイの関係を知った少女の家族がアランを追い出し、マイトレイと二度と連絡を取らないように迫り、マイトレイは絶望のあまり出産をきっかけに自殺するという、予想どおりの悲劇で幕を閉じる。小説を通して描かれた西洋とバクティの文化モデルの両価的な関連は、統一されることなく終わってしまった。所有による愛と献身による愛は、厳格な家父長制の家庭環境では交わることができないのである。

結論：交感を超えて

記号的媒介の文化心理学は、与えられた情報を超えたコミュニケーションのモデルで作動することができる。技術的なコミュニケーションに適合するコミュニケーションの技術的なモデルは社会的ネットワークの文脈における人間同士の関係には適用できない。これに対して、1930 年代のカール・ビューラーによるオルガノンモデルは、動態的な形に変換され、一般化（および更一般化）の階層的な動態性（ダイナミクス）に焦点を当てるとすれば、私たちのオープンエンドなコミュニケーションの現実に対して有効なモデルとなりうる。記号化——意味形成——のプロセスは一般化の方向に働く。私たちは、生活の具体的な諸現実から「離脱」し、情感的に香りづけられた別の文脈の中にある現実に立ち戻るために、記号（指標（インデックス）、類像（イコン）、言葉）を必要とする。このような離脱の集合的行為は、「今ここ」の文脈で行為しつつある身体の周りの記号圏の創発を導く。

第4章

境界上の文化的プロセス

構築的な内化と外化

　人間の身体は、内化と外化の二重プロセスの闘技場[アリーナ]である。この二重プロセスの双方ともが構築的である。つまり、「入りくる」メッセージを新しい形に変容し（内化）、そして、社会的世界が経験できるような「出力」として新しいメッセージを作る。そして、さらなる内化を行う。人は、**記号によって伝えられた**メッセージを能動的に**分解し、新たな精神内のパターンに再び作り上げ**、それを構築的に他者がアクセス可能な領域に持ち込む。このような分析と総合という二重プロセスを経て、人間は主体的な独自性を生成しながらも、互いに関係を保ち続けている。ひと言で言えば、これが本章で扱う領域である。つまり、記号的媒介は境界上で起こるのである。

　人間の意味形成は構築的であり、身体はその闘技場[アリーナ]である。この主張は、共有された社会的世界の中で個人の独自性を追求することを可能にする。構築的な内化と外化によってこそ、社会的に共有されているすべての文化的資源を使用しつつ完全に独自な個人の身体と心に到達することが可能になるのである。

　最初の個人化の行為は、自分自身の身体に対するものである。絵や傷による一時的な身体の模様から、鼻、耳、唇、へそ、生殖器など、身体のさまざまな部分に取り付けられたさまざまな装置に至るまで、身体の装飾が古人類学的な発掘調査で広く発見されていることは驚くに値しない。生物学的でない対象を身体に取り付ける習慣は、種の歴史の初期に発達したものと考えられる。

　多くの文化的な構築物が身体の表面に直接見いだされうる。人間の皮膚は、人間の身体と外界との究極の境界である。それは重要な生体膜であり、生物学的物質と環境とのやりとりの基礎であると同時に、記号による精神の調整という文化的・心理学的な内化／外化のプロセスの基礎でもある。

　人が身体をこすったり[1]、焼いたり[2]、塗ったり[3]することは、心理的な自己調整のために行われる。身体は心の社会的な膜である。そこに描かれた図形は、永続的だとしても一時的だとしても、他者と自分自身へのメッセージである。タトゥーを入れることは、（マオリ族の文化的歴史の中で）社会的規範であった

図 4.1　皮膚の文化的な意味：（個人と公共の接近の境界上の）永久的なタトゥー

り、（ヨーロッパの文化的歴史の中で）タトゥーとその持ち主を汚名扱いする社
会秩序への反抗行為であったり、身体装飾の新しいファッション（個人的な創造
性のための社会的に可能な闘技場）であったり、個人的なライフイベントや人間
関係を標すために使用されたり、あるいはピアスや瘢痕文身（スカリフィケー
ション）のように個人的に意味のある身体の改造として単に機能したり、あるい
は美を目的とした肌の色を濃くしたり薄くしたりする努力だったりする（図
4.1）。とはいえ、身体に刻まれたそれぞれの印は、精神の中で内的な対照物を
持っている。

　身体上の印は、永久的なものであれ一時的なものであれ、周囲の人々がその人
を社会的に適切な方法で扱うための記号であり、また、その人自身がその人の状
態に応じて社会的に適切な方法で行為するための記号でもある。女性の月経の時
期という特別な生理的状態の印づけ（ヌバ族の間ではそうであるように）は、個
人的な関連性のある社会的行為である。身体に書かれたメッセージや、身体に隣
接するさまざまな層の衣服に書かれたメッセージは、その人にとって機能的であ
ると同時に、その人の周りの人にとっても機能的である。自分自身をどのように
着飾るかという私たちの終わりなき執着は、子どもたちの身体をどのように手入
れするかということに最初の表現を見いだす。

内化と外化のプロセス

　発達しつつある人は、自分の精神の内側でも、外界の探求の外側でも、開かれ
た地平線に向かって絶え間なく移動し、記号を通してその意味を創造していく。
人は、記号を創造し、その記号を通して、人間としての独自性の中で自分自身を
創造する。人が社会的であるのは、記号的媒介を通して、目の前の社会的文脈を

絶え間なく超越しているからである。「私は X だが、今日は Y として行為したい」ということは、新しい個人的な経験づけにつながり、それは人が実際に Y になることへとつながっていく。

社会発生的人格学

　本書で提唱されている文化心理学の型は、**人物中心型**である。ウィリアム・シュテルンの古典的な人格学の枠組みの中では、各人は、自分自身が構築した世界である「個人世界」を持っている（Stern, 1935, p. 126）。この個人世界が相互依存的であることは疑う余地がない。

> 　個人を世界の動向に引き込もうとする世界の力がどんなに大きくても、個人はある一人の「人」であり続け、「人」としてだけその影響に反応できるのであり、それによって世界の動向そのものを修正したり、妨害したりすることができる。また、その逆もまた然りであるが、芸術家、宗教の創始者、政治家の天才が世界を一新することによってもたらされる印象の効果が、どれほど際立って斬新で鋭いものであろうとも、この修正された世界には創造的な天才がいないので、希薄化され単純化された形でしか斬新さを吸収することができない。世界は、その間、それ自身の法則に従い、〔天才以外からの〕他の影響を受けているので、必然的にすべての獲得物を修正してしまうのである。
>
> （Stern, 1938, p. 90）

　個人世界は、その人の中に連続性と変化の両方をもたらす。個人の同化／調節的プロセスは、世界からの、または世界についての符号化された情報を、内化された個人的な知識へと変容する。これらのプロセスは、シュテルンによって一般的な枠組みで要約された（第 1 章の図 1.6 を参照）。

2 つの無限の間の対話：二次単一性

　人と世界の関係は 2 つの無限——内なる無限（個人内的）と外なる無限（個人外的）——の間に存在している。（ともに無限な、つまり「容器」ではなく）**内側**と**外側**を理論的な（包括的）分離を行うことで、人と社会的世界（社会的相互作用を含む）の単一性の**研究すべき闘技場（アリーナ）を明確に**することが可能になる。心理的現象は、人と外界の境界、未来と過去（**現在**）の境界域にそれぞれ創発する近位的な現象である。実際、無限の種の 2 つ、**内側／外側**（図 1.4 の線に沿って）と**過去／未来**（C. S. パースにちなんで）の二重性の二次（曲線）単一性を考え

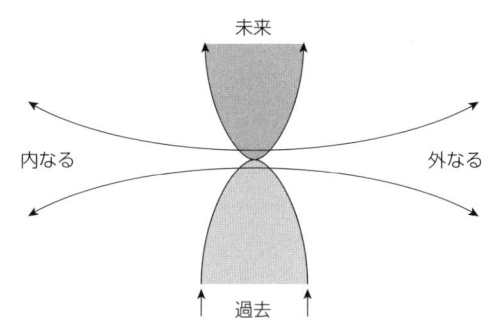

図 4.2　内側<>外側と過去<>未来の二次単一性

ることができる（Valsiner, 1998, p. 243; Abbey, 2006, p. 35 も参照）。

　図 4.2 は、このような二次（曲線）的単一性の図を示している。新たな適応プロセスは、主観的な種と社会的な種の未定性の間の**内なる**／**外なる**緊張と、未来に関する未定性の**過去**／**未来**の緊張という 2 つの二重性の交点においてまさに行われる。

　図 4.2 では、人は絶え間なく（ウィリアム・シュテルンのスキーマ──図 1.6 の 2 つではなく、むしろ）4 つの無限を調整している。**未来**と**過去**の無限は非対称であり、具体的な未来はまだ知られていないが、生き抜いた過去は選択的に忘れ去られている。さらに、ゲオルク・ジンメルが思い出させるように、過去と未来の無限は、その外側の境界を持っている。

> 　人生のあらゆる瞬間において、私たちは必然的に死ぬ者であり、実際もしこれが私たちの定められた条件でなかったならば、それぞれの瞬間は異なっているであろう。私たちが誕生の瞬間にすでにほとんど現れない、むしろ私たちの中から何かが絶えず生まれている。それと同じように、私たちは、最後の瞬間にだけ死ぬわけではない。……死は制限する、つまり、死は生命に形を与え、死の瞬間だけでなく、生命のすべての内容を継続的に彩っている。　（Simmel, 2007a, p. 74）

　誕生と死の瞬間に「ほとんど現れない」という対比は、私たちが生きている間に、新しい何かを創造している（「私たちの中から何かが絶えず生まれている」）という無限の**過去**<>**未来**の関係への入り口と解釈することができる。このような新規性の構築は、自分の葬儀の筋書きについて人々が心配するように、自分の死を超えるこができる。葬儀の筋書きに対する心配のずっと前から、人間はライフ

コース（コラム 4.1 参照）の中で類似の二次曲線的な調整の必要性を喚起する大きな変化を経験する。

　未来を想像するプロセスと過去を再想像するプロセスは、**内なる無限**と**外なる無限**の間で自分の人生を生きるための心理学的な闘技場<ruby>闘技場<rt>アリーナ</rt></ruby>である。その調整を行うためには、内化と外化の構築的なプロセスが必要である。

コラム 4.1　日常生活における宗教的改宗

　人間は——個人的に意味のあるように——自分自身の未来を創造する。これはしばしば、局所的な社会的文脈からはアウトサイダーと見なされる宗教運動への改宗の場合のように、局所的な社会的期待とは異なる方法での行為を必要とする。ヨーロッパの文脈では女性のためのベールや「イスラム教徒」におけるヘッドスカーフ、イスラム諸国では身体を露出した「観光客の服」など、特定の服を身につけることで、人は所与の社会設定の中で「インサイダー」の領域に属していないと見なされ、すべての可能性のある社会的な結果として、偏見、スティグマ化、暴力、またはそれらの肯定的な対照物、つまり称賛、栄光を得ることになる。

　社会的文脈の実際のインサイダーが、そのような「追放された他者」の役割を担うようになるのは、無限の二次曲線的な調整の興味深い例である。人は、所与の時間に所与の社会的文脈の中で「追放された」信念体系に献身的になり、新しい宗教に改宗する。ローマ時代のキリスト教の起源は、ローマ人によって迫害された「追放者」としてのキリスト教であるが、これは、「追放者」の立場に良心的に身を置いた献身的な人間の最もよく知られている例である。

　現代においては、異宗教への改宗や異宗教間の結婚などの現象（例えば、ヨーロッパの女性がイスラム教徒の男性と結婚するなど）は、**未来<>過去**（結婚前の自分<>イスラム教徒としての今の自分<>イスラム教徒としての未来の自分）と、直近の**内なる<>外なる無限**との調整のための条件を創造する（図 4.2）。スウェーデンの女性（マリアンヌ）は、イスラム教徒の男性と結婚しているが、初めて公の場に出て、イスラム教徒のヘッドカバーを被ってイスラム教徒であることを表明したときのことを振り返っている。

　　シャワーを浴びた後、鏡の前に立って（ベールのように）タオルを巻い

てみたのを覚えている。鏡の中の自分を見て思ったの。「私はいったいど
んな顔をしているんだ！　こんなにバカに見えることがあるだろうか？」
自分を見て、本当に頭の中がおかしいと思った。何日も家にこもっていた
が、ついに外に出た。私はとても神経質になって、みんなを見ていた。

(McGinty, 2006, p. 128)

マリアンヌは、新しいイスラム教徒の被り物を着て公共の場に出ると、以前
の知り合いには気づかれないことを発見する。

　　　そして、彼らは私を認識していないことを理解したので、私が誰だか分
　　からないのではないかと想像して、わざわざ挨拶をしなかった。でも、彼
　　らは私が誰であるかをよく分かっていた。……イスラム教徒であることは
　　予想以上に難しいことだった。最初の頃は、自分が何を信じているのか
　　はっきりしていなかった。　　　　　　　　　　　　　　　　　　(p. 129)

　古い知人が彼女を認識していないという想像は、マリアンヌが「私は誰なの
か」という自分自身との内なる対話（内なる無限）を守るための境界域として
機能していた。イスラム教徒的なヘッドカバーをして公共の場に行くという行
為は、仲間との直接の接触を避けながらも、「イスラム教徒として振る舞う」
という「明確な側」に自分を置くための外化の努力である。外向きの行為は、
新しいアイデンティティを発達させることに向けた、内向きの行為のための戦
略である。すべてのアイデンティティと同様に、そのアイデンティティとは、
自分の個人的な文化を集合的な枠にはめ込むための枠である。他の人々と同様
に、マリアンヌはアイデンティティの問題（「**私はいつも自分をイスラム教徒
だとは思っていない**」——マリアンヌの主張、p. 129）に取りつかれていな
い。男性であろうと女性であろうと、キリスト教徒であろうとイスラム教徒で
あろうと、人間は自分のアイデンティティについて常に疑問に思っているわけ
ではない。アイデンティティの交渉はエピソード的なものであり、内的な問い
かけや外的な地域的状況によって引き起こされる。アウトサイダーによる「理
解する」ための積極的な努力でさえ、インサイダー／アウトサイダーのアイデ
ンティティの対話を引き起こす可能性がある。イスラム教徒の改宗者である別
のスウェーデン人女性（セシリア）は、局所的に構築された言語の壁について
説明している。

私が肌の白い外国人なのか、ベールを被ったスウェーデン人なのか、彼らには分かりません。だから、私が自分の言葉を話し始めて、スウェーデン語を話せることを気づくまで、彼らは t-a-l-k l-i-k-e t-h-i-s［はっきりとゆっくりと発音する］と話す。郵便局でも、他の場所で出会った人でも。最近、この品定めのときに、友人と私はそこにいた女性たちと話し始めた。……私の友人は、私よりも肌が白い。その女性はゆっくりとした口調で移民のためのスウェーデン語を話し始めた。私たちは大笑いして話し始めた。彼女はただじっと見て、「ああ、あなたはスウェーデン語が話せるのね！」と言った。　　　　　　　　　　　　　　　（McGinty, 2006, p. 145）

　言語的によく適応できているアウトサイダーとして認識される経験は、自分たちの未来と向き合う中でアウトサイダーになりつつあるインサイダーにとって、内的無限<>外的無限の対話へのきっかけとなる。実際、ここでは、「想定されるアウトサイダー」によって表示される優れた言語能力のような**最小限の区別**、例えば、イスラム教の衣装を着ていたスウェーデン人女性が母語として話すスウェーデン語のように、日常的な相互作用の文脈で区別を拡幅することが求められている[4]。完璧さを示すことは、肯定的に評価されるものではなく、両価的なものであり、より多くの偏見につながる。社会的に表示可能な象徴的行為（シンボル）によって印された未来は、個人的に構築され、新しい行動様式（公共の場でイスラム教のベールを被る）を通じて具体的な形態となり、行為者を新しい社会状態に移行させるのである。彼女たちはそれを知っていて、そのことに両価的な感情を抱いているが、献身的であるために、とにかくそのように行動している。

　同じ問題、すなわちイスラム教徒の女性が髪や顔を覆うことは、ベールの着用が社会的に規定されている国（1980年代以降のイラン）と禁止されている国（1936〜1940年までのイラン）では、逆のプロセスをたどることが観察される。ここでは、女性にヒジャブ[1]を規定することでイラン社会を「革命」させようとする努力は、警察の監視や厳しい処罰[5]にもかかわらず、新しい型のヒジャブを考案したり、わざわざ「無造作に」着用したりすることで、最小限の方法で要件を満たそうとする努力という形で抵抗につながっている（Patel, 2012）。40年以上前の同じ国では、当時、ベールを着用**しない**ことを規定していた政権の近代化努力のもとでは、その姿はまさに逆であった。女性はその対策として、警察による強制的な「ベール外し」を受けないように家を出ること

を拒否していた。

　ベール着用<>ベール非着用という緊張の社会的状況が歴史的に変化するにつれて、社会パターンが一方の極から他方の極へ（そしてまた戻る）移動する波を観察することができる。非ベール化の方向は、1920年代から1960年代にかけて中東で支配的になり、1970年代には「アラブ社会主義」の国々（エジプト、シリア、イラク）でヒジャブが撤廃されて頂点に達した。1980年代以降は逆の方向への動きが支配的になり、無神論を支持して宗教が抑圧されていたソビエト連邦の崩壊から生まれた国々さえも対象としている。これらの国々では、政治的にも経済的にも「自由」な若い世代のイスラム教徒たちが、ベールを被ることを再発明しようと動き出し、時にはその地域の社会的規範を超えてしまうこともある。忠実な信仰心の内化に向けた社会的な方向性に輔助された個人のエージェンシー[6]は、宗教的な機関によって必ずしも承認されない極端な方法で、提案された身体を覆うものの種類を再編成することができる。

　内なる無限と外なる無限の間に新規性を創造すること。内化と外化の関係はどのように機能するのだろうか？　図4.3では、相互に関連する2つのフィードフォワード・ループによって、一方の枝（内化または外化）で生み出された新規性が、他方の枝の形成に輔することが可能になっていることが分かる。装飾的な目的や象徴的な目的のために新しい身体改造を行うという決定には、〔内化と外化という〕2つの枝の間で絶え間なく相互作用を行うことが必要である。

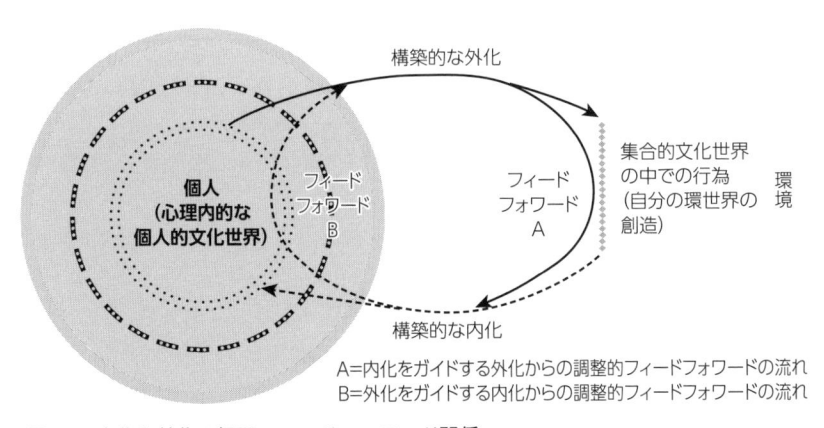

図4.3　内化と外化の相互フィードフォワード関係

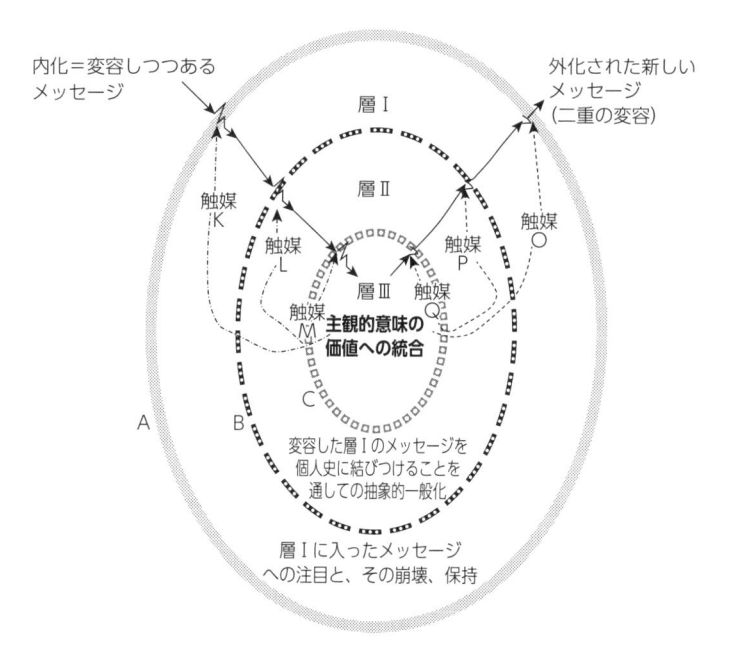

図 4.4 二重の変容としての内化／外化の層モデル

内化／外化プロセスにおける層

　内化／外化のプロセスの層モデル（Valsiner, 1997, 8 章）が、図 4.4 に示されている。このモデルは、内的で個人的な無限を外界のそれと距離を置く一連の境界域を含んでいる。こうした言語使用は志向的なものであり、文脈の**中で**（文脈**からではなく**）距離を置くことは、包括的な分離によって指定された対話的な単一性を伴うものであり、**境界域はそれによって区別される 2 つの側面の間に関係を創造する**（Lawrence & Valsiner, 1993, 2003）。基本的なメレオトポロジー的[7]原理によって保証されているために、この「膜」である境界域の役割は普遍的なものである。

　内化プロセスは、図 4.4 の層Ⅰと層Ⅱの 2 つの層を通過して、「内側」の領域（層Ⅲ）に到達する必要がある[8]。外化のプロセスは、内化のプロセスとは逆の方向に、対応して進行すると考えられる。このモデルは、内化メッセージと外化メッセージの両方の変容を含み、それゆえに、**二重変容**モデルと見なすことができる。入りくるメッセージの最初の再構築は、そのメッセージが層Ⅰ→層Ⅱ→層Ⅲの順序で移動されるときに発生する。各層では、最初のメッセージは、維持さ

れたもの、一般化されたもの、統合されたものに変容される。

　同様の変容プロセスが外化の径路でも起こる。統合・一般化された個人的・文化的な自己組織子である「価値」は、層Ⅲ→層Ⅱ→層Ⅰ→**外部**へと移動する際に、その変容的な文脈化を経て、具体的な意味のある行動に転写されていく。その結果、内化されつつあるメッセージと、外化の結果として現れるメッセージという2つの「外部」の物質の間には、「同質性」は存在しない（第9章参照）。人は、メッセージが層の境界域を通過するときに、そのメッセージを革新する。

　3つの境界域——A、B、C——は、内化／外化のプロセスのために貫かれるものである。このプロセスは構築的なので、人の「内なる核」は、特定の社会的（記号的）調整装置によって、それぞれの境界域の横断を調節する。

層Ⅰ：メッセージの多声性を認識する

　最も外側の境界域は、外の社会的世界からのいくつかのコミュニケーション・メッセージに対して選択的に開き、他のメッセージに対しては閉じたままとなる。特定の「境界域調整子」（**K**）は、その人が内化しようとするメッセージを認識し、他のメッセージを無視または妨害する。層Ⅰは、処理のためのメッセージのさらなる選択が行われる**非自発的注意のフィールド**と見ることができる。入りくるメッセージのこのような選択性は、すべての刺激の「過負荷」から心理システムを保護するために重要である。もしそのような調整子が外側の境界に配置されていなければ、その人の即時の注意空間は断片化され、外界がその人を「爆撃」する意味づけの多声性の人質になってしまうだろう。注意を払わない能力は、情報の価値がその高い露出率と冗長性によって膨らんでしまうという情報にあふれた私たちの世界に関係している。

　層Ⅰに位置していると考えられる現象は、私たちの内省的な世界に最も広く存在している。例えば、テレビコマーシャルの曲（またはフレーズ）は、長い間私の心の中で反響し続けるかもしれない。思慮のない残響を抑制するためのどんな努力も効果がないかもしれない。私は（その層Ⅱの状態を示すであろう）一般化の任意の型にその材料を持ってこない、また、私は今まで私の心理内的な個人の感覚の構造でそれを統合することもしない。ある程度の時間がたつと、その曲やフレーズは「死に絶えてしまう」のだが、それを抑制するための無益な努力による私の苦しみの記憶は、後になって再活性化することができる。したがって、そうしたメッセージは明らかに気づかれ、維持され、内化／外化システムの最外層に限定されていたといえる。

　層Ⅰの機能は明らかである。それは精神に対して、気づくことができてもその

時点では「ノイズ」と人が考えている無数の入りくるメッセージを緩衝するものである。あらゆる心理システムにとっての問題は、まずフィルタリングの問題であり、与えられた瞬間に個人的な目標の志向と一致しない経験の流れをいかにして「ふるいにかける」かということである。同時に、メッセージは縁辺的に注目される。その重要性が変化（目標の志向が変化して）した場合、縁辺的な経験の記憶を再構築することができる。

　もちろん、境界の「警備員」であるKは、妨害子[2]としてだけ見られる必要はなく、他の状況下では（層Ⅲから輔助されて）、層Ⅰに持ち込まれるさまざまな種の入力のための能動的な探索子[3]になることができる。かくして、「お仕置き」されている隣人の子どもの悲鳴を何度も無視した後で、「児童虐待」についての新聞記事を何度も読んだ私は、隣の悲鳴を私の層Ⅰに流すことはするものの、それに気づく以上のことはしないのである。

　層Ⅰは、すべての通りすがりの経験の即時的な受容者である。このような層Ⅰの「周辺貯留」機能を考えれば、私たちの社会的な出会いが、環境の中を動き回る中で、動態的に層Ⅰに負荷をかけても不思議ではない。層Ⅰは、メッセージの「出会いの場」であり、その重要性はまだその人によって決定されていないが、触媒Lを介して、メッセージが層Ⅱに移行する可能性があるかどうかの運命を決定する。

層Ⅱ：認知的一般化

　メッセージがいったん層Ⅰに持ち込まれると、それは**潜在的**に内化可能となるが、それ以上の維持と変容は層Ⅱへの移行に完全に依存している。それは心理－内的システムでメッセージとして認識されるが、そのシステムに統合されることはない。後者は、「社会的調整子」が触媒機能（L）を果たすことによって、メッセージのための境界域Bを開くことを必要とする。後者のメッセージに対する行動は、メッセージの新しい形への変容を輔する。ここでは、さまざまな「認知的ヒューリスティック」、はじめはシミュレーション・ヒューリスティックが働いている。

　層Ⅱにはどのような現象があるだろうか？　政治、ビジネス、心理学などの問題に関する通常の人間の相互作用の多くは、このような層Ⅱのタイプのものかもしれない。私たちは、言葉による対話、つまり、認知的な材料と情動的な印を含む人の内なる対話に遭遇する。これらの内なる対話のいくつかは公の領域に持ち出され、私たちはバーでの友人とテレビのトークショーでの論理的な敵対者との間で、情動的に加熱された、あらゆる意味で取るに足らない議論を観察すること

ができる。すべての当事者は、（層Ⅲに基づく）深く情感的な姿勢を用いて、問題についての「合理的な議論」を求めている。

　層Ⅱから外に向かっていく外化の取り組みには、興味深い意味合いがある。動態性（ダイナミクス）が無限である自分自身の「核となる自己」から十分に離れた抽象的な問題の議論は、その人が社会問題に参加しているというイメージを創造するだけの**ような**活動であるかもしれない。しかし、その参加は非関与の言説のレベルにとどまっている。意見が表明され、カテゴリー化やスティグマ化が生成されるのは、外化の枝である。人は意見を表明したり、他人についての噂話をしたりするのが好きだが、これらはいずれも自己の「個人的な核」には近いものではない。むしろ、それ以上の影響から妨害されるべきメッセージの氾濫で社会環境を満たしている（ここでも、これは境界Bの触媒Lによって行われる）。同時に、層Ⅱにおける材料のほとんどは、「境界域制御子」Mによって層Ⅲに入るのを妨害される。これは精神の相対的な自律性にとって重要であり、人が積極的に参加している多数の言説（層Ⅱ）に対する緩衝作用であるが、それらが核を変えさせないようにしている。

層Ⅲ：精神の核内部

　層Ⅱでは、メッセージは抽象的に一般化される。そこはまだ、意味づけを精神の核に完全に統合するための場所ではない。このような一般化は、それ自体が構造化された精神内世界（層Ⅲ）の一部にはなっていない。もしそれが社会的調整子Mの作用のもとで境界域Cを通過するならば、それは潜在的な統合のための基礎を創造することになる。そうなれば、一般化され再構築されたメッセージは、（層Ⅲで）心理的現象の内部構造に統合されるようになる。その層では、入りくるメッセージは、その情感的な過剰決定を通して、その人の核に統合されるようになる。

　メッセージが層Ⅲの領域に入ると、それはその人との深い情感的なつながりを獲得し、深く大きく「その人に触れる」ことになる。層Ⅲは、個人的一般化という意味での深い個人的な意味のある人生観の領域であり、それは環境や自分自身との関係づけを輔するものである。人は、外化の側（がわ）で、層Ⅲから引き起こされる情感的な沈黙を観察することができる。このような沈黙は、域的な情感的現象を言語コードに変換できないようにする情感的な「妨害」である（第6章「記号の階層のレベル」を参照）。言語科学では、このような沈黙は「ゼロシニフィアン〔第5章の原注12を参照〕」（Ohnuki-Tierney, 1994）としても知られており、記号の不在が極度の記号を表している。葬儀の列のような深い情感的な状況の中で

何も言うことができない人は、言葉を使わずに自分の深い精神の「核」を外化しているのである。沈黙はしばしば言葉以上のことを言うのだ。

　個人的な価値観は、入りくるメッセージを統合し、深く個人的な情感的な形での外化を生成する。深く内化された更一般化された恥の概念は、周囲に他の人がいない状況でも機能することができる。例えば、現代のシンハラ（スリランカ）の女性は、「空想された他者が常に存在しており、露呈することへの恐怖を生み出している」（Obeyesekere, 1984, p. 503）として、一人のときでも浴室で裸になることを避けさえするかもしれない。多くの宗教システムの力には、神や悪魔など、目に見える境界域からさえも見通すことができる全能の強力なエージェントの影響が含まれている[9]。

層Ⅲへの直接アクセスを求めて：音楽の機能

　音楽はどこにでもある。音楽は、多くの非言語的な意味づけを促進するために意図的に使用される。第一次世界大戦中のロシアの文脈では、音楽を通して愛国心を促進するための努力は、「他者」から「自分たちのもの」へのテキストの変容を支えることになった。

> 　愛国文化における音楽の主な役割は、愛国的な雰囲気を提供することであった。メロディーや音楽スタイルはロシアの国民性を表現しているとされていたので、長い間、国民性と結びついていた。オペラやオペレッタ、エストラーダ〔ロシアの寄席演芸〕における歌謡曲の歌詞や舞台の振る舞いの直接的な愛国的メッセージを背景として、また補完するものとして、音楽は興奮と帰属という非合理的な感情と、身近な文化的風土や伝統に訴えかけたのである。しかし、聴衆は「ロシア」や「スラブ」と認識した音楽から集合的な安らぎを得たかもしれないが、個々の聴衆はそれに自分の個人的な夢や情動を結びつけることができたのである。音楽における愛国心とは、文化的慣習と内なる感情の両方の問題であった。それは国民の魂だけでなく自分自身の魂のための探索を認め、完全に合理的で決定的な結論を逃れている。　　　　　　（Jahn, 1995, p. 147）

　このように、愛国心はしばしば歌唱の問題にされる。図 4.4 のモデルによれば、感情の外化は、感情のさらなる内化につながる。

　音楽は言語コードよりも層Ⅲに浸透する潜在性を持っており、それゆえに社会的群衆の政治的運動を組織化するために広く利用されている。同様に、割礼や鞭打ち、自傷行為などの身体侵襲的な行為は、層Ⅲへの到達を目的とした内化をも

たらすために社会で行われている。言葉による言説のような身体とは無関係のコミュニケーション行為は、精神の最内層（層Ⅲ）への入り口を容易には開かない。しかし、非言語的な手段、つまり最も浸透しているものの 1 つである音楽は、その可能性を秘めている。軍事行進曲や国歌の発明、冠婚葬祭の音楽的伴奏は、支配的な言語的言説によって十分に保護されている精神の防御を貫通させようとする試みを意味している。

異なる層に働いている現象をどのように区別するのか？

　おそらく「これは戦争である」といったある種の宣言のように明白なメッセージは、異なる結末を持つ 3 層モデルで提示可能である。明らかに、人（または国）を取り巻く特定の軍事活動が気づかれない場合、それは内化<>外化システムにはまったく入らない。しかし、もしそれが層Ⅱにまで及んだ場合、それは「戦況」についての議論という意味での外化につながる可能性があり、すべての問題に情感的な香りづけをすることはない。

　このように、自分の好きな出来事や嫌いな出来事を、感情を伴わずに合理的に分類することに至れば、「**戦争**は嫌いだ」というメッセージが層Ⅱから始まり、層Ⅲから始まる同様の外化メッセージ「戦争は**嫌**いだ」は、外化の対象を深い個人的な情感で満たしていると言える。この感情を層Ⅲから外化した人は、層Ⅱから同様の発言をする人とは対照的に、兵役に召集されたときには「良心的兵役拒否者」になるだろう。後者〔層Ⅱから外化した人〕は兵役に徴兵されやすく、戦争を賛美することになるかもしれない。

　コラム 4.2 の例は、内化<>外化システムの 3 つの層すべてを貫く、自分自身との出会いの個人的な解釈として見ることができる。相続したスーツケースを初めて見る息子の疑問や迷いは、層Ⅲから発せられるが、層Ⅱで交渉される。スーツケースをきっかけとした過去との内的対話は、作家の自我と未来についてのものである。

選択的外化

　図 4.4 に描かれたプロセスの内化と同様に、外化のループは構築的である。図 4.4 の外化の「境界域制御」（Q、P、および O、図 4.4）は、非行為（すなわち、内化された材料の一部が外化されることを止められており、人の自律性の感情はそのようにして創造される）、または行為のふりをすることを可能にしている（すなわち、社会的に望まれている自動的な返信は、日常的に層Ⅱから活性化される。「元気ですか」「元気です、ありがとう」のように）。層Ⅰからの外化は、

「中身のない話」を伴う。これは、日常の些細なことのナレーションのようなもので、人は、自分が話すことで時間を埋めることを目的にして、自分の声を聞いたり、自分の話し声を聞いたりすることができる。

コラム 4.2　父のトランクとの対峙：自己の交渉

内化／外化の層プロセスの（外化された）例は、トルコの作家オルハン・パムクのノーベル賞受賞講演（2006 年）に見ることができ、彼は作家としての自身の個人的なライフコースにおける彼の父親の役割に敬意を表している。父の死の 2 年前、パムクの父親は息子にノートの入ったトランクを持ってきて、彼が「いなくなったら」読んでほしいと頼む。幼少期の記憶の中で息子に親しみのあるトランクは、パムクにとって認識され大切にされていた対象だったが、それを開くことは容易ではなかった。

このトランクは親友で、子どもの頃や過去を思い出させてくれたが、今では触ることすらできない。なぜ？　それは間違いなく、その中身の不思議な重さのせいだった。
私が父のトランクの中身から遠ざかっていた第一の理由は、もちろん、**読んだものが気に入らないのではないか**という不安であった。父はそれを知っていたからこそ、まるで中身を深刻に見ていないかのように振る舞っていたのである。25 年間、作家として仕事をしてきた私には、それを見るのは苦痛だった。しかし、文学に真剣に向き合わなかった父に怒りを覚えるのも嫌だった。……**私の本当の恐怖、つまり、私が知りたくも発見したくもなかった重要なことは、父がよい作家であるかもしれないという可能性**だった。それが怖くて父のトランクを開けることができなかった。さらに悪いことに、**私はそれを公然と認めることさえできなかった。**もし父のトランクから真の偉大な文学が出てきたら、**父の中にはまったく別の人が存在していることを認めなければならない。これは恐ろしい可能性**だった。なぜなら、私は高齢になっても、**父にはただの父であってほしいと願っていたからだ。**　　　　　（Pamuk, 2006, 6–7 段落，強調は引用者）

層モデル（図 4.4）の観点から見ると、層Ⅰと層Ⅱの交錯点には、社会的調整子である触媒 L の働きが見られる。L を活性化させた内容物は、層Ⅲにあ

る。パムクは、父の**本当の自己**であると自分が想像していたもの、憧れていたもの、恐れていたものと比較して、作家としての自分のライフコースを内省している。彼の父が**自分自身の判断**で自分よりも「よりよい作家」であることを望んでいないという深い感情は、層Ⅱのためのステージを設定している。

　最終的に父のトランクが開けられると、報告された両価的な気持ちは続いた。

　　　最初に父のトランクを開けたときはこんな感じだった。父は何か秘密を持っていたのだろうか、私が何も知らない不幸な人生を送っていたのだろうか、それを文章にすることでしか耐えられない何かがあったのだろうか？　トランクを開けた瞬間、旅の香りを思い出し、何冊かのノートに見覚えがあり、父が何年も前に私に見せてくれたことに気づいた。……
　　　……私を最も不安にさせたのは、父のノートのあちこちで、作家のような声に出くわしたときだった。これは父の声ではない、と私は自分に言い聞かせた。本物ではないし、少なくとも私が父として知っている人のものではない。父が書いたものは父ではなかったのではないかという恐怖のもとには、もっと深い恐怖があった。**心の奥底では自分は本物ではないのではないかという恐怖**、父の書いたものからは何もよいものを見つけられないのではないかという恐怖、これは父が他の作家に過度に影響を受けていたのではないかという恐怖を高め、若い頃にひどく悩まされた絶望に私を陥れ、私の人生、私の存在そのもの、書きたいという欲求、そして私の仕事に疑問を投げかけた。　　　　　（Pamuk, 2006, 16 段落，強調は引用者）

　トランクを開けることは、父親のノートを読むという行為によって層Ⅱに持ち込まれた材料が、層Ⅲの再–組織化につながる可能性を創造する。それは、「父」「作家としての父」「作家としての自分」「本物であること」に対する深い主観的な直観を伴うものであり、層Ⅱの材料の（触媒 M による）層Ⅲへの流入を止めることは困難であっただろう。
　もちろん、父のトランクとの接触というエピソードのパムクの非常に入り組んだ内観的な外化は、作家という役割を担う人間による、生きることについての抽象的に一般化された哲学的な発言の一例である。それは、局所的に関連した一連の社会的相互作用のエピソードではなく、私たちが人間性と呼ぶかもしれないすべての「外なる無限」とのコミュニケーションのための、個人的に更一般化されたメッセージであった。隠遁した作家の私生活は、一般化された

内化／外化と記号圏

　記号圏という概念は第2章で紹介した。ここでは、内化／外化プロセスとの関係の観点から、この概念を精緻化したい。内化／外化のプロセスは、人とその社会的環境とを結びつけるものであり、記号圏というマクロな社会的概念の一部である。後者は、集合的文化のより広い文脈である（第9章参照）。

　記号圏の概念は、社会的な特殊性を持つ社会全体としての内化／外化のプロセスに関連している。ロトマンによる記号圏の精緻化の中で、問題となっているのは、現在の記号圏に入り、そこから出て、記号圏を変容させていくマクロな社会的記号複合体、テキストの運命である。ロトマンによれば、そのプロセスはそのテキストの歴史によって特徴づけられる段階で起こる。したがって、第1段階では以下のようになる。

> 　外側から入ってきたテキストは、「奇妙さ」を保持している。それらは、外国語で読まれる（自然言語的な意味でも記号論的な意味でも）。それらは価値観の尺度の中で高い位置にあり、真実であり、美しく、神の起源などであると考えられている。外国語の知識は、「文化」に属していることの証であり、エリートに属していることの証であり、最高のものに属していることの証である。すでに「自分の」言語で書かれたテキスト、そしてその言語自体は、それに対応して低く評価され、真偽のない、「粗野な」「教養のない」ものとして分類される。
>
> (Lotman, 1990, p. 146)

　ロトマンは主に、さまざまな文化–歴史的伝統に由来する文学（あるいは言語）間の接点に興味を持っていた。例えば、19世紀のロシアの貴族社会にとって、子どもたちが最初に習得する言語として機能し、より高い社会階層においてやりとりされたのはロシア語ではなくフランス語だった。さらに、他の生活領域のテキストについても同様の「積荷崇拝[4]」を観察できる。衣服やヘアスタイル、または音楽の大規模な流行が例として役立つ。パムクの悩み（コラム4.2）では、父親の「作家の声」の探索は、自身の作家としての声と対比されており、「奇妙な他者」のテキストを自分のものから距離を置きつつも、それを大切にし

ている例である。

第2段階では、テキストは次のように変換される。

> 「輸入された」テキストと「自身の（home）」文化という2つの公理は、互いに再構築されて、翻訳や模倣、翻案が増える。同時に、テキストと一緒に輸入された符号はメタ言語的構造の一部となる。第1段階では、支配的な心理的衝動は、過去と決別し、「新しい」、すなわち輸入された世界観を理想化し、伝統と決別することであるが、「新しい」は救いのあるものとして経験される。しかし、この第2段階では、過去とのつながりを回復し、「ルーツ」を探そうとする傾向が支配的になり、「新しいもの」は古いものの有機的な継続として解釈され、それによって修復される。そして、有機的な発展のアイデアが前面に出てくる。　　　　　　　　　　　　　　（Lotman, 1990, pp. 146-147）

ロシアの文化史は、19世紀には、フランス語や作法を賛美することから、「真のロシア人」としてのあり方を探索するようになったが、それはすでにフランス語の借用語で飽和していたロシア語で行われた。第1段階から第2段階への同様の移行が、英語に関しても20世紀末に起こった。現代のコンピュータ用語のほとんどは英語をベースにしており、他の言語への外国語の借用を導いている。個人レベルでは、言語の使用に基づいて他人を拒絶する例が見られる。日常生活の中で外国の借用語を熱心に使っていたのが、逆に社会的な組織によって「言語の純粋性」を主張されることもある。もしフランス政府が、フランス語テキストの中で英語の使用を禁止すれば、私たちは、ロトマンの用語で言うところの記号圏形成の第2段階に遭遇することになる。

第3段階では、局所的な文脈を超えた一般化が行われる。

> この段階では、輸入された世界観の中に、輸入されたテキストの実際の国民文化から切り離された、より高次の内容を見いだそうとする傾向が生まれる。「あちらでは」これらの考えは、「真実ではない」、混乱した、あるいは歪んだ形で実現されたものであり、「こちらでは」、受信文化の中心で、それらは真実の、「自然な」中心地を見つけるだろうという考えが定着する。これらのテキストを最初に中継した文化は支持を失い、テキストの国民性が強調されることになる。　　　　　　　　　　　　　　　　　（Lotman, 1990, p. 147）

この「他者の創造」は、明らかに自分自身の創造のためにある。ロトマンの一

般化の主な経験的根拠であるロシアの歴史は、自分たちの哲学的、宗教的信義を満たしていないという「西洋社会」に対する非難に満ちており、したがって、「自家製（home-made）」のテキストの「真の」バージョンを支持して却下されるべきとされる。

　ロトマンによると、第4段階では、新しい総合をもたらす。

> 　この段階では、輸入されたテキストは受信文化の中で完全に溶解し、文化自体が活動状態に変化し、新しいテキストの生産を急速に開始する。これらの新しいテキストは、遠い過去には外側からの侵略によって刺激されたが、今では多くの非対称的な変容によって完全に新しいオリジナルの構造モデルに変容された文化コードに基づいている。　　　　　　　　　　　　　（Lotman, 1990, p. 147）

　ロシアの中心地サンクトペテルブルクに新たに建設されたイタリアから輸入された建築様式は、ロシアの町の例として紹介されている。同様に、フランスからの輸入品であるポツダムのサンソッチ宮殿は、ドイツ建築の驚異として紹介される。現代の言葉の使い方では、ビジネス用語（「利益」や「投資」など）は、人間の生活の他の分野にもすぐに増殖する。そこで私たちは、「友人になる」や「父から相続する」というより、「関係性に投資すること」や「父の寛大さから利益を得ること」について話すことになる。

　しかし、ロトマンによると、第5段階で発達プロセスはさらに進む。

> 　受信文化は、今や記号圏の一般的な中心となり、送信文化に変化し、記号圏の他の縁辺地域に向けられたテキストの氾濫を発信する。
>
> 　　　　　　　　　　　　　　　　　　　　　　　　　　（Lotman, 1990, p. 147）

　1920年代にロシアで政治権力を獲得し、輸入されたマルクス主義の理論体系を導入した後、共産主義政権は、すべての主要な概念をドイツ語から翻訳し、民衆に新しい言語として教えなければならなかったが、共産主義体制は、共産主義の未来のユニークな構築に資するものとして提示されたマルクス主義的なテキストを、ロシア語で氾濫させた。これらのテキストは、本質的に「ソビエト」／「ロシア」であると見なされたのである。この段階で、「外国」のメッセージの最初の「奇妙さ」は完全に逆転した。今やそれらは「自分たちのもの」であるだけでなく、限りなくそうであると主張されている。これらのテキストの「移住のルーツ」は、意図的に消去されている。

このように、外国のテキストを占有（appropriation）し、完全に自分のものであるかのように新しいバージョンとして提示することは、歴史上広く行われている。それは、需要構造の似通った冗長な神話物語を飽和させることで、記号圏を均質化しようとする努力の表れである。もちろん、均質化の努力は、内化◇外化のプロセスの構築的な性質によって打ち消される。それはまた、これらのテキストの固有の歴史が失われることの社会的機能を示すものでもある。心理学をはじめとするさまざまな科学において、その分野の歴史は将来の発展に無関係であるという考えが広まっているのも、同様の種によるものである。歴史の喪失は、未来への動きを制御するための手段なのである。

身体に戻る：官能性、異官能性、禁欲的な純正さのテキスト

身体を通じた個人的な意味形成の主要な力は、身体を通じた人と人との接触から始まる人間関係の主要な機能と確実に結びついている。発達心理学では、子どもの人間世界への適応を確立するために、母子の触覚接触の重要性が強調されてきた。また、人間同士のサービスとして、さまざまな身体のマッサージの実践が盛んに行われている。人間の身体的な関係は、**異官能性**——他者との官能的な関係づけ——を特徴としており、その異官能性に基づいて、子どもに対する親の愛情の内化／外化された感情や、セクシュアリティの形態がさまざまに生まれてくる（コラム 4.3 参照）。

コラム 4.3　少年の発見：官能的な出会いを通じた意味づけ

・入　浴

スウェーデンの映画監督イングマール・ベルイマンは、8 歳か 9 歳の頃、両親の友人である未亡人の中年女性アラおばさんの家で過ごしたことを回想録に記している。ベルイマンが初めて異性と出会ったのは、入浴のときだった。彼はこう語っている。

> ある晩、私はお風呂に入ることになった。メイドはお風呂を満たして、いい香りのするものを注いだ。私はお湯に入ると、快適でうたた寝をしてしまった。アラ・ペトレウスがドアをノックして、私が眠ってしまったかどうかを尋ねてきた。私が返事をしないでいると、彼女が入ってきた。彼

女は緑色のバスローブを着ていたが、すぐにそれを脱いだ。

　彼女は私の背中を洗ってくれると言った。私が身体の向きを変えると、彼女は浴槽に入り、石鹸で私を洗い、柔らかい手で私をさすった。そして、私の手を取り、自分のほうに引き寄せ、太ももの間に引き込んだ。彼女が私の指を広げさらに彼女の股間に押し込むと、私の首の脈は激しくなった。彼女がもう一方の手で私のペニスを包み込むと、ペニスは驚くほど激しく反応した。彼女は私の包皮を丁寧に引き剥き、ペニスの周りにたまっていた白いものを取り除いた。これはとても快感で、少しも怖くはなかった。彼女は私を強くて柔らかい太ももの間にしっかりと抱き締め、抵抗や恐怖を感じることなく、重くてほとんど痛みを伴わない喜びに私を揺さぶらせてくれた。

(Bergman, 2007, pp. 108-109)

　この入浴のエピソードは、子どもの頃の記憶が大人になってから再現されたもので、現代の道徳社会ではおそらく「児童性的虐待」のレッテルを簡単に貼られてしまうだろう。しかし、それは少年が思春期へと成長していくプロセスでのエピソードであり、アラおばさんとの間で静かに共有されていた秘密でもあった。

・最初の発見

　ベルイマンの回想によると、彼が自分の身体に性的なエージェンシーがあることを初めて知ったのは13歳の頃で、筆記帳に裸の女性のイメージを描くという類像的（イコン）な自己刺激の中でのことだったという。

　私は慎重に股間をこすり、ズボンのボタンを外し、青みがかった赤くて少し震えている男性器を自由に、そして大きく立ち上がらせた。何度も何度も丁寧にこすって、慣れないようで少し怖いような、面白いプロセスだった。私は同時に絵を描き続けると、最初の女性よりも大胆な別の裸の女性が現れた。私はその女性のために男性器を描き、それを切り取り、その女性の脚の間に穴を開けて押し込んだ。

　私は突然、自分の身体が爆発するような、自分がコントロールできない何かが出てくるような気がした。私は急いで廊下の反対側にあるトイレに駆け込み、鍵をかけた。それまで何の気なしに見ていた私の小さなおちんちんが、突然、お腹や太ももに激しい痛みを与えるズキズキとした悪魔に変わったのだ。私はこの強大な敵をどうすればいいのか分からなかった。

手でしっかりと握ると、同時に起爆した。驚いたことに、私の手、ズボン、便座、窓のネットカーテン、壁、床の青いタオルケットなどに、未知の液体が噴き出した。恐ろしいことに、私の身体から湧き出たこの見慣れない液体によって、私も周りのものも汚されているのではないかと思った。私は何も知らず、何も理解しておらず、夢精したこともなく、私の勃起は突然やってきて、すぐに消えてしまった。

（Bergman, 2007, pp. 109–110）

　初めての射精という生理的なプロセスそのものの発見は、少年にとって性的に方向づけられた想像力のゲームの中で起こり、さまざまな混乱した感情を引き起こすことになる。

・脅　威

　混乱した少年は、マスターベーションと呼ばれるものの知識を身につけたほうがいいと兄から教わった。そこで、家庭の医学書を見てみた。

　　そこには、マスターベーションは自瀆（じとく）（self-abuse）と呼ばれ、あらゆる手段で抵抗しなければならない若者の悪習であること、マスターベーションは顔面蒼白、発汗、震え、目の周りに黒い輪ができ、集中力が低下し、平衡感覚が乱れることなどが分かりやすく書かれていた。さらに深刻なケースでは、脳が軟化し、脊髄が侵され、てんかん、意識不明、そして早死にすることもあるという。このような将来の見通しを目の前にして、私は恐怖と快楽を感じながら活動を続けた。　（Bergman, 2007, p. 110）

・努　力

　両価的な気持ちが続く中、少年は父親に、予定より１年早く堅信礼[5]に参加する許可を求め、その願いはかなえられた。

　　……霊的な儀式と祈りによって、私は呪いから解放されようとした。最初の聖体拝領[6]の前夜、私は全力で悪魔に抵抗しようとした。夜遅くまで悪魔と戦ったが、負けてしまった。イエス様は、私の青白い額の真ん中に、感染した巨大なニキビを作って罰してくださった。恵みの手段を受けたとき、胃が収縮して吐きそうになった。　（Bergman, 2007, pp. 110–111）

コラム4.3の例では、記号圏内でのテキストの拡散（例えば、マスターベーションの道徳的非難）と、入浴のシーンでは世話をする女性との、官能的な増　幅〔エスカレーション〕のシーンでは自分自身との、自分の身体に関する個人的な体験とが結びついている。さらに、道徳的輔助のメッセージが層Ⅲに浸透し、外化の努力が最終的に失敗し、少年の主観的な世界を「捕らえられた悪魔」へとさらにフィードしていくことを示している。

結論：内化／外化の方法による身体の記号圏への移動

　本章では、記号論的動態性〔ダイナミクス〕の文化心理学の理論モデルを構築する上で境界を越えることの重要性が明らかになっている。これらの境界は、人間の存在の時間的側面の公理的な与件（givens）である。自分の人生に非可逆的な時間の制約があることを理解した瞬間から、私たちは**すでに存在するもの**と**まだ存在していないもの**の間に境界を創造してしまったのである。後者では「存在するかもしれないもの」を想像的に構築することが必要であり、また、**将来存在するようになってほしいもの**という未来への望ましいイメージを個人的に構築することも必要である。この3つの"what-X"が交差するところに、人間が記号の助けによって意味形成する場所がある。だからこそ、本章は記号論的動態性〔ダイナミクス〕の文化心理学への招待なのである。

　しかし、意味形成のプロセスはそれ自体が身体化されている。それは身体とその周囲の環境、そしてそれらの関係性を含んでいる。フォン・ユクスキュルの環世界の概念とロトマンの記号圏という一般的な見方を用いることが、文化構築の主要なメカニズムである内化<>外化のプロセスの背景を設定することになる。本章で見てきたように、内化／外化システムにおけるそれぞれ異なる層は、〔複数の〕システムを分離すると同時に結びつける構造的なユニットである。この包括的分離の行為において重要な役割を果たしているのは、境界上のさまざまな場所に結びついた触媒的条件である。これらの条件は、周囲の世界との関係において、有機体の自己調整機能を**引き起こす**（cause）のではなく、**可能にする**（enable）。意味形成のプロセスを構成する上で支配的なのは触媒的機能である。

　このような触媒的機能は、記号的媒介装置を、まずは、発明して使用した人の近くに位置させることになる。最も近い身体的な場所は、意味形成する人の生物学的な身体である。このことは、首、手首、足首からぶら下げるお守りの使用や、ボディペインティング、タトゥー、化粧品などの身体装飾の歴史を説明す

る。このような外化された記号的装置の使用が、遊牧民から小屋や城の定住生活環境に移ることができるのは、身体からである。自分のラクダや自動車を装飾することから、定住するようになった家の空間の内部を装飾すること、そしてそこから建物や庭、公共の空間の外部を創造することには、信頼という意味で大きなステップがある。

第 5 章

私たち自身を創造する

記号、神話、抵抗

　私たちの世界は、私たちが直接的に知覚するものではなく、瞬時に解釈するものである。このような解釈の始まりは、錯覚という形ですでに私たちの知覚システムに内在している省察性にある（図5.1）。ここで私たちは、全体を構成する部分や要素ではなく、全体のレベルが作動しているという有機体の傾向にすでに遭遇している。

　記号論的文化心理学の観点からすると、文化は、人間と再構築された環境との関係を通して具現化される。私たちが周囲に対する最初の解釈を修正するのは、文化的手段、つまり記号を通してである。このような解釈は、他の人間の社会的期待を自分の環境に符号化することによって輔助される（個人的文化と集合的文化の関係の動態性（ダイナミクス）については、第9章を参照）。

　私たちの意味形成は、文字どおりの意味でも象徴的（シンボル）な意味でも、目標指向的な動きの中で行われる（図5.2）。人は、部外者が直接知ることのできない未来の地平線のどこかで、自分の目標に向かって動いている。そうしているうちに、異なる方向に移動する他の人たちの移動径路と交差する。これらの人々の中には、他の人々の無数の動きの中ほどで、動かないことによって行為する人もいる。歩道の物乞いは、物乞いの姿勢でじっと座っている。通行人は、視野にその存在を認

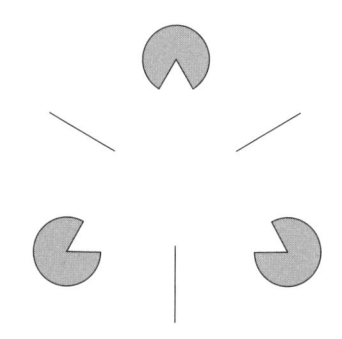

図 5.1　幻想の三角形

図 5.2　移動し、通りすぎる：移動しながら解釈する

め、他の多くの可能性がある中で現実的ではない解釈（「休んでいる」「通行人を観察している」など）ではなく、そのシーンを「物乞い」と解釈することを期待されている。

　記号論的動態性の文化心理学は、相互に調整された意味のある諸行為に焦点を当てることにより、「共有文化」という静態的な概念（不可能な立場）を超越するものである。異なるエージェント（個人や社会制度）は、方向性を持ちながら**も境界域的に不確定な**[1]方法で、互いの生活世界の経験づけを規制し合っている。「物乞い」との遭遇の例を続けると、道行く人は、紙コップを手に持って舗道に座っている人が「物乞い」であることをどうやって知るのだろうか？　彼（または彼女）は、疲れた観光客、ホームレスの路上生活者、夢想家など、他の誰かであるかもしれない。私たちが知覚し解釈する設定全体の構造が、私たちへのある記号を構成する（「これは物乞いだ」対「これは強盗だ」あるいは「これは舗道に座っている男だ」）。私たちは動きの中で、常に記号を創造し、そのような記号の解釈に従って行動している[2]。しかし、記号とは何なのだろうか？

記号：その生産、使用、および変換

　記号とは何か？　もちろん、記号という概念に意味づけを与えようとする多くの努力がある。ここでは、チャールズ・サンダース・パースの説明を使用する。

> 　記号、または**表象体**[1]とは、その**対象**と呼ばれる第２項と真正な三項関係を結ぶところの第１項であり、その**解釈項**と呼ばれる第３項をその対象に対してそれ自身と同じ三項関係を仮定するよう決定することができる。三項関係は真正なものであり、**その３つの構成要素は、いかなる複雑な二項関係からも構成**

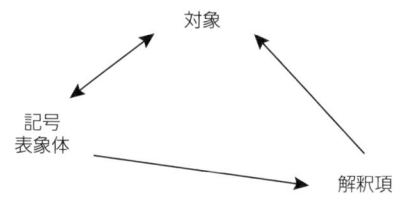

図 5.3　パースの三角形

> **されない方法で、三項関係によって結びつけられている。**
>
> 　　　　　　（Peirce, 1935, *Collected Works*, CP 2.274, 強調は引用者）

　このように、記号は三項構造における複雑な一部分であり（図5.3）、記号は解釈項に対象を表し、解釈項はこの三項構造の過程で生じる新たな意味づけの形を対象に提示する。

　記号<>対象の二項関係に解釈項を追加するパースの根本的な理論的な展開は、与えられたシステムの状態を**解釈する**[3]過程で、システムそのものを変化させる意味づけの変化を概念化することを可能にしている。解釈された対象は、物理的に変化していなくても、新しい対象である。図5.2に戻ると、通りを行き交う人々と関わりながら、「物乞い」として解釈されるようになった人物は、今や**新しい性質の人物**として登場する。社会的役割という意味づけが今やその人に割り当てられている。しかし、その人——対象——は、路上での自分のあり方において何も変わっていない。その変化によってもたらされるのは、すべて解釈項の仕事である。

　解釈項は、記号<>対象の関係を新しい形への変容に開かれたものにする。対象は、三項関係の結果として変化することができる（一方、二項関係の記号<>対象は、その二重性[4]を動態的に再現することしかできない）。この機能は、本書における文化心理学のあり方、つまり記号論的動態性にとって重要であり、記号は非可逆的時間において、意味形成の行為の中で構築され、維持され、放棄され、または再構築されることができる。

記号の種類：C. S. パースが開発した体系

　パースは、当時のほとんどの論理学者と同様に、分類を作成することを好んだ。彼の3×3記号分類の要約を表5.1に示す（Rosa, 2007に基づき再構成）。

表 5.1

機能	現象学的もしくは形式的カテゴリー	存在論的もしくは質料的カテゴリー		
		第一性	第二性	第三性
現前化	第一性	単なる質としての記号 **質記号**	実際に存在するものとしての記号 **事物記号**	一般的な法としての記号 **法記号**
表象	第二性	「それ自体に何らかの特徴がある」という点で、その対象と関係する記号 類像（イコン）	「対象との何らかの実存的関係」を持つことで、その対象と関係する記号 指標（インデックス）	「解釈項と何らかの関係」を持つことで、その対象と関係する記号 象徴（シンボル）
解釈	第三性	「可能性」 名辞	「事実」 命題記号	「理性」 論証

これには、2行目によく知られた三項関係（類像（イコン）- 指標（インデックス）- 象徴（シンボル））が含まれており、パースの専門家のネットワークの外ではあまり認識されないラベルのもとで、多くの精巧な可能性が追加されている。

　興味深いことに、記号に関する現代的な言説でパースの記号システムが利用されるときに通常表示されるのは、表象レベル（類像（イコン）- 指標（インデックス）- 象徴（シンボル））だけである。記号のより精緻な表を見れば分かるように、これはパースの理論的遺産の限定的な用法である。

　表内の「水平」三項関係（行）をそれぞれ検討してから、次に列ごとに各記号の三項関係について見てみよう。パースのシステムの機能的価値は、現前化、表象、解釈の各側面が互いにスムーズに流れる特定のメッセージを特徴づける一般的なテンプレートになりうることである。

　1行目：現前化。パースが導入した最初の意味づけの三項関係は、**質記号→事物記号→法記号**（第一性から第三性への存在論的距離の順序）である。夜に家を出て暗い通りに出る人は、暗い道の**質**として危険（**質記号**）を感じて気分が悪くなることがある。しかし、その感情は一時的なものであり、そのような出口の瞬間に現れるもので、さらなる意味づけの統合をもたらす必要はない。しかし、その暗い通りを歩いている別の人が潜在的な強盗であるかのように知覚されると、通りについての感情は、通りに存在する力を示す**事物記号**になる。ここでの「一般法則」への抽象化は、ある質を記号化することで、その質が何らかの形でたいてい暗い通りに実際に存在しているという強い信念を示すことである（**法記号**：「暗闇は危険だ」）。

　2行目：表象。この行には、パースの記号システムの**類像（イコン）- 指標（インデックス）- 象徴（シンボル）**の

図 5.4 類像^{イコン}、指標^{インデックス}、象徴^{シンボル}の統一

「標準的な」見取り図が含まれている。類像^{イコン}は対象の形式を表象する。肖像画は、絵に描かれている人物を表象する。指標^{インデックス}は、何らかの表面に関連する印を付けた行為者を表象するため、これらの印によって理解できる。象徴^{シンボル}は、慣例的なもので、私たちが対象に付加する任意の符号である。

　図 5.4 は、同じ絵におけるパースの「標準的な」種類の分類を示している。**類像**^{イコン}としては、カスティージョ・フィール伯爵夫人ホセファ・デ・トゥド、またはアルバ公爵夫人[5]を表している。**指標**^{インデックス}としては、1815 年のスペインの異端審問でもモデルの身元を明かさなかったフランシスコ・デ・ゴヤ[6]を表している。画家は自分の想像力からも絵を描くことができるため、実際には具体的な人物ではなく、ゴヤが女性を想像して統合したもの、または一般的な女性全般のイメージを統合したものなのかもしれない。異端審問でさえそれを突き止められなかったのなら、私たちも同様であろう。

　象徴^{シンボル}としては、その絵に誰が描かれているかは関係ない。絵画は、**美、軽薄さ、誘惑、献身**など、一般化されたさまざまな意味づけを表象することができる。象徴^{シンボル}の任意の符号化により、複数の意味づけを生成できるため、解釈（上記の記号の表の 3 行目を参照）によって、同じ難問に対して異なる解を提供することができるのである。

　存在論的な意味形成は、表 5.1 の「垂直」次元の記号の動態性^{ダイナミクス}に沿って行われる。これは、現象学的記述から形式的なカテゴリーへの移行である。ここで、第二性の行（パースの記号の三項関係である**類像**^{イコン}**－指標**^{インデックス}**－象徴**^{シンボル}を含む）が一般化された法則的な意味づけ（**法記号**）の形成において機能するようになる。経験の質は、類像^{イコン}的表象によって、または表象された現実が残した痕跡によって表現することができる（「暗闇」は「光のない」状態の類像^{イコン}的表象として見ることができ、次に街を照らす日差しがないということを指標^{インデックス}的記号、そして言葉による

「暗闇」の象徴的符号化と続く）。しかし、**類像 – 指 標 – 象徴**の三項関係の一般
化された意味づけは、表の他の２つの「水平」行にある。

　このように、表象の記号は、現前化の三項関係で詳しく説明するために機能す
る。宗教システムは、パースによって概説された記号タイプを通じて、存在論の
（再）現前化を行う多くの例を私たちに与えてくれる。ここで、現前化レベルに
おける**事物記号**（「神は存在する」）や**法記号**（「すべては神によって創られる」）
の創造において、私たちは明示的な類像（神のイメージ）、指 標（神による奇
跡の物語）や象徴（神の戒律を繰り返す）などのツール（第二性の列──意味づ
けの形成）を見つけることができる。

　3行目：解釈。記号の表の３行目は、可能性、事実、理由を区別して一般化し
たものである。私たちの意味形成プロセスは、可能性（起こりうること）の検
討、それらが起こるべきまたは起こりうる理由、そして事実の検討の間を常に行
き来している。したがって、以下のようになる。

> 　**名辞**[2]は、可能性に向けて合図する記号である（例えば、それは緑色であ
> る、それは緑色を持つ何かである**かもしれない**、葉である**かもしれない**し、葉
> と蛙が実在すると見なされるなら、蛙である**かもしれない**）。これは解釈であ
> り、真でも偽でもなく、一種の仮説であり、発 綻 の可能性を示す。対照的
> に、命題記号[3]は一種の命題である（それは、ある現実の特性を持つ何かの存
> 在を主張する──それは、人の行動に抵抗する対象であり、人の行動にも抵抗
> する特性を持つものである）。仮に記号化を実行するエージェントが池で動き
> 回る鳥（例えば、サギ）である場合、緑色の質の存在は何か他のもの（葉また
> は蛙）の記号として作用し、解釈項として動きを生み出す可能性がある。観察
> 者が（それらのいずれかであるかどうかを確認するため）探索を行い、エー
> ジェントが近づいたときに緑色のものが飛び去る場合は、それは本物の蛙と解
> 釈される。
> 　　　　　　　　　　　　　　　　　　　　　　　　　　（Rosa, 2007, p. 214）

　サギの例では、解釈項は、サギが緑で動いているものを「蛙」として解釈した
ことではなく（人間の観察者にとっては「サギが蛙を見つけて捕まえようとして
いる」ということになるかもしれない）、サギが実際にその対象に対して動いた
ことであることに留意が必要である。

記号の種類から記号の複合体へ

　人間の（再）現前化活動において、使用される記号は、それらが（再）現前化するものから徐々に遠ざかる。記号は、空間的および時間的な「束」、つまり記号の複合体で生じる。表象のプロセスでは、象徴（シンボル）は、それらが表象するものから最も離れている（それゆえ、ソシュール派の記号学では、言葉記号における「恣意的な符号化」という概念がある）。指標（インデックス）的記号は、後者の影響を必然的に伴うことによって、（再）現前化された出来事と最も直接的に結びついたままである（例えば、指標（インデックス）的記号としての足跡は、それが検出できる限りそうであり続ける）。類像（イコン）は、指示対象と記号の形式的な類似性を維持するが、連続性はない。したがって、それらは形式的には恣意的ではなく関連づけられるが、歴史によって切り離される。

　必然の結果として、私たちの継続的な意味形成を支配するのは指標（インデックス）的・類像（イコン）的記号であり、記号素材を象徴的な（シンボル）（言語またはその他の）形式に翻訳する可能性につながる。さらに、異なるタイプの記号が一体となって生じ、記号の複合体（図5.5）を構成する。このとき、異なるタイプの記号は、意味形成プロセスにおいて互いに支援（または抑制）し合う。

　実際のメッセージの構築において、異なるタイプの記号はどのように組み合わされるのだろうか？　類像（イコン）的記号から言語の言語コード（文字コード）が創発したことはよく知られている。粘土板に書かれた文字の変化から明らかなように、**書くという行為**は、視聴覚の領野を超えて、コミュニケーションの努力を構成するものである。書くための道具である表面の媒体（粘土のタブレット、紙、コン

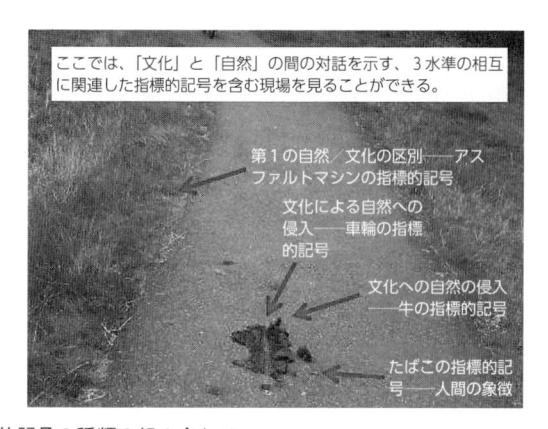

図5.5　表象的記号の種類の組み合わせ

ピュータのキーボードとスクリーン）は、記号の構築を類像的な基盤から遠ざけるための条件を設定する。

　印刷された文字の横にある類像的記号は、書かれた文字に対する挑戦と見なすことができる。このようなグラフィックによる解説が本のページの余白に加えられることで、印刷されたテキストの最初の文字が類像化され、対抗する声を生み出すことになった。後者は本文の挿絵と同様、本文の権威ある声を伝えるものであり、余白の絵はそれに対抗する声を生み出すものであった。このことは、テキストと対抗するテキストが対立するという、コミュニケーション・プロセスの双方向性を示している。この対立は、言語的なものだけでなく、象徴的な形でも行われる。人間の議論とは、あらゆる記号論的な道具を駆使して継続的に意味形成をし続けるプロセスである。

コラム 5.1　たばことその使用：十字軍[4]と栄光の狭間で

　現代の喫煙者は、無実であることを証明する機会を得る前に有罪と見なされるようである。健康の名のもとに、喫煙者は、自分自身と周囲の人々の健康のために、臭い習慣をやめるか、目に見えるあるいは目に見えない境界線によって仲間から隔てられるか、常に圧力を受けている。

　喫煙者に対する十字軍の増殖はすさまじい。時には、喫煙者を限られた空間に閉じ込め、仲間の喫煙者に二次的な影響を与え、一次的な喫煙の影響を強化することもある。公共の場では、図 5.6 のような特別な「喫煙所」を見ることができる。

　このような喫煙活動の集中は、過去にたばこの積極的な使用のためにも生じ

図 5.6　公共の場におけるマイノリティの分離

図 5.7　屋外鉄道ホームにおける喫煙者の象徴的な分離

た。例えば、プロイセン王フリードリヒ・ヴィルヘルム１世は「たばこクラブ[5]」を開催し、彼の重要な助言者は全員、パイプの使用と、その知恵を理解することが義務づけられた。たばこが旧世界に到着して以来、社会的出会いや人間の知的活動において喫煙が果たす役割は、ヨーロッパの文脈における文化的信念の中核をなしてきた。イギリスの若い紳士たちは、たばこが紳士的な生活様式の重要な道具と見なされていたため、学校で喫煙方法（パイプの吸い方）について特別な授業を受けた。

　もちろん、社会的慣習は変わるものである。喫煙の役割は、18 世紀の知恵の促進という概念から、21 世紀の「健康問題」であるという概念へと大きく変化した。現代の禁煙キャンペーンは、喫煙者を他の人から象徴的に遠ざけている。鉄道のプラットホームに黄色いペンキで四角を描いても、そのような象徴的な境界のすぐ外側で電車を待つ非喫煙者が、二次喫煙にさらされる可能性を少なくすることはほとんどない（図 5.7）。

　現代のたばこメーカーは、法律でたばこの箱に警告ラベルを貼ることを義務づけられている。彼らは喜んで順守している！　医薬品業界の製品に関する同様の警告は、できる限り小さな文字で医薬品パッケージに入れられた挿入物に書かれているが、たばこのパッケージの警告は非常に大きな文字で人々に「喫煙は死を招く！」と伝え、多くの国ではこれらのメッセージには喫煙の影響についての恐ろしいイメージ写真が添えられている。メーカーは、確固とした生活の喜びに対して差し迫った脅威への抵抗の心理的価値を理解している。明確な社会的示唆（第 7 章を参照）への　壁　象　（Gegenstand⁽独⁾）を呼び起こすことにより、喫煙の現実的あるいは想像上の悪影響を明示的に告知することこそが、たばこ購入者の市場を維持するためにうまく機能している。同時に、たばこを吸わない受け手は、「悪い習慣」がどのように根絶されつつあるかが提示されていることで満足している（図 5.8）。

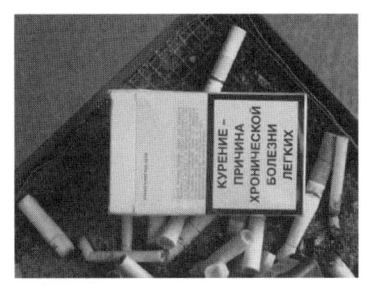

図 5.8　抵抗を誘発する警告メッセージの仕組み

　たばこと喫煙に対する全面的な十字軍は、当然のことながら、長い間続いた習慣を破壊する努力の社会的構築のよい例である。それ（喫煙という永続的習慣のこと）は新しく確立され更一般化された**健康**の意味づけに反すると見なされてしまう。

・社会と歴史におけるたばこの比較考察

　たばこは何世紀にもわたって使用されてきた。ヨーロッパ人にとって、アメリカ大陸の発見は、自分自身や他者と関わる手段としてたばこを採用するきっかけとなった。その起源をたどれば、たばこはアメリカ先住民の社会において宗教活動に使用されていた植物である。

　たばこのさまざまな使用法（喫煙、嚙みたばこ）などは、「**健康<>有害**（WHOLESOME<>POISONOUS）」という二項対立の中で、文化的に構築され、さらに意味づけが精緻化されてきた。クロード・レヴィ=ストロース（Lévi-Strauss, 1983, p. 66）は、図 5.9 にスキームとしてまとめることができる分析を提供している。

　この対立は、分類をもたらす二項対立としてではなく、あるときは一方を、またあるときは他方を支配するようになる対立の緊張として見るのが最も適切である。このように、私たちの喫煙に対する現代の十字軍は、**有害（POISONOUS）**

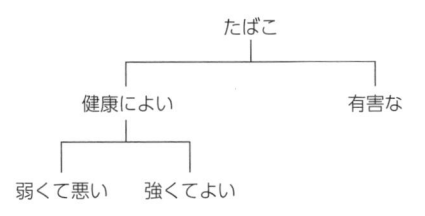

図 5.9　たばこにおける対立的な文字

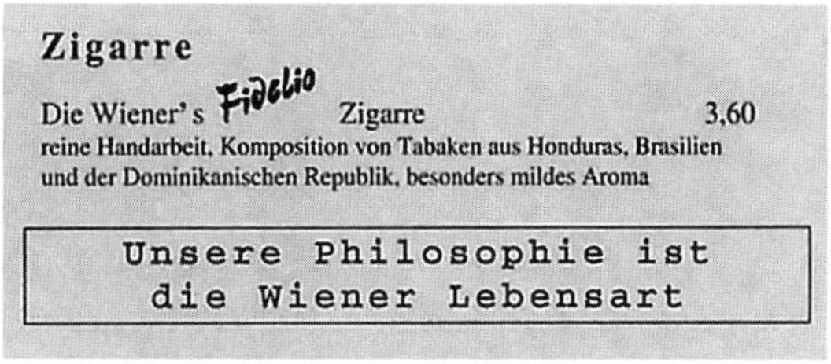
Zigarre

Die Wiener's Fidelio Zigarre 3,60

reine Handarbeit, Komposition von Tabaken aus Honduras, Brasilien und der Dominikanischen Republik, besonders mildes Aroma

Unsere Philosophie ist
die Wiener Lebensart

図 5.10　カフェのメニューでデザートに属する葉巻

が**健康**（WHOLESOME）を支配するように仕向けられることで成り立っている。しかし、私たちの社会では、その逆の嗜好の名残を見ることができる。ヨーロッパの高級カフェのメニューには、ランチやディナーの後に味わうべきおいしいものとして葉巻が載っていることがある（図 5.10）。

たばこの煙は、日本人の米、ドイツ人のパン、ポルトガル人のバカリャウ、スペイン人のハモンと同様に、民族的アイデンティティの象徴[7]として、アメリカ先住民のコミュニティで重要な役割を担ってきた。歴史的に、たばこはアメリカ先住民のコミュニティ内およびコミュニティ間の関係を社会的に調整する上で神聖な役割を果たしていた。たばこは保護、そして癒しの儀式の一部として使用されていた。また、年長者が若者を部族の知恵に導くという役割において、強力な教育手段とも見なされていた。このような儀式的な喫煙行為には特別なルールがあり、小さな煙を口元に持っていき、口に含んだ上で、吐き出すというものである。煙は、肺まで吸い込むものではなく、ヨーロッパ人の喫煙習慣とはまったく反対に、空気や心、精神を浄化するための象徴(シンボル)的な行為であった[8]。

ヨーロッパ社会における社会的習慣としての喫煙の歴史は、たばこの宗教的利用とは異なるものであったが、パイプや葉巻、たばこを吸うという行為の儀式化には、個人的・文化的に特別な意味づけが含まれていると見ることができるだろう。17 世紀初頭までに、船乗りはアメリカ大陸からたばこの葉を持ち帰り、飲酒という身近な行為に喫煙を取り入れた（喫煙に関するヨーロッパ人の初期の省察では、一般に「たばこのパイプを飲む」と言及されていた）。オランダやフランドル地方では、この新しい**薬用**習慣を大陸に紹介する先進的な取り組みが行われていた[9]。しかし、やがて、たばこの薬としての機能は、レジャーとしての機能に取って代わられることになる。それと並行して、イギリスの紳士教育では、正しい、つまり紳士的なたばこの吸い方を学ぶ授業が行われていた。

　17 世紀初頭から中頃にかけてのオランダの（男性の）の若者の間でたばこの習慣が盛んになったことは、外国から入ってきたものが、両価的で文化的に創造された対象として、変革期の社会にどのように入り込むかを明らかにするものである。一方では、スペインの支配力に対する低地諸国[6]の革命（1619～1648）と最初の共和国の設立が、社会の経済的および社会的構造の劇的な変化を意味した。流行の服から喫煙用のパイプ、チューリップの球根への投機まで、新しい文化的対象が現実の一部となったのである。

　それぞれの革新は、それに対抗する勢力を引き起こす。多くの革新的な技術は、プロテスタントの道徳的行動派によって異議を唱えられた。彼らにとって、「煙突のようにたばこを吸う」若者のイメージは、再教育の対象としてふさわしいものであった[10]。喫煙は、飲酒と同様、ピューリタン社会のモラルを脅かすものであった。しかし同時に、飲酒や喫煙という行為は、道徳家の牧師にとってそうでないにしても、少なくとも他の男性の目には、男性らしさの「社会的証明」として映っていたのである。飲酒と喫煙は、自分の自己制御の限界を試すための男性らしい行動であり、その限界を超えると、自己制御の喪失につながるのである。後者は、当時も今も、ピューリタンにとって望ましい文化的意味づけを持っている。

　政治的混乱を経験した社会は、またその文化的構造にも犠牲を強いられる。このように、スペインからの独立の獲得と共和国の設立は、若い男性にとって社会的な役割モデルに空白をもたらした。

　　個人が尊敬するロールモデルを選ぶという伝統は、西洋文化にしっかりと根付いており、ユダヤ教とキリスト教の歴史を通して、聖書の人物や、聖人、殉教者の物語は、若者を教育する上で重要なロールモデルとして役立ってきた。オランダ北部では、16 世紀の宗教改革と聖像破壊運動の猛威により、ローマ・カトリック教会とその象徴的（シンボル）な伝統が公共の生活から排除されていた。かつて殉教者や聖人が精神生活や世俗生活の模範として立っていた台座は、今や空っぽになっていたのである。

　　　　　　　　　　　　　　　　　　　　　　　（Roberts, 2006, p. 86）

　模範となるロールモデルがいなくなった代わりに、国の解放と喫煙を含む新しい行動様式をもたらした兵士たちが英雄となった。このようなヒーロー作りは、解放戦争の数年間で進み、兵士のイメージは、酔っ払って女を追いかける略奪者から、誇りを持ってたばこを吸う解放者へと変化していった（Roberts,

2006, p. 87)。

> 喫煙している兵士のイメージは、マルボロマンを使った現在の広告キャンペーンと類似している。どちらのタイプも、ストイックで、恐ろしく、勇気があり、男性らしさの典型とされていた中世の騎士に由来する、強さとスタミナという古くからの男性の理想を体現している。
>
> （Roberts, 2006, p. 90）

要約すると、17世紀のオランダ人の喫煙への憧れは、健康問題（当時たばこの敵対者ですらその健康性を疑っていなかった）ではなく、宗教問題として公論化された社会的関連性を持つ個人的行為であったと言えるだろう。空気の清浄さではなく、精神の清浄さが問われたのである。

> たばこは、気ままな虚栄心、散漫な贅沢品として非難され、楽しい時間や少ないお金を儚い煙の中で浪費させるものだとされたのである。
>
> （Schmidt, 2001, p. 267）

喫煙者を攻撃する現代の人々は、歴史から2つの教訓を得ることができるかもしれない。第一に、非喫煙者のために作られたルールに喫煙者を従わせることで、少なくとも一部の人たちの間では、喫煙の習慣がかえって促進される可能性があるということである。第二に、喫煙という社会的行為を根絶することは、男性らしさや創造性、あるいはその他の文化的価値の公的な交渉を保証するために、何か別の自己刺激的な活動の発明につながる可能性があるということである。喫煙という行為、つまり自ら作り出した煙が体内に輔助されるという個人的関係には、より広い社会的役割がある。第三に、医薬品としてのあらゆる化学物質と同様に、たばこは治療の手段であると同時に毒物でもある。

記号の複合体：神話、対抗する神話、マスメディア

上記の例から明らかになるように、**記号は単独で生じることはない**。これらの記号は、上記のいずれかの記号タイプを組み合わせた記号の複合体の中で、その対象を表示するように作られている。それらは、現状に対する他の解釈ではなく、ある解釈を促進するために、さまざまな目的で利用されている。ひとたび

「喫煙との戦い」というイデオロギー的な課題が、ある歴史的時期の社会で社会的に確立されると、**あらゆる**形式の記号が組み合わされて、解釈のための権力暗示的メッセージが生み出されるようになる。

　このような意図的なメッセージにおける記号の組み合わせは、他者からの語りや、視覚的あるいは音響的[11]な環境での経験として、本人に届くことがある。記号が存在しうる（しかし存在しない）瞬間における記号の不在は、それ自体が記号になる[12]。予期せぬ沈黙は、コミュニケーション的である。さらに、「サインスケープ（記号の風景）」全体は本質的に矛盾しており、人間が互いに語るさまざまな物語は互いに矛盾して、相互に排他的と思われる特徴を含んでいる。

　人間の記号圏（第 2 章と第 4 章を参照）は異種混交的であり、このような異種混交性は、人間が生きることを理解するために、可能性のある幅広いニーズに事前に適応するための機能である。その社会で歴史的に維持されてきた神話的物語である民話、政府機関による官僚的な指示、社会的な場で語られる逸話、読んだ小説や見た映画やテレビの連続ドラマ、そして周囲の人々の言説など、さまざまな種類のテキストが、個人的文化を多声的に構築するための要素となる。記号圏は、神話、対抗する神話（神話の道徳的要請を否定するもの）、および超越論的神話[13]（それまでの神話<>対抗する神話の対立を乗り越えて、新しい神話（と対抗する神話）を生み出す働きをするメッセージ）のシステムとして分析することができる。

　神話は儀式と共通の心理的基盤を持っている。口承文学としての神話が、社会的に類似した嗜好（および拒絶）を繰り返し伝えるものであるのに対し、儀式は反復と規範の順守に強迫観念を抱かせるものである。

繰り返されるテーマによる輔助：神話のテーマ（神話素）

　3 種類のテキスト（神話、対抗する神話、超越論的神話）は、ある文脈で誰かが何らかの目的を持って語る物語として社会的な領野に登場する。このような神話の物語には、一般化されたテーマ（**神話素**（Boesch, 1991））が繰り返し登場し、同じような目標指向を持ってさまざまな場面で異なるテキストに登場する。

> 　[神話素は]……異なる状況に適用されるために多様であるが、……人間と環境との関係をモデル化する共通の基礎構造に接続されているために、統一性を持っている。
> 　愛国心は、……子どもにとって、コミュニティのさまざまな行動に関連する価値観、正当化、規則のシステムとして最初に現れる。これらの規則や価値観

> が神話（どの国の歴史書にもある）を生み出し、それによって編み込まれてい
> るという事実は、一連のパラダイムやモデルとなる状況の中で、根本的な構造
> システムを具体化しようとする努力を示している。　　（Boesch, 1991, p. 261）

　このように、神話素は社会的事象に参加した集団が社会的世界[14]を集合的に
解釈した結果、歴史的に生まれたテーマであり、社会的世界に流通するさまざま
な神話に、同じ社会的・道徳的目標指向を、異種混交的に符号化するための基盤
となるものである。このような神話のインプットの異種混交性、あるいは神話に
よる記号圏の過度の飽和は、いかなる社会的指向も個人に受け入れられる機会を
得るために必要である（内化／外化プロセスの緩衝性については第 4 章を参照）。
　神話は、物語（言葉による語り）として創造されることもあれば、社会的行動
の設定として創造されることもあり、その意味合いによって、観察者に目標とな
る意味づけを伝えることができる。人間の社会生活は、意図的に演出された日常
的なドラマ化だけでなく、創発的なもので満たされている。このような物語や出
来事にとって重要なことは、**それらに周縁的に参加するだけでも、その人を与え
られた意味づけ指向のフィールド内にとどめるのに十分である**ということであ
る。人は、ドラマ化された出来事や語り継がれる民話の場から逃れることはでき
ないのである。このように、多くの社会で頻繁に行われている象徴的（シンボル）な出来事で
ある焚き火は、社会的な文脈の中で行われる。

> 　［このような焚き火は］……避難所、安全、成功、そしてまた単調な日常生
> 活、強制、敗北を伴う日常生活の中で演じられる。したがって、それは既存の
> 転換点であり、新たな行動の機会を約束するものであるが、同時に、人が安心
> しているバランスと手際のよさを象徴的に脅かすものでもある。焚き火の象徴（シンボル）
> は、約束と脅威の両方として、個人の現在の行動領域に直接関係しており、し
> たがって、火遊びをすること、火を使いこなすことは、経験した行動の可能性
> にすぐに影響を与えることになる。　　　　　　　　（Boesch, 1991, p. 267）

　どのような形であれ、火は危険であると同時に建設的でもあり、だから人間は
歴史的に火を制御して使うことを学んできた。火の曖昧さは、マッチなどの火を
起こす道具に興味を持つ幼児を親が規制することにも表れている。火の使い方を
覚えるということは、常に曖昧なものであり、制御できなくなる可能性もある
が、それを学ぶ唯一の方法は実際にそれを試すことである。

マクロレベルの意味づけを促進するマイクロコミュニケーションプロセス

　神話が登場する文脈には、家の掃除や衣服の選択、料理といった日常的な活動から、家族の集まりや公的儀式への参加といった祝祭的な場まで、日常の社会的実践が含まれる。これらの日常的なプロセスにおいて、集合文化的な意味システムは、今ここで計画された、あるいは新たに出現しつつある人々の劇的な相互作用を通じて実体化されるのである。

　そのような実体化はどのように行われるのだろうか？　日常生活で最もありふれた出来事、誰かに挨拶する（あるいは挨拶しない）、公共の場で身体の一部を覆う（あるいは覆わない）、特定の食べ物を食べさせるよう要求する（あるいは食べることを拒否する）など、その他同様の場面はすべて、文化的な意味システムの**マイクロ社会化**（Much, 1997）の闘技場（アリーナ）である。これらの闘技場は、日常生活の流れに挿入される巨発生的[7]な価値を促進するための微発生的[8]な出来事である。

　ある家族（母、父、15歳の娘）の次のようなやり取りを例として考えてみよう。

　娘は（非常に短いミニスカートで）身をかがめて何かものを拾う。
　父：「下着が見えてるぞ！」
　娘：「分かってるよ。」
　母：「いつも若い女性に興味があるのね……、いつになったらやめてくれるの？」

　このやり取りでは、身体の見え方に関するありふれたやり取りが、娘にとっても、そして（娘にそのような教訓を与えている）父親にとっても、道徳の「教訓」として即座に状況に生かされているのである。私たちの日常的なありふれた会話のほとんどには、明示的または暗黙的な道徳的なメッセージが埋め込まれている。当たり前のことを言う（「下着が見えている」と言うとき、その事実を知っていることを述べる少女、父親の関心分野についてコメントする母親）のは、すべて道徳的な性質を持つメッセージである。「よい女の子」の下着は見せるべきではない。思春期の女の子の自立の表明は、それが見えることを受け入れることによって**なされている**（女の子は見えては**いけない**ことをよく分かっていながら[15]、道徳的要求に逆らっているのである）。そして母親は、父親の発言を、道徳的なマイクロ社会化から、若い女の子（自分の娘でさえ）の身体を見るという少なくともかすかに疑念を持たれかねない習慣の問題にすり替え、夫にこ

うした習慣を消去するための「工程表」を求め、男性のライフコースにおける「人生の階段」の社会的表象を参照するのである。

　マイクロ社会化の闘技場（アリーナ）は、特定の社会的規範に違反するように他者を誘うことによって意図的に創造されることがある。相手がそのような誘いに乗って、規範の境界域を越えると、すぐに叱られる。このような「記号論的罠」は、他者に社会的に「間違った」行動 X を取らせた上で、その行動を非難することで、既存の社会的境界域システムを実体化するための装置なのである。相手が「不適切な」行動 X の誘いを受け入れるか拒否するかで、X を禁止する社会的境界域が実体化される。このような実体化の試みが機能しなくなる可能性があるのは、個人的な意思や文化的無能のためにそのような要求を完全に無視することによってのみである[16]。

　実体化のドラマは、そこに登場する行為者によって、また行為者のために設定されるだけでなく、その場にいる他の人々、つまりそのドラマの観客を巻き込んでいくのである。イタリアでは、生徒の成績表を両親に届ける際、教師は**子どもの前で**その子の両親と話をするが、子どもはその話し合いに参加することを期待されていない（Marsico & Iannaccone, 2012）。学期に一度のこの出来事は、学校と家庭の間の単なる「情報交換」ではない。これは、子どもの将来の学業活動の方向性を示す提案である。同様に、宗教的な聖遺物運搬の行列や、ヨーロッパの都市での「愛のパレード」、あるいは「敵」の代表者（あるいは自軍の脱走兵）の公開処刑などは、「正しい」感じ方を内化させ、社会的に必要なときには、より多くの人々が、自発的にその感情を外化させて行動に移せるようにするための輔助装置である。実体化のドラマは、個人的文化の最も深い層に直接アクセスできないことを克服しようとする方法である（第 4 章を参照）。社会的に期待される方向に内化／外化プロセスを育成するために、現代の人間の発達において準備しなければならないのは、**潜在的な**行為の記号論的な過剰決定である。

記号の力：相互模倣

　記号によって作り出される社会的宇宙は集合的である。人による内化は外化につながり、世界についての外化された意味のある感情は、他の人の内化プロセスのインプットになる（第 9 章を参照）。このような交流は、独自の個人的文化を生み出すだけでなく、社会的に協調した世界観の類似性を生み出し、潜在的に幻想的な観念を合意的に検証する基礎となりうる（コラム 5.2 を参照）。

コラム 5.2　父親を探すウィーンの家族

　戦時下は、補償的に「リアルな非現実」を文化的に構築する引き金となるという点で、とりわけ陰惨である。このような構築は、精神医学的見地からの妄想であり、人間の心が作り出したものである。しかし、同時に、それらは現実の言及を欠いているため、非現実的である。

　ヘレーネ・ドイチュ（Deutsch, 1938, pp. 308-309）は、戦争をきっかけとしたトラウマに基づく妄想構造が家族システムの中に創発した例を提供する。1918年、3人の家族（母、娘、息子）がウィーンの精神病院に入院し、全員が同じ症状群を有していた。夫（子どもたちの父）は1915年に戦争に行き、行方不明になっていた。父親の消息が分からないことで、他の家族もうつ状態になり、父親が帰ってくるということだけでなく、その条件を偽ってしまうというような創作シナリオが散見されるようになったのだ。

　　この女性は、数か月前から、夫が生きていて、もうすぐに家に帰ってくると頑なに言い続けていた。スウェーデン領事館にいる夫から頻繁に手紙が届き、さらに裕福な貴族が彼女の面倒を見てくれていて、別荘を用意し、車も買ってくれるというのだ。彼女はこの一族を通じてあらゆる国家権力者とコネクションを持ち、十分な食料を供給され、裕福な一族が自分の屋敷に用意した非常に優雅な部屋に引っ越そうとしていたのである。夫は帰国後、この富をすべて享受することになっていた。富豪の息子は彼女の娘と結婚することになっており、彼女の息子の前には輝かしい未来が広がっていた。　　　　　　　　　　　　　　　　　　　　（Deutsch, 1938, p. 308）

　母親の二人の子どもは、父親を失った苦悩のもとで、将来の理想的な生活を集合的に構築するという、母親の架空の創作を共有していたのである。この創作された物語に対する彼らの社会的フィードフォワード支援の相互性は、精神分析的治療に対する抵抗力を強固なものにした[17]。しかし、私たちにとって重要なことは、この**空想虚言症**（精神分析家が好んで使う言葉）の事例を、情感的な不確実性とその集合的支持という条件のもとで、想像上の望ましい現実を文化的に構築した例として捉えることである。インドへの西洋の道、天国への道、祈りによる不幸の脱出など、あらゆる未来志向の思想は、不確かで悲惨な現在にもたらされた、輝かしい未来のおとぎ話との対比の上に成り立ってい

るのだ。

結論：人間は記号を介して、独自の主観と集合的な幻想の両方を構築する

　私たち人間は、記号を創造し、使用し、そして放棄する生き物である。本章では、チャールズ・サンダース・パースの記号論的観点に基づいた記号の概念について詳しく説明し、独自性と統一性という相反するものが、同じ意味形成システムによってどのように生成されるかを示した。もちろん、このような構成要素の幻想的な性質は、今後の発展のために必要なものであり、構成要素そのものに符号化されているわけではない。

　人間が利用する神話素には、それを疑うことを許さない境界域が組み込まれている。個人的な心理的適応に必要な現象である疑念は、さまざまな神話素の集合的文化交渉の中で排除される。喫煙の負の影響と戦っている間、私たちはその戦いの肯定的な価値を疑うことを私たち自身に許さない。私たちは、その価値について完全に、そして強く同意することができ、それによって戦う覚悟を固めることができる。しかし、これらの「疑わない」構造はすべて、すぐにそれらと相補的な部分（疑いの準備）を生み出す。それゆえに、社会的世界は、ファッション、健康信仰、イデオロギーにおいて変化を遂げることができる。私たちは確かなものを創造し、それを守ることで、それを失う覚悟を決める。そして、いずれにせよ私たちはそれを失い、記号の複合体によるさらなる媒介行為によってそれを取り戻そうとするのである。

第6章

記号の諸階層

その構築、使用、そして破壊

　階層的な秩序を創造することは、自然が有機体（organisms）の生存を保証するための方法である。相互に関係づけている2つの細胞からなる最も単純な生物から出発し、私たちは、生物発生（biogenesis）におけるある時点において、環境の影響を受けたときの反応である再–行為（re-acting）から、環境の影響へと向かう事前の行為（pre-acting）へと移っていく、創発的な構造の領域に入る。その能力は、ホモ・サピエンスの事例において最高潮に達する。ホモ・サピエンスは事前に行為する（pre-act）だけでなく、事前の行為を計画づけることも行い（pre-planning）、そして事前の計画づけを省察しさえする。

　多細胞生物は、いくつかの階層的な秩序に従って生きており、解剖学における創発する機能器官は、そのような秩序によって構造的に関連している。中枢神経系が発生すると、生物の振る舞いを1つの全体として調整するようになる。

階層的諸モデルの性質：静態的 vs 動態的

　複雑系は階層的に組織化され、動態的に自己調整される。すべての階層的組織は、推移律的な（transitive）構造を伴う。分化された諸要素（P、Q、S）のセットは、次のような階層的な秩序を創発する。

　このような階層的秩序は推移律的である。つまり、P＞Q および Q＞S であれば、P＞S であることが必然的に真である。推移律は、古典的な論理学や機械論的な世界では望ましいルールであるが、適応的変容に閉ざされているため、生物

学的システム（biological systems）には望ましくない特徴である。推移律は、政府の官僚機構に適した厳格な方法で階層的構造を固定化するが、それぞれの環境における生物の生存には役立たない。したがって、それは生物の構造（解剖学的構造）の意味を理解するのに記述的に有用であるが、有機体の生存の機能的側面の理解に対しては有用ではない。推移律は、変化や発達のどのような側面に対しても「見えなく」させる。

　動態的な自己調整という概念は、この推移律に対して非推移律（intransitivity）で反論する。すなわち、最も低次の水準からより高次の水準へとフィードする調整の循環的な（cyclical）ループによってである。

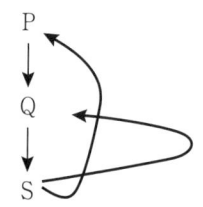

　この例では、**あるときには** S が Q を支配し（P>Q>S かつ S>Q）、また**別のときには** S が P を支配する（P>Q>S かつ S>P）ことで、構造的に柔軟なサイクルが生じる。その２つのどちらが働くかは、点 S において、条件つきで設定されるようになる。このシステムは、二股**分岐**を伴い、それは（S が分岐点の２番目の径路のように P を支配し始めるとき）、進行中のプロセス Q → S における、P の一時的な制御の喪失を引き起こす。

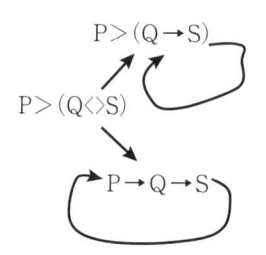

　推移律的関係を壊す２つの方法の対比は、階層的な性質を持つ部分（Q → S）と全体（P）の関係を〔階層関係を持たない〕１つのレベルからなる循環に変換する可能性を示している。「命令系統」を変更する柔軟性は、システムの階層化または脱-階層化（de-hierarchization）が必要なときに、極めて重要である。大規模システムの部分をグループ化（および再グループ化）することで、サブシステムに分化し、階層的な秩序を確立し、必要に応じて脱-分化できる。適応は、

部分<>全体の関係を調整する柔軟性に依存する。

欠落している特徴

　ただし、分岐の存在は新しい構造の創発を伴うわけではない。これは、ただ2つの既存の構造的な解の間の条件つきの「切り替え（flip-flopping）」を示しているだけであり、どちらも非推移律に基づいている。2つの循環は閉じたままであるが、新規性が生じる瞬間は2つの切り替えの中にある。システムは外部の要求に適応できるが、システムがそれらの要求を変化させることはない。

　生命システム（living systems）は、このような非推移律的で循環的に調整する階層性によって特徴づけられるが、質的に新しい循環の発達に対しても開かれている必要がある。動態的な階層全体は、階層の新しいレベルが創発できる「トップダウン」と「ボトムアップ」の調整的なプロセスの協調を必要とする。さらに、各レベルは質的に独自であり、他のどのレベルにも還元できない。

非推移律的な構造における条件的な破裂（ラプチャー）：新規性が創発する場所

　本質的に「開放的」であり（つまり、環境との交換関係にその存在を依存しており）、自己再生産的（オートポイエティック）である、生物的、心理的、および社会的システムは、それらのシステムの形態において高い変動性（variability）を示す。一般的なモデルとしての推移律は、非推移律によって統治されている現象の性質には不十分である（Poddiakov & Valsiner, 2013）。実際、あらゆる発達は、ある瞬間に破裂した（ruptured）非推移律的構造に基づいてのみ可能となる。生き残るバージョンの選択という形での進化には、最初に、これらの新しい生存候補が生まれるための革命が必要である。

　図6.1を用いると、どこで包括体系的な（systemic）自己維持がシステム自体の革新のために開放的になるのか、そして、3つの構成要素のどれかの、他の2つに対する瞬間的な支配性の間での揺れ動きにすぎないことがいつ生じるのかを把握できる。実際に、非推移律的な階層の場合は、「どの部分が他の部分よりも支配的か？」という問いに答えることはできない。それらはすべて――他のすべての上にある！　図6.1の包括体系的な循環は、循環の各部分の関係の仮定をさらに精緻化することにつながる。したがって、「PがQより支配的（dominant）である」または「QがSより支配的である」（など）という場合、「支配性（dominance）」という概念は、循環内で実行される変容の**初期条件**（initial condition）のみを指している。私たちはおそらく循環のどの箇所の考察

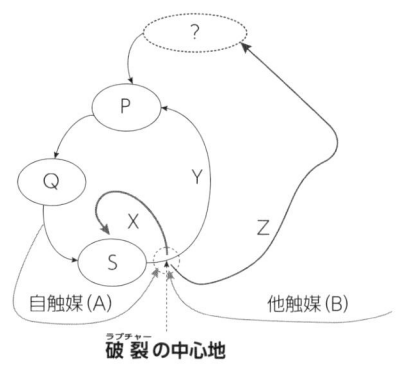

図 6.1　破裂(ラブチャー)の箇所を持つ非推移律的な階層

にも入ることができるだろう。また、その最初の箇所は後続の箇所に対するその箇所の「支配性」を決定する。——さらに、その箇所自体は他の箇所に対して下位の支配要素になる。**循環システムでは、支配という概念は同時にその反対の概念——すなわち非支配なのである。**

　図6.1 の自己‐再生産（auto-reproductive）システムは変容に開かれている。特定の条件下では、循環的関係の線に沿って循環（径路 Y）として継続する。しかし、他の条件下（径路 X）では、循環の終わりと線形的な階層（P＞Q＞S）の確立に至る。ここで、推移律的な関係は非推移律的な関係の特殊なケースであって、その逆ではないことが分かる（径路 X が P＞S を導く場合は、P＞Q および Q＞S となる）。推移律は、多種多様な種の推移律的な関係の領域における一時的な解決策であり、推移律を想定する人間の思考の古典的論理および認知モデルは、非推移律的な関係のすべての可能なモデルの下位クラスにすぎないのである。

　制御システムの循環的機能が「うまくいかない」場合はどうなるだろうか。非推移律的な循環を「直線に」して、それらを推移律的な種の固定化された線形の秩序に変えると、どの程度の損失があるだろうか（つまり、図6.1 の径路 X）。推移律へのこのような移行は、システムの自己生産性の排除に等しい。これは、生命システムの観点では、システムの絶滅を意味する。したがって、その包括体系的(システミック)な本質を維持するすべての生物が非推移律的な循環の条件下で作動することは明らかである。推移律は、ある言い方をすれば、生物にとって自己破壊的なのである。

　図6.1 の**三叉**分岐点（trifurcation）は、発達の重要な地点としての**破裂**(ラブチャー)を示す（Zittoun, 2006, 2009, 2012a）。破 裂(ラブチャー)は、以前の状況に関連した質的な変革

（つまり、打破）である。「定常状態」（径路 Y）の連続性は、径路 Z の発達的移行の基盤であり、それらの移行は革命的、進化的、あるいは退行的（regressive）である。

破 裂 <ラプチャー> から発達あるいは破壊まで

　図 6.1 の「破 裂 <ラプチャー> の中心地」は、システムの革新、つまりその発達の可能性に関しても興味深いものである。通常の径路（Y）から自己破壊的[1]な径路（X）へ「導いていく」関係である、システムとして有害な再方向づけ（re-direction）は別として、破 裂 <ラプチャー> はシステムの新しい構成要素（図 6.1 では？で記される）を創造してシステムに統合するような径路（Z）を導くのである。したがって、（新しいものの）構築と（古いものの）破壊は互いに非常に近いものである。反対のものは同一の全体に統合される（第 10 章を参照せよ）。さらに、新しい径路（Z）の実際の創発は、継続する、破壊する、または新しい形に変形するといった、三叉分岐点における「交渉」プロセスの結果である。

　図中に？で示されているシステムの新しく創発した部分にはさまざまな運命がある。それは、所与の有機体のレベルで循環に「参加」し、その複雑さを拡大することができる。あるいは、新しい部分（？）がその他に対するメタレベルの「組織子」になることができる。三叉分岐点の緊張が「ボス」を創造するのである！　これが、階層的調整子が創発する方法である――それは、私たちの文化的調整のプロセスにおける記号の諸階層の構築における、1 つの重要な特徴である。

　動態的システムの運命の中心的な特徴は、触媒（catalysis）によって演じられる。図 6.1 で、「破壊点（breaking point）」（または、ある人の視点にとっての「最も弱いつながり」）は、3 つの可能な径路（X, Y, Z）のいずれかが、循環システムに取り込まれる運命をたどろうとしている場所である。システムの修正における重要な役割は、図 6.1 の 2 種類の触媒プロセス――**自触媒**（A）および**他触媒**（B）――に与えられている。機能循環（図 6.1）の副産物として自触媒反応を設定することにより、システムが自身の発達を輔助できることは、近い将来の、常に未知である具体的な条件に適応するために重要である。システムの実際の「運命」は、このようなフィードフォワードの条件と、「外部から来る」触媒条件（他触媒 B）によって決定される。通常見られるもの――人間の発達について常識として語られる「氏か育ちか（"nature" versus "nurture"）」――は、因果的ではなく、システムの未来のための触媒的な「交渉子[1]」である。触媒の理論モデル（1830 年代から化学でよく知られている）は、因果要因を探し求めることの実りのある代替手段として、ようやく今、心理学に創発しつつある（Cabell

& Valsiner, 2013）。人間の記号の調整システムは、因果化されたものというよりは、触媒化されたものである。

精神による記号の階層の構築

記号論的プロセス——すなわち、非可逆的時間の中で人間の意味形成のプロセスを輔するもの——は、階層的制御システムの創造、維持、および廃止のプロセスの代表的な例である。このような動態的で未来志向の記号論的文化心理学の観点における私の焦点は、現実としては常に文脈的である世界との意味深い関係構築のための、ありとあらゆる人間の行為の一般的な説明に向けられている。この観点は、一般的なスキームの主要な部分として文脈を考慮に入れた階層的な意味形成の一般原則に基づいて作動する。

人間の意味形成の最も普遍的な特徴は、特定の局所的な条件への文脈依存性である。この主張は、**具体的一般性**（concrete generality）の概念に適合する（Falmagne, 2006）。すなわち、特殊なものは、特殊な可能性をもたらす一般的な基礎を同時に伴う。ただし、特殊の中に一般が存在することについて宣言することは、本質主義的な存在論的哲学の立場である。それは「誘惑する」男（または女）としての私の振る舞いを説明するものではない。〔その立場では、例えば〕モナリザやフラ・ダミアーノを誘惑する私の努力はすべて、この具体的な行為状況の中における「男性らしさ」（または「女性らしさ」）を**一般的に**示すものだと宣言されている。一般性が特異性の「中に存在する」という静態的な存在論的前提を拒否しながら、記号論的動態性の文化心理学は、「誘惑の文脈」として記述された所与の状況で作動する一般化された記号と一般化されつつある記号を見ることの必要性を浮かび上がらせる。行為者は、現在の設定（setting）を示すために創造または使用される記号とともに創発する特定の文脈の動態性を創造する。時にこれは、非常に急速に発生する場合がある（p. 115 の「境界なき記号」の例を参照）。

文脈は普遍的である

人間の生活における文脈特異性は、普遍的に作動する一般的な原理であり、その生活の特異な形態に高い変動性をもたらす。原理的に、すべての一度になされる意味形成行為は唯一のものである——これは非可逆的時間（まったく同一の出来事は複数回発生しないこと）に依存するためである。それにもかかわらず、そのような意味形成の原則は一般的である。意味が構築されると、文脈がそれとと

もに創発する。たとえ通常のスピーチで「**文脈から外れた私の言葉**」について話すことがあったとしても、文脈のない記号は存在しない。言葉（または他の記号）は、文脈から「取り出される」ことはない。それは、文脈がこうした努力のいずれかに動態的に適応し、言葉の新しい文脈になるためである。人間の記号の構築と使用の結果による独自の成果の中にある、動態的な記号過程の一般化された単一性が見られる。

　動態的な記号過程の設定である心理的分化の過程で、経験の流れから記号の創発を観察することが可能である。創発しつつある記号は、現在から過去へと急速に移行する初期の「今ここ」の文脈から意味形成者を遠ざける。したがって、最初の記号のタイプは、必然的に、何らかの実体における行為者の影響によって（パースの用語[2]での **指 標**（インデックス）的記号）、新しい現在を最近のものに結びつけるものである。泥の中の動物の足跡は、その動物がしばらく前にその場所にいたことの **指 標**（インデックス）的記号である。この記号は、時間（現在<>その時）と部分<>全体の関係によってその指示対象から離れている（足跡をつけた動物の足<>動物全体）。

　人間の行為の優位性に基づき、私たちの意味を生み出す活動の大部分は、**指 標**（インデックス）的記号（およびそれらの他の記号タイプとの組み合わせ）に基づいて行われると主張できるだろう。**指 標**（インデックス）的記号は、時間を超えてその指示対象と記号の品質の連続性を保持する（例えば、トラの足跡は、時間の経過とともにライオンの足跡に変化せず、ライオンの足跡にも再構成されない）。時間は、いくつかの方法で符号化され、時には最も直接的でさえある。狩人は、トラの足跡の「鮮度」から、凶暴な動物の通過からどれだけ時間が経過したかを推定できる。私たちは、冷蔵庫内のいくつかの食品の「鮮度」を匂いで評価する方法を発達させる――これが 1 つの **指 標**（インデックス）的記号（物から発せられる匂い）である。熟したマンスターソフトチーズの悪臭（発酵の指標）は、チーズの「新鮮な品質」の匂いとなる。

　記号の非再構築についての **指 標**（インデックス）的記号と類似する制限は、**類像**（イコン）、つまり対象物のイメージである記号に適用される。女性の肖像は、その女性の類像的記号である[3]。20 世紀の芸術では、類像的な表現の境界が問われ続けてきた。すなわち、対象を直接表現しない女性のキュビズムの肖像は、人間の言語に似た視覚的 **象徴**（シンボル）を創造する境界に向かって類像性の境界を移動する。象徴的なつながりを持つ類像的（イコン）な言語は、ヨーロッパの教会[4]で中世の宗教的神託を支配していたが、21 世紀においては、簡単な指の動きで iPad や携帯電話の画面に表示される、より動態的なイメージという新しい形として、人間の意味形成を再び支配するようになっている。

　要約すると、人間の意味形成のプロセスは、さまざまな形式の記号の組み合わ

せによって作動し、異なる歴史的期間やさまざまな目的によって、同じ記号複合体において、ある1つの記号形式が他の記号形式を支配する。刑事は、犯罪現場に非言語的記号をうっかり残してしまった可能性のある犯罪者を口頭で尋問する際に、象徴的レベルを使用できるようにする前に、指標的および類像的記号に頼る必要がある。心理職や精神分析医は、指標的または類像的記号に符号化された性的活動の証拠をまったく持っていないまま、心理療法においてクライエントの性的問題を言語的に話し合うことができる。

時間の中の記号：行為の二重性

　記号論的動態性という視点の基本モデルは単純である。つまり、人間は、その環境に関わりながら（環境に行為しながら）非可逆的時間の中で行為するまさにそのプロセスを規制する記号を創造する（図6.2）。非可逆的時間の流れの中で、記号（S）は進行中の経験から分化され、現在の瞬間にその瞬間を未来に向けて2つの方法で輔するために利用可能になる。すなわち、目前における輔助（その行為の中心地で）、そして、将来のための時間の相対的な拡張を通じた輔助、である。意味深い社会的構築の行為は、それゆえ常に二重（dual）であり、**記号の文脈によって**未来への行為を巻き込む（S）。そして、逆もまた然りである（すなわち、記号は行為を文脈として持つ）。現象とその文脈を互いに分離することはできない。現象を示すことによって、その文脈は従属的に示される（共–発生論理（co-genetic logic）に基づく——Herbst, 1995）。

　行為の二重性（図6.2）は、同時的な行為（現在の瞬間から、次の瞬間になる未来へ向けて）と、何が起こっているかを反映するいくつかのバージョンの必要性によって与えられる。これらのプロセスは迅速である。人間の振る舞いを調整する記号の力は自明であるため、通常の条件下ではほとんど気づくことができな

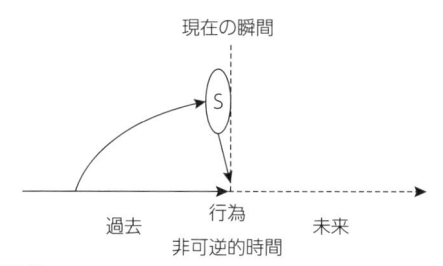

図 6.2　記号論的動態性という視点の中核：行為の二重性

い。

病理学的な事例では、その力が劇的で、時には愉快な例を生み出す場合がある。ピエール・ジャネ（Janet, 1919, p. 193）は、ある患者（ノフ、19歳）について、パリを歩いていて帽子屋を見つけ、自分自身に「……ここは帽子を買う帽子屋です」と独り言を述べた後、店に入って必要のない帽子を自分で買ってしまったと述べている。また、リヨン駅の前を歩いているとき、同じ患者ノフは、自分自身に「これは駅です。人は旅行に行くためにここに入ります」と言う。その後、彼は駅に入り、マルセイユへのチケットを購入し、旅行する。——そして目的地の途中で、彼がどこにも旅行する予定がなかったことをまさに気づくのである。

これらの例では、記号の力は抑制されず、決定的な役割を獲得する。通常の自己調整では、こうしたことは自動的には当てはまらない。創発しつつある記号の決定的な性質が独自の限界を生成するのである（例えば、「これは鉄道駅ですが、どこにでも旅行するつもりはありません」および「これは帽子屋ですが、私は帽子を被りません」）。創発しつつある記号は本質的に **壁 象**（Gegenstand ^(独)）である——それ自体の創発しつつある構造に内在する制約を通して、それ自体の進路を限定するものである（第7章を参照）。

記号は経験の流れから創発し、現在においてその流れを調整するが、その記号は将来の特定できない時期に、類似する流れの残遺的輔助（residual guidance of similar flow）を設定することもできる（図6.4）。創発した記号のそのようなフィードフォワード機能は、明示的なものかもしれない。すなわち、将来的に使用できるように何らかの形で固定していくものであり——または潜在的であり——、予期不可能な将来において類似の状況を予期するために実行される（図6.3を参照。未来が現在の瞬間に予期される）。**記号の機能は常に未来志向であり、即時の影響**（次の即時の未来を新しい現在に変える）と、不確定な未来の瞬

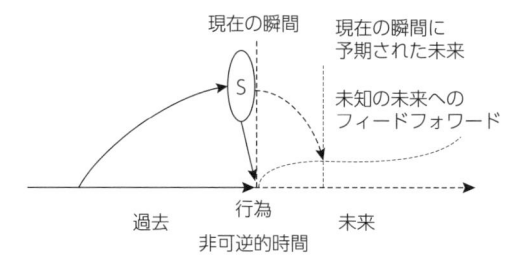

図6.3 機能的に長続きするものとして創発した記号（未来へのフィードフォワード）

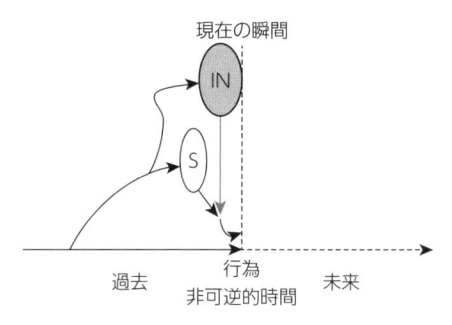

現在の瞬間

IN

S

過去　　　　　行為　　未来
　　　　　　非可逆的時間

図 6.4　抑制的記号（IN）としての記号（S）の階層が創発し、意味づけを妨害する

間に類似の状況に遭遇していくことに対する一般的志向の両方がある。これは、そうした記号の解釈が将来の可能性に適用されるために保たれる 指 標 的記号（足跡の例）にも当てはまる（トラを見つけるためにジャングルをどこまで進む必要があるだろうか？）。記号は、非可逆的時間に生きることの必然性によって未来志向となる。

　これは、奇妙な質問につながる——記号の使用が未来志向であるとすれば、意味形成者が絶えず過去を参照しながら、過去の関連する人生の瞬間を思い出そうとして、記憶を掘り下げることは可能だろうか？　現在の意味形成者は、彼／彼女が未来に向かって進んでいるその現在に接近できる、過去の記号のさまざまな痕跡に接近する。所与の瞬間に「振り返る（looking back）」ことを必要とするように見えるが、実際には「前を向く（looking forward）」ことであり、これは、過去からのさまざまな痕跡に接近できるためである。非可逆的時間の中で、人は「来るかもしれないもの」との関係を示すことなく「それが何だったか」に言及することはできない。

　創発しつつある記号の特徴はその自己調整的な潜在性にある。記号の創発により、別の記号が並行して創発する可能性があるが（図 6.4 の抑制的記号（Inhibitor sign; IN を参照）、その機能は最初の記号を妨害することである。ウラジミール・ベヒテレフによって報告された症例は、催眠後の暗示の文脈で、抑制的記号の働きを説明している。

> 　ある催眠中の人に、目が覚めたらテーブルからハガキを取らなければならないと暗示した。彼が目を覚ましたとき、彼はほとんどすぐにテーブルを見回し、視線は特定の場所に固定された。「何か見えますか？」と私が尋ねると、彼は「ハガキが見えます」と答えた。私は、彼に別れを告げて出発する準備を

> したが、彼はまだテーブルを見つめ続けている。「何もしなくていいんですか？」と私は尋ねる。「そのカードをもらいたいけれど、いらない！」と男は答え、去っていった——暗示を実現しないまま、明らかにそれと戦っていた。
>
> （Bekhterev, 1903, p. 14）

創発しつつある意味（「これはハガキです」と「私はそれを取りたい」〔暗示〕）は、妨害する意味（「必要ない」）によって抑制されている。この例は、迂回戦略（circumvention strategies）の概念も示している（Josephs & Valsiner, 1998）。つまり、以前に構築された戦略を乗り越え、以前のジレンマの中心で循環するのではなく、新しい経験を可能にすることを意味する。

ベヒテレフの例が示しているのは、催眠術で暗示された行為（「ハガキを取る」）の活性化と抑制の両方が実施されていることである。この暗示は行動——つまり反応——を生むというよりは、2つの意味の間の緊張を生み出した。すなわち、**私はこのカードを手に取りたいと思っているが、このカードは必要ではない**。両方の意味づけは、行為の方向を明確にする域的な一般化された用語としての**欲する**（WANTING：非–**欲する**（non-WANTING）の反対）および、前者の記号を中和する否定である**要する**（NEEDING）と表現される。状況から抜け出すことは、上位の D 記号（「破壊的記号（demolishing sign）」、図 6.5）を創造することで緊張全体を拒否し、緊張を乗り越える 1 つの方法である。

私たちの日常生活は、創発しつつある記号の階層における対話的交渉の例を示している。抑制的記号は、階層内でより高次の役割を得た別の記号によって抑制できる（図 6.5）。体重管理している人の誕生日における通常の物語は、この内的対話の例となる。「私はそのケーキが欲しい」→「しかし、ダイエット中だ、食べるべきではない」→「しかし、今日は私の誕生日だ」（ケーキを食べることに

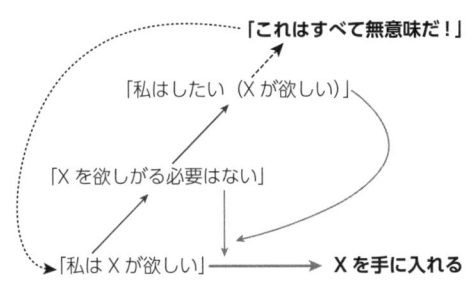

図 6.5 抑制の抑制と破壊的記号（D 記号：「これはすべて無意味だ！」）を含む記号の階層の拡張

つながる）は、そのような対話性を示している。

　動態的な記号の階層の構築は、階層自体の破壊のきっかけとなる記号が階層構築のプロセスにおいて創発すると、さらに複雑になる。この D 記号（破壊的記号）は、意味を作る作業全体を無益なものとして更一般化することによってもたらされるだろう（「これはすべて無意味だ」——図 6.5)。D 記号は、所与のときに意味形成プロセス全体を現在の径路から脱出させ、無効にする一般的な迂回戦略の担い手である。

記号の階層の行き詰まり

　記号の階層が行為を制御するため、意味システムの抑制と再方向づけ（re-direction）は、多くの事例において実践的な問題となる。調整システムの複雑な病理学は、ピエール・ジャネ（Janet, 1919, 1921, 1928）によって記述されている。人々は日常生活のあらゆるところで記号の階層の「しゃっくり（hiccups)」を見つけることができる——、つまり人々は衝動に基づいて行為する（すなわち、行動を抑制することはできない）か、行動をこらえることになる。再構築された家族（re-constituted family）の母親は、心理職に助けを求める——彼女は、娘を叩こうとする衝動に気づいている（すなわち、必ずしも実際に彼女を叩くのではなく、青年期の娘に向かって攻撃的に振る舞う）。叩くことのエピソードの創発プロセスについて、彼女自身は次のように描写している。

> 　人は正気を失ったときに実際に何を感じるでしょう？　私は違いますが……。子どもを叩くために子どもを持つ人は、一人もいないでほしいですね。一人も。まず、ときどき何らかの反応が起こります。何かが起こるんです。そして、私自身が感じているのは、私が疑念を持つことで、それが路線を外れて加速するということです。もし私が、それはこうあるべきで、こういったものだ、と絶対に確信していたら、私はそこで踏ん張って、他の方向に導くことができるでしょう。これは私のための道ではない、というように。また、ある判断をしたときに、反論を聞くことができたら、「それはかなりの正論に聞こえる（笑）、いい反論だ」と思うようになります。そして、1 から 10 まで、限界が大きく動き、自分が必死になって、これは誰のためにもならない、と思えるようになるのです。　　　　　　　　（Musaeus & Brinkmann, 2011, p. 52)

　自分の怒りに対処するための努力を淡々と描写している母親は、怒りを鎮めたいがために、娘に身体的な攻撃を仕掛ける。しかし、攻撃的な行為の抑制システ

ムが確立されていないため、怒りを鎮めることは（もどかしいが）困難である。特定の行動を制御する技術は、「正気を失う」プロセスを遅らせることができるが、それは、その人がどんなに動揺していても攻撃的な行為を創発しないような調整的な階層を急速に創造するための、記号生成システムの自動的な教育ではない。攻撃的な行為が起こった**後では**遅すぎるのである——残されているのは、すでに起こってしまったものとして攻撃的な行為を議論する可能性であって、将来的にそれを防ぐことはできない。振る舞いを調整する記号の階層を生成するスキルは、社会化の対象でありながら、時に失敗する。

成長していく記号の階層

　記号の階層が一般化に向かって拡大していくと、ある瞬間に、私たちの意味形成システムは、現在の経験に質的に新しい香り（flavor）を与えることによって、現在の経験を再編成する質的な分かれ目（break）、すなわち、情感的に更一般化された意味の階層における「ジャンプ」を導入する。そのような記号である固定化された支配的な調整子（Fixed Dominant Regulator; FDR）の成長は、一般化された意味づけの急速な変化が起こる手段である。ある「友人」が突然、「敵」に変わるかもしれないし、人は宗教的、政治的な転換を経験するかもしれない。構築された意味体系におけるこの種の一般化された飛躍は、道徳的社会化のためのあらゆるシステムが目的とするものである。いったんFDRが創発すると（その反対の破壊的記号とは対照的に）、FDRは以前の意味づけによる介入に基づき、新たに再概念化される意味システムを妨害することで、意味形成者の意味領域全体を変える（図6.6の**意味の方向性**についての創発した制約）。

　このような経験の制約は、制約に基づいた新しい解釈の発明につながる。隣人の視線は「邪視」になったり、「邪悪な」帝国のためのスパイ行為になったり、個人化された悪魔的な力になったりする。同様に、中立的な単位（例えば、カロリー）での食品の質の測定は、**健康な**（あるいは不-**健康な**）という更一般化した意味に浸るようになる。政治的な信条（credos）や原理主義者の憤りは、すべてそのような制約によって設定されている。例えば、宗教的改宗は、創発しつつある固定化された意味づけに基づいており、これは、新たな信念とともにライフを再編成する。あるアーリ族の女性（エチオピア）は、部族の慣習からの脱却と関連して、改宗を説明している。

　　私がプロテスタント・キリスト教に改宗したのは、子どもの歯が上の歯茎から生えてきたからです。私たちの慣習では、赤ちゃんの歯が上の歯茎から生え

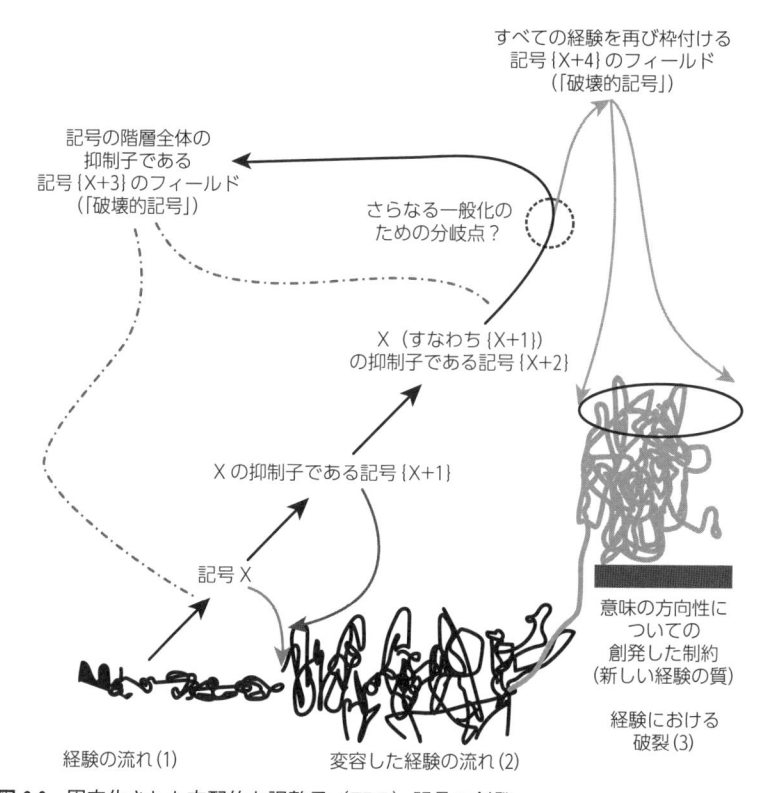

図 6.6　固定化された支配的な調整子（FDR）記号の創発

> てくることをミンギ（mingii）と言います。昔は、そのような赤ちゃんは捨て
> られていました。また、一部の家庭では、その代わりに赤ちゃんをアムハラ人
> （Amhara）の家庭に渡していました。私は、自分の子どもを他人に渡したく
> はありませんでした。だから、私はキリスト教に改宗することにしたのです。
>
> （Naty, 2000, p. 145）

　宗教的改宗は心理的に強固である。この強固さは、ひとたび宗教的改宗が起こ
ると、新しい意味システムのレンズを通して、生活のありとあらゆる側面の即時
的で情感的な香りづけ（affective flavoring）の境界域が再設定されるというこ
とを示している。**事後的な**記号過程（post-factum semiosis）の視点からは、そ
れは解釈——とはいえ、明らかに非-相対主義的であるが——の新しい枠組みを
提供するものである。一方で、その創発——すなわち、**事前的な**記号過程（pre-

factum semiosis）——の視点からは、あらゆる種の潜在的な解釈を生じさせる、意味形成における普遍的なプロセスを見いだすことができる。

記号論的領域の動態的な動き

　人間は常に意味を形成している——この圧倒的な活動に関与せざるを得ないのである。生物組織の下層にいるクモが巣を張らずにはいられないように、そしてその後にその巣を壊すこともあるように（Valsiner & Lescak, 2009）、人間は生活の中で進むにつれて常に意味／感覚の領域を創造している。これには、一般化や更一般化のプロセスや、以前に更一般化された意味の具体化や事前の文脈化における、ゆっくりとした、あるいは急速な変化を伴う。人間は記号を生成し、記号を使用し、記号を放棄し、さらに記号を生成し続ける。これらの記号は、ゆっくりと現れるものもあれば、一瞬にして創発するものもある。後者は「無限の境界とともにある記号団（signs with infinite borders; SWIBs: 境界なき記号団）」である。

境界なき記号（無限の境界とともにある記号）

　記号が人間の精神を媒介する決定的な特徴は、単に（何か他のものを意味する）記号を介して世界を提示することではなく、ある記号の構造から別の構造へと動態的に移動することにある。このような動きの中で、情感的な緊張が創発し、その解決が図られる。このような記号の変容の中には、ある人の精神を完全に乗っ取ることを目的とした急速なものもある。私はこのような急速に拡大／縮小する記号を境界なき記号団（無限の境界とともにある記号団）と呼んでいる。

　境界なき記号は、域的な性質を持つ動態的な更一般化された記号である。その境界は、**過去**と**未来**の間の移動する境界（**現在**）の上でまさに拡大したり縮小したりするため、不確定である。その境界は、急速に移動する不確定なものであり、**拡大<>非-拡大**｛すべての記号の階層を維持、収縮、縮小、または破壊する｝ という相反するものの間の、緊張の場となっている。

安定した境界なき記号団

　美的感情における崇高さという現象は、境界なき記号団を介して構築されている。つまり、夕日に出会ったとき、バロック教会やフランス庭園に入ったとき、教会の鐘の音を聞いたときなどに創発する感情である（Corbin, 1998）。社会的

行為の領域においては、群衆の感情や集団の雰囲気の形成（または非−形成）における境界なき記号団の役割が極めて重要である。したがって、社会的機関は、影響力のある暴徒の協調行動を増幅（エスカレート）させたり（デモ、攻撃、革命などの行為を創造する）、社会的統制のルールによって暴徒を鎮めたりする努力をしている。

急速な境界なき記号団

　意味形成の爆発的な変化は、すべての包括的な意味領域の突然の創発という形で考えることができる。これは、領域の境界域を定めないようにするものである。意味構築は無限へと向けられているが、そのような努力は原則として成功することはありえない。拡大する各々の視野は、水平線によって制限される。水平線は、探究する意味を作り出す人の想像上の外側の境界域である。その境界域は、人（自分のポジションを変える人）の動きと一緒に動くことができるが、決して（その境界域を）超越することはできない。そのような境界域に向かう動きは、そのような境界域から遠ざかる反対のプロセスとつながっている。爆発する意味領域は、領域の「崩壊」または収縮の対立のプロセスに等しく劇的に入ることができる。拡張と収縮の間の緊張は、感情の爆発（すなわち、レベル4で更一般化が無限に向かって移動するのを捕まえる）または点的記号への崩壊（レベル2）につながる可能性がある。後者は、非常に具体的な行動につながる可能性がある——情熱による犯罪は、人生でも小説でも知られている。

　パニック発作のさまざまな形態には、急速な境界なき記号団の使用が含まれる。重要な問題は、特に関連性の高い個人的な機能について、パニックの全体的な感覚が突如として創発することである。コロ症候群（「性器収縮」）は、アジアとアフリカの両方で再発し、疫学的に分布しやすいと説明されている（Rin, 1965; Adams & Dzokoto, 2009）。ナイジェリアのコロの特別な形態は「性器窃盗（genital theft）」と言われている。ある人[5]が突然、性器が外部または内部で別の人に「盗まれた」と信じる。窃盗に対する世間の強い抗議により、容疑者は最終的に窃盗されたという訴えのみに基づいて身体的に処罰されることがある[6]。それは、聴衆はその被害者を信じる準備があるため、多くは具体的な証拠を求められないからである。そのため、公共の場において次のような出来事が生じることがある。

　　ある警察官がベナンの市場で肉屋から肉を買ったところだった。彼が帰ろうとしたとき、肉屋は彼に「オガ、時間は何時ですか」と尋ねた。警察官はそれ

> を伝えると、ほとんどすぐに「私の prick、私の prick ……、私の prick が消えた」と叫び始めた（prick とはピジン英語で陰茎）。肉屋はびっくりしたが、警察官は冗談ではなかった。彼は集まっていた群衆を納得させるためにズボンを下ろした。彼はひざまずいて肉屋に慈悲を乞うた。困惑した肉屋は、魔法の力は持っていないし、「他の男の陰茎をどうしたらいいか」も知らない、と否定した。群衆は肉屋にブーイングを浴びせ、暴徒化し、通りかかった警察官が介入するまで執拗に彼に乱暴をしていた。　　　　　　　　　（Ilechukwu, 1992, p. 98)

　警察官は、「性器窃盗」の慣習的なきっかけ（trigger）に反応していた。現在の時刻や道順を尋ねている人、あるいは、偶然その人に触れた可能性のある人は、即座にその行為で容疑者になる可能性がある。これらの瞬間における性器の「突然の喪失」の感覚は身体的な感情の一部であり、それが群衆を動員して「泥棒」に対する暴力的な行動をとるという、公的な抗議につながった。瞬間的な恐怖の個人的な 増 幅（エスカレーション）は、公共の共同行為（joint action）につながる。

　上記のエピソードは、文化的に構造化されたパニックの発作が、「犠牲者」と即座にそして間違いなく同情的な群衆の両方によってどのように 増 幅（エスカレート）されるのかを示している[7]。日常生活の力の役割（警察が店主に対して権力を持つこと）は、超自然的（supernatural）な力に対する信念が喚起されると、即座に逆転する。

　この社会的に共有された象徴的（シンボル）な環境で暗示されている超自然的な力の境界なき記号 |恐怖<>非−恐怖| は、後退することがない、急速な 増 幅（エスカレーション）に見られる。群衆によって共有された信念は、その維持に向けて、さらにフィードする。中世のヨーロッパの事例では、性的な悪夢がしばしば悪魔との性交の恐れを引き起こし、その結果、告解への急速な動きと、カトリック教会が「悪魔の発見」基準のマニュアルを開発する必要が生じた[8]。性的に満たされた悪夢（つまりは夢）から目覚めると、夢想家（通常は女性）は悪魔と性交したことの意味に恐怖を覚え、告解に殺到した。

情感的記号過程のレベル

　人間の記号過程は、さまざまな種類の記号が役割を果たす記号複合体（sign complexes）に基づいている。その記号過程の一部のみが言語的なものである——実際、私たちの意味を作るプロセスのほとんどは、非言語的な記号（類像的（イコン）、指 標 的（インデックス））とそれらの複数の機能を利用している。これらの機能には、一般

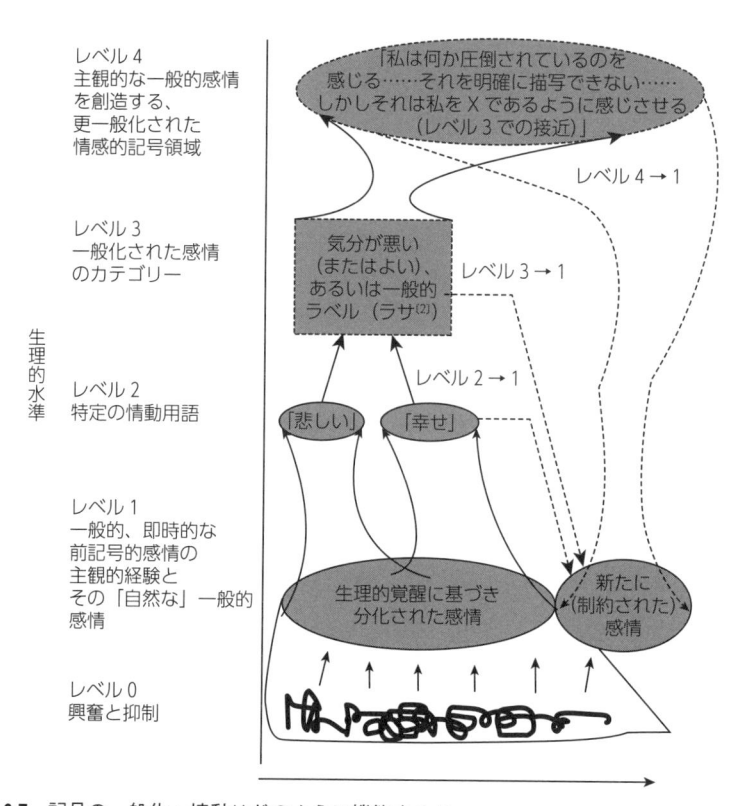

図 6.7 記号の一般化：情動はどのように機能するか

化、そして最終的には更一般化への動きが含まれる。図 6.7 では、主要な生理的活性化（レベル 0）から感情のカテゴリカルな指示（レベル 2）、その後の一般化（レベル 3）および更一般化（レベル 4）への意味形成の動きを見ていく。これらの各レベルの記号過程から、将来の感情に対するフィードフォワードな信号がある。

　境界なき記号の 増 幅 （および脱−増 幅 ）は、各レベルを超えて、およびレベル間で発生する可能性がある。境界なき記号は、各レベルで「動態的に安定」になり、コミュニケーションに関する興味深い現象を創造する。

　境界なき記号団は、一般化<>非−一般化の記号過程領域の水準でどのように機能するだろうか？　**諸行為のきっかけ**となるすべての説得／プロパガンダなどの社会的努力は、図 6.7 のレベル 3 または／およびレベル 4 において境界なき記号団を創造することを通して作動することを必要とする。**諸行為を妨害する**ための

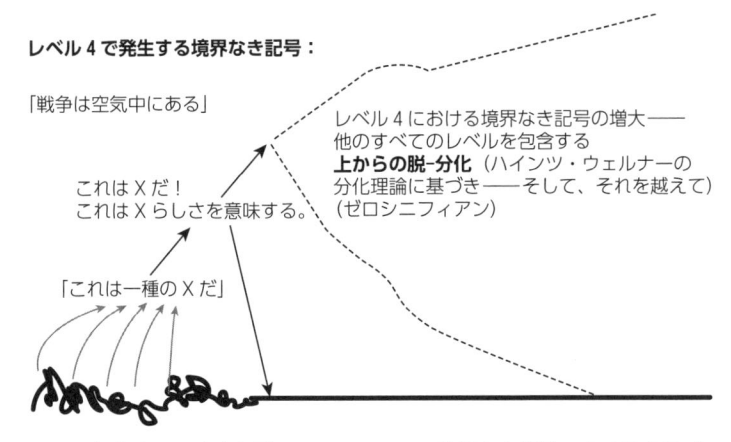

レベル 4 で発生する境界なき記号：

「戦争は空気中にある」

これは X だ！
これは X らしさを意味する。

「これは一種の X だ」

レベル 4 における境界なき記号の増大──
他のすべてのレベルを包含する
上からの脱-分化（ハインツ・ウェルナーの
分化理論に基づき──そして、それを越えて）
（ゼロシニフィアン）

図 6.8　更一般化された意味領域のレベルにおける境界なき記号による静寂化（レベル 4）

すべての社会的努力は、固定化されたレベル 3 およびレベル 4 によって支えられるレベル 2 において、境界なき記号団を創造することを通して作動するべきである。境界なき記号団間の振る舞いの社会的調整は、境界なき記号団の増大（交感（communion）の現象や愛国的な熱狂を創造する）を認めるか否かの交渉を含んでいる。レベル 4 から始まるこのような境界なき記号の例は、兵士の戦闘開始時である──つまり言葉は必要ない。言葉にできないほどの記号領域全体からの徹底的な輔助がなされる。それは、結果（生存または死亡）がその人にとって無関係になるような、言葉にできないほど高次の目的に対し、個人的に完全に献身している状態である。

　沈黙はレベル 4 の境界なき記号の結果であり、他のレベルの記号化に向かって増 幅 する（図 6.8）。現在の出来事によって引き起こされる更一般化された感情の領域は、社会的に予想される状況で言葉を使用することを非常に困難にする場合がある。喪失を経験したばかりの身近な人を慰める意味のある言葉を見つけることの難しさは、下方に向けて境界なき記号が拡大する例である。

　レベル 3 から境界なき記号が広がると、別の状況が明らかになる。それにより、生活の情緒的な文脈の一般的な変化のときに拡大しているのを見ることができる。すなわち、平和な時代から戦時中への移行（多くの場合暗黙的に感じられる）に伴い、戦争とその条件に関する議論の曖昧な準「哲学的」で非常に道徳的な議論の流れが強まる可能性がある。戦争への移行によって引き起こされた愛国的な議論は、マスメディアから地元の居酒屋や家族の文脈まで、あらゆる社会的

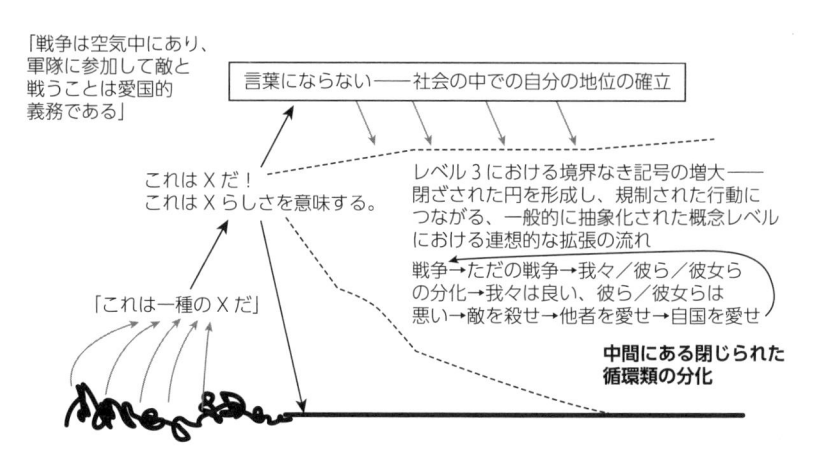

「戦争は空気中にあり、軍隊に参加して敵と戦うことは愛国的義務である」

言葉にならない――社会の中での自分の地位の確立

これはXだ！
これはXらしさを意味する。

レベル3における境界なき記号の増大――閉ざされた円を形成し、規制された行動につながる、一般的に抽象化された概念レベルにおける連想的な拡張の流れ

「これは一種のXだ」

戦争→ただの戦争→我々／彼ら／彼女らの分化→我々は良い、彼ら／彼女らは悪い→敵を殺せ→他者を愛せ→自国を愛せ

中間にある閉じられた循環類の分化

図 6.9 レベル3での境界なき記号を通した増大化のプロセス：漠然とした発話が流れる

文脈に登場し、レベル4の背景を「合理的に適切」（図6.9）にするために機能する。人々は、さまざまなイデオロギー的ないし宗教的なポジションを**共感的に擁護（または攻撃）**するのである。

レベル3における境界なき記号の強化は、深く個人的で予測不可能なレベル4に対する社会的規制の道具として利用することができる。中世のキリスト教におけるセクシュアリティの規定された「罪深さ」についての（外部および内部の）言説の社会的執行に関するミシェル・フーコーの観察は、「伝えるという無限の課題」として話す義務について述べた境界なき記号の一例を示している。

> [それは]……可能な限り頻繁に、自分と他の人に、肉体と魂を通してセックスと何らかの関係を持つ無数の喜び、感覚、思考の相互作用に関係するすべてのものを伝えることである。セックスを談話に変容するためのこのスキームは、禁欲的で修道的な環境でずっと前に考案されていた。17世紀はそれをすべての人にとってのルールにした。　　　　　　　　　　（Foucault, 1980, p. 21）
>
> キリスト教の牧師は、性に関するすべてのことを、果てしなく続く言論の場を通過させることを、基本的な義務として規定した。特定の言葉の禁止、表現の礼節、語彙のすべての検閲は、服従の脅威に比べれば、二次的な装置にすぎなかったかもしれない。あるいは道徳的に受け入れられ、技術的に有用なものにするための方法であったかもしれない。　　　　　　　（ibid, p. 21）

　問題となるさまざまな主題を**話し続ける**（talking through）ことの強化を奨励することによって（他のテーマを口に出せないようにする）レベル 4 の情感的プロセス（および第Ⅲ層の内化／外化現象）に対する社会的制御の可能性が高まる。境界なき記号を 1 つのレベル（この場合はレベル 3（および 2））で強化することにより、話し手の心を社会的に望ましい方向に輔することができる（例えば、性行為の**神性**というよりは、セックスの喜びの**罪深さ**（sinfulness）を**感じる**[9]）。

　しかし、非論理的に連鎖された異なる諸アイデアと諸実践であるこの曖昧な境

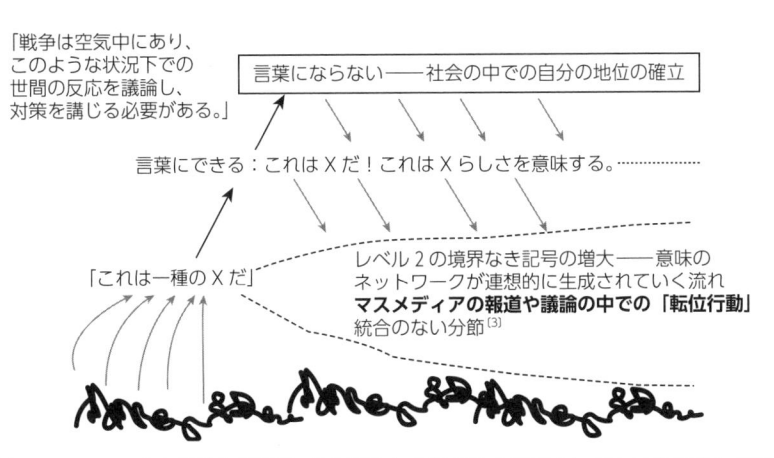

図 6.10　レベル 2 の境界なき記号（「合理的」会話の社会的拡大）における境界なき記号団の機能

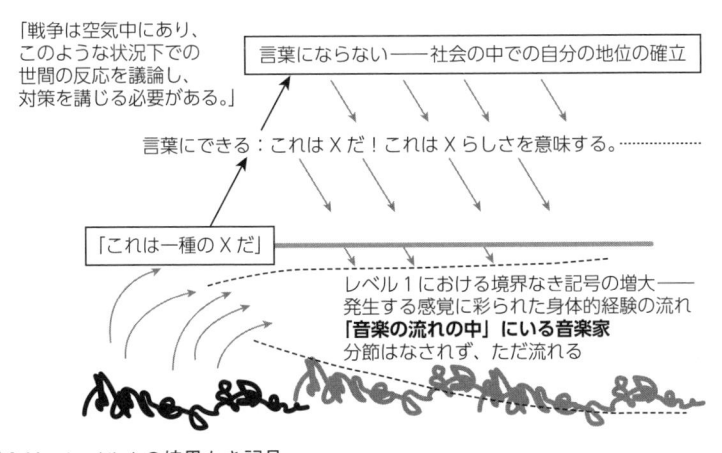

図 6.11　レベル 1 の境界なき記号

界なき記号の流れには合理性はない。人類の歴史における公での見せしめの行為としての焚書（またはその著者）は、レベル3の境界なき記号団によって両方とも利用可能になる活動の文脈である。政治的なスピーチと教科書での愛国的または宗教的なアイデアの提示は、——聞き手や読者に疑念の可能性を残さずに——このレベルで境界なき記号団を生じさせるために作動する[10]。

　レベル2の境界なき記号団は、人間の演技、思考、感情に関するさまざまな「合理的な議論」を伴う。これらは、「論理的」であるかのように成立し、拡大していく紛争である。しかし、それらは、言及できないレベル4の記号領域に基づいており、レベル3の明示的な記号の複合体に一時的に到達して、レベル2の境界なき記号団の流れにフィードフォワードする。このような境界なき記号団により、社会における道徳的行動の内外の対話が強化される。個人はそのような議論に「関与する」ことが期待され、「参加」（曖昧なレベル3の概念）は社会的に評価される可能性がある。「論理的」と主張される議論は、レベル3複合体の基礎となる仮定の範囲内にあり、それらは、言及できないレベル4によって輔助される。

記号の階層を輔助していくものとしての社会的ドラマ化

　境界なき記号の例は、社会的ドラマの構築が、さまざまな記号的な触媒が生成されるメカニズムであることを示している。確立された意味の循環を革新するために、意味形成者は与えられた瞬間の急速なドラマ化に関与し、記号に境界がないかのように感じ、意味づけの階層を再編成する。

　意味づけの階層の動態的な変化とは反対に、それらの保存は、確立された社会的表象の活用を通じて起こる。確立された（社会的に共有され、個人的に内面化された）社会的表象を取り入れることによって記号の階層を維持することにより、特定の考え方や感情を一時的に固定することができる。時には、そのような固執が完全になり、その人が他の思考の径路に思いを巡らせることを妨げることがある（コラム6.1を参照）。

コラム6.1　意味づけの階層が感情と思考をどのように組織するか：ババジの事例

　シュウェーダーとムッフ（Shweder & Much, 1987, pp. 235-244）で説明されている詳細なケースでは、ババジの道徳的推論の意味に基づく多くの規制が明らかになる。ババジは、自分の見解を西洋のインタビュアー（リック・

シュウェーダー）に説明しようとしている。ババジは、30代で、高等カーストの一員であり、小学校教育を受けており、車の修理で生計を立てている。

「ハインツ」のジレンマ（「アショクのジレンマ」として文脈に合わせて調整）についての対話では、男性の妻は病気であり、薬が必要であるが、薬剤師は男性にはお金がないのでそれを与えることを拒否する。この方法の重要な問題は、回答者がどのような条件下で「盗むべきではない」という道徳的境界域を越えて、薬を無料で手に入れる準備ができるかということである。ババジは、シュウェーダーと共同で、個人的制約の代替構築を示す対話を構築した。

インタビュアー：なぜヒンドゥー教のダルマ（法）は盗むことを許さないのですか？

ババジ：彼が盗んだ場合、それは罪です。だから、命を救うというところにこそ美徳があります。ヒンドゥー教の**ダルマは罪を犯すことから人を守ってくれます。**

インタビュアー：なぜそれが罪になるのでしょうか？　「人は他の人のために火に飛び込まなければならない」という言葉はありませんか？

ババジ：それは私たちのダルマにあります。**犠牲ですが、犠牲は盗むことではありません。**

インタビュアー：しかし、彼が妻に薬を渡さなければ、彼女は死んでしまいます。**彼女を死なせるのは罪ではないでしょうか？**

ババジ：だからこそ、神が彼に与えた能力と力に従って、彼は彼女のシャーマニズムによる指示と助言を与えようとするべきです。そうすると、彼女は治癒するでしょう。

インタビュアー：しかし、その薬のみが**唯一の方法な**のです。

ババジ：その特定の薬のみが彼女の命を救うと**必ずしも考える理由はありません。**

インタビュアー：彼女はその薬によってのみ救われる、さもなければ、彼女は死ぬと**仮定しましょう。**彼の妻が死んだ場合、彼は**多くの困難**に直面しませんか？

ババジ：いいえ。

インタビュアー：しかし、彼の**家族は別れます。**

ババジ：彼は**他の女性と結婚できます。**

インタビュアー：しかし、彼にはお金がありません。彼はどのように再婚できますか？

ババジ：彼が盗むべきだと思いますか？　もし盗みをしたら、彼は刑務所に送られるでしょう。家族を守るために彼女の命を救うことに何の意味があるのでしょうか？　彼女は運命づけられた日々を楽しんでいる。しかし、盗みは悪いことです。**私たちの神聖なる聖典は、時には盗みはダルマの行為であると教えています。**もし私があなたのために盗みをすることであなたの命を救うことができるなら、それはダルマの行為です。しかし、人は自分の妻や子孫のために、あるいは自分自身のために盗むことはできません。もし彼がそうするなら、それは単なる盗みです。

インタビュアー：もし私が自分のために盗むなら、それは罪ですか？

ババジ：はい。

インタビュアー：しかし、**この場合、私は妻のために盗んでいます。私のためではありません。**

ババジ：しかし、あなたの**妻はあなたのものです。**

インタビュアー：アショクには薬を**盗む義務や責務がある**のではないですか？

ババジ：彼は盗んで薬を手に入れてはいけません。彼は**自分自身を売っても**よいのです。彼は、6か月または1年間、500ルピーと言って誰かに自分を売ってもよいのです。

インタビュアー：彼が**妻を愛している**かどうかに違いはありますか？

ババジ：それで、もし彼が妻を愛していたとして、何だというのでしょう？　夫が死ぬとき、妻は彼と一緒に死ぬわけではありませんし、逆もまた同様です。私たちはこの世に一人でやってきましたから、この世を去るときもまた一人なのです。この世を去るとき、誰も一緒に連れていきません。息子であっても、妻であっても。誰も一緒に連れていきません。

　　　　　　　　　　　　(Shweder & Much, 1987, p. 236, 強調は引用者による)

　この対話を、ハインツ／アショクのジレンマによって与えられた問題の共同理解を構築する努力の記号論的制約の観点から分析する場合、さまざまな一般性の意味の使用を観察することができる（「罪」「義務」「責務」「愛」「ダルマ」から具体的な「困難」「自分を売る」など）。ただし、2人の対談者の世界観はそれぞれの立場を維持している。インタビュアーは、ババジにジレンマの偶然の枠組みを受け入れるよう説得するために可能な限りのことをしていた（2つの対立の傾向の同等性によって生じる緊張としての、道徳的原因のために盗む 対 盗むことの不道徳）。これには、可能な行動の領域を盗みの問題に

絞り込む努力が含まれていたが、それはババジによって拒否された。ババジにとって、「ハインツ／アショクのジレンマ」はジレンマにならなかった。これは、道徳的推論の欧米心理学の「標準化された方法」となるはずだった。むしろ、お金を稼ぐために「自分を売る」という道具的行為は、ババジにとって問題のない状況をもたらした。したがって、文化心理学で**標準化された**方法を創造することは不可能である。そうした方法の標準化者（standardizer）による意味形成の固定化は、決定された公理的立場が質問票の項目の特定の意味づけを無効にしたり、または無関係にしたりすることができる研究参加者の類推的な固定された意味づけによって対抗される。

結論：なぜ階層が重要なのか

　階層的な秩序は、システムの安定性と変容可能性の両方の基礎を提供する。人間の文化的生活には、記号の階層の絶え間ない構築と破壊が含まれる。記号は、将来の目標に向けた行動やその他の記号を制御する。そうではあるが、記号の作り手であるところの人こそが、記号の階層を作るという事業全体を制御している。

　記号の階層には、点的と域的の異なる種類の記号が含まれる。後者は、時には急速に拡大できる。それらはまた、急速に収縮することができる――これは、意味構築の流れにおいて「アハ体験（Aha Erlebnis）」につながるプロセスである。洞察に到達する瞬間は、境界なき記号の急速な収縮を伴う。そのような収縮が「行きすぎ」て、点的記号で止まらない場合、その現象はその意味づけに関して消失してしまう。意味づけが無に「ジャンプする」のである。ここで重要なのは、意味構築子が更一般化に向かってでも、あるいは更一般化に反してでも、柔軟に行為できる可能性である。

第7章

文化は対象を通してどのように作られるか

　私たちは物を**作る**。そして、それらの物を通して私たちは**私たち自身を修正する**（modify）。それだけでなく、私たちは、**自分たちが作った物の運命を決定する**。それらを保持または放棄したり、崇拝したり、破壊したり、あるいは贈り物としてまたは他の対象と引き換えに他人に渡したりする[1]。

　作成、修正、および維持という3つの概念は、人間という種が他の大部分の種（高等霊長類を除く場合もある）とどのように異なるか、文化がどのような違いを作り出すかを明確化するのに十分である。人間という種の歴史は、環境による支配（環境**への適応**）から、未来志向の省察の状態へと脱却した歴史である——人間は、現在の諸要求だけでなく、予想され、望まれ、（しばしば）非現実的な目的にも環境を適応させる（環境**を適応させる**）。こうしたことには、未来の想像上の目的のために現在を操作するという新規性がある。グレッグ・アーバンは簡潔に指摘する。

> 　文化が物質的で知覚可能な物（ステンレス製のポットや、ガードルを着けた身体、そして、音や形として物理的な対象である言葉でさえも）に、たとえ刹那的であれ永続的であれ、宿るようになるからこそ、世界中の文化の移動が可能なのである。これらは人間が流通させた物であり、それゆえ、蓄積された社会的学習を実体化し顕在化する。そのような物質的な顕在化によって、文化は世界中を旅し、個人から個人へ、集団から集団へと進むことができる。
>
> （Urban, 2001, p. 42）

　とはいえ、アーバンは重要な点を見落としている。すなわち、**文化にはエージェンシーがない**[2]ということである。文化は私たちに**影響を与え**られないし、旅行できないし、まして人間の人生を決定できない。それを行うのは人間である。人間のエージェンシーが、ポット、核爆弾、避妊薬の創出を導き、そうした物は世界中で**意味のある**対象として増殖する。世代を超えて諸々の意味づけを運

ぶ人工物（human-created objects）の膨大な過負荷を作り出し、維持すること
を可能にしたのは、知覚行為システム（目[3]、耳、そして最も重要である手[4]）
の教育である。意味形成は、価値を獲得した諸対象に付与された最初の諸意味、
これらの対象を相互に比較できるようにする一般化された意味、そしてその**価値**
とその人自身の**要求**の意味との結びつきの決定に基づいて、増　幅し一般化して
いく。後者〔価値とその人自身の要求の意味との結びつきの決定〕は、その人の
環境との関係を支配する更一般化された意味づけである。

　価値の一般化。構築された価値は一般化される可能性があり、対象は抽象化さ
れた価値に合致することで、他の対象と交換できる。価値交換のための道具の発
明（貨幣とそれにそなわる等価性）は、このような交換を相互的（つまり、対象
Xを対象Yと「物々交換」）というよりは、三項関係（つまり、対象X→価値
等価物A→対象Y）にする。貨幣は、エージェント<>対象の関係において解釈
項（パースの意味で）となる。このようにして、貨幣は、その価値によって、対
象の意味づけを刷新することができる。オークションで決定された対象の価格
は、（それが絵画であれ、著名人の私物であれ）、元来のその対象の価値の生成
と、その現下の文脈にフィードフォワードする。

価値の構築における矛盾：商品化と特異化

　対象の価値は変化する。こうした変化には、予期せぬ移行が含まれることがあ
る。

> 　商品としての自動車は、年を経ると価値を失うが、30年前後でアンティー
> クのカテゴリーに移行し、年が経つごとに価値が上がる。もちろん、古い家具
> でもより落ち着いたペースで同じことが生じる。神聖化の到来を告げ始める期
> 間は、ある人とある人の祖父母の世代を区分する期間とほぼ等しくなる。
>
> （Kopytoff, 1986, p. 80）

　特異化（singularization）――ある対象を固有で個人的に価値のあるものと考
えること、したがってそれに等価なものはないとすること――は、個人的な主観
性における対象の交換性<>非−交換性を調整する。**神聖化**（sacralization）、つま
り、ある対象が特別で神聖な意味を持つと考えることは、交換可能な領域の外か
らの対象の移動をさらに強化する。しかし、そのプロセスは逆にすることができ
る。神聖な対象は「販売中」になる（つまり、商品になる）ことができる。盗ま

れた宝物——絵画や宝石——は、所有者に売り戻される（身代金のために対象を誘拐する例）。究極的には、所与の対象の全体の所有者が、その対象を商品に変えることができるかどうかについての決定者となる。対象は、このようにして、**商品<>非-商品**の対立の意味の間で、人によって移動させられる。このような動きの中には、単純で簡単なもの（例えば、食品や生活必需品の市場価格）もあれば、社会的に排除されたものもある。また、人がある場所から反対側に移ることもある——奴隷制度の社会史を例にとると、現代では非常に両価的なものになっているが、ある状況下では可能な経済行為と考えられている（コラム 6.1、ババジの事例を参照）。

信頼と商品化

　商品に満ちた世界では、信頼が重要である。フランスの村の市場では、あなたは「若鶏（Poulet[仏]）」というラベルとともに誇らしげに並べられている死んだ鳥に出会うかもしれない（図 7.1 を参照）。

　このような死んだ鳥の死体の買い手は、これが鳥である（あった）ことを疑わないだろうが、そのラベルは、これらが**食用品（若鶏）**に分類されることの信頼を導く。ここでは、鳥が死んでからどれくらい時間がたっているのか、また**生鮮**食品の役割への適合性について、買い手が死んだ動物をどのくらいの期間信頼できるのかについては何も付け加えられていない。買い手に死体の新鮮さを信頼するかしないかを導くのは、買い手自身の感覚運動系（sensori-motor）による探求であるべきである。しかし、産業社会から消費社会への移行とともに、環境の直接的な知覚的理解はラベルによるコミュニケーションに置き換わったのである。

　現代のスーパーマーケットでの図 7.1 のような死んだ鳥（そして、その買い手

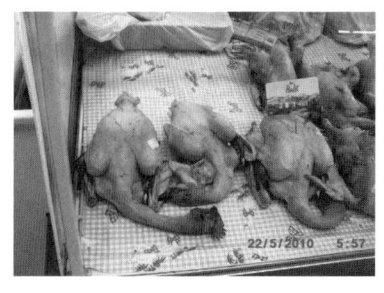

図 7.1　死んだ鳥から食品へ：私たちが信頼するラベルの中で

達）の運命は、異なる方向を向いている。適当な大きさに分割され、半透明のプラスチックに詰められた死体には、「〇日までに購入してください」または「〇日までは食べられます」といった制度的な言葉のラベルが付いている。「この製品は新鮮ですか？」という話題の買い手の対話は、売り手による独白に置き換えられ、パッケージに記載された日付までは、その商品は新鮮であることが制度的に認められている。買い手が有しているのは（異なる商品間で）**選択する権利**であって、**疑う権利**（その商品がいつまで**法的**に新鮮であるかを決定する制度的な権利）**ではない**。「これは新鮮だ」という意味づけは、今やラベルに基づいており、もはや知覚の直接性に基づいてはいない。

食品ラベルへの信頼は、社会的に輔助された対話性の一例である。なぜ私たちは、「販売期限」が印刷されたラベルを、あたかもそれが食品の「鮮度」を示しているかのように信頼するのだろうか。私たちは、**独白的消費主義**（monological consumerism）というラベルをつけたくなるような、容易な選択肢を支持することで、対話する傾向を放棄しているのである。私たちは、非−信頼が出現し成長しないようにするための、制度による予防行為によって、制度を信頼することを前提とされている。こうした独白化はすべて、特定の場所に挿入された言葉によって行われる。

ただし、信頼は単にそれ自体（信頼）でしかなく、期待していることと反対の結果になることもある。17世紀のオランダでは、チューリップの美しさを信じて、世界初の経済「バブル」が発生し、崩壊した（コラム7.1参照）。それ以来、多くの国の経済は、既存の価値を損なわせる戦争を差し挟みながら、「バブル崩壊」を繰り返しているのである。

コラム 7.1　17世紀のオランダの文脈における「チューリップ・マニア」

17世紀の低地諸国（ネーデルランド、現在のオランダとベルギーのフランドル地方）の社会の歴史は、多くの点で注目に値する。第一に、ヨーロッパで初めて貴族的な統治形態から脱却し、スペインとの長く苦しい解放戦争（1568-1648年）の中で、1581年に共和制を確立した国々である。この解放戦争は、宗教的な触媒的条件のもとで行われた。オランダでのプロテスタントの発展（16世紀のマルティン・ルター、ジャン・カルヴァン、メノ・シモンズの思想から）は、戦争前には偶像破壊的な行動につながった（1566年のビルダーシュトゥルム運動）。第二に、新しい共和国は経済的利益のために新世界

の探検に参加した。オランダの海洋探検家や商人たちは、冒険的な探検や征服によって、同胞の知識と自分たちの繁栄をともに豊かにした。

オランダ人は、貿易や新大陸の探検において、抜け目がないことでよく知られている。彼らは新しいものに出会い、それらを自らの生活様式に組み込んできた。花についてもその例外ではなかったのである。チューリップは、16世紀に中東への旅行者を通じてヨーロッパに渡った。チューリップの球根を食用にしようという素朴な試みの後に、17世紀初頭には花としての美しさの名声が確立された。球根は収集家（園芸家である必要があった）にとって重要なものとなった。このような裕福な商人たちの緊密なコミュニティは、美術品の収集などに興味を持っていたため（Goldgar, 2007, 第2章）、現在私たちが鑑賞できるようなフランドル・オランダ芸術の豊かさを促進した。その上、チューリップの球根を植え、その花から得られる対価に投機することで、ヨーロッパ史上初の「経済バブル」が発生したのだった（Lindahl, 2011）。人間の集合的行動の心理の面では、チューリップの球根への投資に過度に熱狂した短い期間と、それに続くこの「先物市場」の「暴落」は、合理的な非合理性の例として残っているが、それはおそらく、（失われた）金額ではなく、花の美しさによってのみ補償できるだろう。

チューリップ・マニアは、比較的短い期間（1634年から1637年）に現れたが、経済的には劇的な影響を及ぼした。それにはいくつかの特徴があった。第一に、チューリップは輸入された外来の植物で、審美的な目的以外には使えないことである。第二に、チューリップは、成長の不確実性を含んでいた。チューリップの球根は、鑑賞用、販売用を問わず、どんな花が咲くか分からないうちに、購入されなければならない。第三に、「チューリップ・ブーム」（およびその「暴落」）は、市場環境の規制緩和の結果であった。後の経済史における暴落のように、魅力的な製品（チューリップであれ、ヒヤシンスであれ、あるいは自分の家族の家であれ）に投資する自由は、経済価値の 増 幅（エスカレーション）をもたらすが、その運命は、すべての人が必要なものをすべて与えられ、自分の能力だけで働ける場所へ向かっていくというよりも、必然的に衰退していくものである。共産主義は貧困をもたらすが、地平線の向こうにある輝く高みを信じることは、常に魅力的である。特に、それがもし、単なる自然の美しさというよりも栽培＝文化化（cultivation）の結果である外来の花によって媒介される場合はなおさらである。不確実性を伴いながらも、自分の家の庭で新しい種類の花を作るという可能性は、オランダの企業家精神と敬虔（けいけん）な精神をさらに高めるものであったに違いない（Mackay, 1852, 第3章を参照）。このようにし

図 7.2　「チューリップの約束」に従うハールレムの高名な市民たち
ヘンドリク・ヘリッツゾーン・ポト（Hendrik Gerritsz. Pot）作「フローラの愚か者の馬車」、1637 年　https://artsandculture.google.com/asset/flora-s-wagon-of-fools-hendrick-gerritsz-pot/MgFVjgTMo1Ftxg

て、「リーフケン提督（Admirael Liefken）[1]」と名づけられた高価な花に、オランダ人の心（と懐）は鷲づかみにされたのであった。

　もちろん、経済は熱心な園芸家の審美的感覚や空想とは異なる働きをする。低地諸国（オランダ）では、1634 年にチューリップ取引の規制が撤廃された。これにより、花の苗の登録を行っている人だけでなく、誰でも市場に参入できるようになった。一方で、チューリップの需要は低地以外にも拡大しており、チューリップの価格は上昇に転じた。1636年には良質な銘柄の価格が高騰し、翌年の初めには一般ブランド[5]もそれに続いた。1637 年 2 月にはチューリップ市場が大暴落し[6]（Lindahl, 2011, p. 211）、ブームは終わり、投資家は損失を算出して補償を求めることになった。

　数多くの画家が「球根を買う」という大衆の追従を描いており、そのような安易な利得への追従がいかに愚かな行為であるかを示している（1640 年頃のヘンドリク・ヘリッツゾーン・ポトは「フローラの愚か者の馬車（Flora's Mallewagen）」と表現した：図 7.2）。

　球根取引で儲けようとする善良な市民が、チューリップを手に、花の女神フローラに献身的に従う姿が描かれている。大衆的な提案に熱心に従うことは、確かに失敗のもとであり、恥ずかしいことでもある。しかし、その提案に従うことを決断した時点では、それを受け入れることは高い経済的合理性を持った行為であると思われた。17 世紀の「チューリップ・マニア」から 21 世紀の「住宅購入マニア」への道は、人間の無知ではなく、個人的な空想の社会的輔助によって開かれている。どんなに教養のある人でも、美しさや豊かさへの空想には目がくらんでしまうのである。

物の機能的役割とその価値

物は何らかの機能のために作られており、この機能には、もしその対象が使われるとすれば、その行為者のために何を**するのか**という省察が必要となる。私が彫っている土鍋は――穴を開けずに作ることができれば――、液体を入れる容器として適しているかもしれない。人間の道具の発明と製造においては、素材の機能的な適合性と、人間が作った物の目的が重要だった。石斧、毛布、槍、サンダルなどの文化的な道具を作るまさに最初の行為においては、物の持つ直接的なアフォーダンスを超越していく必要があった（コラム 7.2 参照）。

コラム 7.2　アフォーダンスとその限界：人間の美的行為

　現代の心理学では、ジェームズ・ギブソンによるアフォーダンスという概念の説明に追従してその概念を使い始めている。彼は、1960 年代から 1970 年代にかけて、行為と知覚の研究プログラムに基づいて、この概念を発達させた。彼によれば、アフォーダンスとは、**知覚者／行為者に対する環境の特性**である。

> 　［したがって、］……物のアフォーダンスとは、よくも悪くも、それらが与えるもの、つまり、観察者にアフォードする（提供する）ものである。
> (Reed & Jones, 1982, p. 403)

　アフォーダンスは、環境と行為者の関係を非対称的に特徴づける概念である。

> 　……観察者の要求が変化しても、何かのアフォーダンスは変化しないと仮定される。ある物質の、ある動物にとっての可食性は、その動物の空腹感には依存しない。ある表面の歩行可能性は、動物がその上を歩いても歩かなくても存在する。
> (Reed & Jones, 1982, p. 409)

　認知的な人間の能力／パフォーマンスの対比とのアナロジーにおいて、アフォーダンスは環境の能力と考えることができる。ギブソンにとって、「環境

のパフォーマンス」は、環境の能力（アフォーダンス）の一部を利用する知覚者／行為者に依存する。行動と、行動する動物は相補的関係にあるが、しかしそこでは、第一に環境があり、行為は環境に「適合」している。アフォーダンスは行動を引き起こすものではなく、行動を制約したり制御したりするものである。ギブソンはここで、対象（客体）を動的的にし、主体を自動的にすることによって、主観的（subjective）／客観的（objective）の二項対立を超えようとしたのである。

　ギブソンが示したように、アフォーダンスは広い分野における可能性を持つことができる。

> 　［したがって、］ある囲いの中の開口部や隙間は、出入りすることをアフォードする。
> 　また、照明（日光）を取り入れることによって、囲いの中の視覚もアフォードする。
> 　そして、見通すことも（外を見ることも、中を見ることも）アフォードする。
> 　さらに、深呼吸（新鮮な空気を吸うこと）もアフォードする。
> 　ドア、窓、シャッター、格子、窓ガラスなどの複雑さはすべて、これらの基本的なアフォーダンスから効用を得ていることに留意すべきである。
> 　例えば、ガラスのドアを誤って認識することは、現代の建築物においては極めて危険である。　　　　　　　　　　　　　（Reed & Jones, 1982, p. 414）

　ギブソンは、複雑な事象を、アフォーダンスの構成要素のセットを通して特徴づける取り組みに従事していた。しかし、鍵となる問題はそのアフォーダンスが、——どんなに多くても、どんなに複雑であっても——変化には対応できないということである。ある人の、アフォーダンスに対する関係性は変化する——例えば、乳児に吸わせることをアフォードする母親の乳房は、成人男性にはもはや使えないが、対象としては吸える状態にある。

　ギブソンは自身のアフォーダンスという概念を、1920年代から1930年代にかけての2つの隣接する概念と明確に区別している。クルト・レヴィンの**誘発特性ないし誘価**（invitation-character or valence）とクルト・コフカの**要求特性**（demand-character）である（Reed & Jones, 1982, p. 409）。これらの概念は、——実際に、いずれもギブソンのアフォーダンスの前段階の概念であったが、——用語の現象学的、対称的な性質のため、ギブソンには合わ

図 7.3　取っ手とその取り付け部

なかった。ギブソンの反構築主義的な立場は、1950 年代に行われた、知覚における直接性 対 媒介性の議論で形作られたものだが、それは直属の師であるクルト・コフカを超えて、行動を制約する環境の構造を探す方向へと彼を導いている。知覚者／行為者の役割は、対象との関係性の中に存在するアフォーダンスを「拾い上げる」ことであった。とはいえ、人間は新たな対象を作る——そして、その対象とともに新たなアフォーダンスを生み出すのである。

　ギブソンの直接的知覚／行為の視座は、構築主義の視点と、どのように対比されるだろうか。そのような比較のための適切な対象は、取っ手である（図 7.3）。

　ギブソンにとって取っ手は「操作と関連する活動をアフォードする対象」に属し、その中で「携帯可能な対象に取り付けられた把持可能な対象」と定義されている（Reed & Jones, 1982, p. 405）。しかし、取っ手には、把持可能性、移動可能性、注出可能性（液体の入った容器に取り付けられている場合）という明確な機能より多くのものがある。——取っ手の付いた——古代ギリシャの水差しを、芸術対象であり、また同時に実用的な容器の両方として解釈するという岐路に立たされたゲオルク・ジンメルは、取っ手についての一般的な人間的考察を行っている。

　　触ることも、重さを量ることもでき、環境世界の操作と関連の中に組みこまれている一塊の金属としては、水差しは一塊の現実にちがいない。しかし、その芸術品としての形態は、純粋に現実から切り離された、自己充足した存在を営んでおり、そちらから見れば物質的な現実などはたんなる担い手にすぎない。……

　　さてここで、水差しが占めるこの二重の地位がもっとも顕著に現れるのは、その取っ手の部分においてだ。取っ手は水差しをつかみ、持ち上げ、

傾けるための部分であり、**水差しはこの取っ手によって目に見える形で現実世界に、すなわち芸術作品それ自体にとっては本来存在していないはずのあらゆる外部との関係の世界に身を乗り出している。**

(Simmel, 1959b, pp. 267-268[2], 強調は引用者)

ギブソンが意図的に避けているもの——取っ手の美的役割——は、取っ手の複数の機能を理解する上で極めて重要である。取っ手をつかむ、持ち上げる、傾けるといった行為はさておき、取っ手がエージェント（取っ手のついた対象を扱う人）に果たす美的な機能が重要である。ある取っ手がついた対象を用いて環境に働きかけることで、人は自らと世界の間に、ある意味深いつながりを作る。それゆえ、ある対象の持ち手の装飾の問題は少なからず重要である（ジンメルにとっては、ギブソンと正反対である）。

　取っ手をつうじて容器に権利要求する外界と、そのような外界にかまうことなく**自分自身のために権利要求をする**芸術形式と、この二つの世界を取っ手の形態がどのように自らのうちに調和させているか——これが取っ手の美的効果を判定するさいに、無意識に作用している試金石であるように思える。しかも取っ手は、実用的機能を実際に果たさなければならないだけでなく、そのことを外見をつうじて強く印象づける必要もある。この印象が強く喚起されるのは、取っ手がハンダづけされているような場合だ。逆に、取っ手が水差し本体の材質と連続したひとつの流れを形成しているような場合には、こうした印象は生じにくい。……よく、取っ手が蛇やトカゲや竜の形をしたものを見かけるが、この種のものでは、水差し本体と取っ手のあいだの距離感はいっそう際だって見える。**まるで動物が外から水差しにはい寄ってきて、あとから追加的に全体の形式のなかに取りこまれたように見えることで、さきに述べた取っ手の特別な意義が暗示されるのだ。**

(Simmel, 1959b, p. 268[3], 強調は引用者)

ジンメルの指摘は、ギブソンのアフォーダンス概念の単純化された功利主義を修正するものである。人間が構築した対象は、実際的な行為をアフォードする一方で、「今ここ」（here-and-now）において現在進行中の行為の外部にある方法で、人間を象徴化へとガイドする。**今ここ**（ハンス・ヴァイヒンガーの用語では AS-IS）と、**その時その場**（there-and-then：ヴァイヒンガーの用語では AS-IF）という 2 つの世界は、絶えず相互に結びついている。私たち

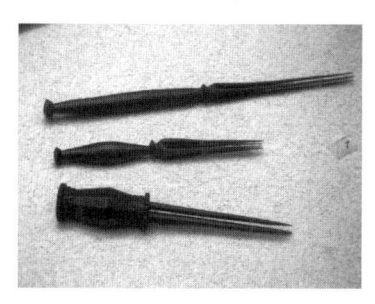

図7.4 19世紀のフィジーで用いられていた人肉食儀式用のフォーク（ベルリン、ダーレム博物館）

は実際的な文脈の中で、オーナメント（ornaments）——それ自体は私たちの実際的な行為には何の役にも立たない——で飾られた対象を用いて行為する。しかし、科学としての心理学が生まれるずっと以前から、それらは私たちにとって重要なものだった。対象のアフォーダンスは、その対象の周囲に記号圏（semiospheres）を構築することをアフォードする。それは、ありふれた行為の対象を、行為の直接性をはるかに超えた文化的な意味システムと結びつけるものである。ダーレム博物館（Dahlem Museum）に展示されているビティ・レブ（Viti-Levu）島のフォークは、そのアフォーダンスが一見して私たちに見えるように、食べることをアフォードするものではなく、今よりはるか遠い昔に、フィジーで行われていた人肉食の儀式の歴史の中で使われていた特別な道具なのである（図7.4）。

　人間は、ごくありふれた世界との出会いにおいても、審美的に行為する。人間は自分の身体や衣服、調理容器や凶器を飾り付ける。装飾——つまりオーナメントは、どこにでもある。心理学の歴史は、一見「客観的」に複雑さを顕在化した行動に還元することで、人間を対象とする心理学の主眼を見逃してきた[7]。

　アフォーダンスの概念に組み込まれた公理的な仮定は、アフォーダンスは変化しないということである。しかし、アフォーダンスを使用するという行為をなすエージェントは、アフォーダンスを変化させる。例えば、子どもたちは成長し、同じ対象の新たなアフォーダンスを使用することを学ぶ（そして、以前のアフォーダンスは使われなくなる）。新しい対象は、——新しいアフォーダンスのセットとともに——人に構築されることができるが、その新しいアフォーダンス

のセットもまた、変化に開かれていないと見なされている。

未来へのアフォーダンス：目標志向の構築

　アフォーダンスの観点が公理的に見落とすのは、——所与の対象の変化に伴う——アフォーダンスの**破壊**と**拡大**の可能性である。暴行しようとする攻撃者は、彼の手に持っているガラス瓶の底を破壊すると、その破壊された瓶は、今やその機能において、ナイフや短剣と変わらない凶器として使用されることをアフォードする。アフォーダンスの議論の観点からすると、瓶と破壊された瓶は、異なるアフォーダンスを持つ、異なる対象である。しかし、攻撃者の視点から見ると、瓶を凶器に変えることは、精神において特定の目的を持って企てられた同じ対象のアフォーダンスである[8]。

　文化心理学では、対象のアフォーダンスを、所与のものではなく、**将来の目標**に対する機能的な適合の結果として考える。後者は、必然的に想像上のものである。私が**今**、道具を作るのは、**将来その道具が準備できたときに**、その道具を使って何かを行うためであり、その道具が果たすべき機能がそのときにも存在することを前提としている。このようにして構築された道具には、核爆弾や生物兵器（biological bombs）のように使われることのない（願わくは！）ものもあるが、それらの潜在的な用途（potential uses）の影が、現在の私たちの振る舞いを制約している。さまざまな国の政府は、そのような破壊力を持つ技術を、直接使用するためではなく、潜在的な用途のイメージのために得ようとする。

　表 7.1 には、ある仮想的な対象のアフォーダンスのセットの拡張可能性の豊富な組み合わせが示されている。ここでは、その対象のアフォーダンスのセット

表 7.1　アフォーダンスの構築的拡張

アフォーダンスの拡張	P	Q	R	S	T	U	?	??	???
対象：									
A	X	x	x	—	iX	sX	—	—	
B	—	X	X	iX	X	iX	sX	sX	sX
C	X	X	—	—	—	sX	—	—	

　表中：X＝既存のアフォーダンス、x＝潜在的なアフォーダンス、i＝イマジネーション上のアフォーダンスの使用、s＝アフォーダンスの象徴的な使用、「?」「??」「???」＝潜在的だが、まだ明確化できないアフォーダンス

（つまり、アフォーダンスの言説が提供するもの）の豊かさが、想像上の潜在的な用途のセットと組み合わされている。

　表7.1の抽象的な例は、その分析的な焦点によって制限されている——つまり、アフォーダンスのリスト（P, Q, …, ???）は、個別の機能属性（functional properties）のリストであり、組み合わせの可能性（例えば、R＋Sのようなハイブリッド）は除外されている。とはいえ、このリストは新しいアフォーダンス（?, ??, ???）を発明するだけでなく、対象を新しいアフォーダンスのセット（x）に拡張する潜在的な開放性をも示している。アフォーダンス（Xで示された）のうちいくつかは、イマジネーションの領域（iで示された）でのみ対象に開放されているもの（例：天使は空を飛べる）もあれば、象徴的な使用（s）に開放されているものもある。いくつかの対象（B）は、他の対象（C）よりも広範な象徴的拡張性を有するかもしれないが、すべての対象は、そのような機会を少なくとも1つは有している。私たちは、どのような対象であっても、少なくとも1つの他の対象、実体、または出来事を提示するために使用することができる——したがって、アフォーダンスの世界の創造的な拡張として、記号過程（semiosis）がある。生態学的文化心理学は、「環境に関係している構造的な現実（アフォーダンス）」と、「環境を環世界（Umwelt[独]）に変えるという新しい対象の人間による構築」を結びつける。対象を意味深いものにし、それとともに、私たち自身に意味を与えるのは、「生活の延長にある（lived-out）手作りの経験（self-handicrafted）」（Bang, 2009a）なのである。

対象の機能的なライフコース

　対象にライフコースはあるのだろうか？　人の手によって作られた対象には「誕生日」があり、使用され、やがて廃棄される。廃棄されるものには、——ゴミから骨董品まで——さまざまなものがある。アフォーダンスが特定可能な同一の対象が、完全に使える状態から「骨董品」や「ゴミ」になるという移行は、対象のライフコースを示している。年を重ねるごとに価値を失う対象もあれば、価値を増す対象もある。朝、日刊新聞を受け取って、朝のコーヒータイムにそのアフォーダンスの一部（読まれることができる）を使用することは、その対象の自伝（biography）の輝かしい始まりである。午後になると、それが持つ他のアフォーダンス（他の対象を包むことができる）が、新聞の自叙伝の中心的特徴として現れてくるかもしれない。夕方になると、捨てることができる、というアフォーダンスが新聞のライフを終わらせ、対象の墓地に相当する場所——ゴミ捨

図7.5　リサイクルシステム：対象の「再来」へ向けた準備

て場——にたどり着くかもしれない。もちろん、私たちは、新聞をリサイクルボックスに入れることで、新聞が「生まれ変わる」というシナリオを作ることもできる（図7.5）。紙が無駄にならず、新聞がそれ自身（別の新聞）や他の対象（トイレットペーパー）の形で戻ってくるという希望は、対象の伝記の作り手にとっては報酬となる。

　新聞は対象としてのライフコースが短いかもしれないが、より短いものもある。さまざまな種類のナフキン、再利用できないオムツ、バスのチケット、マッチなどは、すべてライフコースが極めて短い例である。これに対して、人間が作った対象の中には、その作り手を超えたライフコースを持つものがある。古代ギリシャの神殿や中世の教会を作った建築家は、自分の命を超えるものを作ろうとした。芸術家の絵は、芸術家が亡くなった後も長い間見ることができる。このように、対象は、所有者によって作られた、それ自体の伝記を持つことができる。対象には外化された意味があり、それはその人たちの状況や必要性によって変化する。

　対象をリサイクル（再循環）することは、直線的なモデル（**作る→使う→捨てる**）から循環的なモデルへと移動させるような、対象の「ライフコース」に行為する文化的実践である。

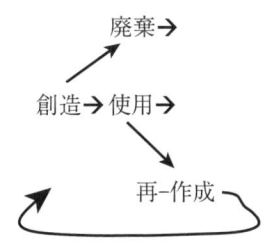

循環的なモデルには３つの心理的特徴が必要であり、そのうちの２つは対象の再活性化を機能させるために必須である。使用済みの対象の対象らしさ（objectness）を維持することに起因する価値、その変容可能性への信念、リサイクル可能なものと不可能なものを分類する能力である。使い古した対象を再利用することの価値は、リサイクルが普及する前から存在していた。古くなった対象の再利用は、服が着古されて最後には廃棄されるまで、子どもが成長した後に次の子どもに使われるような子ども服から始まった。ここでは、リサイクルではなく、再利用が行われていたのである。変容可能性という考え（古いものから新しいものを作る）が広まることで、ようやく実践としてのリサイクルが生まれるのである。

　図 7.5 に示したリサイクル用の容器は、使用済みの物をポイ捨てしないという価値観を内化し、廃棄された物を「世話する（take care）」隠れた社会的機関の手に無償で託す人々[9]に対して、分類するという認知的課題を要求している[10]。**環境を守る**という倫理的な価値領域から**利益を得る**という別の価値領域への移行は、分類可能な物を捨てる（「ポイ捨て（trash）」――図 7.5 には区別された「ポイ捨て（trash）の選択肢」がないことに注意）のではなく、リサイクルすべきであることを通行人に疑わせない記号（箱の言語的ラベルや、それと一致した色分け）によって媒介される。

　時に、いくつかの対象については、経年変化や使用は、その対象の価値を低下させるどころか、逆に高めることもある。「骨董品」という文化的カテゴリーの形成は、リサイクルの径路との対照的な傾向として興味深い。ここでは、対象の再利用は、まさにその対象がより古くなる（そして、さらにより古くなる）ため、あるいはその価値を高めた所有権[11]を通じてなされるため、価値がある。このような、価値の回復（リサイクル）と価値の増幅（エスカレート）（「骨董品」になること）の間の分岐は、対象の伝記を扱うことの完全な文化的性質を示している。

対象に行為する：価値<>非−価値の緊張関係を通した構築

　物は、人々がそれらに価値を見いだし引き出すことで、対象になる。そして、ひとたびそうなれば、こうした対象たちは、その管理者の間で、さまざまな種類の価値の移転――つまり、一方向（unilateral）または双方向（bilateral）の交換――の標的となる可能性がある。一方向としては、人は与えたり（＝贈り物）、獲得したりする（＝**盗む**、違法な領域では**強盗**、合法の領域では**徴税**）ことができる。双方向としては、対象を別の対象と交換したり、商売として対象を価値のある記号の担い手（お金）と交換したりすることができる。あるいは、人々との

間で対象を**共有する**こともできる（借りる、相互利用など）。

　一方向と双方向の移転の関係は、社会的に調整されている。このような移転には制約がある。例えば、アルコールやたばこは、「未成年」の人に移転——販売または贈与——してはならない。「未成年」が何を意味するかは、社会 – 法的（socio-legal）に決定される。ここで、人間のライフコースの文化的構築（年齢ごとの適切な振る舞いに関する仮定）が、価値構築の働きと交差する。

　社会制度は、その対象の意味を形成する上で制約を設ける。あるものは、——例えば「薬」として指定された毒物は——医療制度の権威によって移転可能である。これらの対象は、商品であるということから、特異化されたものへと移動する——それらは（商品として）購入されるが、再販売されることはない[12]。

　殺傷武器（槍、短剣、自動小銃、ロケット、核兵器、ドローンなど）の移転は、政府の秘密主義と法律の両方でベールに包まれている。これらはまた、再販売されないものとされているが、軍事紛争においては、廃棄された軍需品は武器の再販売業者にとっては儲かる商品となる。

　商品化に対する象徴的な制限は、圧倒的に重大である。花屋で購入し墓地に持っていった花は、再販売されたりしないし、ましてや贈与されたりしない。こうした花を、死者の街（necropolis）に定着した場所から持ち出して、周辺の大都市（metropolis）で再販売するという発想自体が、恐怖と嫌悪の感情を引き起こす。温室の花壇から（売る価値がある）、あるいは墓地から（売ることに類似する行為が、完全に社会的に妨害されている）という花の出所の象徴的（シンボル）な場所においてのみ、そうした感情が芽生えるのである。

　同じことが、贈り物として受け取った物にも当てはまる。ある対象——贈り主がどこかで購入した物（すなわち、商品化された対象）——を贈り物として受け取ることは、その対象に、**私からの贈り物**として他の誰かにそれを与えることを困難または不可能にする特異化の価値（「この〈大量生産された物〉は、Xさんからの**私のための贈り物**だ」）を付加する。もし贈り物として、類似するものをもう１つ購入し、さらなる、類似した象徴的（シンボル）価値を与えるなら、そのような価値が加わることは避けられる。マルセル・モースやモーリス・ゴドリエによって説明された、贈り物をする際と受け取る際の互酬性のルールは、ある種の贈り物は受け入れられない、あるいはプレゼントとして認められないことを示している。

　最後に、商品化されないように、あるいは保管されないように作られたものがある。仏教の僧侶が作った曼荼羅は、一切移転されず、完成したら取り壊される。ここでは、象徴的（シンボル）な対象は、特異化され、神聖な対象として構築されている。その対象に関わるのはその作成過程であり、結果ではない。

対象の更一般化された価値：ポスト功利主義的使用

　人間が作る諸対象の中には、単に便利なだけではなく、情感的に不可欠のものがある。もちろん、心理学者——特に児童心理学者——は、子どもの「安心毛布」や、子ども時代の思い出として大人になっても保管され、懐かしさを喚起する人形についての素敵な物語を飽きもせず語っている。しかし、私たちは、ライフコース全体を通して、更一般化された価値を持つ対象を作っている。それは狩猟の旅の思い出としての動物の頭の戦利品から、ある外国の都市を訪れた際の土産にまで及んでいる。

コラム 7.3　中世ヨーロッパの象徴的な実践：身体の一部の所有

　死体は恐ろしい——ただし、身近な存在であるだけでなく、生きている人の目的のために力を発揮するように、文化的に作られている場合は別である。中世ヨーロッパにおけるキリスト教の発展は、死の汚染に対する信仰を逆転させた。その結果は、街中の墓地や教会の隣、教会の中など、身近な場所での埋葬であった。聖人の遺体は教会の重要な財産となり、私人も聖遺物——衣服や身体の一部、聖人にまつわる対象——を大切にした。そうした重要な物であるがゆえに、その数は限られていた——キリスト教が迫害されなくなった後（4世紀以降）には、キリスト教の殉教者の遺体はそれほど出土しなかったのである。また、聖なる身体の一部の真正性も問題であった。あるベルリンの壁の破片が 20 世紀の冷戦崩壊の記念品であることを検証するのが難しいように（その石が厳密に壁から来たものであることを誰が証明できるだろうか？）、中世における聖遺物の真正性の検証も、同様に不確実であった。聖マルコの「聖なる指」は本当に彼のものだろうか？　結局のところ、以下のようなことである。

　こうした遺物は実用的なものではない。これらは精巧に作られた聖遺物箱や容器からひとたび取り出された後は、装飾的ですらない。中世の最も熱心に求められた遺物（遺体または遺体の一部）は、表面的には一般に出回っている何千もの他の死体や骸骨と類似していた。それらは、どこにでもあり、固有の経済価値がないだけでなく、通常は好ましくないものであった。通常の死体は汚染源であり、墓を開けることや死者を扱うことは

　　忌まわしいこととされていた。　　　　　　（Geary, 1994, pp. 200-201)

　ここでは、対立から生まれる象徴的価値の記号論的構築の力——普通の状況では忌み嫌われるものが、聖なる領域の文脈では、普通に受け入れられるだけでなく、**積極的に**並外れたものとして崇拝されること——を見ることができる。このように、聖なる物には、普通の日常使用を超越した象徴的な力が込められていたのである。

　しかし、社会の状況が変化して、以前は並外れた象徴的価値を持っていたものが、その反対の価値を持つようになることがある。ヨーロッパのプロテスタントによる宗教改革の時代には、教会に飾られているカトリックの聖人の絵や彫刻の偶像破壊（iconoclastic devastation）的な荒廃のために、執行者には、これらの宗教的な対象が持つ超自然的な力に対する恐怖心を克服する心理が求められた。プロテスタントの指導者によってカトリック教会に送り込まれ、聖人のレプリカの破壊を実行した兵士たちは、任務が無事成功した後、悪夢を見たり、冒瀆された聖人の力による報復を恐れたりするようになったと報告されている。

　現代において、どんな観光旅行にとっても中心にある土産——観光客が訪れるどんな場所でも、どんな大きさのものでも豊富に売られている——は、聖なる遺物の子孫である（コラム 7.3）。人類の歴史の中で、世俗的巡礼の一形態ともいえる観光には、身体の一部の残骸を探す例もある。

　　ナイアガラでは、初期の観光客が 1812 年の戦争[13]の戦場から骨を掘り出して家に持ち帰っていた。ネイティブ・アメリカンは、真正性を提供する者として、すぐに観光業に巻き込まれた。ここでは、他の地域と同様に、「ネイティブの手作り（native crafts）」と「地元の土産（local souvenirs）」のジャンルはすぐに曖昧になった。1850 年には、地元の岩や木から切り出したもの、ビーズのモカシン、木の皮の小物、かご、ヘラジカの染めた毛で装飾された革のたばこケース、ミニチュアのカヌーなどを購入できた。ナイアガラでは、観光客が、輸入された土産物の市場を開拓した……。　　　（Löfgren, 1999, p. 86)

需要は供給につながり、供給はしばしばグローバル化される。そのため、今日の旅行者はおそらく、どんなに遠い場所に行っても、よく見ると、同じ場所で製

造された「本物」の土産を持ち帰ることができる。このことは、家から離れた旅先で思い出に残る個人的な対象を作ることが、いかに個人的文化にとって価値があるかを示している。土産が**本物でない**という事実よりも、その土産が存在し、訪れた場所を「私は**本当**にそこにいた！」というその人の記憶とともに表象していることのほうが重要なのである。けれども、**本当**にそこにいたというのは、——実話か創作かにかかわらず——その歴史的出来事の一般的な地域の周りにある土産物屋という場所にいたということを意味しているだろう。

実際、あらゆる「真正」の対象から、土産物の役割の中でその対象の象徴的再移創（symbolic removal）を行うことは、「真正の探求」のためにそれらを絶滅させずに、歴史的な場所を保存するための方法かもしれない。ロフグレンは次のように述べている。

> 私たちの祖母も、……土産が大好きで、三ツ星の観光名所の本物の破片、ベツレヘムの石、パンテオンの大理石のかけらを家に持ち帰るという危険な習慣がありました。1861 年にイギリス人の青年が彼の母に宛てた手紙には、スフィンクスに行き「みんなと同じように、壊した首のかけらを家に持ち帰った」と書かれていましたが、彼女もそれに従ったのです。私たちは、長期的に見れば世界から古典的なモニュメントを一掃することになる大衆運動に祖母が参加したことを心配せずにはいられませんでした。　　（Löfgren, 1999, pp. 85-86）

逆説的であるが、真正なものへの愛は、求めている真正なものそれ自体を排除してしまうのである！　このことは、そうした**対象の真正性**が、彼／彼女自身の真正性になる必要があることをも示している。後者の理由から、さまざまな物に対するフェティッシュが存在し、また再出現する。物は対象になってからが重要なのである。

物と対象：ある物を 壁 象 に変える

私たちは物を対象に変える。これらの対象は単に存在するだけではなく、それに対して行為しようとする私たちの努力に**抵抗する**。この区別は、18 世紀以来、ドイツ語の哲学と心理学に存在してきたが、心理学がドイツ語ベースから英語ベースへと移行したことに伴って衰退した。こうした変容における重要な役割は、エージェントの役割である。自然界にある物に作用することによって、これらの物は対象となる。このような対象は、私たちの行為に抵抗したり（私たちに

A. 抵抗に逆らう動き

B. 抵抗をともに生み出す動き

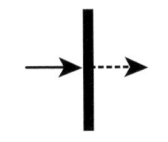
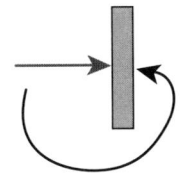

図 7.6　〈対象〉の構造（ ゲーゲンスタンド 壁　象 ）

対抗して立つ——Gegen＋stand）、私たちを回避したりすることができる。

　もちろん、無生物の対象は志向性を持たないが、物を対象にすることで、私たちは、「対象の作り手」として、それらに何らかの形での積極的なエージェンシーを与え始める。したがって、 ゲーゲンスタンド 壁　象 （Gegenstand(独)）とは、物に対する私たちの行為の結果であり、対象への投企（projection）であり、私たちの行為は投企された対象に対し相対的なものである（図 7.6）。

　環境との関係で行為することによって、私たちは、環境が私たちの行為に抵抗する状況を作り出す。私たちは、障壁である境界（borders）に対して行為し、それらをある場所から別の場所へと移動させる（図 7.6A）。ある 1 つの石はある 1 つの物である。別の石を使ってある石から石器（stone chopper）を作るとき、私たちは標的となる石の堅固さに対抗して行為する。その境界域を越えて石器——人類が人類学的に発明した最初の手道具とされる——を作ることに成功すれば、ある 1 つの物をある 1 つの対象に変えたことになる。もっとも、対象は改変されることに異議を唱え、加えられた圧力に対抗する（ ゲーゲンスタンド 壁　象 ）。

　また、私たちが対象を作るための物に対する行為は、対象からの抵抗を引き起こすということも強調することができる（図 7.6B）。石器を作ろうとしなければ、私たちはどれほど石が堅いのかを見いだすことはできなかっただろう。この抵抗のきっかけは、障壁の構築を通した反作用（counter-action）の形をとることができる。例えば、庭を手入れしたい（cultivate）と思っても、期待した植物がうまく育たず、それ以外——「雑草」とされる植物——が繁茂することがある。自然の能動的な役割は、文化的に形成された対象に変えようとする私たちの努力に反作用する。

　人間の生活における対象は、それに関わる人々と関係している。このような関係性が、意味形成につながる。すなわち、対象は単に対象ではなく、それは私が所有していたり（財産）、私が捨てたり（ゴミ）、私と私の親族が共有していたり

（相続）するものである。物としてはまったく同じものであっても、その対象らしさはさまざまである。

壁 象 とC. S. パースの記号のクラス

パースのシステムにおける**命題**（DICENT）記号の概念（第5章参照）は、（ヨーロッパ）大陸哲学思想の 壁 象 概念と関連するところである——「**ある人の行為に抵抗する対象**」という概念は、この2つの思考システムに一致している。可能性（**名辞**；RHEMA）から 壁 象（命題記号）へ、そして**論証**（ARGUMENT）へ、という動きは、私たちが世界を意識的に解釈するような心理的過程が働く領域である。ここで重要なのは、エージェントが自らの環境の中で動き回ることによる、意味づけのプロセス全体の**動態的で質的な性質**である。このパース的な、（再）表象から解釈に通じる動きの過程においては、定量化は必要ない。たとえ、それが導入される可能性があるとしても（例えば、**名辞**の精緻化として——「これはおそらく X である」→「これが X である確率は50%である」）、それは通常、私たちの日常生活の意味構築ではない[14]。

他者を通した自己の所有権：制御と責任

人間関係は、他者——自律的に機能する一人の人間——を対象に変えることで満ちている。そのような変容の一部は、生殖の諸現実に組み込まれている——生まれた子どもは、両親や祖父母にとって、しばしば愛らしい対象となる。政府や軍閥にとって、若い青年たちは、何らかの形で、多かれ少なかれ、卑劣な社会的目的のために戦うよう勧誘する対象となる。あらゆる年齢の人々は、消費の対象になるが、他方では、自律的で志向的な主体として積極的に消費財を購入し消費する。妻は夫を所有物と考え、夫はその反対のことを（妻を所有物として）考えているかもしれない。奴隷の所有者やサッカークラブの所有者は、奴隷や選手を再販売可能な対象として扱い、その命には保険が掛けられるだろう。ペットの所有者は、ペットを可愛がり、毛づくろいし、散歩の対象としている、などである。

奴隷制度への関心

奴隷制度は、ヨーロッパの植民地の歴史において恥ずべき行為としてよく知られている。しかし、ヨーロッパの国家の前身であった、古代ギリシャの**ポリス**

（polises^{（希）}）が、まったく同じ経済力のメカニズムに依存していたことは、通常、もみ消されている。奴隷制度には明確な象徴的移行がある。

> 　奴隷制度は、捕獲または販売から始まり、その際には、個人がそれまでの社会的アイデンティティを剥奪され、人ではないもの（non-person）となり、まさに対象となり、実際的または潜在的な商品となる。しかし、このプロセスは続く。奴隷はある個人やグループによって獲得され、ホストとなるグループに再び組み込まれる。その中で奴隷は、新しい社会的アイデンティティを与えられることによって、再社会化され、再人間化される。商品奴隷は、新しい地位（決して常に低いものではない）と個人的な関係の独自の布置（configuration）を得ることによって、事実上、再個人化される。要するに、このプロセスは奴隷を交換可能な商品という単純なステータスから、特定の社会的・個人的なニッチを占めている特異な個人というステータスへと移動させたのである。
>
> 　　　　　　　　　　　　　　　　　　　　　　　　　　（Kopytoff, 1986, p. 65）

　19世紀のアメリカにおける生命保険の考え方は、奴隷所有者のためのものであり、所有者の価値というよりも、——奴隷の命が失われた場合に——奴隷の価値を保証するというものであった。コピートフによる奴隷化のプロセスに関する記述には、奴隷制度を嫌悪する私たち自身の社会における同様の象徴的移行と興味深い類似点がある。すべての軍事施設では、新兵が民間人としての役割から脱却するための採用期間が設けられている。有名なサッカーのスター選手が、あるクラブから別のクラブに移籍する際の契約は、商品としての人間の交換と、新しいチームで再個性化された「スター」としての再社会化に奇妙な類似性がある。「ロナウド」（あるいは他のサッカーのスター選手）がチームXからチームYに移る際にどれだけ大きな契約を結んだかを知った後、彼は再び、ボールを追いかけることでは唯一無二のサッカーのスター選手になる[15]。

　対象（壁象）という概念が示唆するように、対象は受動的ではない。それは所有者らを、同じように対象として扱うことで、抵抗し、時には反作用する。奴隷の反乱は人類の歴史上生じており、その中には奴隷制度の廃止につながったものもある。ペットの犬が飼い主に腹を立てて噛みつくこともある。思春期の子どもが家出をすることもある。とはいえ、これらの抵抗は、その抵抗が喚起されるシステムの中に埋め込まれている。ある対象の質は、その抵抗の質の中にある。

対象の質：壁 象〔ゲーゲンスタンド〕 の中の動態性〔ダイナミクス〕

　私たちの常識は、対象の質をあたかもその本質のように設定する。つまり、「硬い」ものと「柔らかい」ものがあり、「液体」と「固体」があるということである。しかし、常識がカテゴリーを見いだしても、対象の現実は、条件に依存して交渉可能な（そして交渉された）ものになっている。液体である水は、時に柔らかいが（液体として、あるいは気体である蒸気として）、「硬い」もの（氷）に変化することもできる。対象の質の実際（nature）は、その対象の比較的安定した状態間の境界を設定する、対立する質の間の緊張によって決定される。例えば、グラファイト（黒鉛）は柔らかいが、グラフェン（グラファイトの原子1層分の厚み）は硬いのである。

　対象を物（固定された特性を持つ）としてではなく、壁 象〔ゲーゲンスタンド〕（対立によって特性が確立される）として扱うことで、対象の質を動態的に特定することができる（Josephs et al., 1999）。それぞれの質（A）は、その非-存在（非-A）に対する対立として成立し、Aと非-Aの間の緊張が新たな質（B）をもたらし、そのBと非-Bの領域との対立が、回帰（A）やさらに別の新たな質（C）をもたらすことがある。このような移行の、最も普通で動態的な図式は、汚れや清潔さに関する、最も日常的な言説の中に見いだすことができる。私たちは常に、生活の中のさまざまな対象を「汚れている」と「診断」している。その対象を清潔にすれば、掃除したものが汚れる。そこで「汚れている」と思った対象には、石鹸や洗浄液などの化学物質を塗る。しかし、その液体自体が「汚れ」である。にもかかわらず、「汚い」洗浄剤を加えると、「汚い」ものが「清潔」になる——恐るべき常識の奇跡である。

「清潔＜＞汚い」の対立の中の動態性〔ダイナミクス〕

　清潔とは何かと、それに対応する汚いとは何かという問題は、私たちの環境の文化的構築の最良の例を示している。この対比は、掃除婦やゴミ収集人から環境衛生検査官に至るまで、さまざまな専門的職業を生み出している。また、トイレ、ゴミ袋やゴミ箱、掃除用の布や液体といった特定の文化的対象を生み出すだけでなく、「汚いもの」のための場所（ゴミ捨て場）や「清潔なもの」のための場所（病院の手術室）をも生み出している。これによって、私たちは、簡単な清潔の儀式（手洗いや歯磨きなど）や、ゴミの収集を組織して「街を清潔に保つ」という自治体の計画の価値を信じるようになる。また、「汚れ」を扱う人たちには大きな社会的力が与えられる。ゴミ収集人のストライキは、城壁に守られてお

り、多くのゴミを処分できていた町を、1年にわたって軍事的に包囲した場合よりも、はるかに効率的に近代都市を麻痺させることができる。

このように、**場違いな問題**としての汚れという広く行き渡っている特殊化（Douglas, 1984, p. 35）[16]は、**汚い<>清潔**の緊張を作り出す際の文脈優位性を示している。もし私が何か液体を落としてしまったら──例えばワインが誤って私の服の上に落ちてしまったら──たとえそれがロマネ・コンティ産のワイン[17]であったとしても──私は自分の服を「汚した」ことに恐怖を覚える。しかし、自分の服についたものが「キリストの血」であると理解していれば、私は異なる感情を抱くだろう──私の服は、「祝福されている」かもしれないし（深く信仰するキリスト教徒の場合）、「汚れている」かもしれない（不信心な無神論者の場合）。あるいは、私がもしブランドワインに投資するビジネスパーソンであれば、「浪費している」と感じるかもしれない。ここでの問題は、象徴的なもの（シンボル）を提示する、指 標（インデックス）的記号の問題である。──ワインの痕跡は赤い液体（インデックス）の指 標 的記号でありながら、そのワインの意味は「汚い」と「祝福された」の間の分岐につながる[18]。

メアリー・ダグラス（Douglas, 1984）が指摘しているように、清潔さに心を注ぐことは、社会に秩序の感覚、ないし「進歩」の感覚を与える。それに関連する行為──清掃という行為──は、この秩序の発達と維持を促進する。若い兵士は、銃を完璧に清掃した後でも、その銃を清掃する任務が与えられている。女性らは、一定のペースで家を清掃することを期待されている。そして彼らは清掃がよくできた後には誇りに感じる──清掃は、創造的な日常生活における課題なのである。男性と女性は、相互関係のさまざまな行為に入る前、そして後にも、身体の異なる部分を清潔にすることが期待されている。水が、清掃の行為に使われる主な液体である。

> ［それは］……水が浄化し、再生し、新たに誕生させる力を持っているからだ……。水が浄化し、再生するのは、過去を無効にし、──一瞬であれ──物事の兆しの全体性を回復するからである。　　　　　　（Eliade, 1958, p. 194）

しかし、水自体が汚染されることもあり、浄化が必要である。汚染は、それ自体が純粋である必要はない化学物質を使用することによって起こる可能性がある（コラム 7.4 参照）。

　水は人間の生活に関わる主要な液体である。生命にとっての総合的な重要性は、政治的権力者間の関係において、いつも妨害となる石油のそれをはるかに上回る。

　水は 1 つの物質でありながら、さまざまな形において多様な意味を持っている。したがって、**清潔な水<>非-清潔な水**の対比は、水が飲用かどうかを決める際に、常に試されている。皮肉なことに、「純粋（pure）」と宣伝され、（「純粋」で「天然」であることを保証して）さまざまなバージョンのペットボトルで販売されているのは、化学的に処理された「純」水なのである。水のペットボトルのラベルを見た人は誰でも、自然さ、純粋さ、健康といった楽観的なメッセージを受け取ることができる。この種の水には何も入っていないことが約束されており、脂肪、ナトリウム、炭水化物、タンパク質の含有率がゼロであることが示されている。このような提案には、歴史的な背景がある。私たちと対照的に、18 世紀のパリの人々は、セーヌ川の水（未精製）を飲み、観光客にも同じように接していた。

> 　　［この川の水は］……天然の下剤であり、もちろん「外国人にとっては不快なもの」であったが、彼らはいつでも酢を数滴加えるか、ろ過された「改良された」水を買うことができた——さらには「王の水」と呼ばれる製品や、最高で最も高価な「ブリストル水（Bristol water）」と呼ばれる製品を買うことができた。このような改良方法は、1760 年頃までは知られていなかった。「人は（セーヌ川の）水をまったく気にせずに飲んでいた。」
> 　　　　　　　　　　　　　　　　　　　　　（Braudel, 1967, pp. 160-161）

　あるいは、そして広く捉えると、北欧地域ではビールが普及していた一方で、フランスではワインや、時にはシードル（リンゴ酒）も飲まれていた。酩酊状態が、このような実践によくある特徴であった——セーヌ川の水を楽しんだことで屋外トイレを探しながら過ごすよりも、（ワインで）酔っぱらっていたほうがいいのである。

　本当にまったく「純粋」な水は、湧き水や泉、井戸のみである——「大地にある」その水源が、水を私たちにとって「純粋」にするのである。ローマ時代の水道橋の建設から中世の雪や氷の輸送まで、水の輸送は何世紀にもわたって

問題となってきており、それは、何世紀にもわたって安全で使用可能な飲料水の問題を示している。

「自然」な水の特性があれば、私たちは社会的・経済的な制約を受けずに扱うことができる。湧き水や滝などの水の流れを楽しんでいる際には、「水を無駄にする」という発想は生まれない。同じ水——地球から同じ地球上の別の場所に豊富に流れている液体——をボトルに入れて、何の理由もなく流してしまうと、「水を無駄にしている」と感じるかもしれない。もちろん、水源が枯渇すれば、アフリカのオアシスでの牧畜民同士の争いに繰り返し見られるように、限られた資源は水に関心のあるさまざまな人々の争いの理由になる。また、湧き水を水源から家に運ぶために、女性や子どもが重労働を強いられた例は、歴史上数多く残っている。

より現実的には、——ローマ時代の水道橋から都市部の現代的な水道管に至るまで——水を運ぶ新しい方法によって、（物としての）水は新たな対象としての地位を獲得する。1970 年代にフランスのプロヴァンス地方の農村に水道が導入された際のことをロッシュ（Roche, 2000）が論じているように、水量が測定され、値札が付けられ、新しい行動パターンが生まれてくるのである。

> 住民の一人の老婦人が新しい機器に出会ったとき、彼女は１つの蛇口を動かし続けた。彼女は新しい動作を行い、止めたり出したりするという新しい習慣を身につけるために、教わらなければならなかった。それは決して明白なことではなかった。なぜなら、彼女の生活してきた世界では、泉は止まることなく流れ続け（維持管理だけが必要だった）、希少でありながらも豊富に存在する泉があるところは慎重に管理されており、井戸やポンプはそれぞれ異なる使用方法が求められていたからである。
>
> (Roche, 2000, p. 135)

「水を無駄にする」（または「水を節約する」）という概念は、自然に流れる資源を所有者が管理するものに変え、収益化できる商品に変えた結果として、導入された。このような記号のはびこる（signs-infested）水の実際の品質（「純粋」か「飲用不可」か、あるいは「聖水」かなど）は常に不明であり、ほとんどの場合、文化的には重要ではない。このように、インドのガンジス川（または他の聖なる川）での儀式的な沐浴は、その川の聖なる性質がそこにある水を特別なものにしているため、「水質」の事前評価を含んでいない。水の文化的変容はさまざまな形をとる。この重要な透明な液体は、さまざまな文脈

で複数の意味の対象となる。

意味づけの複合体である、**汚い<>清潔**の社会的輔助は、外化／内化プロセスの単一性に完全に依存している[19]。

> 　……清潔なものと汚いものの最初の効果的な区別は、「触ってはいけない」「それを口に入れてはいけない」という親からの命令を介して行われ、最終的には、例えば、知覚していなくとも、「見てはいけない」ものとなる。したがって、汚いものは人を病気にし、病気と汚さは同義語になる。さらに、最終的には見ることすら危険となるに違いない。……
> 　この段階から、すべての排泄物は汚いものであり、排泄に関わる領域や開口部にも触れてはならない、したがって、これらの領域から得られる満足はそれ自体が汚く悪いものであり、自分自身に触れる（つまりマスターベーション）と汚れに触れることになり、実際に汚れた状態になるので病気になる、という結論に至るまでには、よく知られた必然的な発想の連鎖がある。
>
> （Kubie, 1937, p. 416）

汚い<>非–汚い（または**清潔<>非–清潔**）の緊張の曖昧さをなくすために、情感的な印づけ——ネガティブまたはポジティブ——が加えられるのである。**清潔**はよく、**汚い**ことは悪いものとなる。日常生活の中で常に進行している対話性（図7.7）は、一見すると両立しない二項対立に変換される。マスターベーションという「汚い」行為は、18世紀以降のヨーロッパ文化史において、スティグマ化（stigmatized）されてきた。

汚い<>清潔という動態性（ダイナミクス）の記号論的過程

　私が提唱する記号論的動態性（ダイナミクス）の文化心理学の核心は、意味の二重性という概念と、ある部分（A）が点的であり、その相補体（非–A）が域的であるような二重の単位同士の関係の中心性にある（Josephs et al., 1999）。このシステムにおける**清潔<>汚い**という緊張は、非–A 領域を通した変換の循環として分析される（図7.7 参照）。

　図7.7 は、**清潔**と**汚い**の間の永続的な緊張を、それぞれの域的部分が、出現する点的部分と結合することによって保証している。対立につながる緊張は、**清潔**と非–**清潔**が**汚い**と非–**汚い**に結びついたものである。これらの緊張は、それぞれ

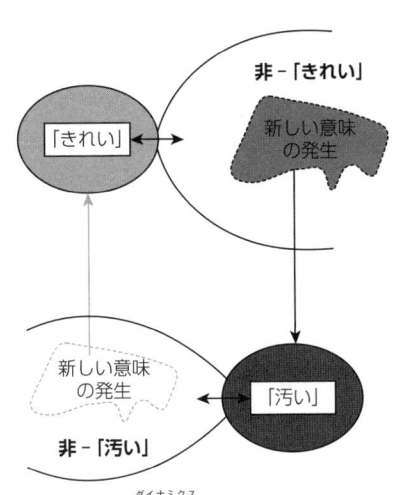

図 7.7　A<>非–A の意味システムの動態性：「清潔なもの」と「汚いもの」の間の永続
的な移行

記号論的な遅延戦略（delay strategies）によって管理することができる（「この
X はまだ掃除しなければならないほど**汚れていない**」「この Y はまだ掃除しなく
てもよいぐらい**清潔だ**」、というように。──いずれも、著者が蓄積してきた日
常生活の経験データから十分に証明できる、やや怠惰な、一般人に日常生活で広
く使われている論法である）。

公的<>私的の緊張と汚い<>清潔の対比

　汚れが場違いなものであるように、何が「場違い」なのかには社会的評価が
伴っている。ビジネスパーソンの白い襟についた口紅の赤い跡は、ビジネスにふ
さわしくない出会いの 指 標 的記号であり、「汚れた襟」（および「汚れたシャ
ツ」）と考えられる。しかし、その痕跡を残した口紅をつけた、まさにその唇
は、公共の目からは「汚い」とは思われない。口紅をつけた人に対する感情は否
定的になる場合もあるが（「赤すぎる」「彼女はふしだらだ」など）、過度な量の
赤い口紅をその人の唇（鼻ではなく）につけたとしても、その唇を「汚い」と考
える正当な理由にはならない。ここでの問題は、唇は場違いなところではない
が、襟や鼻には非常にふさわしくないだろうということである。

　汚れていた対象が清潔になり、その過程で私的な対象が公的な場にさらされる
こともあるだろう。下着や生理用品の乾燥は、イタリアの歴史的都市において
は、中世の建物の上層階の間の使われていない都市空間を利用した、洗濯ロープ

の上で行われることもある。下着のように普段は公にされていない対象が、都市の中心部で公にされることもあったのである。ここでは、私的な対象が公共空間において公開されることの問題が、興味深い緊張感を生み出している——公的な場に干された洗濯物は、**かつての**汚さを示す指 標的記号である。家々の間に吊るされているのは、**洗濯された衣類であり——今や清潔であり**、あとは乾かすだけである。このように、家と家の間の洗濯ロープは、私的であるが、清潔な家庭の洗濯物を公開しているのである。アメリカをはじめとする多くの国では、洗濯物を家の前（もしくは後ろ）で洗濯ロープを用いて干すことは、地域的に禁止されている行為である。

　清潔から汚いへの奇跡的な変化は、日常生活の中であらゆる瞬間に生じる。地面に落ちたパンのかけらは、それ以上触れるのは象徴的に「汚い」ものになる。また、人間は体液（母乳、精液、汗、尿など）を常に生産している。これらの液体は、しばしば血液の誘導体（derivates）であると考えられているが（母乳、精液）、これらの液体の文化的な構造に依存して、「汚い」ものであるとも考えられている。これらの味を確かめるために試飲することは、文化的に非合法な行為であるか、少なくともその意図について常識的に深く問われる行為であると言える[20]。最も「清潔」な体の産物であり、それ自体は薬効もある尿は、体外に排出された途端に「汚い」ものとなる。身体の境界域である皮膚をめぐる出来事についての文化的構築は、劇的に急変する。

行為者が対象となるとき： 壁 象としての人間の身体

　行為者が自分自身から対象を作り出すという、対象の特別なケースがある。ここでは、身体を洗うことや栄養補給から永久的な身体改造に至るまで、人間の身体に関するあらゆる活動が文化心理学の対象となる。現代の社会科学では、ある人の身体的な機能を通して社会的現実を模倣する**身体化**（embodiment）という言葉をよく目にする。しかし、文化心理学の立場からは、自分の身体を通して世界を作ること、つまり**身体行為化**（enbodyactment）に注目したい。

　身体は、手を通して（そして道具の作成）だけでなく、目の前にある環境との意味のある関係づけを通して、世界を変えていく道具なのである。なぜ、精神（psyche）を作り替える（modify）ために、それ自身（身体）に行為する道具として身体を用いるのだろうか？

社会秩序と身体的機能の輔助

　社会的世界を作り上げていく中での人間の身体の役割——身体的な　壁　象^{ゲーゲンスタンド}
——は、人類の歴史上、さまざまな神々の創造者たちにとって直感的に明らかで
あった。人間の生活において女性が中心的な役割を果たしていることを考えると
——出産、食糧の生産、社会的ネットワークなど——、社会的な目的のために利
用される対象となるのは、男性の身体ではなく、女性の身体であることが多い。
もちろん、女性は実社会の情勢に特に敏感であり、必要であれば、育てることも
殺すこともできる（例：カーリーとドゥルガーの神話[4]）。

> 　［また、女性は、］……恋に落ちることもあった。そして、愛を追求するため
> に無数の不幸にさらされる女性の身体は、あらゆる身体の中で最も脆弱である
> という潜在性があった。そのため、彼女たちの回復力（resilience）は、極め
> て印象的であった。
> （Brown, 1988, p. 154）

　さまざまな社会制度が全人類の忠誠心を獲得しようとしたのは、女性の身体機
能を介した、世界との情感的な関係づけを通してである。初期キリスト教は、未
亡人であったが裕福なローマの上流階級の女性たちが改宗したことで存続した。
改宗のテーマとなったのは、性的機能（sexual functions）の自己制御であり、
禁欲的な生き方の重要な要素とされた。

　禁欲的な生活には、自らが設定した性的機能の制限が含まれる。これらは、社
会制度によって提案（または要求）されるものである。性行為は特別なものであ
る。

> 　……なぜなら、身体の開口部と身体による生成物（products）との接触とい
> う、他の方法では認められていないタブーの、唯一の違反を認めるものだから
> である。口と性器の開口部の両方で、身体による生成物の交換があるだけでな
> く、さらに、実際に他の身体に侵入することもあるため、一方の身体の外側が
> 他方の身体の内側によって直接汚染されることになるのである。思春期の少
> 年、少女や若年成人を分析したことのある人なら誰でも、性交を考えるだけで
> 喚起される、これらのタブーとの葛藤の激しさを痛感せずにはいられないだろ
> う。
> （Kubie, 1937, p. 421）

　性交はもちろん、両価性（ambivalence）に満たされた重大な出来事である
（コラム7.5参照）。その文脈の中で、深い哲学的な現実を発見することもできる

だろう。より一般的に言えば——そして、身体の境界線の調整という観点から言えば——ある身体の開口部を別の**身体**が貫通することは、参与している**人々**の間の特定の社会的関係に依存する。コラム 7.5 で紹介されている少年の、増大していく両価性は、自分の欲望の心理内的な調整を示している。

コラム 7.5　不安な快楽の両価性

　彼は狭くてきたならしい迷路のような通りにさまよい混んでいた。けがらわしい横町から、しゃがれ声の大騒ぎや、口論や、酔っぱらった歌い手の長く音を引きのばす歌声が聞えてくる。彼はためらわずに歩みつづけながら、ユダヤ人地区にはいりこんだのかしらと疑っていた。派手な色の長いガウンを着た母たちや娘たちが、通りを、こちらの家からあちらの家へと横切る。彼女らはいかにも閑そうだったし、きつい香水をつけていた。身ぶるいが彼をとらえ、目がぼんやりしてきた。黄いろいガスの炎が彼の混乱した目の前で、ぼうっとかすむ空に立ちのぼりながら、まるで祭壇の前でのように燃えている。戸の前や明るい玄関では、女たちの群れが何か儀式のためのように着飾って集っていた。彼は別世界にいた。数世紀にわたるまどろみから醒めたみたい。

　彼は道路のまんなかにじっとたたずんでいた。心臓が胸のなかで乱れ騒ぐ。桃いろの長いガウンを着た若い女が、腕に手をかけて彼をとらえ、顔をのぞきこんだ。彼女は陽気に言った。

　　　——今晩は、お兄さん！

　女の部屋は暖くて明るかった。寝台のそばの大きな安楽椅子にはものすごく大きな人形が足をひらいて腰かけている。**彼は平気な振りをしようとして、口をきこうとつとめながら、**女がガウンを脱ぐのを眺め、香水の匂う頭を誇らしげにわざとゆすぶるのを見ていた。

　口をきかずに部屋のまんなかに立っていると、彼女は彼のほうに寄ってきて、陽気にしかし落ちついた感じで彼を抱きしめる。女はまるまるとした腕で彼を自分のほうにしっかりと引き寄せ、そして彼は女の顔がまじめで静かな感じで自分の顔のほうへ上げられるのを見、女の胸の暖い静けさが起伏するのを感じとると、興奮のあまり泣き出したいくらいになった。喜びと安心の泪が彼の満足した両眼に輝き、彼は唇をあけたけれど、どうしても、ものを言うことができない。

彼女はちゃらちゃらと音のする片手で彼の髪にさわりながら、彼をいけない人と呼んだ。

　　──キスして、と彼女は言った。

彼の唇は、キスするためにうつむこうとはしなかった。彼は女の腕にしっかりと抱きしめられることを、ゆるやかにゆるやかに愛撫されることを欲していた。女の腕のなかで彼は、自分がとつぜん強くなり、恐れなくなり、自信を持ったと感じた。しかし彼の唇は、女にキスするためうつむこうとはしない。

不意に女は、彼の頭をさげさせてその唇を彼の唇にあわせ、そして彼は女の率直な上目づかいの目に彼女の動きの意味を読みとった。もうそれだけで充分だった。彼は目をつむり、**身も心も彼女に屈服して、意識しているのはただ女のやわらかにあけた唇の暗い圧迫だけ。**その唇はまるで曖昧な言葉の容器であるみたいに、彼の唇にと同様、彼の頭脳に圧力を加えてくる。そしてその唇のあいだに、彼はまだ知らないかすかな感触、罪の昏迷よりも暗く、音の響きや香りよりもやわらかなものを感じていた。

　　　　　　　　　　（Joyce, 1964/1914, pp. 100-101 [5]、強調は引用者）

　身体的な官能性は、構築者の目標の志向（goals-orientations）に基づいた文化的構築が働く闘技場（アリーナ）である。そのような文化的構築の範囲は、禁欲的な敬虔さから、神々との接触の役割としての官能性や性的体験の高揚まで幅広い。キリスト教のさまざまな流れに支配されたヨーロッパの文化史において、身体的快楽への不安という運命は、抑圧、あるいは根本的な身体機能を排除したり覆い隠したりする美的総合（aesthetic synthesis）の方向へと克服されていく。

　セクシュアリティの抑圧と、それに伴う官能的な快楽による自己調整の方向性は、文化的手段によって身体と精神の機能をまとめる（coordinating）唯一の方法ではない。また、少なくとも宣教師や教育者、植民地政権によって改宗されたキリスト教が布教される前には、世界全体を代表するものではなかったのである。肉体と精神の官能性を文化的に結びつける方法には、さまざまなバージョンがある。おそらく、官能性と罪深さの概念との結びつきの最も対極にあるのは、官能的な（性的なものを含む）喜びを、救済に到達するための高尚な基礎に高めたタントラの宗教的伝統である[21]。コラム 7.5 で描写されている出会いをタントラのヨギ（少年）とヨギニ（女性）のものと想像するならば、このエピソードを、準備のできていない男性（精神が女神との関係に開かれていない）と、身体

と魂がともに満たされるために、女神の代表としての役割を期待している、準備のできている女性との関係として再解釈できるだろう。

　その社会的文脈においては、タントラの修行は、社会秩序（すなわち、ヒンドゥー教のカースト社会の秩序。後の植民地時代の歴史の中では、それにイギリスの社会階級の区別が加わった）、地域の道徳秩序（結婚の絆）、およびジェンダー間の権力関係を損なうためにスティグマ化されてきた。その結果、タントラの教えのテキストは、多価的（multivalent）で深く隠喩的な言語で書かれ、伝達される。その中では、一般的には、官能的な啓発に焦点を当てることで、能動的な探求を支持して自制心を排除している。

> 欲望を持っていながら、欲望を抑える者は
> 嘘をついていることになる。嘘をつく者は誰でも罪を犯し、
> その罪のために地獄に落ちる
> ……
> すなわち、悟りの境地を望む者は
> 何を修行するかを修行すべきである
> 五感を捨て去るには
> 禁欲主義によって自らを苦しめる——そうしてはならない！
> 形が見えたら、見ること！
> 同様に、音を聞くこと
> 香りを吸い込むこと
> おいしい味を味わうこと
> 五感を駆使しなさい
> そうすれば、すぐに最高の悟りを得ることができるでしょう！
>
> （Shaw, 1994, pp. 143-144）

　官能性は、人間の身体的・精神的存在の中心である。それがタントラの基本的なメッセージである。そして、そのような**世界との官能的な関係づけに貢献するセクシュアリティ**は、そのような全体的な理解に到達するための主要なツールの1つである。このように、「身体のニーズを抑制する」という身体の扱い方と、「そのニーズを生活のための文化的な媒体に変える」という身体の扱い方の**両方**が、人間の生活の諸経験を組織化するという同一の結果をもたらすのである。

身体的痛みの官能性

人間の人生経験には、転倒、病気、戦争、出産、末期症状などの痛みが含まれており、それは社会の境界を超えた普遍的なものである。それでも、痛みの完全な意味は、その痛みを生きている本人にしか分からない、深く独自の現象である。他者と痛みについて話すことはできても、**いかなる他者**の痛みも生き抜くことはできない。同時に、ある人の有する痛みの経験は、精神の最も奥深くで具現化された現象である。したがって、痛みは、人を支配しようとする社会的機関による、社会的征服の対象となる。痛みは、さまざまな社会的・心理的な理由で引き起こされることもあれば、その他の理由で改善する場合もある。拷問の技術と治療の方法は、いずれも人類の歴史の結果である。人は痛みを恐れているかもしれないし、個人的な理由で痛みを求めているかもしれない。「鎮痛」を目的とした化学物質は、痛みに耐えることへの敬意を生み出すことによって対抗されうる。例えば、若い日本人女性は出産時に鎮痛剤を拒否したが、それは母親が自分をこの世に生み出したときの経験を、自分も経験したかったからであった。あるいは、ドイツの男子大学生が、**名誉ある**顔の傷を得るために、剣で決闘することもある。ただし、どんな顔の傷でもいいというものではなく、決闘でできた傷だけがその目的に合致したのであった。

私たちの身体を打つ

身体は、多くの社会的実践を通して、自分にとっても——他人にとっても——対象となる。その中には、私的にも公的にも、自分の（あるいは他者の）身体に痛みを与えるものがある。鞭、棒、鎖など、さまざまな道具を使って自分を殴打する行為は、自分自身とその世界とを関係づけるさまざまな理由から、長い歴史を持ち、その使用の記録は古代エジプトにまで遡る。女神イシスのための年に一度の祭りでは、人々が自分自身を殴打していたと伝えられている。殴打すること——鞭打ち——は、他人への罰の一形態である。ただし、罰という概念には、悪いこと（wrongdoing）という概念の確立が必要であり、これらは文化的に構築され、集合的に共有される必要がある。もちろん、子どもたちは、どの社会でも最初に悪いことをする存在である。そのため古代スパルタでは、子どもたちは、生活課題の厳しさの指導の一環として鞭打たれていた。また、ローマの清めの儀式では、女性は不妊症を防ぐために鞭打たれることがあった[22]。

あらゆる既知の宗教システムは、その儀式的行為の中で、何らかの形で鞭打ちを行ってきた。儀式の形態の違いは、そうした儀式の「公共性<>非−公共性」の

図 7.8 フランシスコ・ゴヤ「鞭打ち苦行者の行列」（1816-19 年）

性質の違いであり、儀式の一環として誰が誰を鞭打つのか（自分なのか、他者なのか）ということである。11 世紀のキリスト教において、宗教的献身の一環としての「自分への鞭打ち」の発明は、完全に個人的なものや（ある修道士が個室で自分に鞭打つことで、自分の身体を拷問して「罪」を打ち消す）、集合的なもの（11 世紀のイタリア、ラヴェンナで、後に枢機卿に昇進したベネディクト派の修道士、聖ペトルス・ダミアニが金曜日の告解の後に行った集合的な「自分への鞭打ち」の集会を取り入れる）になりうる、状況化された行為の実践を生み出した。キリスト教の鞭打ちと並行して、シーア派では、西暦 630 年に殉教したフセインを称えるために、毎年、集団的かつ公的な、自分への鞭打ちの儀式が挙行されている。しかし、ここでは自分の身体を鞭打つことの意味が異なっている。キリスト教の場合は自分を苦しめる行為自体が目的であるが、シーア派の場合は痛みに無関心であるかどうか、および苦痛に耐える意欲を試すものである。

　歴史的に見ても、宗教的な信者による自分の身体を打つ集団（図 7.8 参照）が、何世紀にもわたって両価性の標的となってきた。例えば、ドイツのフラジェランツ（または別名「苦行団（disciplinaries）」とも呼ばれた）である。彼らの公での姿は、地方自治体にとって両価的な存在であり、多くの地方自治体は彼らを追放していた。1349 年、教皇クレメンスは、これらの宗派を異端であると宣言した。3 世紀にわたってキリスト教の拡大に貢献してきた鞭打ち苦行団は、撲滅される標的となったのである。

　なぜこのような運命をたどったのか？　鞭打ち苦行団のような、血まみれの行列が公の場に現れても、中世のヨーロッパの町の人々は驚かなかった。この時代は、犯罪者が公開処刑され、魔女は柱で火あぶりにされるなど、身体に関わる攻撃的な行為が多く見られた時代であった。鞭打ち苦行団は、公の場で自身の体を鞭打つという宗教的行為が、教皇庁によって社会的に制御できなかった、という

点で異なっていた。鞭打ち苦行団の行列が公共の場に現れたことは、しばしば社会的苦痛の時代と関係していた。ペストの大流行（「黒死病」）によって、人々は地域の健康問題に対する、このような、神聖な解決策を見つけ出そうとし始めたのであった。

私たちの身体を包む：対象としての衣服

人間が自分の身体に関連して対象を使用することの最も深い側面は、私たちが服を着ているということである。他の生物種は、自分の身体を幾重にも覆う方法を発明したり、それらの覆いを社会的集団の区別を標したり（mark）するために用いることはない。人間に最も近い霊長類の親戚の生活には「ボノボ・ファッション」は存在しないが、一方で、私たち人間は「着飾る（dress up）」（または「着崩す（dress down）」）のが大好きで、自分たちが使う身体の覆いには特別な注意を払っている。ファッションは人類の普遍的な文化的発明であり、自身の個人的文化や、社会的な区別を作り出す文化的道具として機能する。同時に、これらを作り直す（re-vamp）機会もある。

> 「ファッション」は与えられた範例の模倣であり、それによって社会への依存の欲求を満足させる。それは個々人の行動をたんなる一例にしてしまうある普遍的なものを与える。しかもファッションは、それに劣らず、差異の欲求、分化、変化、逸脱の傾向をも満足させる。ファッションは、今日のファッションに昨日のまた明日のファッションとは異なる個性的な刻印をうつ内容の変化によってこれに成功するのだが、それにもまして、ファッションはつねに階級的なファッションであること、上流のファッションは下層の流行と異なり、後者が前者と同化しはじめる瞬間に捨てられるという事実によって、成功を確実なものにする。　　　　　　　　　　　　　（Simmel, 1994/1919, p. 296[6]）

ファッションは、他者から私たちの個人的なあり方へと移動することができ、後者を維持するのに役立つため、重要である。著名なファッションデザイナーのラベルが貼られた特定のブランドのスーツ、ハンドバッグ、衣装を所有している人の知識は、私たちの社会生活における価値を高める1つの装置である。しかし、ファッションは、見落としがちな人間の生活の特徴も指摘している——つまり、私たちのアイデンティティの探求（「私は誰か？」）において、実際には、少なくともある時点においては、まさに**自分が誰ではないか**を求めているのであ

る。ファッションは、「ありふれた自己（mundane selves）」に**ならない**ように
するために、望ましい他者の役割を果たすために被る仮面に相当する。社会生活
を調整していく上でのファッションの役割については、第10章でまた触れたい。

身体の部分的な非真正化

　私たちの身体をさまざまな質感の布で包む以外にも、人間は自分の身体を改造
するさまざまな方法を発明してきた。人間以外のまっとうな霊長類は、朝、鏡を
のぞき込んで、色のついたペースト（クリームや口紅）を顔に塗るのに何時間も
費やす習慣はないのである。オランウータンが長い茶色の体毛を白（または黒）
色に変えて金髪（またはダークブラウン）の猿になろうとすることを想像するの
はバカげているし、さらには同種の仲間に髪の毛を巻いてもらったり、人工的な
ドレッドを作ってもらったり、髪を染めてもらったりすることもないだろう。

　人間は、これらすべての——そして他の多くの[23]——**身体の非真正化**
（inauthentification）という文化的実践を発明した。身体（通常はその一部）は、
本来的でない状態で、他者に提示する対象とされる。美容師という職業の発明
は、このような文化的構築の一例である。美容師という職業は、**私が望む**方法で
私の身体に作用してくれる仲間への信頼という心理的な問題と、自分にも他人に
とっても新しい見た目のイメージを作り出すという結果を結びつける。そのよう
な複雑な役割の結果は、次のようになる。

> 　……美容師は、技術的な専門知識と「有料の友人」という潜在的地位に基づ
> いて顧客の信頼を獲得する。美容師が信頼を得て、それを守るのは、顧客の身
> 体的な欠陥や、不自然なイメージの背後にある「本当の」自分についての「秘
> 密」を知っているからでもある。また、彼らは、身体的なものを超えた秘密を
> 知っている場合もある。「真実の」自分に接近できる人物に明かすように促さ
> れると、顧客は、悩みや恐れ、罪悪感さえも共有するかもしれない。
> 　さらに、信頼は、その本質的に時間的な基盤のために、眼前の現在だけでな
> く未来を予期して生じるものである。　　　　　　　　　（Eayrs, 1993, p. 20）

　美容師はこの点で独自である。美容師は身体を扱う（医療従事者やマッサージ
師のように）が、扱った身体は将来的に公の場で見せるために整えられている。
彼らは文化的な形態を身体のある側面に作り出すが、——自然な成長によって
——その形態は壊れてしまうだろう（そのため、何度も美容院に通う必要があ
る）。髪の毛の成長は、髪に文化的な形態や、豊穣的（pleromatic）[24]な意味を与

える努力に作用（抵抗）する。美容師と顧客は、髪に与えられた文化的形態の集合的な連続的記憶を創造し、それが将来の髪型についての次のステップに寄与する。

　もちろん、人間の髪の毛だけでなく、身体のすべての部分は、さまざまな方法で手入れされ、物——髪の毛や爪などさまざまなものが接している皮膚——から、個人的文化を確立していくための機能的な対象へと変化していく。初期に発明された香水やボディローションから現代の化粧品産業に至るまで、あらゆる化粧品の発明は、美容師と同じような機能を果たしている。私たちが自分の生物学的な身体に行為することで、身体は文化的対象となり、自分自身のため（心理内的）、そして他者のため（心理間的）に並行して機能するようになる。

結論：対象との関係づけ——自分自身との関係づけ

　本章で取り上げたアイデアをまとめるとすれば、極めてシンプルに一般化された公式が現れる。

私たちは物を対象に変える

そして

対象は私たちである

　言い換えれば、人間が関係するあらゆる物質的世界が、文化的なものになる。それによって、物質的なものは、単に対象になるだけでなく、**様式化**（stylized）された対象になる。

> 　様式化された表現、生活様式、味——これらはすべて制約（limitations）であり、距離を作り出していく方法であり、この中に、その時代の誇張された主観主義の拮抗する力と隠蔽が見いだされる。現代人がアンティークに囲まれる傾向にあるのは、その時代の様式や特徴、その周りに漂う全体的な雰囲気が不可欠なものであり、この傾向は決して偶有的な俗物ではない。むしろ、穏やかさや息づかい、典型的な正当性に加え、固有の物に過剰な生命を与えるという深い必要性に立ち返っている。　　　　　　　　　（Simmel, 1991/1908, p. 70）

　様式化された対象は、同時に複数の意味において意味深い対象である。知覚者や行為者が直ちに利用できる機能的な意味づけがある（アフォーダンス）。ここ

に直ちに、これらの機能的な諸特性の意味深い形態への変換という可能な選択肢を付け加えることができる——つまり、これは変容した対象の潜在的な用途（未来における対象）の意味深さである。後者のおかげで、石器からクラウド・コンピューティングまで、あらゆる技術の革新が可能になる。さらに、社会的なカーストや階級間の社会的障壁を設定する（そして破壊する）ような、対象の様式的な意味がある。最後に、一見すると実用的には役に立たない対象の美的な意味深さ（美を目的とした「美」）がある。

　対象を身近に置き、意味を持たせることによって、私たちは心理的な距離づけ（psychological distancing）の行為に従事している。このような「距離化」は、人間の心理的機能の中心であり、そこでの絶え間ない調節は、人生のあらゆる瞬間における適応のために重要である。人間は、文化的な対象に支えられた意味づけを通して、所与の設定から急速に距離をとることができ、また同様に急速にその設定に没入することもできる。記号論的文化心理学は、現在進行中（ongoing）の経験における記号調整（sign-regulation）の流れの中における対象形成（object-making）の動態性（ダイナミクス）に焦点を当てる。しかしながら、そのような経験は、通常「環境」と呼ばれる全体的な場で生み出され、それ自体が人間の行為によって意味を持つようになる。第8章では、文化的道具を、目的を持って使用することを通して、そのような環境を作ったり、作り直したり、破壊したりすることについて見ていく。

第8章

環境を文化化していく

意味づけによる過剰決定

　人間は柔軟な方法で意味づけを構築する。これは、人間と環境との出会いを通して行われる。環境は、環世界（Umwelts[独]）——エージェント中心型の環境設定——となり（Chang, 2009）、そして、意味形成を通じて豊かな意味づけを獲得する。場所、場所の中での行為、そして行為者自身が、その設定に応じて異なる意味づけを確立するのである。手術室でメスを使って生きている人の体を切り開く外科医は、殺人者ではない。この区別は、他との区別を示す意味づけを用いることによってのみ理解できる。すなわち、**外科医**は通りすがりの任意の人ではない、**メス**はナイフや短剣ではない、**手術室**はキッチンではない。身体を切るという、まったく同一の行為の私たちの記述は、意味複合体の数多くのバージョンのうちのどれが所与の出来事に適用されるかを迅速に特定する。反対に、ある確立された意味づけは、意味づけにおける連続性を与えることができる。私たちは、ベートーヴェンの交響曲を瞬時に認識することができるかもしれないが、それは、一連のノイズを検出して、これは交響曲だろうと考えることを通して、帰納的な結論に達するものではない。意味づけは、極めて異種混交的な人生の諸経験をまとめ、非可逆的時間を超えて連続性を創造する。

　どのように複数の意味づけが共存できるのか？　多義性（polysemy）——同一の記号への意味づけの多重性——は、例外ではなく、むしろルールである。これは、私が自分自身に「私は怒っている」と言うように、意味づけと、それが参照する対象との距離を取ることによって可能となる。〔このとき、〕すでに私は圧倒される感情から自分自身を再移創させ（remove）、その感情に対して、怒りという現象には属さないある1つの形を与える[1]。記号的媒介の力は、**象徴的再移創[1]**（シンボル）の可能性にあり、人間の生活現象を組織化しつつも、それに還元されない記号の領域を創造する。それどころか、記号を通して人々は、本来の特徴を失うかもしれないような方法で、経験を抽象化し、変化させ、再組織化することができる。記号論的な階層を創造することは（第6章で述べたように）、一見して対立する2つの課題——現在の「今ここ」の設定にとどまるだけでなく、そこから抜

け出すこともある——の解決策となりうる[1]。抜け出すことに失敗することによって、私たちは時間の拡張と、人間の永続性のイメージを創造する。つまり、私たちは、独自のライフコースを歩む安定した自己として私たち自身を参照することができるのである。

象徴的再移創とは何か？

ガナナート・オベーセーカラは、ポール・リクールの仕事をもとにジークムント・フロイトと対話する中で、象徴的再移創の水準という概念を構築した。象徴的再移創の核心は、象徴を置換する無限の可能性の集合である。オベーセーカラの言葉を借りれば、以下のようになる。

> 置換とは、動機 Y に関連する象徴 X を、象徴 A、B、C、…、n で置き換えることができることを意味する。A、B、C はすべて X の「同型の置き換え」であり、同一または類似の方法で動機 Y に関連している。「断絶」は、仮定された同型性に疑問を投げかけ、A、B、C、…、n が Y からの象徴的再移創の度合いを示し、最終的に Y とのつながりを失うかもしれないことを示唆する。
>
> （Obeyesekere, 1990, p. 58）

記号とその参照元である根源的な動機のこのような緩やかな結合は、新しい文脈に柔軟に適応するための基礎を作り出すものである。それはまた、比較文化研究においては方法論的な障害となっている。すなわち、人間のコミュニケーション・メッセージの顕在的な内容は、何らかの根底にある単一の特性の表現として解釈可能であると考えることはできない。したがって、次のようになる。

> ……象徴に関わる因果関係仮説の従来の異文化間手法や異文化間テストは、ほとんどの場合、無意味なものである。その仮説とは、あなたがある動機 X を持てば、Y も持つだろうという仮説である。Y は、ある社会では存在しないという状態から、他の社会では最も象徴的に精緻化されているという状態までの幅を持って象徴的精緻化の程度を示す可能性があるという単純な事実のために、無作為抽出でテストすることは不可能である。**さらに、象徴の代替可能性という概念は、ある社会で X が Y に関連している場合、X は別の社会では代替記号 Z に関連していることを暗示しており、予測は疑わしいか、あるいはまったく不可能なのである。**……心理人類学における従来の仮説検証の基礎

> となる仮定は、象徴的_{シンボル}能力はすべての人間社会で同等であり、この能力はどこでも文化的象徴_{シンボル}体系に一様に現れているはずだということである。
>
> （Obeyesekere, 1990, p. 62, 強調は引用者）

　ここでの対比は、**均質性の仮定**（もし X なら、量は異なるかもしれないが、唯一かつ必然的に Y となる）である。象徴的_{シンボル}再移創の条件下では、この仮定は必然的に保証されていない。したがって、すべての心理学的・社会的システムがそうであるように、開放系_{オープンシステム}の場合は、根本的な動機と顕在的な行動との間にある一連の関連性が複数あるという**異種混交性の仮定**から始める必要がある。

　さらに、象徴的_{シンボル}再移創の過程で記号を他の記号で置き換えられることの結果として、それまで観察されなかった新しい結びつきを確立する一連のつながりとなることもある。言い換えれば、比較文化心理学は、「**文化の共有**」が「**行動の共有**」を生み出す**に違いないという前提**のもとに比較を構築している。このような主張は、人類学における社会の比較にも見られ、潜在的な特徴は、潜在的な特徴の顕在的な「表現」と同型的にリンクすると仮定される。

> 　……実際に観察された行動は規則性を示していないようなので、文化は共有されていないということになる。これは、ナイーブな経験主義に基づく完全な誤りである。文化とは意味づけであり、意味は能動的な意識に関係するというウェーバー的な視点からは、別の戦略が浮かび上がる。ここでは、観察可能なものや行動の規則性は直接的には関係なく、より重要なのは観察できないものや行動の不規則性である。**共通の文化を共有するということは、X と Y が同一または類似の行動をとることを意味するのではなく、むしろ異質な行動を共通の価値観との関係で表現することができることを意味する。したがって、行動規則性の存在は、しばしば共有文化の存在を示すかもしれないが、行動規則性や共有行動の不在は、その不在を意味するものではない。**
>
> （Obeyesekere, 1981, p. 112, 強調は引用者）

　象徴的_{シンボル}再移創は、結果である顕在的な文化的産物から、これらの結果を生み出す文化的プロセスへの推論を不可能にすることが明らかになる。このことは、意味形成のプロセスの分析への道へとつながっている。人々が作り出す場所を見ることは、そのような意味づけの構築過程が比較的安定した結果を生み出すことを見る上で、おそらく最も豊かな領域である。意味形成者は、環境と関わるために自ら作り出した場所の中で常に動いている。しかし、家、通り、都市、公園、式

場といった場所は、その相対的な安定性において分析することが可能である。

私たちが作る場所：現在の中の未来と過去

　環境から場所を創造することは、意味形成の行為である。その創造される場所は、家庭空間から公共空間にまで及んでいる。それはまた、現在（私が今いるところ）から、想像上の過去（墓地、巡礼地、博物館）はもちろん、同様に想像上の未来（幼稚園、学校、大学、株式市場など）を反映したものにまで及んでいる。これらは、過去と未来をつなぐ場所（病院、戦場）あるいは、まさに現在を拡張するための場所（庭、バー、パブ、レストラン、コンサートホール、劇場、サーカス、刑務所）であるかもしれない。

　場所は、一時的な居留を目的として文化的に創造される。人間は常に移動しており、意味形成を輔するさまざまな居留地を通過している。これらの場所は、単に特定の方法で行動することへの期待をそれ自体において符号化する**行動設定**[2]ではない。そうではなく、**意味形成のための闘技場**となるのである[3]。それらは記号として豊かな意味を含むもの——その領域の延長にある域的記号——として作られている。〔例えば〕人間が作り、埋葬地（墓地）として認識する場所は、私たちにとって他の風景とはすぐに異なるものになり、一種の「聖なる木立」となる。庭は、小さな風景の一部であり、その中で私たちは栽培者＝文化化する者（cultivator）としての私たちのエージェンシーを、成長していく自然のエージェンシーと調整する。広場（地中海沿岸の国々にあるもの）や、軍事パレードを開催するための大通りは、バーを出てから、あるいはパレードが終わって何十年もたってから、その意味づけを私たちに伝えるのである。

　風景とは何か？　風景を何らかの特定の自然環境との出会い——森、谷、山——とどのように区別するのだろうか？　私たちがこの語を使うことは、すでに文化的に組織化された自然への見方〔が存在すること〕を指している。より一般的には、いかなる**自然**や**風景**についての語りも、もはや語られていること〔つまり、自然それ自体〕の一部ではない。自然という観念は自然の一部ではなく、自然に対する1つの内省のカテゴリーである[4]。ティム・インゴルドは次のように指摘している。

> 　　……風景は、そこにとどまる人々に知られているような世界である。その人々というのは、その場所に暮らす人や、その場所をつなぐ道に沿って旅する人である。……生物と環境のように、身体と風景は相補的な用語である。それ

> ぞれがもう1つのものを暗に示し、図と地のように交互に現れる。
>
> （Ingold, 1993, p. 156）

さらに、自然や風景のような用語は、全体的で文化的な参照づけ（holistic cultural referencing）の道具である。ゲオルク・ジンメルはそれを簡潔に概説している。

> そこに風景が存在するためには、私たちの意識は、構成要素の特殊性に縛られたり、機械的に構成されたりするのではなく、その構成要素のさらに上にある全体性（wholeness）、統一性（unity）を獲得しなければならない。……自然は部分で構成されているのではない。それは全体の統一体である。この全体性から何かが分割された瞬間、それはもはや純粋で単純な自然ではなくなる。なぜなら、この全体は、縛られていない統一体の中においてのみ、この総体の流れの中の1つの波としてのみ、「自然」でありうるからである。
>
> （Simmel, 2007b/1913, p. 21）

とは言っても、「その流れ」は、環境の残りの部分と区別することができる。風景は人が環境と共鳴することによって環境から現れる（Ingold, 1993）。したがって、さまざまな種の風景がありうるし[5]、芸術的な視野は壁やキャンバス上に風景の描写を創造することを導くようになったのである。西洋美術においては、15世紀から16世紀にかけて、風景画というジャンルが普及するようになった。風景（や海の景色）への見方を、画家の注意を引く価値あるものにしていくことは、文化的視点の創発を含意している。

文化心理学は、文化的発明の構造を強調する諸学範（ディシプリン）（地理学や考古学[6]）と交差すると同時に、それらに場所作り（place-making）の心理学的起源を研究する分野を付加している。地理的風景（geographical landscapes）は、連続する風景の他の部分から境界を作り、その境界で囲われた場所に意味づけをすることで、物理的風景から社会的風景に変換される。このような意味づけは、征服、法的交渉、領土の交換など、人類の歴史から芽生えたものである。

風景はどのようにして聖なるものになりうるのか？

人類の歴史とは、環境に対する行為と、人間自身に作用すると想定される意味づけを環境に投影する行為が、並行して発展してきたものである。歴史は神々を

生み出し、その神々は、実際に自分で作り上げた熱烈な信奉者たちによって、崇められ、退けられ、取り替えられるのである[7]。宗教制度は、人間の精神が**自らを束縛する**ことで自由になるための闘技場（アリーナ）である。その過程で、ある空間（場所、風景、森林、湖、川）には、超自然的で象徴的な力が宿るようになる。**聖なる森**は、人間の意味形成の必要性から生まれたものである。

　世界中の社会環境には、普通の人間を神話や宗教的思想、象徴（シンボル）的な力などの非凡なキャラクターと結びつけるために特別な場所として指定されている場所が存在する。そのような象徴（シンボル）的な場所に焦点を当てることは、最小限の方法であるにせよ、同様に象徴的である日常のコントラストを覆い隠してしまうかもしれない。毎日、私たちが**自分の家**だと思っている空間の敷居をまたぐとき、私たちは物理的には連続していても、象徴的には異なる空間――廊下、庭、通り、森など――に入っていく。私たちは、**情感的に過剰決定された社会的規範**によって、このような対比を指し示すのである。下着姿のまま家を出て街に出るという考えは「間違っている」というだけではなく、忌まわしいと**感じる**かもしれない一方で、**ビーチ**と分類されるような場所では、同じような服装で最小限の条件で動き回ることは、まったく普通のことだと感じるかもしれない。

　意味づけによる情感的な過剰決定は、環境の神話的擬人化によって支えられている。環境の中のさまざまな居留地が、まるで精霊や神々に支配されているかのように表現されたり、世俗化された場合には、重要な政治家、戦争の英雄、あるいは出来事の記念碑が再建されたりするのである。川や湖は、それらにまつわる擬人化された物語を通して、特有の更一般化された意味づけを持つことができる。かくして、ヒンドゥー教の文化史的複合体において、ガンジス川（およびインド亜大陸の他のすべての川）は、更一般化された意味づけを持っている。

> ガンガーは女神であると同時に川でもある。彼女はシヴァ神とヴィシュヌ神の妃であるとも言われている。ガンガーの水は、シャクティ[3]の液体の具現化であると同時に、母乳を支える不滅の液体（アムリタ[4]）でもあると言われている。そして、彼女のアヴァターラ[5]、つまり地上への「降臨」は、インドの平原に彼女の力と養育の両方を受肉させるのである。　　　　（Eck, 1982, p. 166）

　その結果、ガンジス川は、巡礼、儀式的な沐浴、死者の遺灰散布の目的地となった。ガンジス川の水の化学的純度の問題は、それが公理的に受け入れられ、情感的に守られた儀式的な純粋さを優先させるために、却下される。同様の純度の概念は、ヒンドゥー教の寺院のタンク（寺院の近くにある貯水池で、プールや

自然の湖として作られることもある）にも適用される。

　特定の川が聖なる場所に変わる。町のある特定の地域では、スーパーマーケットの建設は可能でも、ディスコの建設は許可されていない場合がある。たとえ物理的な特性からみればどちらの建築も可能であったとしてもである。また、ニュルンベルクにあるナチスの儀式用地のように、特別に建設された儀式用地を放棄して、特定の歴史的なつながりを失わせることもある。

政治的な場所：象徴的な場の創出

　皇帝や大統領などの異なった政治的権力者は、特定の儀式を行うための特別な場所を作る。このように、さまざまな神々を祭る場所や、大規模な政治的行事のために特別に指定された場所は、特定の目的を持った場所の建築デザインの例となる。また、既存の建築物に新たな要素を加えることで、その居留地を新たに利用することも可能である。モスクワの赤の広場にレーニンの霊廟を建設したことは、その場を、旧ソビエト連邦の社会組織において、イデオロギー的に重要な集団パレードのための儀式場にした。同様の王朝の墓は歴史の中で存在してきた（Wescoat, 1994）。

　ニュルンベルクにあるナチスの式典場は、イデオロギー的な場所の盛衰を示すよい例である。古代の古典的な祭壇（ペルガモン）をモデルにして建てられたナチスの式典場は、意図的に敷地全体の大きさを誇張している。その目的は、大衆の感情を輔助することにあった。

> 　行進場の巨大な大きさは、……参加者と鑑賞者の双方に情動的な影響を与えることを意図された身体のグループ化を厳密な秩序を通じて可能にした。個々の身体を集団に組み込むだけでなく、この「身体の労働」は、感動（Begeisterung〈独〉）[6]と魅力（Faszination〈独〉）[7]という情動、つまり熱狂、畏怖、魅惑、興奮が混ざり合ったものを生み出すと考えられていた。
>
> （Macdonald, 2006, p. 111）

　ナチスの式典場の中核であったツェッペリン・ビルは、全長 360 メートルにも及んだ。このような幅と高さの壮大な拡張は、世界中の多くのイデオロギーに関連した象徴的な場所で見られる特徴である。21 世紀のスポーツ闘技場やショッピング・モールの大きさは、政治的な場における儀式的な性格を想起させる。21 世紀の政治を引き継ぐのは、消費主義と娯楽なのかもしれない。

自然を文化化する：庭の本質

　人類の歴史において、土地耕作、庭作り、狩猟、漁業が文化<>自然の交渉の主要な闘技場（アリーナ）となってきた。戦略的な計画と、行為の機会を即座に利用すること（狩猟・漁業）、それとは対照的な長い時間待つ必要がある行動（土地耕作）など、それぞれが異なる心理的適応を必要とする。狩猟採集社会の伝統は、「相応の場所において適切な対象を見つける」という狩猟の厳しい状況が優勢になった事例である。その食べ物が「育つ」まで長い期間待つ必要はないのである。これは、定住生活への移行、ないし庭作りや動物の家畜化とともに変化した。

文化化された自然の最初の居留地としての庭

　庭作りは、定住的な生活形態とともに出現する。成長する自然の対象物は、文化化に抵抗する可能性があることから、文化的に変容する無生物とは異なるといえる。失敗したことがある庭師なら誰でも、圧倒的な自然の崩壊の前では、自分の文化が無力であることを認識するだろう。自然は、望まれていない成長（「雑草」）という形で、ある意味で庭師に「反撃」してくる[8]。庭の文化化は、自然を制御するプロセスではなく、自然との交渉のプロセスである。

　ヨーロッパの文化的神話における最初の文化化された庭は、明らかにエデンの園（「よく水をたたえた砂漠」）であり、無限の力を持つ庭師が、アダム、イブ、蛇という登場人物を巻き込み意図的な道徳劇を設定する——そこでは、果物を消費することが文化的物語の中心的な極限点となっている。現代の栄養学の専門家たちが、リンゴの健康効果について、私たちをしきりに説得しているのとは対照的に、エデンの園で繰り広げられた出来事は、リンゴを主とする食生活への移行を受け入れることの長期的な危険性——つまり、牧歌的な生活条件の喪失と、ある人が裸を公にさらすことを諦める義務について語っている。人間の生活は、この神話の創発以来、決して同じものではなくなった——彼らは自分の身体を恥じるようになり、常に新しい商品を購入することで衣料産業を支援するようになっている。彼らは、特別な瞬間に服を脱げるように、自分の身体を隠す習慣を創造している。

　庭を創造することは、文化的な娯楽である。庭は、側室や妻の遊興のために、あるいは花や野菜を育てるために創造される[9]。また、寺院の一部であったり（図8.1、龍安寺の石庭を参照）、絶対主義的な君主の宮殿であったりする（ベルサイユの庭園）。どのような種類の庭も、文化心理学の観点から見ると同じ一般化された機能を共有しており、それは自然の文化的組織化のさまざまな形態につ

いて交渉するための主要な闘技場である、ということである。庭は、所有者やデザイナーの権力を誇示したり（例えば、ベルサイユ宮殿）、ある人の社会階級を他者と区別したり（例えば、イギリスの田舎の私有地にある庭）、風景の中に符号化された様式の過剰さを提示したり（「ロココ庭園」）、あるいは、修道院の庭においては、単にグレゴール・メンデルがエンドウ豆の実験をするための場所を提供する。

「風景式庭園（landscape garden）」（あるいは「イギリス式庭園」）は、18 世紀には社会的な区別を作る道具、そして、富裕層のライフスタイルのための環境となった。庭——事実上の公園——の主は、客を私有地内の散歩に誘うことが期待された。支配者の権力を誇示する公的な庭は、自然を楽しむ雰囲気に道を譲ったのである。

> 　［したがって、審美的な理想は、］……人工的なものから自然を称揚することへと移行した。クジャクの形に剪定された生け垣が先年の尺度であったとすれば、自然の神が思慮深くそこに置いたかのように植えられたマツ[8]が今日の物差しとなった。……それは、植物が望むところに自発的に育つようにするという問題ではなく、**あたかも自然にそこで育ったように見えるよう**慎重にその場所を入念に作り上げることであった。　（Lindahl, 2011, p. 214, 強調は引用者）

　真正な自然のように見える環境の文化的組織を創造する技術は、自然環境を文化化するための発明された偉大なスキルの 1 つである。私たちが「グリーンである」ことで「環境に配慮する」という現代の取り組みも同様である。私たちは、社会 - 文化的に発明されたデザインの発想に沿いながら、マクロな環境を創造する。そして、それは「自然を救うこと」として実行される。庭園は、自然に生育する種に基づく文化的な構築物である。これは現代における私有の庭にも引き継がれている。

> 　［そこでは］……人々は、植物の自然との密接なつながりを通して、意味、驚き、魅惑の空間を創造することを求めている。仕事、家族、消費主義の組織化とペースが、人々に制御の余地をほとんど残さない世界において。庭作りは、小さな空間、つまり聖地を制御する望みを与える。また、庭作りは、人々に自身の環境や運命の一部を制御できると感じさせることによって未来志向のニーズを充足する。この点で、庭作りは楽観的で前向きな活動である。それは、外的な圧力の休止と肉体的な多感覚性、接近可能な「すぐそばにある」自

| 然の経験を提供する。 （Hondagneu-Sotelo, 2010, p. 502）

　ある人の庭での「その自然」との出会いは、私的なものであれ公的なものであれ、自分自身と関わるための文化的な舞台となる。同様の機能は、「内なる庭」——住居の中で育てられる鉢植えの植物——にも見いだすことができる。このような室内環境における所有物は、生産性よりも審美的機能が優先された極めて簡素化された庭である。緑がなくとも庭を作ることは可能である——岩と砂利で創造することができる（図8.1）。そのような庭は、心理的に特別な役割を果たす。

　図8.1に示された有名な「石庭（rock garden）」は、京都の龍安寺の一部にあり、禅宗の臨済宗に属する庭である。この伝統では、——それ以前の日本の庭作りの伝統[10]とは対照的に——このような庭の前で瞑想する人の内化された精神の抽象化へ至るという目標を強調した。「教えずに教える」（Hori, 1994, p. 12）という臨済宗における焦点は、瞑想のプロセスを望ましい方向に輔助しようとする環境的な文脈を創造することを必要とした。

　しかし、どのような方向性が望ましいかはさまざまである。日本の伝統的な庭作りにおいては、その方向性は自然との直接的な結合を強調するものであったが、臨済宗の伝統では、間接的にこの目的を達成する。それは、自然との結合を含む高次の抽象化へと信者を輔助していくことを通してなされる。伝統的な日本庭園における、水を取り入れるという通例は、「石庭」においては排除されている。

　京都の「石庭」を見るために、毎年何千人もの観光客が参拝者として訪れ、その印象的な砂利や岩のイメージは広く知られている。その歴史は室町時代[11]まで遡ることができ、庭そのものはおよそ15世紀中頃のものとされている。その明らかな人気にもかかわらず、庭におけるさまざまな対象があらかじめ設定され

図 8.1　日本の石庭（龍安寺、京都）

た意味を**有している**はずであると強調する視座や、庭全体の要素として、**岩や砂利**の観念が決定されるとする視座からすれば、「石庭」の意味づけの体系には不明瞭な点が残されている。しかし、全体、つまり**石庭**の意味づけは、不明瞭ではない。これは、瞑想者が抽象的な思考に到達するための文化的な水路づけの装置（cultural canalization device）として庭が作動する必然的な結果なのかもしれない。その抽象的な思考は、事前に計画することはできず、瞑想のプロセスの中で洞察として**生じる**ものであろう。人は、新しい、そして一般化された意味づけの総合（synthesis）をアフォードする視覚的な環境を与えられている。にもかかわらず、それぞれの人は異なる主観的一般化に到達する。その一般化は環境の設定から予測できるものではない。与えられているのは、精神にとっての一般的な方向性——感情の抽象的一般化へ向かう瞑想——なのである。その目的のために、全体を作り上げる部分の正確な意味づけは、意図的に与えられていないのかもしれない[12]。

　「石庭」の経験は、瞑想的なプロセスにおいて抽象化された感情を発達させるための複数の道筋をアフォードする（豊穣化[9]と枠組化[10]の統一については、第10章を参照）。組織化された砂利のパターンの中央にある岩は、「図と地」の関係に焦点を当てるが、どの岩も「主役の岩」としては現れない。また、複数の「図」の周囲にある「地」は構造化されている——砂利はその庭の場全体を満たすパターンへと組織されているのである。それは、複数の意味づけによるその場所の過剰決定のための示唆を通して、抽象化を促進する[13]。例えば、この庭は、ジョン・ケージ[11]にとって、その抽象的な原理を音楽に取り入れるためのインスピレーションを得られるものとなってきた（Variations 2; Fowler, 2009）。

聖なる諸空間における意味づけの維持

　文化的に機能的な場所とは、それらの場所にいる人の感覚を特定可能な方法で固定する域的な種類の更一般化された記号で示されている。人々は、森や田園、山や谷など、環境の中を動き回る。川を渡り、湖や海や大洋に浮かんで移動するための装置を作る。そのような空間のさまざまな場所は、意味づけで満たされており、環境そのものに関しては目に見えないものの、そこで行為する人間によって記憶されている。「聖なる木立」は、初めて訪れるよそ者にとっては森の他の部分と何ら変わらないものである。ブラジル・バイーア州のカンドンブレのテヘイロ——そこでは潅木や草の一本一本に意味がある——は、よそ者には手入れの行き届いていない前庭だという印象を与える。内部の者にとっては自然の神殿であり、乱雑に見える雑草の一本一本は深い宗教的な役割を持っているのである。

土地の概念は異種混交的である。

> ［それは］……物理的な物の重さを見ることと同様、目に見える何かではない。……土地は現象世界の最小公倍数のようなもので、地表のあらゆる部分に内在しているが直接見えるものはどこにもない。　　（Ingold, 1993, p. 153）

　それは、その象徴^{シンボル}的領域では可視化される。私たちの普段の生活における領土の管理では、これを「区画づけ」として知っているだろう——土地の異なる部分に異なる機能を割り当てることである。人類の歴史において、このような区画づけは、「私の場所」（「他の場所」との対比において）と「私たちの場所」（私たちの村）を、森（ジャングル）から区別することから始まる。さらなる区別は、森の中、村や町の中、道端などにおける「私の／私たちの土地」との対比、農村と都市の対比、聖なる場所とそうでない場所の対比へとつながる。**土地の所有権**という概念は、天然資源を所有したり、争ったり、収奪したりすることなどができる商品に変えていくものであり、人類の多くの歴史的出来事の触媒となってきたのである。

家と非−家：家の外の家を作る

　場所に関する基本的な意味づけは、創造された場所の個人的・文化的中心との関係であり、その人の通常の住まいとの関係である。しかし、その場所は単に家屋やアパート、テントではなく、その象徴的特徴は、構造的な居留地が誰かにとって家（home）として扱われるということにある。多くの国では、人々は「自分の家」——「所有権[14]」的な意味でだけでなく、心理的にも与えられた構造物——が**家のように感じられる**場所を創ろうと努力している。**家屋**は構造的・建築的な概念であるが、**家**は心理的な概念である。

　人は自分の（そして本当に所有している）家屋の中で家の感覚を失い得る。あるいは、家の外の領域（非−家（non-home））に家の感覚を持った一過性の場所を作ることができる。例えば、イギリス人にとってはパブ、フランス人にとってはカフェが、毎日のように通っている家になりうる。ホテルの一室も一時的な家になりうる。19世紀のフランスの上流階級にとって、劇場やオペラボックスは家の外の家（home outside of home）であった。

> オペラボックスは、女性にとって家の延長であり、彼女が客を迎えるサロン

——彼女の評判を高めるための「安全」で「適切」な場所であった。19 世紀の社会的規範では女性は他の観客のいる「公共の場」に一人で姿を現すことはできなかったが、オペラボックスでは自由であった。（Perrott, 1990, p. 278）

チュニジアのイスラム教徒の女性にとって、同じように機能していたのは公衆浴場（ハマム）だった。

[それは]……女性にとって、クラブ（qurab）あるいは「親しい人々」に属していない人、つまり日常的に交流する友人、親戚、隣人などの輪に属していない女性たちと出会う数少ない場所の１つである。ここでは、女性は「家と路地（dar wa darb)」つまり自分の住む家や路地の近くでは耳に入らないようなニュースを耳にする可能性が高い。公衆浴場では、彼女はごく身近にいる女性たち以外にも自分のネットワークを広げる機会がある。入浴中の女性たちのほとんど裸に近い体にある傷やタトゥーは、彼女たちの個人的な歴史を言外に詳細に語っている。それは、隣に偶然座った女性に心の内を打ち明けてみようかと思うような一時的な親密さの雰囲気を醸し出す。自分の社会的ネットワークにアクセスのない見知らぬ人に個人的な問題を共有することは、自分の秘密がゴシップの形で「親しい人」に漏れ、自分の評判に影響を与えることを恐れずに済むという付加的な利点もある。　　　　　（Buitelaar, 1998, p. 114）

身近にいる人は常に曖昧な存在である。最も身近な親族は、同性であろうと異性であろうと、社会の主要な支援システムであると同時に、最も危険な敵となりうる存在である。家々（houses）の奥にある路地裏（イスラム社会の場合はハレム）やカフェのような公共の場（ヨーロッパ社会の場合）での女性の噂話が、革新的行動の促進と抑制の両方のための主要な社会的規制チャンネルとして機能するのには、重要な理由がある。

家の外にある家は、その機能において、家に近づく非-家と共通の境界線を持つ。家<>家の外の家[15]<>非-家（home<>home-outside-home<>non-home）の 3 種類の設定を横断する人の機能的な移動は、文化的適応のプロファイルを形成する。社会的に制限されたり（例：女性が公共の場に出たり、人目についたり、付き添いがなければ行けないという社会的ルール）、あるいは強化されたり（家を感じることを模した社会的出会いのために作られた、あらゆる疑似的な公共の場）するのは、家の外の家の領域である。

死者のための家：家から離れて

　人は死ぬずっと前から、自然環境を開拓することによって、自然環境との関係を構築しており、そこには死後に何が起ころうとも忘却の彼方へと導く場所を含んでいる。この実存的な問いは、人間の社会的実践にとって大きな関心事の１つである。つい最近まで、あるいは少し前までは実在した、英雄、悪役、あるいは普通の人であった死体をどのように丁重に扱うかということである。さらに、肉体が機能しなくなったときに、その人に何が起こるのかを理解するという問題もある。「魂」（あるいは、人間が発明した精神を示すその他の概念）は生き残るのだろうか。煉獄、地獄、天国といった「別の場所」に「移動」するのだろうか。幽霊になったり、孫になったりして戻ってくるのだろうか。残された人に取り憑くのだろうか。これらはすべて、葬儀が発明された時代から人間社会で扱われてきた、基本的で常識的な実存的問題である。他者の死という出来事は、生きている私たちにとって心理的な経験である。それは、主観的な既知と未知との対峙という劇的な体験である。そのため、意味づけによる過剰決定が必要とされる格好の場所なのである。

　死者たちのための場所は、どこかに──生者の場から遠いにせよ近いにせよ──、社会的に設定される。これらの場所が占める敷地は、火葬場や墓地として象徴的に記されるようになる。墓地は聖なる風景の特別な例であり、死者のための庭であり、死者の亡骸を特別な場所に納める習慣によって、そうなっている。墓地は、しばしば「別の場所」にある家と見なされ、建築的にもそのように作られている（図 8.2 参照）。

図 8.2　ブエノスアイレスのラ・レコレタにある家族の埋葬地

墓地は異空間混在場_{ヘテロトピア}である

　生者のための空間とは対照的に、フーコーが言うところの「別の空間」、つまり異空間混在場_{ヘテロトピア}[12]が存在する。異空間混在場_{ヘテロトピア}は現実の空間と非現実の空間（ユートピア）の間の空間であり、現実の空間を「もしものユートピア」に向けて拡張するものである。

> 　［異空間混在場_{ヘテロトピア}とは、］……独特の方法で私たちを自分自身から引き離す。異空間混在場_{ヘテロトピア}は、差異を表示し、立ち上げ、私たちがくつろぐことのできるだろう空間に挑戦するのである。　　　　　　　　　　（Johnson, 2006, p. 84）

　墓地は異空間混在場_{ヘテロトピア}であり、死者のための家であると同時に、生者のための場所でもある。制度的には、墓地は、宗教的な建築単位である教会、モスク、寺院と自然環境との間の中間的な領域を構成している。墓地は死者を生者から遠ざけるが、生者が亡くなった親族と関わることを許容し、社会的に義務づけるような形で存在する（Miller & Rivera, 2006）。墓地と認識される場所に遭遇することで、行動に関する社会的規範が生まれる。例えば、あるカレリア人の女性は、墓地と関わる際の地域的な規範を次のように語っている。

> 　あなたは軽蔑的だったり反抗的だったりする気分でそこに行ってはならないし、そこで少しもいたずらをしてはならない、小枝を取ることも、葉を切ることも、草をむしることも、そこから何かを持っていくこともしてはならないのです。そこにあるものはすべて死者の所有物であり、そこにあるものを粗末にしたり略奪したりすると、死者はとても怒り、あらゆる種類の痛みやトラブル、死者の感染症など、さまざまな方法であなたに復讐してくるかもしれません。墓地には午後から行ってはいけない、昼過ぎには死者に安らぎを与えなければならないのです。墓地を通るときは、必ず十字架の形を作って、許しを請わなければならない。そして、墓地に家族を訪ねに行くときは、必ず何か――もし何かなければ小枝でも――持って行き、墓をそっとなでた後にそこに置いておかなければならない。そして、墓を出るときには、十字架の形を作って、許しを請わなければならない……。　　　　（Järvinen, 1999, p. 121）

　このような行動規範は、異なる空間の境界を示すものである。そしてこの境界は移境態的空間であり異空間混在場_{ヘテロトピア}なのである。生者と死者の実存的な境界は、生者にとって重要である。それゆえ、死者をどこに葬ることができるのか、ある

いはどのように葬るべきかという問題は、何千年もの間、人間の心を支配してきた。

埋葬場所の歴史的な距離感

　社会の歴史における埋葬場所の位置取りは、距離の取り方の興味深いパターンを示している。プロテスタントの宗教改革以前の中世ヨーロッパでは、死者を生者の近くに置くことが慣習となっていた。教会に埋葬され、現代の観光客が足繁く通う巨大な墓石を通して、私たちの良心に訴えかけてくるのは、長い間忘れ去られていた死者の生きた記憶である。今、私たちが教会に入り、何世紀も前に亡くなった、（私たちにとっては）まったく知らない町の人の墓石の上を歩かなければならないことに躊躇するのは、感情の歴史的連続性の力を示しているのである。これはもちろん、象徴的に示された場所（床に置かれた墓石）と、私たちが内化した意味づけ（誰かの墓の上を歩くこと）の間の共同構築の結果である。

　火葬しない場合、遺体は、自宅の近く（自宅の墓地）、自宅の隣（自宅の墓地に属する個人墓地）、教会や教会の庭にある墓地、自宅や教会から離れた地域外の墓地などに埋葬されることになっていた。16 世紀のヨーロッパにおけるプロテスタント宗教改革の時代まででは、死者は生きている人たちの社会生活の中で重要な役割を担っていたため、身近に置かれていたのである。

> 　死後、肉体にふさわしい場所は教会の墓地であり、魂に最もふさわしい住処は煉獄であった。宗教改革以前のラテンアメリカのキリスト教徒にとって、死は、煉獄で苦しむ魂たちが苦しむ教会（Ecclesia dolens）という別の社会集団に入ることを意味した。これらの魂は、信徒や聖職者の執り成しの対象であり、施しや祈りが行われた。ミサ、そして（1475 年以降）死者のための免罪符は、すべて苦行の秘跡と煉獄の教義に根ざしたものであった[16]。
>
> （Koslofsky, 2002, p. 27）

　16 世紀の中央ヨーロッパでは、これがすべて変わり、都市の城壁を越えた場所に墓地が計画されるようになった（Koslofsky, 1999）。プロテスタントの宗教改革による象徴的（シンボル）な変化もさることながら、公衆衛生上の理由から、死者の遺体が近くで腐敗している間に、死者の魂を祀るためのよりよい解決策を見つけることが望まれていたのである[17]。

　生者たちからある程度離れた場所に埋葬場所を設けることは、あるコミュニティにとって交渉による解決策であったが、死者のための場所を維持すること

図 8.3　ウィーン・ゼントラルフリードホーフにあるユーゴスラビア人一家の墓碑（墓碑の中心部にある高級車の写真に注目）

は、象徴的に死者を家に近づけるための重要な行為であった。それは、共同墓地（ネクロポリス）の文脈における大都市（メトロポリス）のような「家」の精巧な建築物（図 8.2）、死者との再会のための頻繁な儀式、そして死後の世界での生活のために必要なすべての道具を死者の場所に用意する、という形をとっていたのである。ピラミッドという巨大なファラオの墓標から始まり、現世の必要性を「向こう側」に運ぶ現代の墓石まで（図 8.3）、私たちは生者と死者の世界を結ぶ象徴的な橋を作ることを観察できる。この橋は生きている人のためのものであり、死者を偲ぶという機能を通して、彼らの将来のニーズを反映させるものである。

建築的な形態：文化的価値に対する知覚的示唆

　建築は、人間の生活にとって重要な存在である。さまざまな形の建築物やその廃墟を通して、文化的な歴史の連続性が保たれている。また、自然と人間の関わりの最前線であり、建設されるすべての小道や道路、トンネルが自然を文化に変えていく。同様に、建築物を作るたびに自然は変化し、その抵抗力を理解することができる。建築の技術は、自然の法則に反することはできないのである。したがって、次のようにいえる。

　　建築（ドイツ語では Baukunst、すなわち建築芸術）とは、精神の意志と自然の必然性との間の偉大な闘争が真の平和へと発展する唯一の芸術であり、そこでは、上昇志向の魂と重力のある自然がバランスよく保たれている。詩、絵画、音楽では、素材を支配する法則は、芸術的構想に唖然とするほど従順でな

ければならず、完璧な作品においては、その法則は完全に、目に見えない形で吸収される。彫刻においてさえも、触れることのできる大理石のかけらは芸術作品ではなく、石やブロンズそのものが作品に寄与するものは、精神を表現する手段としての効果でしかないのである。

(Simmel, 1959a, p. 259; 1911, p. 137)

建築のプロセスにおいて、人間の心は素材によって制限され、できあがった建築物は自然の法則によって決定される。崩壊する建物や橋は、建築物の努力の失敗であり、自然の法則に違反した人間の精神に対する自然の勝利なのである。

建築物には装飾が施されていることが多い。人間は自分の生活環境を積極的に装飾する存在である。自分の身体や衣服、身近な環境に装飾を施しているのである。つまり、私たちが存在するのは、私たちが装飾するためなのである。このような冗長な装飾がもたらす心理機能は、**豊穣化**（第 10 章参照）の領域である。このような装飾に使われる形は、シンプルでありながら複雑なパターンを作ることが多い。私たちの生活は、空間的には装飾品で、時間的には音楽で飾られている。

テオドール・リップスと空間美学

テオドール・リップス（1851-1914）は、20 世紀初頭のドイツを代表する心理学者で、共感という概念の創始者として、現代の心理学の知識基盤にも通じる業績を残している。しかし、リップスが感情移入（Einfühlung^{〈独〉}）[13]という概念を通して情感的な関係を見ようとしたのは、人間同士の情感的な関係以上のものが含まれていた。それは、人間同士の関係と環境との関係である。感情移入とは、特定の環境に「感情的に入り込む」ことであり、朝日や森の中の美しい木、建物などに遭遇したときの感情を表している。感情移入の概念は、人間の情感的なプロセスと構築された対象物を結びつけるものである。空間への感情移入は、リップスにとって自由を示すものであった。

リップスは、美的形態の体系的な説明と、それらがどのように機能するかを説明する「美的力学（Aesthetische Mechanik^{〈独〉}）」の総括を試みたのである。リップスは、点、線、面[18]といった最も単純な形から出発し、全体の優位性を前提としながらも、行為者と知覚者の間に美的感情を生み出す心理的メカニズムを解き明かそうとした。

建築物は、水平・垂直の平面上に直線や曲線、さらに奥行きという特徴を持った線を作り出す。もちろん、その線は、壁、柱、キューポラ[14]、開口部（ドア、

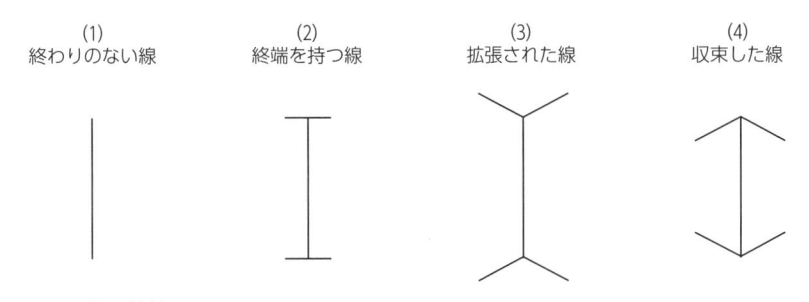

(1)	(2)	(3)	(4)
終わりのない線	終端を持つ線	拡張された線	収束した線

図 8.4　線の終端

窓）、橋、塔、煙突、その他の建築環境の特徴によって配置される。しかし、このような建物の特徴を作り出し、利用する人々は、感情的に入り込むこと（感情移入）を通して、どのように建物と関わっているのだろうか。

　リップスの出発点は、伸ばせば線になる点であった。線は、水平、垂直、斜めなどの方向性を持っている。リップスは、地面から上に向かって伸びる建物の重要な特徴である垂直線に主に興味を持った（図 8.4(1)）。このような垂直線には、終点の目印がない。もしそれが（最初と最後に）追加されたとしたら、その線はその範囲と方向によって決定され（図 8.4(2)）、その間にある感情移入のための直線的（あるいはそのように設計されていれば曲線的[19]）な場を特定する。線端の決定は、水平線または斜めの線によって行われる（図 8.4(3) と 8.4(4)）。後者の図 8.4(3) と 8.4(4) は古典的なミュラー・リヤー錯視の繰り返しであるが、リップスの垂直性へのこだわりとともに、このような珍しい提示形態で表示されている。

　垂直方向の特殊な線は、見る者の興味を無限大（ゴシック教会の塔がそうであるように、青空とその向こう側）へと拡張することを示唆し、もし線が反対方向に終わるのであれば、垂直方向の終点と始点（地面でもよい）の関係を示す。ゴシック教会と対照的なのは、ヤシの木である（図 8.5）。教会の塔の先端は、その先端の上にあるかもしれないものが何であれ、それを探索するように見る者を誘うが、ヤシの木の上端は、ココナツが上から落ちてくるかもしれないという具体的な結果を約束するかもしれない。木の先端を超えて先に進むようには誘われてはいないが、木の下にはいくらかのココナツへの期待といくらかの日陰がある。

建築的な形態の意味づけを復号する

　このように、造形物の視覚的・美的コードを発見しようとしたリップスの主要なターゲットが建築物であったことは明らかである。教会やミナレット[15]、寺

図 8.5　教会の約束とヤシの木の約束

院の上向きのラインなど、建築的な形態はすべて意味を持って構築されている。彼はまた、建築に使用されている古代ギリシャの柱の種類の違い（主にドーリア式だが、イオニア式やコリント式もある）に込められた意味にも注目していた。彼の生活環境であるミュンヘンの街は、19 世紀初頭にルートヴィヒ 1 世の壮大な建築物が建設されたことで、古代ギリシャの円柱が街の建築の全体的調和の中で非常に目立つようになった（Hagen, 2009）。1890 年代には、シュヴァービング（ミュンヘンの一部）でユーゲント・シュティール[16]が出現したことで、視覚的な芸術形態を理解する方法を見つけることがより社会的に重要な意味を持つようになった。

　古代に、紀元前 1 世紀まで使用され、19 世紀に再び有名になったドーリア式は、人間の日常生活に対する「水平方向」に関する示唆を与えることなく、柱とその上部に載せるものを一体化させている（図 8.6）。

　　ドーリア式神殿は、芸術的な意志がまだ抽象的な方向に向いていることを表すものである。その内部構造は、純粋に幾何学的な、いや、むしろ立体的な、表現しがたい規則性に基づいており、その境界域を明確に描写することは望ま

図 8.6　ドーリア式柱の上部（パエストゥム、サレルノ）

> れていない。その構築の法則は、依然として物質の法則にほかならない。この
> 抽象的な内部構造は、その切実な重さ、コンパクトさ、生命感のなさ、物質の
> 呪縛への不変の従順さを与え、その比類なき荘厳さを構成しているのである。
>
> （Wörringer, 1997, p. 79）

　ドーリア式とは対照的に、イオニア式は柱の端線の螺旋状の末端を通じて（図
8.7）、観察者を水平方向の今ここにある出来事へと輔するものである。

> 　それは、穏やかで心地よく、自信に満ちた生命と努力に満ち溢れ、素晴らし
> い調和によって和らげられ、私たちの生命感覚に優しい力で訴えかけてくる。
> 建築の法則はもちろん物質の法則であるが、その内なる生命、表現、調和は、
> 有機的な規則性の中にある。……イオニア式神殿では、生命のあらゆる感覚が
> 自由自在に入り込み、生命に照らされたこれらの石の歓喜が、私たちの歓喜と
> なる。
>
> （Wörringer, 1997, p. 80）

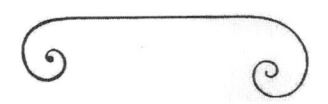

図 8.7　イオニア式柱（右側）は、螺旋状の末端（左側）による線の延長の原理を利用
している（Lipps, 1891, p. 84 より）

図 8.8 ウィーンで家の入り口を支えるカリアティードたち

柱から発生する人間

　もちろん、柱は歴史上、人間の建築物の重要な部分であり、ギリシャの 3 種類の柱のように、柱の上部を横方向に伸びる図形で装飾することは、人類の歴史の中でも興味深い側面である。しかし、垂直に並んだ巨大な石の筒状の柱が、その中央部では人間に近い形になっているとしたらどうだろうか。

　これは、カリアティード（caryatids）という建築の特徴である。カリアティードは、女性の彫刻のような形をした柱で、建築家の設定したあらゆるものの荷重を支える（図 8.8）。カリアティードは、紀元前 6 世紀頃から古代ギリシャの神殿建築で使われていたもので、ヨーロッパの建築様式に、最初は室内装飾として（15〜16 世紀）、次にファサードとして（18〜19 世紀）再導入された。リップスが、感情移入を促進する媒介として、カリアティードを心理的に中心的な存在であると考えたのは驚くにはあたらない。そこには具体性があり、柱の石から創発するイメージは、単なる柱では伝えることができない意味づけの運び手なのである。柱が何か別のもの、つまり物語の石の登場人物となるとき、建築全体の中で彫刻である柱を観察することを超えた抽象的一般化が行われるのである。カリアティードのように彫刻の形をとる柱は、巨大な大理石を人体の官能的な描写に変える機会を開き、それらを通して神話の物語を何世紀も維持することができる。

建設中の意味づけ、そして崩壊

　人間は、ありとあらゆる意味づけを行う存在である。彼らは、常に進行中の生活の流れの中で、意味、すなわち、自分と環世界との関係や個人の感覚[20]の何らかの側面を提示する比較的安定した記号を構築する。しかし、その流れは、彼

らが出会う対象や自分自身の運命をさまざまな方向に導くものである。その中には、自分自身だけでなく、自分自身が構築するものもある。家、寺院、書物、鏡に映る整った自己像などは、すべて人間が作り上げたものである。戦争や確執、経済的利益（熱帯雨林）や無関心（生産的なアイデアが資金不足で倒産）により、破壊されるものもある。生きるということは、死と誕生を繰り返すことであり、自ら朽ちていくものもある。重要なことは、これらの建設と破壊のすべてのプロセスにおいて、意味づけのプロセスが並行して行われていることである。文化的な意味の構築は、場所のすべての建設努力（と同時にその破壊[21]）を取り囲んでいる。これらの2つの間の第三の選択肢は、崩壊という意味づけであり、物が古くなる（そして、第7章で説明されたように、「ゴミ」か「骨董品」のどちらかに変わる）ということである。

遺跡の文化的機能

　人間は、あるときは意図的に、またあるときは建築物を朽ちるままにしておくことで、廃墟を作り出す（第1章参照）。建築物は朽ち果て、家は捨てられ、古い軍事要塞が機能不全の形で観光地となることもある。私たちは観光客として、朽ち果てた古城や城壁に囲まれた中世の都市を訪れ、その場所の歴史的な雰囲気を楽しむことができる。今は廃墟と化したこのような場所での英雄的な攻撃や防衛の物語が観光ガイドによって語られ、その際に起こった実際の虐殺が人類史の進歩の肯定的な物語として提示されることがある。しかし、そのような制度的意味づけの対象となっているものは、何世紀も前に起こった戦争の破壊の結果であり、その場所が廃墟となり、当時の住民が虐殺されたことで、人類の輝かしい歴史を私たちは今理解することができるのである。

　ゲオルク・ジンメル（第1章参照）は、古代志向の公共空間で観察される古代ギリシャやローマの柱をモデルに、遺跡の持つ多様な意味を捉えている。遺跡の中には、苔に覆われたローマ時代の倒れた柱や、何世紀も放置された古い神殿など、美的感覚を刺激するものがある（図8.9）。また、壊れた柱が切り株のように立っているようなものは、嫌悪感を抱かせるものである。ジンメルの焦点は、朽ちた柱との出会いが美の感情を呼び起こす、個々の人間にあった。そのような感情を呼び起こす可能性があるということは、文化財が朽ち果てても、何世紀にもわたって意味構築の関連性を保っている例であろう。

遺跡の目的ある社会的利用

　衰退の連続は、特定の目的のためにイデオロギー的に利用されることがある。

図 8.9 神殿の廃墟（パエストゥム）：ドーリア式柱に注目

例えば、1930 年代のナチス政権は、歴史的伝統とのイデオロギーの連続性をアピールするために、ドイツの歴史的都市をますます中世的に見せる努力をした。ナチス政権の主要な建築家であるアルベルト・シュペーアは、「遺跡の価値」という概念に基づいて建築のアイデアを出した。ここで遺跡に与えられた機能は、ジンメルの場合のように審美的なものではなく、社会政治的なものであった。朽ち果てた建物は、過去への思いを抱かせると同時に、過去と現在をつなぐ役割を果たすのである。廃墟は、過去から現在への「メッセージ」であり、それゆえ、促進されることもあれば、回避されることもある。1930 年代のナチスの建築計画では、このようなメッセージは、人々を歴史の実感と破壊の力へと輔助していくことで、愛国心を強固にするものだった。後者は、来るべき戦争に向けた計画の一部であった。

　大量の廃墟を生み出した戦後、いくつかの廃墟は復興の過程で急速に排除された。しかし、いくつかの廃墟は、戦争の悲惨さを常に人間の心にとどめておくために記念建造物として維持された（図 8.10）。

　その反対に、社会的に好ましくない記憶装置をどのように取り除くかは、西ドイツの自治体にとってニュルンベルクのナチスの式典用複合施設をめぐる問題であった。一部を取り壊し、ナチスの象徴を取り除いたにもかかわらず、建築物という場所全体をなくすことはできなかった。ナチスのイデオロギーの記念碑としてのこの場所の価値を減ずるために提案されたアプローチは、建物を見苦しく半壊したままにしておくという冒瀆（Profanierung[独]）であった（Macdonald, 2006, p. 120）。

　ベルリンのシュパンダウでは、象徴的な建築物である刑務所（1876 年建設、1946 年の裁判で終身刑となったナチス最後の戦犯ルドルフ・ヘスが死亡した後、1987 年に解体）について、完全になくす取り組みが成功した。この刑務所は、

図 8.10　ベルリンの記念教会（意図的な廃墟）

ニュルンベルク裁判を生き延びたナチス政権の指導者 7 人が収容された象徴的な収容所であり、ヘスは長年にわたり唯一の受刑者となっていた。ヘスの死後、刑務所の跡地が巡礼の象徴になることを恐れたドイツとイギリスの当局は、建物を完全に取り壊しただけでなく、建設に使われたレンガを粉砕し、その破片を北海に投げ込んだ。このような過剰なまでの破壊作業が功を奏したことは、もう 1 つの象徴であるベルリンの壁が、ドイツ再統一の証の記念品として出回っていることからもよく分かる。シュパンダウ刑務所の取り壊しは、1982 年というかなり前から計画されていた。象徴[22]の力は、時として建築物の実用性を凌駕することがあるため、シュパンダウ刑務所のレンガも同じような運命をたどり、ネオナチの土産物となり、そのイデオロギーを維持することになったかもしれないのである。粉砕されたシュパンダウ刑務所があった場所の歴史は、記憶を意図的に消し去ろうとする努力のさらなる兆候を示している。まず「ブリタニア・センター」と呼ばれるショッピングセンターとなったが、これは成功せず、長い間衰退の一途をたどった。2013 年、その跡地に新しいショッピングセンターがオープンした。消費主義が、望ましくない記憶の解毒剤として機能することは、常に期待されている。

　シュパンダウ刑務所がネオナチの巡礼地になりうるというドイツと連合国の当局の予想は、ルドルフ・ヘスの墓の話で正しかったことが証明された。バイエルンの小さな町ヴンシーデルに埋葬された墓地は、ネオナチのシンパの巡礼地となったのである。2011 年、ヘスの遺体は掘り起こされ、火葬[17]され、その遺灰は北海に撒かれた。

　シュパンダウ刑務所の記憶的機能とはまったく逆のケースとして、アウシュヴィッツ強制収容所の近くのオシフィエンチムでディスコを設立しようとしたポーランド人起業家たちの取り組みがある（Andriani & Manning, 2010）。ディ

スコの場所は、「アウシュヴィッツ時代」には収容所の補助的な建物であったものの、博物館の区域の現代の区画づけからは外れていたはずである。半世紀前に収容者が歩き回った「地面の上で踊る」計画は、国際的な道徳的反発を大きく受け、断念された。その後、この場所にショッピングセンターが建設されることになったが、その際にも同様の意見が出された。強制収容所の惨状は、現在ホロコースト博物館に展示されているが、騒々しいダンススペースや活発な商業活動で周囲を矮小化することによって脅かされることはなかった。シュパンダウとオシフィエンチムの両方の例は、私が言いたいことをよく表している。人とその運命だけでなく、その運命と**たまたま結びついた**場所や建築物も、繊細で肯定的にも否定的にも評価される（それゆえ擁護または取り壊される）象徴（シンボル）になる。偶像破壊とその反対語である偶像崇拝は、どちらも人類の歴史に深く根ざした文化的役割を担っている。

結論：人間の生活環境の文化的構造化

　本章では、これまでの各章で取り上げてきた対象と記号を、マクロな環境にまで拡大している。ここでの記号論的動態性（ダイナミクス）の文化心理学における一般原則は、他の文脈の場合と同じである。

> 　人々は文脈の中で記号を作り出し、これらの記号は、その記号が生まれたのとまったく同じ文脈との関係を再構築するために機能する。

　この循環的な作用によって、文脈は意味形成を行うエージェントとともに新しい状態へと変容していく。しかし、この相互依存関係は、記号を介した距離づけを必要とし、その隔たりが互いに対する相対的な自律性を与えている。本章の冒頭で概説した意味による過剰決定と象徴的（シンボル）再移創は、そのような自律性（あるいは私の用語では依存的自立）のための手段である。

　環世界、風景、場所など環境の場合、マクロレベルの複合体の明示には、点的記号ではなく域的記号の使用や、更一般化に焦点を当てることが必然的に必要になる。このように、本章の内容は、自然哲学[18]やゲシュタルト心理学から生まれた全体論的な視点と共鳴している。しかし、そこには違いがある。それは、環境の中で行動し、環境を変容させ、環境とともに自分自身も行動する能動的な主体、個人、社会的な単位（制度）の中心性である。この人格学的な焦点は、ウィリアム・シュテルンの「内なる無限」と「外なる無限」の関係についてのオリジ

ナルの図（第1章の図1.6）へ依拠することから始まり、その関係に含まれる「膜のプロセス」についての私の精緻な説明（第2章の図2.2）に至るまで、本書全体を通して貫かれてきたものである。シュテルンの限界である時間の不在は、第4章（図4.3）で改善されており、そこでは記号による**未来<>過去**と**内なる<>外なる**無限の調整に焦点が当てられた。

　しかし、話はこれで終わりではない。本章で扱った内容をまとめるために、この一連の図にさらにもう1つ手を加えたものを紹介したい――図8.11である。この図は、人間が作り出すさまざまな場所に、調整プロセスをマッピングしたものである。その中には、未来の無限を現在の**外なる有限**に変えるものもある。例えば、将来の子どもたちが（家作りの時点では、離婚につながるような夫婦間の対立の可能性を考慮しない）愛する両親の輔助によって成長するための家族の家を作る（独立居住婚[19]）などである。このような**外なる有限**を確立することで、**内なる無限**は、「ここにいると落ち着く」という特定の深い個人的感情（**内なる有限**）を設定する家族的な社会的役割を確立する方向に制約されるようになる。このような**内なる有限**を未来の外なる有限を通して作り出そうとする努力の実証的な部分は、死後、つまり**未来の無限**の境界を超えて、自分にとって有意義で望ましい場所を構築することに見られる（図8.2参照）。

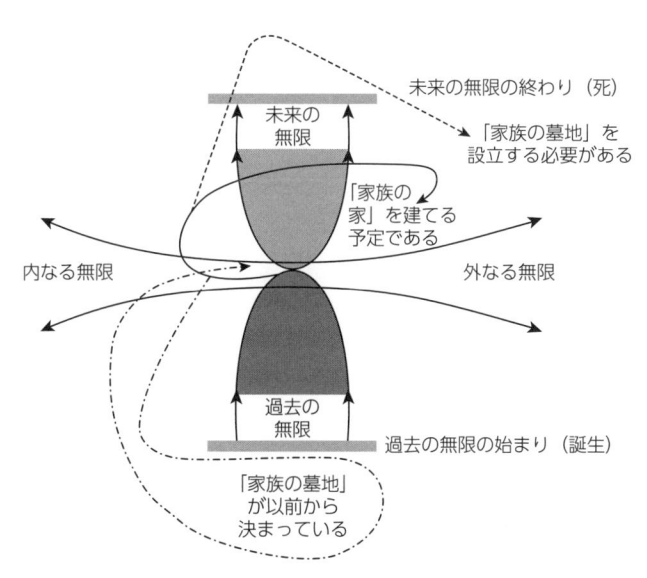

図8.11　双極にある2つの無限の調整作用をマッピングする

明らかに、未来の無限の終着点を超えて自分の未来を考える人の思考は、死後の世界やそれに相当する神話によって社会的に支えられている野生的な想像力に関わっている。しかし、**外なる無限**に近いという観点から見ると、これは、通常家族や親族の一員として、墓地に自分の将来の「居場所」を計画し、建設することを意味する。死後の人生を考えるという超越的な観念が、現在の家族の結束のためにどのように作用しているかを示す例である。墓地の家族の場所に自分の埋葬場所を設定することで、今ここにおいて「家族の一員である」というテーマが明示されるのである。現時点での確実性への欲求は、**未来の未定性**の境界を越えて、自分の未来の「家」を建設することによって満たされるのである。

　過去との関係においても、現在の未定性の軽減が同様に観察される。墓地に埋葬された何世代にもわたる一族の墓の存在に体現されるように、長い家系の伝統を受け継ぐ若者が、現在における確かなよりどころとなる。ここでは、一族の歴史的な埋葬地という世代を超えた文化的な水路づけの装置が、現在生きている家族のために機能し、家族の結束を促進するのである。

　墓場に関するこの小さな例が示すように、記号論的な媒介は、個人の不確実性の境界を超えて起こりうる。個人の生活は、想像上の場所や現実の場所を通じて、文化的な歴史と結びつくことができる。これらの場所は、たとえその人が以前にその場所とのつながりを持っていなくても、その場所を「感情的に入り込む」ためのさまざまな方法を示唆する建築的な形態の助けを得て作られている。そこには、テオドール・リップスに代表される 19 世紀の「空間美学」の歴史が、文化心理学と結びついている。直線か曲線か、線の端が開いているか閉じているか、さまざまな形の装飾など、形に込められた示唆はすべて、与えられた設定に対して初めて接する人の意味形成のプロセスを輔助していくために働いているのである。

　最後に、マクロ環境による意味形成のプロセスは多層的であり、域的記号に符号化された更一般化された感情が支配的である。この焦点は第 3 章で述べた考え方を踏襲している。全体的な場面は、全体として知覚されることができ、全体的な観点（域的記号）から情感的な意味構築へと直接的に移行する可能性がある。その間にある設定を分類する必要はない。「**この設定にふさわしいと感じたから、X をする必要があった**」というような例は、個別の行為（X）を通して、全体的な知覚から全体的な意味構築へと移行した例である。この**豊穣化の径路**（第 10 章で詳しく説明）は、素早く、迅速で、簡潔な意思決定を可能にする。ゲルト・ギーゲレンツァー（Gigerenzer, 2007）の認知生態学的な観点で「迅速で、資源節約的」とされるヒューリスティクスは、この径路を通して説明することが

できる。

　場所を作ること、つまり意味のある空間構造を作ることは、人間の精神にとって、2組の無限を**調整する戦術**を開発するための1つの社会的輔助のシステムとしても機能する（図8.11）。このようなシステムは、既存の環境、多くの場合は建築的な形態と、それに関わる人間によって共同で構築される。日本の「石庭」は、このような社会的輔助の一例である。それは、抽象的一般化を伴う内的な熟考へと向かっており、すべては熟考者の内化の領域（**内的無限**で構造化されている）で作動している。対照的に、**外的無限**の領域では、これとは逆の社会的輔助システムを想像することができる。暴力的な衝突に発展することもある大規模な社会的抗議活動への参加や、スタジアムでチームを応援するサッカーファン、パレードで行進する軍隊など、社会的に統制された群衆活動は、ある目的のために、近くて遠い外なる無限を構造化し、外に向かって行動するための輔助の例である。精神分析医や弁護士に見守られながら幼少期の体験について熟考することを求めたり、未来に輝く公正な社会を築くために資源を犠牲にすることを現代人に求めたりすることは、**未来<>過去の無限**の領域における社会的輔助の例である。その観点からすると、30年以上前に親から「虐待」されていたことを「発見」することは、将来、世界の終末や共産主義社会が到来することを信じることと同類である。人間の意味形成とは、2対の無限にあらかじめ適応するプロセスであり、**未来<>過去**の緊張が、**内なる無限<>外なる無限**への静的な解決策に到達することを不可能にしている。非可逆的時間は、私たちを環境との関係において立ち止まらせることはないのである。

第9章

社会の質感を一緒に紡ぐ

行為の中の個人的文化と集合的文化

　私たちの社会科学には「盲点」がある。それは、「社会現象」として捉えられているものが、その社会的文脈の中で機能的であると考えることである。自然選択という考えの亡霊は、今でも有効なようだ——もし社会的なメカニズムが現在うまく働いているとすれば、それは歴史の「中で」選択されてきたので機能的なものに違いない、というわけである。しかし、非可逆的時間の視角から見ると、そうではない。現在、機能的なものは、まだ知られていない複数の未来の状況に適応できるような先見性を持って発達させていく必要がある。未来の状況は事前に知ることができないため、機能的メカニズムは適度に広い「反応範囲」で設定される必要がある。ゆえに、現時点でそれらは最大限に機能しているというよりは、十分に機能しているといえる。そして与えられた機能に対応するために、並行して動作している1つ以上のプロセスが存在している可能性が高い。この適応性は、部分的に相互にリンクされたプロセスによる冗長な制御によって与えられている。

　社会的ネットワークは、人間の精神が文化的に埋め込まれた広範な枠組みである。これまでは、社会的ネットワークの中心的な結節点が注目されてきた。多くの場合、制度的にラベルを貼られたアクター（王、大統領、スター選手や映画スター、有名な犯罪者など）によって特徴づけられ、むしろ、そういったネットワークの名前のない周辺部には焦点が当てられてこなかった。しかし、まさにその周辺部こそが、将来の社会構造の発展が開始される場所である。そのような周辺部は、2つの社会的ネットワークの境界である（図9.1）。イノベーションに到達する立場にあるのは、まさに両者の周辺メンバー（A）である。しかし、イノベーションを起こすことができるのは、コミュニティの中心的な権力者である。

　別の言い方をすれば、社会生活を営む人間は、ほとんどが集団の移境態的（liminal）なメンバーである。ヴィクター・ターナーは、私たちの日常生活のさまざまな側面における「中間性」、つまり移境態（liminality）の重要性を説いている。

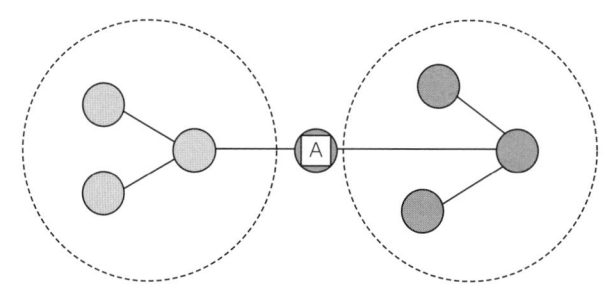

図 9.1　イノベーションが始まる場所：境界上

> 移境態的な実体は、ここにもそこにもない。それらは法律、慣習、慣例、儀式によって割り当てられ配列されているポジションの間のどっちつかずの状態にある。かくして、その曖昧で不確定な属性は、社会的・文化的伝統を儀式化している多くの社会において、多種多様な象徴によって表現されている。そのようなわけで、移境態は、死、子宮の中にいること、見えないこと、暗闇、両性具有、荒野、日食や月食などに頻繁にたとえられている。
>
> （Turner, 1995, p. 95）

　ここで、記号論的動態性（ダイナミクス）の文化心理学の観点から、**移境態はすべての生物の正常な状態である**ことを付け加えておきたい。生物はいつも、どこかからどこかへと移動しており、それゆえに、それらの存在のそれぞれの瞬間において移境態的である[1]。「ここにいる」（または「そこにいる」）ということは、そのような正常な状態の動きの一時的な減速点である。そして、その反対と対比することによってのみ、それを見いだすことができる。つまり「ここ」と呼ばれる時間的な場所がなければ、「そこ」は存在しないということである。

　その移境態こそが文化を動態的に開かれたものにしている。社会学や人類学において、文化という概念を社会構造の観点から見るとき、私たちはこれらの構造の開放性の問題に直面する。

> ［文化は、］……その千差万別の行動の諸項目を、バランスのとれたリズミカルな 1 つのパターンに形成してこなかった。ある種の諸個人と同様に、ある種の社会秩序群も、諸活動をある 1 つの支配的な動機に従属させない。それらは散らばっている。もしある瞬間にある活動が、特定の目的を追求しているよう

> に見えても、別の瞬間には、それまで続いてきたことすべてと明らかに矛盾するような別の方向に逸れ、次にどんな行動が起こるかまったく予想させないのである。　　　　　　　　　　　　　　　　　　　　　　　（Benedict, 1959, p. 223）

　もちろん、ベネディクトはここで、文化にエージェンシーを帰属させるという「罪」を犯している——そのためにウンニ・ウィカンはおそらく彼女を非難しただろう。しかし、言語使用に関するあらゆる問題にもかかわらず、社会も文化も均質ではないという重要な問題が残っている。むしろ、新しい状況への動態的な適応に開かれているためには、社会や文化はその構造と歴史の両方において異種混交的でなければならない（コラム 9.1 参照）。社会変化には、現実の人間が関与している。自分が期待されていることを行い（あるいは行わず）、それは自分が行うべきであると感じていることかもしれないし、行いたいと考えていることかもしれない。隣人に道で会ったり、サッカーファンや革命家の群衆に加わったりと、社会的な出来事に深く個人的に関わることで、人々は変化を起こすのである。期待されているように身体を覆うかもしれないし、身体を覆わないことへの抗議として同じように身体を覆うかもしれない。あるいは、寒いから身体を覆うかもしれないし、身体を包む衣服が美的に優れていたり、ハイファッションのモードハウスが製造していたりするから覆うかもしれない（第 10 章参照）。これらすべての異なるバージョンが、社会生活の文化的組織に異種混交性をもたらしている——現在も、そして歴史上も。

コラム 9.1　社会的文脈における胸布の文化史：南インド

　身体を覆うことは、いかなる社会においても、いつでも交渉される社会的提示の問題である。それは羞恥心のメカニズムを通して人間の精神を深く捉えている。身体のさまざまな部分は、さまざまな社会環境の中で規範的に覆われたり、覆われなかったりする。このような身体の露出における覆う◇覆わないプロセスを規制する社会的規範システムは、社会によって劇的に異なり、歴史の中で変化しているが、これらはいつでもしっかりと存在しており、不適切な場所で身体が露出された人々[2]と、それを公共の場で観察した人々の両方に深い情感的な爆発を引き起こす。

　19 世紀のケーララ／タミルナードゥ州の「胸布」論争は、服装に関する特定の社会的規範（男性であれ女性であれ、下層カースト[2]には衣服を着て上半

身を隠すことを禁止していた）が、社会制度の関係性の中でどのように争われるようになったかを示す際立った事例である。これは 19 世紀に起こったもので、激しいカースト間の衝突を含んでいた。この論争の「役者」は、カースト間の関係を維持することに関心を持っていたさまざまなカーストの地元の代表者と、地元の支配者と、1750 年代以降、地元の人々を改宗させることを許されていた外国人宣教師の両方であった。後者の仕事は難しく、進歩は遅かったが（Liebau, 2003）、時間と努力、そして現地での外交活動によって、外国人宣教師の努力は成功し始めた。しかし、これらのことはすべて、異なる社会集団による権力の社会的交渉の中で起こったことであり、そのすべてが公的な場での女性の裸の胸の可視性という、一見ありふれた問題に集中していたのである。

　歴史的に、ケーララ州の下層階級の人々は、公の場で上半身を隠すことが許されていなかった。こういった裸の状態は、下層カーストとしての区別の一部であった。

　ケーララ州（および南インド）は、歴史的にカースト間の関係の複雑な社会システムである。また、イスラム教徒の征服の一部ではなかった地域でもある。下位カーストのナーダルは、主にパルミラヤシの木に登って樹液を採取し蒸留して糖分を含んだ製品を販売した。ナーダルは、現地のカースト階層の最下層に位置し、ナーヤル（軍事・土地保有カースト）よりも低く、不可触民よりもさらに低い存在であった。その人々の社会的な役割は、数々の禁忌によって標されていた。

　　　ナーダルは、ナンブーディリ・ブラフマン（最高位カースト）のそばから 36 歩離れなければならないことになっていた。また、傘を持つことや、靴や金の装飾品を身につけることも禁じられていた。平屋の家でなければならず、牛乳を搾ることもできなかった。ナーダルの女性は、腰部で鍋を持つことも、身体を覆うことも不可能であった。ナーヤルの女性は肩に軽いスカーフを巻くことが許されていた。しかし、ブラフマンやその他の地位の高い人々の前では、敬意の印として胸を露出することが期待されていた。
　　　　　　　　　　　　　　　　　　　　　　　　　　（Cohn, 1996, p. 139）

　キリスト教宣教師が介入したのは、この社会に関する部分である。現地の風俗との対立のテーマは、ナーダルの女性たちが公的な場で裸の胸を見せることであった。彼女たちにとって、それは**尊敬の念**を示すものではなく、**猥褻な行為**と見なされるようになり、それに対抗するための努力がなされなければなら

なかった。この努力は、明らかに女性とその服装のパターンを対象としているにもかかわらず、実際にはカースト間の関係における既存の社会的均衡をかき乱していた。

19世紀初め、イギリスの宣教師たちは地元の人々の改宗に成功し始めた。ナーダルの改宗者は「全身を覆う衣服」を着るように説得され、近隣地域のキリスト教の改宗者はナーヤルの「胸布」を着るようになり、カースト間の境界を侵すことになった。これはトラバンコールのイギリス人居住者によって支持され、1813年にキリスト教に改宗した女性たちに、キリスト教徒にふさわしく「胸元を覆うように」と命令した。その地域のラジャ（支配者）は不愉快に思い、命令は修正された。すなわち、ナーヤルの「胸布」の着用は認められない代わりに、改宗した者はその地域のシリアのキリスト教徒のようにジャケットを着ることが許された。即時、カースト間秩序への直接的な攻撃は回避された。

その後の数十年間、ナーダルの女性たちはジャケットに加えて、可能な限りナーヤルの「胸布」を着ようとし続けた。1820年代には、女性は胸布を剝ぎ取られ、学校は焼かれた。ナーヤルとナンブーディリによる暴力的な反撃が起こった。トラバンコール政府は1828年に「胸布」を禁止する法律を制定したが、改宗した女性のためにジャケットを着ることは許可した。次の暴動は1859年に起こり、ラジャはさらに譲歩して、すべてのナーダル人女性に「胸布」の着用を許可したが、上位のカーストと同様の方法ではなかった。ナーダルはこの規律を無視し続けた（Hardgrave, 1969）。

ここでの女性の身体の問題は、グループ間の関係を交渉する場となったのであった。興味深いことに、特に、女性の身体の露出の方法に対する社会的評価の役割は、世界中のさまざまな社会でも繰り返されている。女性がどのように衣服を着て、どこにいて、どのように他者（女性であれ男性であれ）に囲まれているかは、ほとんどの社会では中立的ではない問題である。動物界で最も近い「親戚」である高等霊長類とは対照的に、私たちは自分の身体をどのように覆うか（そしてどのように覆わないか）にこだわりを持っている。これについてはもちろん、私たちが**社会**に都合よくレッテルを貼った意味の複雑さによるものである。

社会とその動態性

社会とは不正確な言葉である。科学的なニュアンスと一般的な言語のニュアン

スが交わっているため、普遍的には使用できるが、その意味は提示する社会組織のニュアンスに拘束されたままである。フェルディナント・テンニースの相補的な概念であるゲマインシャフト－ゲゼルシャフト[3]は、通常、**共同体**と**社会**として他言語に翻訳されているが、多くの言語ではこれらの語の翻訳は不可能であるとされる。アルネ・ルネベリ（Runeberg, 1971, p. 229）は、社会の意味づけの複合体を示す4つの部分的に重なり合う意味を指摘している。

1. 社会①：現代という歴史的時期において、ほとんどすべての人が所属しなければならない、強制的で公式に組織された「偉大な」機構であり、今日では一般的に国家と一致している（スウェーデン語で samhälle、デンマーク語で samfund、オランダ語で maatschappij、フィンランド語で yhteiskunta）。
2. 社会②：共通の目標を追求したり、特定の目的を推進したりすることを望んでいる自発的な人々によって正式に組織された協会や団体（スウェーデン語で förening、デンマーク語で selskab、オランダ語で gezelshap、フィンランド語で yhdistys）。
3. 社会③：喜びや相互の利益や援助のために非公式に組織された人たち（「当事者」）の任意の会社やグループで、主に予測できないカジュアルな機会に出現することが予想されるもの（スウェーデン語で sällskap や societet、デンマーク語で selskab や "det geode selskab"、オランダ語で gezelschap や "het geode gezelshap"、フィンランド語で seura や seurapiiri）。
4. 社会④：会社、例えば株式会社（株主で構成される任意団体）で、彼らが利益を得ることを望む何らかの活動的な企業を可能にするために公式に組織されたもの（スウェーデン語で bolag や aktiebolag、デンマーク語で selskab や aktieselskab、オランダ語で maatschappij、フィンランド語で yhtiö や osakeyhtiö）

　このように複雑な「ゲゼルシャフト」の概念を考えると、「社会にはXが必要だ」――というような話の目的が明瞭でない一般的な発言はナンセンスである。そういった主張は社会④や③に当てはまるだろうか？　その可能性は、ある。ここでは、特定可能な集団による共同目標に向けられた行動を観察することができる。社会②の場合も同様である。しかし、社会①の場合、それは何を意味するのだろうか？　ほとんどの場合、何らかの社会的利益団体（政府、野党）、あるいは社会②～④を代表する権威ある声明であり、実際には架空の更一般化された最も一般的で包括的な社会単位に投企されたものである。それらは「私は（何か

が）欲しい」→「私たち（特定のグループ）は（何かが）欲しい」→「私たち全員（社会）は（何かが）欲しい」という種類のものである。これは、社会単位を抽象的に均質化し、権力を求める主体（個人、グループ、あるいは実際には投票による多数決のコンセンサス）の利益をすべてに重ね合わせようとする。つまり、あらゆる社会的グループから社会①を作り出そうとするものである。よって、総称としての**社会**は不正確であり、意図的に不正確にされている。この言葉は、すべての社会現象を一見均質なラベルの下に収めるという、更一般化された機能の中でよく使用されている。

　概念的には、**社会**という概念は抽象的なものであり、暗黙のうちに道徳的な外見を備えた推定上の存在である。実際にそれを見いだそうとすると、それは刹那的であり、それゆえに常に存在し、強力である。社会は、人間による参加型の共同作業を通じてのみ、エージェンシーを持つことが可能である。しかし、こういった人間を1つの社会構造の中に社会的に位置づけることを通して、また人間に社会的役割を与え、個人的な業績として遂行すべき目標志向の機能を与えることによって、社会は構築的であると同時に破壊的な潜在力を持つ強力な力となる。人々は社会のために拷問されたり、他人を拷問したり、「社会を改善する」ためにバリケードに入ったり、戦争で落命したりするが、それらはなぜか常に与えられた社会、王、または理想郷の像を守る行為であると考えられている。徴税人、バスの車掌、ジャーナリスト、警察官、秘密警察の情報提供者など、極めて具体的なエージェントの権力の匿名性こそが、「社会」を私たちの個人的生活の中に実際に存在させるのである。

　このように抽象的な発明である社会は、一連の重要な社会的表象を通じて提示される。例えば、次のようなものだ。

> 　現代社会は（おおよそアメリカ革命とフランス革命以降）成功のイデオロギーに基づいている。したがって、私たちの信念、態度、情感的反応、目標、解釈、個人に対する評価は、基本的に成功（と失敗）に焦点を合わせている。
>
> （Ichheiser, 1943, p. 137）

　成功は、私たちが自分自身や他人を評価するために習慣的に使用し、時には悲惨な結果をもたらす、万能でありながら儚い、更一般化された意味のよい例である。**成功<>失敗**という鍵となる表現には、明らかに感情的な非対称性が関連している。**成功**は「よい」ものであり、**失敗**は「悪い」もの、この選択肢から導かれる結び合わせは社会にとって耐えられないものである。両立（**成功と失敗**の同時

進行）ではなく、**成功（＋）**か**失敗（−）**の**どちらか**である。産業の成功は、環境保護の失敗と背中合わせであり、両方を達成するためのさまざまな解決策が求められる。スポーツ選手は負けることもあるが（「失敗」）、その経験を生かして次の成功につなげることができる。失敗しても成功する可能性があるのに、通常の社会的表現では、相反するものが一体となっていることはない（第10章参照）。

　社会の道徳的な質感とは、社会的な出来事のさまざまなシナリオを可能にする、更一般化された言葉にできない条件のことである。

> 　このポストモダンの時代におけるアメリカのプラグマティズムの独特の魅力は、恥じることのない道徳的強調と、明白な改善衝動にある。冷笑主義、虚無主義、テロリズム、そして絶滅の可能性が蔓延するこの世知辛い時代には、変化をもたらす規範と価値への憧れがあり、私たちの絶望的な窮状を変えることができる原則的な抵抗と闘争への切なる願いがあるのだ。（West, 1989, p. 4）

　規範、価値、安全保障に憧れ、時には独裁者を是とし、戦争や大虐殺に導くのは国民である。アメリカのプラグマティズムは、庶民生活の実用性思考に基づき、さらに正当化した特定の歴史文化的発明である。この点では、他国の哲学的イデオロギーや社会的実践の高揚と同様である。世界と関わる審美的な関係づけ——つまり美それ自体のための美——に焦点を当てることは、プラグマティストの姿勢に反しながらも、その焦点において同様に道徳的な要請を示す一例となる。

　心理学は道徳的な科学である（Brinkmann, 2004, 2006）が、どんな点で道徳的なのか、という疑問は残る。非常に基本的な意味において、ここでは記号の階層の創造（構築）と破壊（第6章）に例示されるように、文化心理学は人と社会的世界における「道徳的感触」の動態性（ダイナミクス）を直接的に扱っている。あらゆる社会的・道徳的規範は、安定化され長期間固定された意味づけであり、人間の思考、感情、行動の係留点となる（図6.6の**制約の出現**を参照）。このように、すべての心理的現象の道徳性は、第一に、境界を越える現象（**道徳<>不−道徳の移行**）——実践または想像によって証明され、第二に、心理的現象の道徳性は記号階層そのものに符号化されている——もし、第6章で述べた階層的な意味論ではなく、（対象を表す）ある1つの層の表象的な意味論だけしか存在しないのであれば、心理的現象はその性質上、道徳的ではありえない。後者の場合、記号は単に過去に生き抜いた経験を示すだけであり（「昨日、私は**幸せ**だった」、つまり昨日の経験を表すために「幸せ」という記号が付けられる）、未来に向かって進むこ

とには何の関係もない（例えば、「……でも、明日、私は悲しくなるかもしれないのが心配だ」）。最後に、人間のコミュニケーションにおいて、更一般化された記号が使われることで日常生活の出来事の構成に道徳性が保証される。多くの人を殺すという行為によって、ある指導者は「戦争の英雄」に、他者は「大量殺人者」になるのである。

しかし、心理学は、道徳的な示唆や命令として作用する記号を媒介とする現象を扱うという点では「道徳的な科学」であるものの、それ自体は道徳的イデオロギーの地位にまで高められたいかなる道徳の概念にも輔助される領域ではない。あるいは、すべての科学に共通する更一般化された道徳的要請はただ１つ、知識（科　学）を生み出そうとする欲望であるのかもしれない。心理学が特別なのは、その種の知識が文脈を包含しており、この特徴には記号によって構成された意味の道徳的な質感が含まれるからである。

一般的な組織化された意味——テーマ（Vignaux & Moscovici, 2000）は、更一般化された記号を通じて土着的な道徳的要請を運んでくるが、人間の歴史の中で変化していくものである。記号圏は動態的な異種混交性を持つ。文化的な布置（configuration）は非可逆的時間の中で作動する。**記号圏の各布置、各構造**は、相互に関連するさまざまな記号的手段を含んでおり、すべては関与する人々（個人的文化）とその人々の集合的な社会単位（集合的文化）の直近の未来に向けられている。

個人的文化、集合的文化、両者の関係

個人的文化の構築は、**集合的文化**の水路づけられた方向性のもとで行われるという、一見すると非常にシンプルな話がある（Valsiner, 1987, pp. 47-48; 1998, 2007, pp. 60-62）。こういった発見は、ゲオルク・ジンメル（Simmel, 1971/1908）の「主観的」な文化と「客観的」な文化の区別と類似している。

> 「客観的な文化」という言葉は、精神を自らの充足へと導く、あるいは個人や集団が高められた存在へと向かうための道筋を示す、精緻化、発展、完成の状態にあるものを指すために使用することができる。主観的文化とは、このように達成した人の発達の尺度を意味する。　　　（Simmel, 1971/1908, p. 233）

ここでジンメルは、共同構築主義の立場（「精神を**自らの充足**に**導く**」）を概説しているが、主役は社会的世界に帰している。ジンメルの主観的文化／客観的文

化概念に根ざしながらも、私の個人的文化／集合的文化という概念は、共同構築主義的な考えを維持しつつ、社会との関係において人を優先している。この優先順位づけは、現在の理論体系を継承する人格学的な側面に由来する。どんなに人物が社会的に深く埋め込まれ、社会的な入力に基づいて発達したとしても、最終的な総合者（synthesizer）は、根本的に社会的に根ざしているのだが、それ以上に何よりもまず、彼または彼女だけにしか接近できない主観性を持つ人物なのである。心理学は精神に関する科学だが、その精神は社会的輔助のもとで生まれ、社会的文脈の中で機能するようになる。構築的な内化／外化のプロセス・メカニズム（第6章および Valsiner, 2007, pp. 60-62 で説明）は、人が社会的に埋め込まれることを**通して**、個人の自律性の見込みを請け負っているのである。

　こういった自律性は、人間の生活の不可避的な変動性から生じる。

> 　……子どもはそれに加えて、人が自分を扱う際にはある程度個別に対応するものであり、それゆえにその個別性には不確実性や不規則性の要素があるという事実を学び始める。こうした感覚の成長は、生後半年の乳児を見ているとよく分かる。母親がビスケットを与えるときもあれば、与えないときもある。父親が微笑んで子どもに「たかいたかい」遊びをすることもあれば、しないこともある。子どもは、こういったさまざまな気分や扱い方の兆候を探している。失望という新たな痛みは、期待に胸を膨らませていた以前の、定期的な個人的存在の感覚に直接基づいて生じるのである。　　　　　（Baldwin, 1895, p. 123）

　このように、発達途上にある人が、**規則性**や**一貫性**についての考え方を構築する中で社会的に埋め込まれることは、社会的要求、提案の不規則性や一貫性のなさを保証している。人は環境の中で積極的に動き回り、常に自身の位置を変えることで、環境のこうした異種混交性に貢献している。こうした不安定さの海の中で安定した何かが創発することを、どのように概念化すればよいのだろうか。

　ここで、個人的文化と集合的文化という2つの概念が登場する。これまでの個人的文化<>集合的文化の概念の説明（Valsiner, 1997, 1998, 2007）では、個人的文化に焦点が当てられており、集合的文化はあまり特定されないままであった。**構築的な内化**の概念に関心が集まっていたため、個人的文化が強調されるようになったのである。同様に関連性の高い対概念である**構築的な外化**については、十分な説明がなされていなかった。

集合的文化

　集合的文化は、個人に紐づいており、個人から人と人との間の社会空間へと広がっていくものである。それは社会単位の「所有物」ではないし、個人的文化がその人を取り巻く社会世界に同型的に投企されたものでもない。「中国の集合的文化」を「中国社会」（または「中国文化」）の同義語として語ることは無意味である。集合的文化とは、共同で共有された意味、社会的規範、日常生活の実践などを含み、すべて異種混交的な複合体に統合されているが、この共有の中で重要な「係留点」は、個人である。これは、カール・ビューラーが示したコミュニケーションのオルガノンモデルと完全に一致している。異なる人は、重なり合う。しかし異なる意味を介して、コミュニケーションの中で同じ外側の目的物を参照している。この「共有された意味」は個人間で曖昧であり、常に明確化を必要とし、同時にそれ自体も変化している。このような複雑な集合的文化における交渉の上に、個々の人間は、象徴（シンボル）、慣習、個人的な物など、個人的に特異な記号体系を構築し、そのすべてが**個人的文化**を構成しているのである。集合的文化と個人的文化の関係は、人の能動的で構築的な内化／外化のプロセスとして概念化されている。

　人と人との共有には2種類ある。物質的な対象の共有は、例えば物質的なものは、人によって物理的に統制され、他者に提供されたり、一時的に統制を放棄したりできることから、観念的な対象の共有とは異なる。これらは、「贈答品」「貸し出された物」「盗品」などとして社会的に提示されることがある。こういった意味の個人差は、相互理解のための分かれ目を作る状況である。彼氏が彼女に贈る花束という対象は同じかもしれないが、彼氏がその花束の由来を明かすと、それに対する彼女の反応は大きく異なるだろう（「**あなたのために森の中で花を集めてきたの**」と「**墓地を通り過ぎて墓場から取ってきたの**」というように）。

　非物質的な実体（規範と意味）の共有は、内化／外化のプロセスを伴う。2人（またはそれ以上）の人は、コミュニケーションのプロセスに個人的な感覚を外化することによってのみ、意味を「共有」することができる。日常生活の実践は、共同行動の構造における役割分担を介した、参加によって「共有」されうるのである。

　さらに、すべての共有は社会的階層の中で行われ、少なくとも一時的にある人が、他の人よりも優位に立つことがある。若い母親は乳児と母乳を「共有」している。この両者は共生関係にあるが、母親は乳児に対して支配的な役割を担っているのである。物乞い、強盗、徴税人、あるいは政党に寄付をした人は、物質的

資源を持っていなかった相手と「共有」することになるが、これは現実の、あるいは制定された力関係の非対称性の中で起こることである。政党は将来の利益を約束して寄与するように呼びかけるが、強盗は将来の利益（人質を生かすこと以外）を約束せず自分の権力的立場を支える銃の力を持つ。文化的な力の対象である銃が強盗の手から消えた瞬間、強盗は物乞いになるのである。人々が銃を持ちたがるのも、政府が予算の多くを将来の「防衛の必要性」に備えて延々と再武装するために費やすのも当然である。こういった「必要性」は、現実であれ想像であれ、今日の象徴的な動力源である[3]。

集合的<>個人的文化の関係

個人的文化と集合的文化という2つの概念は「双子」の概念であり、個人と社会世界の間のプロセスを表しており、内化／外化のプロセスを通じて相互にリンクしている。しかし、この文化はどちらも固有のものであり、一方の文化が他方の文化へと構築的に変容していくという独自なものである。20年前、このことは次のように説明されていた。

> 共同構築の過程で幼児が積極的な役割を果たすことで、個人における個人的文化は、共同で共有される集合的文化と基本的な類似性を持つような形で特異的に作られるのは当然のことである。発達途上にある子どもは、多くの大人や年上のきょうだいに囲まれており、その全員が、特殊に創造された個人的文化によって集合的文化を共有している。　　　　　　　（Valsiner, 1987, p. 48）

ここでは、この「共同構築」をより詳しく説明するために、第三の層、すなわち、文化的創造性の集合体を構成する「社会的表象」を加えてみたい（図9.2）。社会的表象とは、期待される行動の方向性を特定する方法で環境をコード化したものであり、自分自身や他者からの期待される接触における感情を示すものである。社会的表象はまた、人の内化システム（内化の異なる層）の中で維持されている。

社会的表象による環境のコード化は、人間が作り出したあらゆる対象に関して起こる。何世紀も前のヨーロッパの町の真ん中にある背の高い石造りの建物は、建築的特徴を知覚することで即座に大聖堂であると認識される。

大聖堂という概念は、そこに入るときに何ができ、何をすべきか、何をしてはならないのか、という豊かな記号の複合体に、枠組化されたカテゴリーの概念を

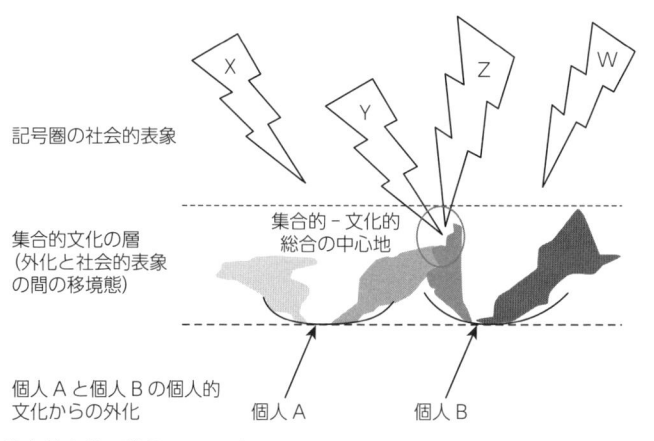

図 9.2　集合的文化が機能する場所

もたらしている。例えば、大聖堂で大声で話したり、たばこを吸ったり、自転車に乗ったりしてはいけない。社会的表象の要求に反論しながらそんなことをすると（例：教会でパイプに火をつける喫煙者の権利のために戦っている抗議者）、他の人は不安に感じ、その場にそぐわない活動を阻止するために介入することがあるかもしれない。抗議者は教会でたばこを吸うことで自己主張をし**なければならないと感じ**、介入者は他者の不適切な行為を止め**なければならないと感じている**。介入者がその場で喫煙者に禁煙を強要していると認識する他の傍観者は、集合的文化的な意味体系の交渉の観客である。ここでは、傍観者の非介入が決定的に重要である。観察的経験は、直接的に行動する人間の経験を強化する[4]。行為者とその傍らにいる人間、**介入しない傍観者**は、すべて一緒になってお互いのために（そして一緒に）集合的文化を共同構築する[5]（Bang, 2009a; Simão, 2012）。

　集合的文化のさまざまな形態を交渉する過程で、参加者は遠く離れた場所、歴史上の時代、一般化のレベルからの社会的表象を現在の設定に取り込むことができる。交渉された集合的文化の形態は、参加者の個人的文化に入り込み、参加者は新しい集合的文化的な意味と実践を構造的に内面化する（第10章のファッションの例を参照）。そのような集合的文化の層、つまりゲマインシャフトを持つ個人の直近の緩衝帯において、社会（ゲゼルシャフト）のより広い社会的価値が促進されるのである。しかし、主体としての社会は存在しない物であるため、エージェンシーを持つことはできない。集合的文化を共同構築する人々は、そういった人々である。彼らは分身、つまり「社会的他者たち」であり、彼らは同時に個人的文化を提示すると同時に、集合的文化の一部であることを望んで、ある

いは望まずに参加しているのである。ジッテ・バンは次のように強調している。

> 「分身」は、歴史、再認識、実践の不在の存在を含む異種混交的な文化カテゴリーと考えるべきで、それは、創造や発明されたものと同様に、取り除かれ変化したものでもある。人間の世界では、すべてのものに歴史があり、進行中の変化の一部である。　　　　　　　　　　　　　　　（Bang, 2009b, p. 590）

例 1. 女性の役割の表現：家庭性と権力の間で

どの社会でも、女性の役割は、社会生活の集合的・文化的規制の主要な場所である。女性の行動はよく制約されるが、最も興味深いのは、女性がしばしば制約に「参加」していることである。とある特定の環境において、男性であれ女性であれ、社会的行動を躊躇させるのは、外的な社会的圧力だけではない。その場に投影された個人的・文化的な自己イメージが、自己抑制につながることが多い（第 4 章、イスラム教に改宗したスウェーデン人女性が公の場でスカーフを着用した経験を参照）。

この自己抑制のプロセスにおいて女性が主導権を握ることは、おそらく驚くべきことではない。その理由の一部は、再生産と生産のシステムにおける女性の中心性、女性の領域におけるコミュニケーション・ネットワークの確立の中心性に依存している。社会的な埋め込みは、制限することと可能なことの両方をもたらしていく。もし制限が外的なもの、つまり同意のもとに社会的に定められたものであれば、それを可能にすることによって、内的に超越した特性を発達させることができるのである。

19 世紀、アメリカのサウスカロライナ州の農園で働く女性たちが、家事に専念することで道徳的な優越感を得たという例は、この主張を説明するのに役立つだろう。この 100 年間、女性の家事責任は相当なものであった。日常生活の中心は生産から消費へと移行したことにより、女性は積極的な生産者から消費者の役割に移行していった。商品は男性が家の外から持参し、家にいる女性は家庭的な雰囲気を作ることが期待されていた。それが家庭的イデオロギーにつながっていった。

> 家庭的イデオロギーの主要な信条であり、多くの白人中産階級の女性にとって魅力的なものであったのは、女性は男性よりも道徳的に優れているというものであった。中産階級の女性たちは、経済生産の世界ではますます自分たちが必要とされなくなり、公的な発言権からも排除されるようになったため、道徳

的優位性の概念にプライドを見いだしただけでなく、傍観者ではあるものの、世界全体に影響を与えるような手段も見いだしたのである。家庭的イデオロギーの推進者たちは、女性をキリスト教の信心深さと高潔な行為の模範として掲げることで、19世紀の女性たちに、夫や子どもたちに影響力を行使することができるのだと信じる機会を提供したのである。乱れた世の中の道徳の道標として、彼女の存在そのものがキリスト教の理想を体現していた。そして、女性たちは少なくとも、自分の敬虔さと純粋さが、男性の冷淡さと残忍さを高める効果があることを期待したのだった。　　　　　　　　　（Weiner, 1998, p. 54）

　彼女たちの公的な役割が抑制されたとき、「外に隠された」家庭側の実権が拡大し、その領域内での優越性イデオロギーが生まれた。社会的表象として機能する更一般化された意味である**家庭性**は、女性の行動とそれに対する感情を組織化する記号となった。このように、女性は、夫が泥酔して略奪されている状況下では、道徳的に優越感に浸ることができる。もし彼女自身が他人の目に触れるような社会的冒険をしようとすれば、他人（主に女性）が、家庭内での女性の価値を暗黙的、明示的に思い起こさせるだろう。あるいは、政治的・法制度は社会的に活動する女性を、期待されていた「家庭性」の規範を破るものとして、汚名を着せるかもしれない。19世紀の北アメリカの女性の記号圏は、「真の女性らしさ」という理想的な目標に向けた女性の方向性で飽和していた。社会的処方は厳しいものであった。

　　男性であれ女性であれ、真の女性らしさを構築する美徳の複合体に手を加えようとする者は、神、文明、共和国の敵として直ちに呪われるのであった。19世紀のアメリカの女性は、か弱い白い手で神殿の柱を支えるという恐るべき義務、厳粛な責任を負っていたのである。
　　女性が自分自身を判断し、夫や隣人や社会から判断される「真の女性らしさ」の属性は、4つの基本的な特徴、すなわち、信心深さ、純潔、従順さ、家庭円満に分けることができるだろう。これらをすべて一緒にすると、母、娘、妹、妻、女という意味になる。名声や業績、富があっても、これらがなければ、すべてが灰になってしまう。逆にあれば、彼女は幸福と力を約束されていた。　　　　　　　　　　　　　　　　　　（Welter, 1966, p. 152）

　ここでは、「真の女性らしさ」の社会的表象の複合体の最も興味深い3つの特徴を強調する必要がある。

①この複合体は**全体的なもの**であり、アイデアにおいても社会的実践においても、女性はその複合体から逃れることができなかった。
②この複合体は**宗教的背景に深く根ざしていた**が、道徳的要請としては**世俗的**であった。
③**従順さを公的に示すことで社会的権力**を擁護していた。

集合的文化の層は、個人の欲求と感情の社会的交渉が冗長に統制されすぎているため、全権を握っているのである。そして、そのような統制は、革命前の時代から発展してきた多元的な社会においては、完全なものとなるだろう。

> 18世紀のニューイングランドにおいてピューリタン[4]の牧師は、その植民地に住んでいた当時の人々の見解では、精神病質的と見なされることから最も遠い存在だった。彼らほど、知的にも、情動的にも完全な独裁を許されていた権威のある集団は、他のどんな文化の中にもほとんど存在してこなかった。彼らはまさに神の声であった。しかし、現代の観察者にとっては、牧師たちが魔女の烙印を押し死に追いやった混乱し苦悩せる女性たちではなく、牧師たちこそがピューリタン的ニューイングランドの精神神経症者だったのである。
>
> （Benedict, 1959, p. 276）

集合的文化の層での交渉によって与えられる個人的・文化的自由は、常に外部の制約によって制限されている。ピューリタニズムに支配された社会的設定（ゲマインシャフト）の歴史の中では、そういった統制は荒く厳しいものであり、「自由」の領域の境界をむしろ狭くしていたかもしれない。家庭性のイデオロギーは、これらの制約をさらに細分化する。

従順な家庭性の組織的な役割とは劇的な対照をなすのが、インドの伝統の歴史の中での女性である。ここでは、神話の物語に基づいて、女性は力強く、要求が強く、誘惑的であり、最終的には破壊的になる。しかしながら、アメリカのサウスカロライナ州の例のように、女性は「家庭的」な存在でもある。それなのに、そこには従順な家庭性は見当たらない。女性は（女性が従順な家庭性を選べば）それを要求することもできるし、その要求は集合的文化ネットワークを通じて暗黙のうちに伝えられることもある。要求を拒否された女性は魔女として恐れられる可能性がある。

> ……ヒンドゥー教の思想には、エネルギーと攪乱の女性的な原理と、精神性と静寂の男性的な原理がある。本当の男女がこれらの哲学的理想に倣うためには、男性は性欲を克服しなければならないが、女性はそうする必要はない。男性はこのようにして、女性を過度に性欲が強く、誘惑的で、要求が強く、力強く、危険なものとして見ているのである。 (Kolenda, 1981, p. 216)

女性は歴史的に社会的な願望の中で他人に利用される対象となってきた。ここでは、子どもや夫、恋人でさえあてにならない。

社会的イデオロギーは、女性の文化的構築力を自分たちの利益のために利用してきた。西洋世界は、キリスト教の出現以来、身体的経験を抑圧する努力の上に構築されてきた。ローマ帝国の文脈の中で、宗教教団として出現したキリスト教は、支配下の社会秩序の快楽主義的な過剰さとは対照的な社会運動であった。初期のキリスト教の使徒たちはすべて男性だったが、快く耳を傾ける聴衆（多くの場合、女性）に、さまざまな種類の禁欲を布教することに固執していた。初期のキリスト教の使徒たちは、女性たちに厳密に禁欲的な生き方を選ぶように呼びかけていた。

「新しい神性」を創造するという目標は、何世紀にもわたってどのように達成されたのだろうか？　心理学は、神性の領域に深く関わることを選んだ人々の日常生活の組織化の領域において、宗教的な機関によって社会的に輔助されている一般の人々の現実を理解するための非常に豊かなデータベースを持っているかもしれない。しかし、彼らの献身は常に逸脱の可能性を監視されており、その監視は、制度的に定められた集合的‐文化的環世界の中で、参加者の個人的文化の探求を輔するものである。集合的文化は、人々の日常生活の習慣に埋め込まれている。それだけでなく、その習慣は、人々をライフコースの方向に罠にかけるために意図的に設定されていることがある。例えば、中世カトリックの修道院の環境では、次のように示されている。

> 修道女や修道士は、集団で祈ること、講義を受けること、仕事に時間を割くことが規則で決められている。集団で祈ることは、修道士が悪の力を追い払うために戦うための主要な手段だった。これは、どこにでもいる超自然的な存在である魔術師を、闇の手下として定義することで、キリスト教が後期ローマ社会や中世初期の社会にキリスト教をより強固に確立しようとした成功の遺産であり、キリスト教だけが続けることができたのである。(Kaelber, 1998, p. 64)

　集合的可視性（共同活動）を調整することにより、与えられた社会集団のメンバーの活動を組織化し、それを心理学的指向に基づく内的な読みと媒介を挟むことによって、集合的文化が個人の文化的意味構築を方向づけるための場を作り出すことができるだろう。しかし、それはあくまで方向づけられるだけで、決定することはできない。このことは、社会制度的な文脈（修道院、学校、軍隊など）において、その一般的な目的に向かって人物を方向づける、完全でありながら可変的なシステムを確立するための努力につながるものである。このような文脈に組み込まれた人は、絵、声、匂い、触覚など、あらゆる感覚系を通じて入ってくる示唆から「逃れる」ことはできない。しかし、人は、これらの提案に対して抵抗したり、無視したり、完全に否定したりすることができる。こういった影響下にある人のライフコースの実際における結果は、集合的文化の領域で共同構築される。

例2. 体毛：個人的文化と集合的文化の調整

　体毛は象徴的（シンボル）な宇宙の中で、驚くほど強力な力を持っている。特定の場所（頭皮、脇の下、陰部、胸、脚）における自然に生えた身体の一部分の体毛は、さまざまな意味で社会的な意味を持つようになる。毛髪を長く丸みを帯びた形（ピューリタンの社会的要求によって検閲されている）にすると官能性の表出と見なされることがあり、または「汚れ」（レストランで皿に盛られた状態で登場した場合）や聖遺物（尊敬する人や愛する人のもので、**思い出の品**として鎖につながれたメダリオンに入れられ、身体に装着される場合）としてすぐに分類されることもある。髪飾りについて（第4章と第7章を参照）は、人間の生活の中では常に問題となっている。人類学者は、世界中で毛髪の提示ルールについての広範な証拠を収集してきた。

　この毛髪は、どのようにして個人的文化と集合的文化の調整の中に入っていくのだろうか。明らかにその最初の問いは、毛の社会的な表示についての問いである。陰毛を人目につかないように隠すことは広く行われているが、体毛、わき毛、頭皮の毛を隠すことも、世界中で広く行われている。社会的規範は、毛髪が個人的文化と集合的文化の間の対話にどのように入り込むかを明確に規定している。女性の緩い毛髪は、公的的場での表示を文化的に制限することにつながる方法で、普遍的に解釈されるようになる。そして、編み込みや結び目（図9.3参照）はしばしば規定されてきた[6]。同様に、かつらの着用は、かつらの下の実際の毛髪は覆われているが（ヘッドスカーフと同様に）、人工的な毛髪は見えていることから、毛髪の提示的な役割のさらなる証拠となる。

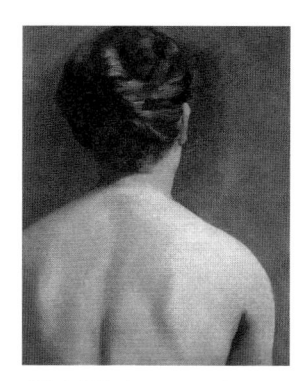

図 9.3　エヴェ・ゴンザルツ「巻き髪」（1865–1870）
　　　　出典：アテネウム美術館

　毛髪の個人的・文化的側面が、自分の髪を扱う闘技場（アリーナ）を構成する。頭髪は、ヘアスタイル（あるいは少なくともカット）の対象であり、内化された意味が公的領域に外化される主要な領域である。ローマ時代の女性は、「過度な官能的影響」——現代でも社会的現実主義者が好んで使う言葉だが——を避けるために、毛髪を結うことが求められていた（図9.3）。毛髪を整えることは、個人的・文化的な行為であり、構築的な外化のメッセージとなる。

　人々は自分の髪型については中立的ではなく、さまざまな髪型で流行を追いかけたり、髪型によってさまざまな社会問題に抗議したりする。外見を変えた毛髪は、外化されたメッセージ（例えば、「私の髪の毛は力強さを感じさせてくれる」など）となり、集合的文化の交渉に参加する。例えば、ある若い女性は次のように報告している。

> 　……私はある男性と付き合っていて、そのとき、学校からは距離をとっていたの。でも、週末には家に帰っていたわ。……20 cm くらい髪を切って、過激な髪型にしたの。坊主にして、またアシンメトリーにして、赤い色をつけたの。……彼が私を見て、私の家に入ってきたとき、「うわっ！」って感じだった。「そうでしょ？」「すごいわ。見て！」ってね。その話をしたら止まらなくなったわ。彼は、私に違和感を覚えた、と言ったわ……。
>
> （Waitz, 2001, p. 673）

　髪型を変えることは、明らかに人前での姿を劇的に変化させる主要な手段の1つである。ここで重要なのは、**変化の力**である。身体に関連する髪の表現が変化

図 9.4　ある髪が隠されているとき、別の毛はコミュニケーションにとって重要である

することで、社会的な「意味の爆発」が起こり、新しい人間関係の状態につながるのである。ある体毛の露出が社会的に排除された場合、同じ機能は別の体毛に引き継がれる（図 9.4——眉毛とまつ毛の場合）。頭髪の露出は、他の体毛の直接的な非露出と結びついている。ここで問題になっているのは、公に表示されるものと**されないもの**との間の全体的な対比である。対比的なものは、維持されたり、否定されたり、克服されたりする緊張を生み出す（第 10 章参照）。

　ニカブ[5]の例は、一般的な話を教えてくれる。身体を使ったすべての社会的交渉は、さまざまな状況下で身体を覆ったり、覆わなかったりすることを伴う。身体のさまざまな場所にある体毛は、特別な身だしなみによって強調されることもあれば、人前から特定の体毛を隠さなければならないという要請によって強調されることもある。頭にスカーフを巻くことが前提であることを知りながら、特別な髪型を気にしないことにするか（他人を参考にし）、逆に自分にとって必要だと思うように毛髪の手入れをするかである。このことは、身だしなみのテクニックや場所[7]に対する要求が発達したことを説明している。毛がほとんど見えない場所（わき毛）、あるいはまったく見えない場所（例えば、女性の陰毛のおしゃれ、性器への宝石の着用など）。私的な身体は、身体の住人が自己であると同時に社会的な他者であるにもかかわらず、すでに社会的な表示の場でもある。

　個人的文化と集合的文化の主要な出会いの場は、人が自分自身（または家族）の私的な空間の境界域を越えて公的な場に出たときに、追跡可能なものとなる。個人 - 文化的な行為（鏡面の前で）に基づく身体の手入れは、日常的な屋外でのパフォーマンスへと変化する。社会的領域に入ることで、人は、それを望むか望まないか、それを知っているか知らないかにかかわらず、大規模な社会的パフォーマンスの行為者となる。個人的文化は公的な場に出て、集合的文化と直接交渉することになる。「あなたの帽子はどこにあるの？」とある女性が帽子をか

ぶっていない女性に尋ねることがあるが、それは彼女が（他の女性の）帽子の行方に興味があるからではなく、この場所では帽子をかぶらなければならないということを思い出させるためである。一見、目立たないように見える相互作用の中で、社会的な世界の中での自分自身に対する感情の交渉が行われるのである。

歴史的に見ると、都市部では人間の社会化において中心的な役割を果たしたのは「通り」であった。

> 小さな町の住民の住居は、子どもが一日中そこにいるには狭すぎるし、家の建築も、すべての家族が隣人から隔離された独立した生活空間を持てるわけではなく、壁も家族の生活のための音響断熱のために建てられてはいなかった。したがって、ここでは家族は環境から隔離された私的な親密さの島ではなかった。
>
> こういった社会的・空間的条件のもとでは、子どもたちが自由な時間には必ず「通り」に飛び出していくのは当然のことだった。家事の仕事であっても、子どもたちが外出する機会はよくあった。伝達したり、用事を済ませたり、小物を売買することは、子どもたちに任されていた。路上では他の子どもたちに出会うこともあるが、ここでは「労働者階級」の男女は労働に従事していたため、子どもたちに付き添ったり、輔助したり、監督したりする時間がなかったこともあり、親の直接的な管理下には置かれていなかったのであった。
>
> (Schlumbohm, 1980, p. 84)

公的な場における子どもの特別な輔助の**必要性**は、中産階級の歴史的な発明であり、境界域に焦点を当てることなく、厳格な**公的∥私的**の分離を生み出している。この二分法が心理学者の視線を支配している。子どもたちの「家庭」と「学校」を比較することはあっても、その間で何が起こっているのかを垣間見ることはほとんどない（Katriel, 1987; Komatsu, 2010）。歴史的に見ても、子どもたちが集団で喧嘩をしたり、他の種の冒険に参加したりすることは広く報告されているのであった[8]。

集合的文化と個人的文化の間の交渉のプロセスは、公的な場ではしばしば公共の行動のニュアンスに現れている（図 9.5）。

図 9.5 には、路上でミニスカートの下端が上にずれないように押さえながら、脚の美しさを表示している若い女性の姿が垣間見える。このような表示を作るために、彼女は明らかに彼女の個人的文化の中で、路上に出る前にミニスカートがどれだけ「ミニ」でなければならないかを交渉しているのである。路上ではその

図 9.5　街角での日常的な出来事：スカートを押さえる女性

交渉は常に調整され、「集合的良識」という自己認識の壁に抗して、美の表示の性質を際立たせるだけである。社会世界への参加は常に曖昧である。

社会参加と個人的文化

　個人的文化は、無数の公的な場で行われる行事を通じて、公的な場に引き出される。どんな社会においても、宗教的な遺物を持ち歩いたり、ウルビ・エト・オルビ[6]の演説、結婚式や子どもの誕生日会に至るまで、公的な場には儀式があふれている。このような儀式（価値の演劇化）を通じて、社会制度は参加者の個人的、集合的な文化と社会的目標を結びつけているのである。社会とその下位部分（ゲマインシャフトすなわち共同体）は、軍隊のパレードや愛のパレード、屋外での説教やコンサート、サッカーの試合やコリーダ（闘牛）など、そういった機会の無数のものを必要としている（コラム 9.3）。

コラム 9.3　カトリックの告解体験

　ジェイムズ・ジョイスが『若い芸術家の肖像』（*A Portrait of the Artist as a Young Man*, 1964/1914, pp. 144-145[7]）の中で述べている。

　　「彼は罪を告解しはじめる。ミサに出なかったこと、お祈りをしなかったこと、嘘をついたこと。
　　──そのほかには？　わが子よ。

怒りの罪、他人を羨（うらや）んだこと、大食、虚栄、不従順。

——そのほかには？　わが子よ。

もう仕方がなかった。彼は呟（つぶや）くようにして言った。

——ええ……淫行の罪を犯しました、神父様。

司祭は顔を向けなかった。

——一人でですか？　わが子よ。

——ええ……それから相手の人たちと。

——女たちとですか？　わが子よ。

——はい、神父様。

——既婚の女たちですか？　わが子よ。

彼は、それは知らないと言った。彼の罪は彼の唇から一つ一つしたたってゆき、傷口のように膿（う）みただれ濡れている彼の魂から、恥にみちたしずくとなり、悪徳の汚れた流れとなってしたたってゆく。最後の罪がのろのろとけがらわしくにじみ出た。もう語るべきことはない。彼は疲れ果てて頭を垂れた。

司祭は黙りこんでいたが、やがてたずねた。

——年はいくつになります？　わが子よ。

——十六です、神父様。

司祭は片手で何度も顔を撫（な）でた。それから片手で額をおさえ、格子戸のほうにもたれて、依然として眼はそむけたまま、ゆっくりと語る。その声は、疲れていて年寄りじみていた。

——あなたはまだ幼い、わが子よ、と彼は言った。だからそういう罪を犯すのはよすように、わたしからお願いします。**恐しい罪です。それは肉体を亡ぼし魂を亡（ほろ）ぼす。数多くの犯罪や不幸の因（もと）に**なりますよ。およしなさい、わが子よ、お願いですから。**不名誉で男らしくないことですから**ね。そういうみすぼらしい習慣のせいでどんなことになるか、どんな目にあうか、あなたには判っていない。わが子よ、かわいそうなわが子よ、そういう罪を犯すかぎり、**あなたは神にとっていささかの値打ちもない人間なのです。**お助けくださるようにと、聖母マリアにお祈りしなさい。マリア様は助けてくださるから、わが子よ。**罪を犯したい気持が心に浮んだ**ら、**聖母にお祈りしなさい。**きっとそうしてくれるね。いろいろの罪を残らず告解しますね。あなたならきっとそうしてくれますね。ああいう邪悪な罪で神様を怒らせることを、恩寵にすがって決してしないようにすると、神様に約束してくれるね。そういうことをおごそかに神様と約束して

くれますね。

　　──はい、神父様。

　年寄りじみた疲れた声は、彼のわなないて乾き切っている心臓に爽やかな雨のように降りそそいだ。爽やかで、そして悲しくて！

　　──そうしなさい、かわいそうなわが子よ。**悪魔があなたを迷わせたのです。悪魔がそんなふうにあなたの肉体を恥ずかしめようとするときには、悪魔を地獄へ追い返しなさい……われらの主を憎んでいるけがれた悪鬼を。あの罪を犯すのは、ああいうけがれた罪を犯すのは、もう止しますと神様に約束なさい。**

　彼は自分の涙と神の慈悲の光によって盲いながら、頭を垂れ、赦免の重々しい言葉が述べられるのを聞き、司祭の手が赦しのしるしとして自分の頭上にあげられるのを見た。

　　──神があなたを祝福し給わんことを、わが子よ。わがために祈れ。

　彼はひざまずいて悔悛の誓いを述べ、暗い本堂の隅で祈った。彼の清められた心から、ちょうど白薔薇の芯から立ちのぼる匂いのように天へと昇ってゆく。」

　少年がカトリックにおける告白を体験したというこの事例は、個人的文化と集合的文化の調整について、読者に何を投げかけているだろうか。第一に、個人的な経験を「共有」する人々の社会的な力関係が不平等であることを示しており、神父は少年と性的な感情を共有しない。第二に、この非対称性は制度的に設定されたものである。つまり、神父の社会的役割は年配の男性に規定されている。第三に、この「共有」は一方的に評価される。第四に、この出会いの制度的な目的は、彼自身の内化／外化システムを通じて、少年と宗教との結びつきを強固にすることである。

結論：個人的文化と集合的文化の関係

　人間は社会的な存在である。しかし、彼らの主観性はその無限の深さにおいて必然的に個人的なものである。したがって、人間の精神の連続性と非連続性を理解するためには、集合的<>個人的文化の関係が極めて重要である。私たちの心は、社会的環世界における個人全体の機能を自己調整しており、それは他の記号の働き、そして最終的には行為の働きを制御する記号を通じて行われる。これ

が、記号論的動態性（ダイナミクス）の文化心理学すべての一般的な焦点とするものであり、本書を通じてさまざまな側面から詳しく説明されている。

　本章では、個人的なものと社会的なものとの関係について概説した。記号的媒介に焦点を当てることに伴い、その関係の問題は、個人的と集合的と私が呼んできた2つの文化とその関係の問題となった。その関係がどのように機能するかは、構築的内化／外化プロセスの説明（第6章）にある。本章で追加されるのは、その人の身近な環世界──集合的文化の場──における記号を媒介とした交渉と個人的文化の個人内の「無限」の中での交渉との対比である。後者は**構築的**に外化され──ゆえに、公にアクセス可能となるのである。

　2つの文化のそれぞれの内部ならびに2つの文化の間で起きるすべての交渉は、人間の精神の基本的な志向性の結果である。人間の生き方に内在する志向性を強調したフランツ・ブレンターノの古典的な貢献が、ここでは記号的媒介への焦点と一緒になっている。私たちは、私たちの個人的な生活において目標──修道院に入ること、大学や大学院に進むこと、結婚することなど──を設定し、そして、そうすることで私たちに動機づけを与え、私たちが直面する予期せぬ状況的要求への適応を支える意味の階層によって、こういった目標志向の移行を強固にするのである。

　集合的文化が果たす中心的な役割を理解するためには、個人的－文化的な目標設定が極めて重要である。人間は移動し、ある場所から別の場所へ移動することで、他の人間や符号化された環境に出会う。歩くこと、そしてより一般的には移動することは、個人的<>集合的文化の関係を動態的に構築する基礎となる。その核となるのは自分の位置を変えることであり、それが外部と内部を区別することを可能にするのである。

> 　それは、無限、天の川、一夜の夢、過去から未来へと展開する道筋を語るものである。今、この瞬間に。しかし、それぞれの瞬間、それぞれの現在は、ある無限から別の無限へと行ったり来たりしており、無限というアイデアに含まれている。このプロセスは即時のもの、つまりあらゆる所与の瞬間において私たちにとって何が現在かに注意を払うことの重要性を明らかにしている。無限、その強さのすべてを理解することができれば、存在の有限が明示される。
>
> 　　　　　　　　　　　　　　　　　　　　　　　（Slavin, 2003, p. 16）

　歩くことの価値についてのこのささやかな告白──この場合、サンティアゴ・デ・コンポステーラに向かう巡礼路を歩くことであるが──この小さな告白は人

類発生における身体の動きの一般的な中心性を裏づけるものである（Ingold, 2004）。とはいえ、最初のホモ・サピエンス――道具や食料をあちこちに運ぶようになった歩く人――は、巡礼に行こうとか、遠く離れた場所を「**ただ見る**[9]」ために観光旅行に行こうとか、そんなふうに自分の人生を決めていたわけではない。ハイヒールを履き、殺したばかりの動物の死骸ではなくフェンディのハンドバッグを持って親族を養うという、新しい場所に移動するための未来志向のより高次の目標を発達させるためには、何世紀にもわたる種による文化的構築が必要だった――騒音よりも音楽、生モノよりも調理されたもの、仕事とは切り離された休日を楽しむなど――より高次の文化的欲求こそが人間の文化的存在の範中なのである。

第 10 章

組織子としての記号

緊張の維持と革新

　人間は区別を作り出すことによって生きている。その区別のいくつかは互いに矛盾する対立となり、新たな区別を生み出す。このすべてのことは、あらゆる段階で記号によって達成されている。新しい区別を非可逆的時間の中で維持させ、その矛盾を拡大・維持・縮小させ、新たな対立を出現させることによって、達成しているのである。ファッションの領域は、そのような決して終わらないプロセスの領域のいくぶん平和なよい例である。他の多くの領域（夫婦関係や戦争やビジネスの戦いの場）は、人間の幸福にとってより危険かもしれない。

　社会のレベルに目を向けると、ファッションは対立するものであり（その反対は非ファッション）、（想像上の共同体に）**溶け込みたい**と同時に（他の人から）**目立ちたい**という人間の欲求を満たすために常に変化しているのである。ファッションは、新しく確立されたいくつかのモデルへの同調を要求する一方で、そのような同調を乗り越えるための基礎を打ち立てる。それゆえ、ファッションは、個人間の目に見える差異を生み出すことによって、社会秩序を変容させ、その熱烈なフォロワーは、「ファッション・フリーク（流行に流されやすい人）」（ドイツ語でモーデナール——Simmel, 1911, p. 44）というあまり褒められたものではない称号を得ることになる。

> 　特定のファッションの要素を極限まで持ち込む人。尖った靴が流行すると、船の舳先のような靴を履き、高い襟が流行すると、耳まである襟をつけ、学問的な講演を聴くことが流行すれば、講堂以外の場所に現れなくなる、など。このように、彼は所与のクラス集合の質的に共通な特性であるような要素を量的に強めることで、明らかに個性的なものを表現しているのである。
>
> 　　　　　　　　　　　　　　　　　　　　　（Simmel, 1971/1904, p. 305）

　より正式な専門的な言い方をすると、社会的に受け入れられている以前の習慣（クラス X）が、新しいファッション（クラス Y）に置き換えられ、それらは

個々人に特有な形 {y1, y2, y3, ..., yn} でさまざまな人によって実践されるようになるのである。Y の異なる個々のバージョンは、公的に観察されたり、私的に想定されたり、ゴシップを通じて公にされることもある。これらの形態の中には、X のいくつかのバージョンに慣れた人々にとっては、新しく魅力的なものに見えたり、あるいは未知の忌まわしいものに見えたりするものもあるかもしれない。親世代は、思春期の子どもたちが熱狂的に社会で実践している新しいファッションを非難するという共通の語り口調を展開する。さらに、Y を支持するグループの中でも、新しいファッションの異なるバージョンが社会的に受け入れられる境界線を「超える」ことがあり、ここで流行に流されやすい人の検出が行われるのである。新しいファッションの拒絶（X から Y への視線）と、「新しいファッショナブルな」大衆による流行に流されやすい人への皮肉な却下（例えば、y1 と y2 から yn への視線）の**両方**が、**緊張感のある対立**を生み出し、新しいファッションを実際に強固なものにするかもしれないのである。

　社会的な区別はあらゆる方向からなされ、情感的に印づけられる。流行に流されやすい人は自分が最もファッショナブルな人間であると考え、同じファッションの普通のフォロワーは皮肉をもって彼を見るが、それでもそのファッションは評価する。「昔ながらの」人々は、「流行を取り入れる」人々を、思索的な、あるいはゴシップ的な批評で見ている。しかし、あらゆる側面から、社会的区別が強化され、緊張が生み出され、維持されるのである。

　このようなファッションによる社会生活の変化の具体例として、1990年代の「ヒップホップ」スタイルの創発が挙げられる。衣服はどんなに豪華であっても身体にフィットしていなければならないという古典的な衣服の慣習は放棄された。ヒップホップ・スタイルでは、だぼだぼしたズボン、前後ろ逆に着ることも多い特大サイズのシャツ、衣服の領域を完全に逸脱した衣服に取り付ける装飾品（目覚まし時計など）などが流行した。下着を隠すという社会的規範が逆転し、ローカットや低めに着用されたズボンから、人々は身体を覆う表面の下の層にある下着を新たに露出することができるようになった（図 10.1）。

　この新しいファッションは、1世紀前であれば、それを身につける者は誰でも流行に流されやすい人と認知されていただろう。しかし、集合的な社会運動として（ラップ音楽の伝統と結びついている）、それは、若い世代と古い世代を並置した集合的な誇大広告を生み出した。ハイファッション[1]のメーカーは、この新しい「若者のトレンド」をマーケティングの機会としてすぐに認識し、デザイナーズ・バージョンを提供することでそれを 増 幅 させた。衣服の伝統との緊張関係は、直接的に対立するものであり、うっかりしてというよりはむしろデザイ

221

図 10.1 古い常識を打ち破るファッション：親密さの地下から生まれた下着

ンによるものだった。

> ヒップホップのシステムの記号は、衣服に関する記号も、習慣や行動によって構成される記号も、事実上すべて「間違っている」と理解することができる。サイズの合わない服を着ることは間違っている。アパレルアイテムを後ろ向きに着ることは間違っている。目覚まし時計を身につけることは間違っている。値札をつけているのは間違っている。故意に下着を露出させることは間違っている。 (Morgando, 2007, p. 142)

　もちろん、ここでの誇張されたファッションの普及には、同時にその反対、つまり非-間違い（「正しい」「魅力的だが過剰」「許容できる」などを含む）とされるものは何かを明確にすることを必要とする。

　軍用品店で買った適切なサイズの軍用迷彩服のズボンを履くことは、非-間違いに属するだろうか？　ビジネススーツも同じような運命にあるのだろうか？これらの問いに対する答えは、どのレベルの分析を求めるかによって異なる。アルマーニ・ブランドのだぼだぼしたズボンを購入した後に値札を切り取らず、目覚まし時計を装飾として取り付けるという決定は、その着用者にとって、**個人的**<>**集合的**文化領域（第9章で議論）における交渉行為である。社会全体がどのように機能しているかを理解するためには、個人的な両価性（あるいはそのイデオロギー的に克服された形態）とまったく同じ行為が、**暴力**<>**非-暴力、権力**<>**非-権力、貧困**<>**非-貧困**の対立の間の緊張を交渉するものとなる。

　いかなる社会でも、いつの時代においても、ファッションはイデオロギー的に中立ではない。現代におけるハイファッションの理想への固執に対する批判は、主に社会的不平等の言説に基づいており、何世紀にもわたって対応してきた。も

ちろん、当時は物質的な問題ではなく、精神的な問題に関わるものであった。
1600 年頃のフランドルの道徳的言説（Luijten, 1996）では、最新のファッション
に身を包み、鏡の中の自分を見て多くの時間を過ごす人の魂を捉えるのは悪魔の
イメージであると言われていた。

ファッションデザインにおける超常性

　ファッションデザインにおける誇張の役割は、ハイファッション・ショーで最
も顕著に見られる。これらのショーのために準備された「奇抜なファッション」
のほとんどは、日常では明らかに使えないものであり、それこそがそれらの機能
なのである。これらのモデルは、観客を魅了する「はるか彼方」のゾーンを作り
出し、観客はその後、そのファッション・ブランドの衣服に身を包むことが期待
される。ファッションの地平線は、それに向かう動きの舞台となる。ハイファッ
ションとの個人的な対峙は、ネガティブに香りづけられた反応（壁象^{ゲーゲンスタンド}に関連
した行為）を引き起こすかもしれないが、それでもファッションディスプレイや
日常の商業的な類似品への興味を継続させることができる（と期待される）。例
えば、アメリカに留学中の韓国人学生は、ファッション雑誌の愛好家であると自
称しているが、自分のスタンスを次のように説明する。

> インタビュアー：雑誌はどんなものを見ていますか？
> インタビュイー：美容とファッションが好きです。でも、「ヴォーグ（Vogue）」
> 　や「エル（Elle）」はとても難しい。モデルのように着こなそうと思ったら
> 　無理。でも、最近のモデルがどんな感じなのか見るのは好きです。
> インタビュアー：なぜ無理なのですか？
> インタビュイー：あれは全部高いし、それに、あの手の雑誌に載っている
> 　ファッションは、実際には過激なものが多いんです。学校や職場であのよう
> 　な露出度の高い服は着られません。不可能ではないけれど、とても難しい
> 　し、そんな姿にはなりたくない。でも、もっとまともな服もありますよ。こ
> 　れらは私が好きなものです。　　　　　（Thompson & Haytko, 1997, p. 33）

　この若い韓国人女性の内省は、ファッション・ショー（キャットウォーク[2]か
らファッション雑誌まで）が生み出す誇張に関わる基本的なプロセスを例証して
いる。ファッション・ショーは、普通の人が努力できる（もちろん決して到達で
きない）外側の境界域（地平線）を明示的に標しながら、普通の人の想像力をい

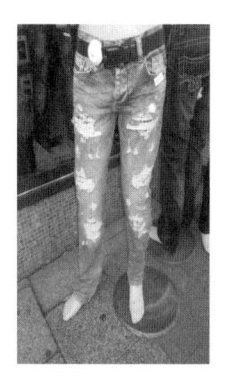

図 10.2　標準的な服装：ダメージジーンズ

つもの、ありふれた、期待できる、アクセス可能な領域から意図的に「押し」（あるいは「引き」）出すのである。その人（彼／彼女）は、異質な空間で楽しむためにこのような誘いに乗り、興味を持ち続けながら、両価性を保ちつつ新しいファッションを見に戻ってくる（「高価」「過激」「露出過多」→私には合わない→「でも私に合うちゃんとした服もある」→次回も見よう！）。ファッション業界は、不可能なイメージを作り出すために資源を費やすことで、その可能性を促進する。

　ファッションの誇張は、必ずしも構築的なものばかりではない。破壊もまた、注目を集めるために使われる行為であり、ファッションの日常的なバージョンにおいて典型的な例となることさえある。これは、滅びの美学（第1章と第7章で説明したとおり）の原則に従ったものである。「破れた服」を着るファッション（図10.2）は、そのような誇張の一例である。

　人間活動の領域としてのファッションは、それゆえに、絶えず新しい対立（「古い」対「新しい」ファッション、「まともな」対「下品な」ドレスなど）が構築されている闘技場（アリーナ）である。これは、美的な誇張を通じて行われ、**豊穣化の径路**（下記）を通じて、人の目標設定システムに組み込まれる。私たちの例が示すように、新しいイメージの構築の過程で破壊を利用することができる（「ダメージジーンズ」）。

区別の境界で生まれる緊張

　話はシンプルである。私たちは区別を行い、互いに区別された現象の統一が緊張をもたらす。その中には、今日の自分の服装の両価性、レストランのメニュー

図 10.3　大きな緊張感：聖アントニオスの誘惑（Felicien Rops, 1878）

を見て何を食べるか、天気の変化にどう心を乱されるか、という「小さな」緊張
のクラスがあると考えられる。それらはすべて現実のものであるが、些細なこと
である。しかし、「大きな」緊張もあり、それは生涯にわたってその人（彼／彼
女）をとらえ、あるいは何世紀にもわたって社会構造を捉えるかもしれない。そ
のような緊張は神話の物語となり、世代から世代へと伝わり、さまざまな言葉や
絵の形で符号化される（図 10.3）。

　人生における「大きな」緊張は、もちろん、ファッションに関する交渉で見ら
れるものよりも、より深遠で劇的なものである。キリスト教に改宗した青年が、
女性のイメージが示唆する罪深い活動への興味を抑えるための努力は、ヨーロッ
パの宗教的道徳の歴史の中で扱うのに骨が折れるものとなってきた。このような
緊張は、やがてヨーロッパ大陸全体を支配し、宗教戦争や魔女の火あぶり、果て
しない改宗努力を引き起こすことになる禁欲的な宗教宗派が示唆するもので、若
き日のアントニオスは、その個人的文化体系に入り込んでいたのであろう。彼は
禁欲的な修道生活の究極の例となることでこの緊張を解き、「砂漠の教父」の伝
説[3]は、何世紀にもわたって伝えられる定番の神話の 1 つとなった。

　人間の成人の道徳的行動が社会的に示唆されているように、個人的文化の引き
金となる緊張は、その人がどこにいてもつきまとうようになる。誰でもその人
が、複雑な個人内対立を構築しているのを観察することができるが、それは交渉
という集合的文化の領域の外部に完全にとどまり（コラム 10.1）、内なる無限の
秘密の中で維持され、苦しみ、そして場合によっては解決されるかもしれないの
である。

コラム 10.1　欲望と禁欲の狭間で：抑えられた罪悪感

(Thomas, 1923, pp. 14-17)

　「私は 25 歳の若い女性で、結婚して 7 年になります。私にはよい夫と 2 人の愛する子どもがいて、素晴らしい家族に恵まれています。思いがけない不幸が私の人生に入り込み、私の幸せを破壊するまで、私はとても幸せでした。……」(p. 14)

[出来事：3 年前、夫のいとこが彼女の家に住むようになった。彼は町で仕事を見つけ、家族と一緒に暮らした。]

　「彼は 4 か月間、私たちのところに滞在しました。最初の 3 か月は、彼のことをまったく考えていませんでしたが、最後の 1 か月になると、私の心は彼のことを思うと高鳴り始めました。それは私にとって新鮮な感覚であり、この魅力の意味するところが分かりませんでしたが、私は自分にこう言いました。私は夫と子どもたちを愛しているのに、なぜ夫のいとこにこのような奇妙な魅力を感じるのだろう？　この感情を呼び起こすために、彼が私に何かしたに違いないと思ったのです。幸いなことに、その若者はすぐに職を失い、どこか遠いところへ去っていきました。私は彼を恋しく思いながらも、その旅立ちを喜びました。」(p. 15)

[2 年がたち、彼女は夫との円満な生活を取り戻した。ある日、夫は彼女に、いとこが戻ってくることを告げた。]

　「私は、**このままでは暗雲が立ちこめてくると思い**、夫に、私が体調を崩して他の家族の世話をすることができないという口実で、彼の親戚のために私たちの家以外の宿を見つけるよう依頼しました。しかし、夫は私を責め、親戚に配慮が足りないと咎めたので、私はやむなくその人がうちに滞在することを認めざるをえませんでした。」(p. 15)

[彼女は日常生活の中で、そのいとこに無関心であろうとした。彼女はほとんど彼に話しかけず、近づきもしなかった。]

　「このような努力にどれだけの犠牲を払ったかは神のみぞ知るところですが、**私は全身全霊を傾けて、心の中の忌まわしい気持ちと戦いました。**残念ながら、夫は私の振る舞いを、もてなしの心が欠けていると誤解してしまったのです。その憤りから、私は口論を避けるために、彼の親戚に対してもっと友好的な態度をとらざるをえませんでした。この後の展開は、容易に想像がつくでしょう。親しみから愛へと移行し、彼が私の心を占め、他の誰も私にとって存在しないものとなりました。」(pp. 15-16)

［問題を克服するために、彼女はいとこに告白し、彼に去ってくれるように頼んだが、彼はそれをしなかったし、彼女に友好的になった。］

　「私は、彼が私との親密さを増していることにほとんど気づかないほど、彼を強く愛しはじめていました。そしてその結果、私は夫のいとこを父親とする子どもを出産したのです。……

　このことが私にもたらした不幸の百分の一も、あなたに説明することはできません。私はいつも**不貞な妻**をこの世で最悪の生き物と考えていましたが、今では私自身が堕落した女になってしまったのです。……考えただけで気が狂いそうです。……夫はもちろん、この事件のことは何も知りません。子どもが生まれたとき、彼は最近亡くなった親戚の名前をつけたがっていましたが、……私は**それが亡くなった親戚のお墓を冒瀆しているような気がして。**大量の涙の後、私は最終的に自分の親戚の名前を子どもにつけるように説得しました。」(p. 16)

［女性の日常生活は精神的な苦行に満ちていた。］

　「1週間のうち毎日が私にとっての苦悩の日であり、毎日、地獄の責め苦を感じているのです。……私の子であっても、夫の子ではない子どもに対する夫の優しさには耐えられません。夫が子どもにキスをすると、私の胸に熱い石炭が落とされたように、私を焼くのです。夫が赤ん坊を呼ぶたびに、誰かが私のような卑しい生き物に投げつけるおなじみの蔑称を耳元で叫ぶのが聞こえます。……そして夫が子どもを腕に抱くたびに、私は夫に恐ろしい真実を告げたくなります。……そして私は苦しみ続けるのです。」(p. 16)

［彼女は子どもの顔立ちを絶えず観察し、いとこに似ていることが発覚するのを恐れ、またそのようなことが発覚して夫に見捨てられるのを恐れている。］

「私は自分のことより、子どもがそのような子どもたちに与えられる名前の烙印を押され、それがその子の残りの人生に汚点を残すことになるのではないかということを心配しているのです。……この恐怖のために、私は**夫に自分の罪を**明かせないのです。しかし、私はいつまでこの苦痛と惨めさに耐えることができるでしょうか？」(p. 17)

　コラム 10.1 で観察される道徳的緊張は、正と負のフィード・フォワードループが絡み合っている点で、注目に値する（しかしごく普通の）ものである。ある構築された意味が他の意味を抑制し、並行する感情が互いに影響し合い、秘密が維持される。最初に、中立的な出来事であるいとこの同居が、彼に対する好意的な感情が現れると同時に緊張に変わり、緊張が高まるにつれて「不倫はいけない」という道徳的要請の境界防衛を引き起こす。いとこが去り、この緊張は解消される（彼女は彼が去ったことを喜ぶとともに恋しく思う）。いとこが戻ってくると、それを阻止しようと努力するが、それは周囲の誰にも理解されず、それゆえ尊重されず、以前の緊張状態（「彼を愛する」<>「不倫をする」）が再開することになる。いとこに助けを求めても、そのジレンマは解消されない。むしろ、子どもが生まれるまでは、「不倫」よりも「彼を愛すること」が優位に立つという、別のジレンマになる。夫の血筋とのつながりを避けるために、赤ん坊に名前をつけるというドラマから始まり、彼女は、彼女自身の個人的文化の中で永続的な緊張状態に入り込み、（社会学者以外には）誰にも彼女の中の緊張状態を知らせないのである。夫の子どもに対する肯定的な行動は、否定的な自己対話（「私」<>「不貞な妻」）を引き起こし、愛する夫に対しておおっぴらには説明できない感情の爆発を引き起こす可能性がある。このような人間の生活における対立の統一の例は、おそらく比較的極端なものである。しかし、これは私の中心的な主張を紹介するものである。人間の生活は、対立を生み出し、その間にさまざまな種類の対立を引き起こし、さまざまな方法でそれを解決することによって営まれている。

一般的な理論的焦点：対立するものの緊張的統一

エフェソスのヘラクレイトス（前 535-前 475）の時代から、弁証法的哲学体系において対立するものの統一は認識されてきた。しかし、その認識は通常、アリストテレス論理学の排除された対立物に統一を分割することとは対照的に、その統一を主張する方向に向けられてきた。18 世紀末のドイツにおける自然哲学の台頭とともに、この対立の統一は矛盾と見なされるようになった。このような矛盾を克服しようとする考え方は、社会（18 世紀と 19 世紀の変わり目におけるザーロモン・マイモン、ヨハン・ゴットリープ・フィヒテ、ゲオルク・ヴィルヘルム・ヘーゲル）や心理学（Riegel, 1978; Valsiner, 2012; Kuczynski & DeMol, 2014）における発展的現象の説明として提案されてきた。対立するものは同じ全体の一部であり、統合されている。この関係は、対立するものの間の緊張に動態的に開かれており、それがある状況下では全体に新たな状態をもたらすかもしれないのである。このような動態的なシステムを通して、人間の精神はどのように作用しうるのだろうか？

緊張の調整：枠組化と豊穣化

2006 年（Valsiner, 2006b）から、記号的媒介は 2 つの平行した、相互にフィード・フォワードする径路、すなわち、**枠組化**と**豊穣化**に沿って機能すると私は主張してきた。前者はよく知られている。概念の形成、分類、意味の固定化という形での枠組化は、経験づけの流れの中に、相対的な安定をもたらす。このようなカテゴリーに基づく意味形成の方法は、哲学者、美学者、言語学者、論理学者、そしてごく普通の人々の通常の活動領域である。経験の複雑さをカテゴリーに還元することは、認知経済の戦術であり、私たちの常識の中心的な部分である。それはまた、最も目につきやすい、よりよく言えば、耳につきやすい部分でもある。

言語的象徴（シンボル）の均質化の役割は、言語の還元的な抽象性を回避する複雑な記号の創造と使用による異種混交化の役割によって打ち消されるのである。**豊穣化**は、他の現実（または非現実的な設定）を表す**豊穣化**[1]（超豊富な現実の描写）の創造と使用であり、枠組化とは逆の方向に作用する。それは、世界に関わる美学のあらゆる側面に存在するのである。ミェチスワフ・ウォリスは次のように説明している。

> 枠組化は、多くの民族のピクトグラム、交通標識、科学的著作の図表、子ども
> の絵、クレーやデュビュッフェのような近代画家の作品に見られる。豊穣化
> は、15世紀のオランダ絵画、17世紀のオランダの静物画、19世紀の自然主義
> 者や20世紀のシュールレアリスム[4]の絵画、そして多くの写真や映画に見ら
> れる。 (Wallis, 1973, p. 487)

　このように、ある対象の直感的な知覚は、元の対象**よりも**細部の豊かさに欠け
る（枠組化）か、あるいは詳細が**より**豊かになるか（豊穣化）のどちらかになる
のである。このようにして、類像、指 標、象徴のハイブリッドである複合的な
記号が現れる。建築では、バロック[2]やロココ[3]の様式は、典型的（枠組化して
いる！）な豊穣化の例を提供している（図10.4参照）。

　現代の生態心理学[5]から見ると、建築における誇張された美化の伝統の創造
（例えば図10.4）は、心理学においてジェームズ・ギブソンが提唱した「情報
ピックアップ」に、すぐに活用できる情感的意味システムを挿入する行為である
と言えるだろう。このとき、私たちの視覚認識システムは、誇張された目に見え
る形態に大量にさらされ、私たちの精神は、単に実用的な全体像を組み立てるだ
けでなく、視覚の流れの中ですぐに知覚できない価値まで情感的に一般化するよ
うに導かれる。人間の精神が持つ豊穣化のメカニズムは、人間の言語の分類機能
を通過させることによって、意味や複雑な記号を作り出すことができる（下記の
図10.7を参照）。

　人間の精神には、枠組化と豊穣化の間の緊張が常に存在し、それは対立するも
のの統一を認めている。精神科医と見込み患者との出会いを考えてみよう。精神

図10.4　レッチェのサンタ・クローチェ聖堂のファサード

科医は、枠組的な結論に到達する。

> 「あなたの悩みは、だいたい年齢相応のものだと思います。」
> これに対して、患者は侮辱されたような気持ちになって、こう答えた。：
> 「私は標本ではありません、私は私です、他の誰でもありません。」
>
> （Maslow, 1960, p. 176）

　患者は、あるカテゴリーに還元されるのではなく、彼／彼女の全体性において治療されることを望んでいる。患者は医師に対して、その人特有のケースを類似のカテゴリー（すなわち、枠組化された解決策）に当てはめるのではなく、その人に固有の問題を完全に豊穣的かつ枠組的に理解することを求める。

　豊穣的記号は、記号によって描かれる特定の対象を全体的に超越することによって、描かれるものの一般化された概念を提示する（図 10.5 参照）。枠組的記号とは対照的に、豊穣的記号は、それに接するすべての人が、その記号が示唆する方向に、その記号の特定の解釈を導き出すことができることを保証している。ここでいう一般化とは、曖昧で、域的で、大まかなものである。それは正確に言葉にすることはできないが、いくつかの言葉はその側面の一部を反映している（枠組化が豊穣化をサポートする）。ある人が新しい文脈でどのように豊穣的記号を変容させるかは予測できない。記号の方向性の影響が達成される限り、特定の変容は問題ではない。なぜなら、個人の多様な行為に関するほとんどの社会的交渉において問題となるのは、人間の振る舞いの方向性だからである。

　ある行為領域における特定の種類の対象（例えば、墓地の墓石、スーパーマー

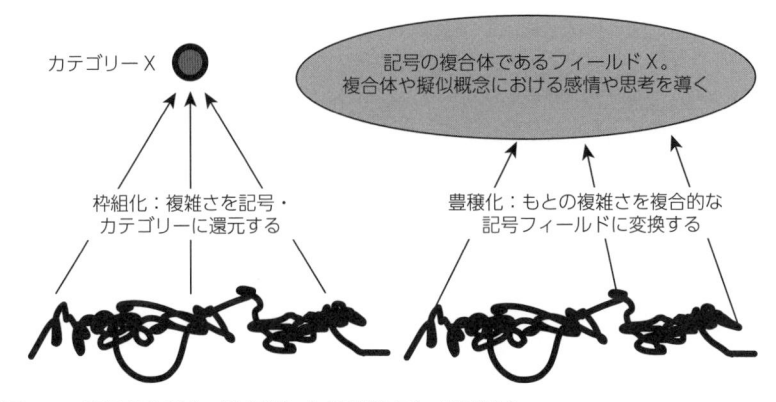

図 10.5　記号的均質化（枠組化）と異種混交化（豊穣化）

図 10.6 メッツ大聖堂（フランス）の装飾された入り口

ケットや店のウィンドウに陳列された商品）の多さを振り返ると、特定可能（か
つ分類可能）な対象が豊穣的な場の文脈にどのように組み込まれているかが分か
るだろう。もし、普段の生活で、行為が迅速かつ効率的に行えるのであれば、儀
式の場面では、動作がゆっくりと誇張され、また高い冗長性をもって提示される
ことが観察されるかもしれない。

　例えば、私たちの建物の建築において、入り口はそのような移動の径路を示す
ために重要である。私たちは豊穣的な印づけを多くの機会に見いだす——入り口
の周囲に作られる華やかな装飾を考えてみよう（図 10.6）。入り口に向かって移
動する（あるいは通り過ぎる）人々は、常に周辺視野に豊穣的記号を入力してい
る。教会や寺院の入り口に向かって移動する人々（彼／彼女）には、視野の周辺
にある意味のある視覚的パターンの流れが「迫り来る」のである。

　巡礼は、ほとんどの宗教で推奨されている歴史的に重要な活動である。それ
は、意味のある対象で満たされた環境の中を長期にわたって移動することを含む
（Beckstead, 2012）。巡礼者にとって、遠くから巡礼の対象を初めて見たときか
ら、実際にその場所に到着するまでの移動は、巡礼の目標に対して作られた意味
を通じて輔助された経験である。「私の目の前にある川は、ただの川ではなく、
母なるガンガー（ガンジス川）なのである」。ここでの枠組化は、豊穣化によっ
て支えられている。逆もまた可能で、「ここは神聖な場所である」と知ること
で、（目に見える印はないが）豊穣的な雰囲気を呼び起こすことができる。

媒介のレベルおよびと豊穣的記号と枠組的記号の範囲

　豊穣化された記号世界は、不確実な個人世界の要求に絶えず事前適応する手段
として、分化と脱分化の精神的プロセスを支えている。豊穣的記号は、枠組的記
号よりも柔軟であり（図 10.5）、一般化のプロセスにおいて枠組的記号と関係を

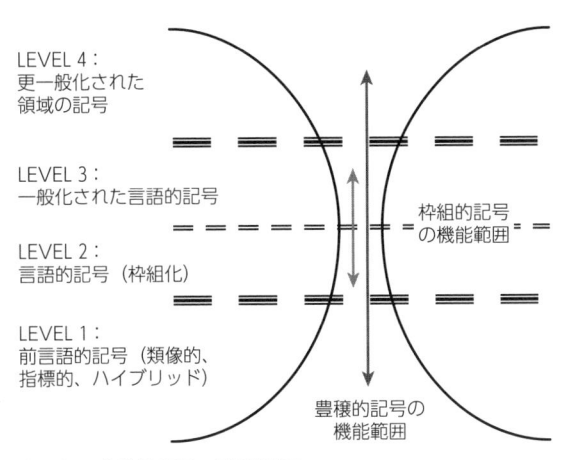

図 10.7　枠組的記号と豊穣的記号の影響範囲

持つ（図 10.7）。

　豊穣的記号は、それに対応する枠組的記号（言語的な記号）よりも、記号論的な自己調整システムに対してより広い範囲の適用可能性を持っている。提示された現実に対する言語的――象徴的――符号化は、人間の心理機能の最高レベルではなく、レフ・ヴィゴーツキーの流れを汲む思想家たちが想定してきたように、中間レベルのものである。話をする、文章を書く、聞く、読むなど、言葉による情報伝達は、間違いなく私たちの日常活動の大部分を占めている。それは、個人間のコミュニケーション・プロセスにおいて中心的な役割を担っている。しかし、その**枠組的な径路**による一般化の機能には限界がある。その径路を通る最大の一般化は、豊穣的な文脈から抽出された点的記号のような一般化されたカテゴリーに到達することである。後者は、すべてのレベル（図 10.7 ではレベル 1〜4）において、私たちの意味形成に柔軟に寄り添うことができる。

　最高レベルの記号的媒介である更一般化された記号（レベル 4）は、その主張の完全性の面で、言語表現**なし**で機能する。豊穣的記号は、複雑な社会的・個人的問題を、言葉を介することなく（例えば、沈黙の瞬間の言葉）、あるいは言葉による自己対話によって、瞬時に理解することを可能にする。「これは理にかなっている！」というような自己省察は、そのようなレベル 4 の現象の事例をレベル 3 の言語化に翻訳したものである。同様に、豊穣的記号は、言語による経験の分類の可能性に先立って、即座に直観（レベル 1 の現象）を働かせることを可能にする。過去に同じような状況に遭遇したときの全体的な記憶のイメージの豊かさは、言語（象徴）を介することなく、レベル 1 において豊穣的記号として作

用することができる。もちろん、言葉は人間にとって重要であり、「私を知っている」彼／彼女の愛犬の「賢明な」行為を雄弁に語ることができるかもしれないが、このように語られた行動は犬自体にとってレベル2（あるいはレベル3）の記号的媒介の可能性を欠くことになるだろう。

豊穣的な径路：自己の隠された側面

　経験の豊かさが増すにつれて、豊富な豊穣的記号が形成され、その豊かさに対処するために、枠組化が必要となる。枠組的抽象化は、経験的な側面の新しい豊かさの創発を導き、さらに新しい豊穣的記号を生み出すことになり、それは枠組化を通じてその記号的な豊かさをさらに抽象化することにつながる。このような相互のフィードフォワード・ループの結果、同一の記号論的エージェントにおいて、枠組化（一般化されたカテゴリーによる抽象的理解——図10.7のレベル2の現象）と豊穣化（レベル4）の両方が展開されることになる。

　図10.8は、豊穣化と枠組化の関係を示している。絵画に関する物語を作る方法は複数あるが、シュールレアリスムのジャンルのものはより難しく、写実的な絵画では簡単である。しかし、言語化された物語では、そのイメージの全貌を伝えることは決してできない。彫刻、音楽、詩など、豊穣的な領域への別の符号化は可能である。

　言語的なチャンネルは、誤解を招く可能性がある。第一に、絵画に題名をつけること自体が、すでに画家による枠組的な努力であり、意図的にせよ偶然にせよ、誤解を招く可能性がある（例えば、第9章を参照：図9.3は「巻き髪」と名づけられている一方で、視覚的には描かれた女性の裸の背中の圧倒的な美しさに焦点が置かれている）。このように、画家は鑑賞者とゲームをするように、作品に名前をつけて（枠組的）、作品全体における画家の目的（豊穣的な理解）を隠

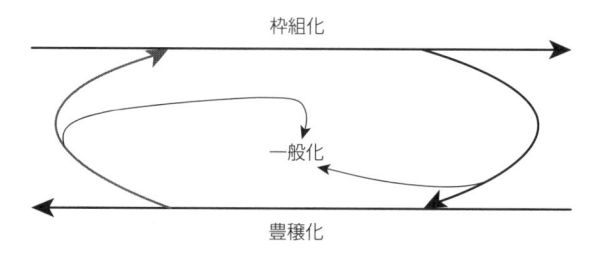

図 10.8　枠組化と豊穣化の相互依存性

してしまうことができる。第二に、芸術は、世界と関わる情感的な美学が前面に押し出されるメディアである。したがって、ある芸術ジャンルに分類のラベルをつけるだけで、言語化されていないメッセージと対立してしまうことがしばしばあるのである。

緊張の一般化：枠組的径路と豊穣的径路はどのように一緒に作用するのか

枠組的な記号化径路と豊穣的な記号化径路の関係は、相互依存的で相反する方向にある２つのプロセスの相互フィードフォワード・ループとして描くことができる（図10.8を参照）。両者の径路は非可逆的な時間の中で並行して、両者の動態的な調整を伴う意味形成に至る。その調整過程の中で、一般化の瞬間が現れる。これらは、枠組的（新しいカテゴリーの発明、あるいはカール・ビューラーが人間の内観で発見した「アハ体験（Aha-Erlebnis）[6]」）、あるいは豊穣的な種類の新しい一般化された記号を生じさせることができる。その場所についての全体的な感情は「居心地がよい」と表現されるかもしれないが、そのラベルはその感情の全容をカバーするものではない。

緊張と維持、そして変容

枠組化と豊穣化の統一は、非可逆的時間の中で、未来と過去[4]の境界で機能する生物の不確実性によって保証されている。人は常に、既知のもの（例えば、私の個人的な感覚システム——**これまでの私の人生経験に基づく主観的な意味**）と、個人的にはまだ知られていないが、記号論的装置の使用を通じて他者から社会的に示唆されているものとの境界線上にいるのである。

モノローグからダイアローグの視点へ：すべての記号には対抗記号がある

私たちの支配的かつ認知的に経済的な考え方や他者とコミュニケーションする方法は、枠組的径路を優先させている。私たちは議論において、少なくとも私たちにとっては「論理的」であり、カテゴリーや論理的スキームを用いて、これらの用法に従った議論を行っている。しかし、私たちはしばしば、論理的で合理的な考えが、深い非合理的な文脈に囲まれていることを発見する。私たちの考え方は「非論理的に論理的」なのである！

過去２世紀にわたる認知科学における主要な認識は、たとえそれが直接目に見えないとしても、対立が存在するというものである。私たちの実際の精神は、カ

テゴリーというよりもむしろ関係で動いている。したがって、私たちの科学的言語使用は、文脈から切り離された枠組的なカテゴリー（A）から対立するもの（A と非-A）の統一へと移行する（Josephs et al., 1999, および本書の第7章を参照）。

このような科学的言語における概念の変化は、現象を説明する私たちの方法にも影響を与える。それは、もはやカテゴリーの決定（例えば、「この子は**安定愛着型**である）ではなく、反対側との関係によって決定される（「この子が**安定愛着型**の状態であると見えるのは、**関係 X** との**不安定な愛着**の結果である」）。そして、適切なカテゴリー割り当て（枠組的径路）に関する言説から、クルト・レヴィンの用語を使えば枠組的径路と豊穣的径路に関する状況発生的関係（Lewin, 1927）の精緻化へと研究の焦点が移るのである。

神秘的な「関係 X」は、明確に特定できる特徴を持つ。

①それは A と非-A との関係である（後者は特定される必要はなく、関係づけの過程で特定されて現れることもあるし、以前の出来事によって重ね合わされることもある）。

②この関係はさまざまな形をとることができる（A が非-A を「抑制」する、あるいはその逆。ニールス・ボーアの「相補性原理」のように A が非-A と一致する。A と非-A が緊張状態にあり一方が他方より優位に立つ、あるいはその逆など）。

③A と非-A の間の緊張は、さまざまな種類のものがある（相互供給（mutual in-feeding）[7]維持——Valsiner, 2002; 増 幅（エスカレート）——相手の「犠牲」の形をとる。脱-増 幅（エスカレーション）、あるいは新たな緊張を伴う新しい対立に変容する）。

④緊張の最終形態は、それまでの関係（A<>非-A）を新しい関係（B<>非-B）に変容させるもので、連続的か非連続的かのどちらかである。メビウスの輪は、図と地（「奥」と「手前」）が相互に接続され（システムの一部として）、絶えず位置を交換し合う[5]。このような永遠の動態性（ダイナミクス）は、相反するものの間の調和のとれた緊張を伴う（例えば、中国の伝統的な哲学における陰と陽の統一）。

⑤移行の非連続的な形態は、形態そのものや、非可逆的な 破 裂（ラプチャー）であったり、または弁証法的な総合の新しい形態であったりする。

「短絡」の比喩

　弁証法的志向の思想家は、人間の生活過程において、過去の矛盾を弁証法的に克服する適切な記述を見つけるのに苦労してきた。放電の比喩である「短絡」は、レフ・ヴィゴーツキーによって、本来の緊張を否定し、消滅させる方法の1つとして選択されたものである。ヴィゴーツキーは、作家が言葉の使い方によって、読者に更一般化された感情を作り出す方法に深い関心を持ち、ロシアの寓話（イワン・クリロフ作）の読者による意味構築を理解することにそれを適用しようとした。彼の言葉では次のようになる。

> 　寓話のカタストロフィ（またはポワント[8]）とは、寓話の最終局面で、対比や矛盾が極限まで追求され、寓話の過程で蓄積された情動が放出されることである。そこで、**あたかも2つの相反する流れが**短絡**するように、矛盾が**爆発し、燃え上がり、**解決する**。……このとき、寓話は最後の、最高の努力で自分自身を集め、一撃で情動的な対立を解決する。
>
> （Vygotsky, 1971, p. 142, 1999, p. 138, 強調はロシア語原文による）

　しかし、電気の領域は、弁証法的総合に現れる「ジャンプ」を説明するのには適していないかもしれない。「短絡」は既存のシステムを破壊するが、それを革新することはない。ヒューズが切れても、その代わりに新しい（より良い）ヒューズが発生するわけではなく、電気器具の使用者はそれを同じようなものと交換しなければならない。「短絡」の比喩は、破裂（修復はしないが、修復は可能）には適合するが、新しい緊張を作り出すプロセスには適合しない。

　スタイナー・クヴァール（Kvale, 1976, p. 90）は、複雑な弁証法の意味について、人間の状況に適用した場合の特徴を示しており、さらに検討する価値がある（太字はクヴァールの要点を要約したものである）。

①**弁証法**[9]**は、発展をもたらす質的な変化を研究する学問である。**弁証法的観点では変化<>発展の関係が重要であるが、本質主義的観点ではこれらは取るに足らないものである。存在論的には、後者を理解するのがいかに困難であろうとも、現象はその**本質**を表す特定の形態で存在する。本質は均質で、一元的なものであり、事実上、所与のクラス内のすべての標本を等しく代表するカテゴリーであると公理的に考えられている。すべてのエストニア人は、静的で、存在し、因果的に機能する（行動を生み出す）何らかの「エストニア的なもの」を持っていると考えられる。この視点は心理学で広く用いられ

ており、人格や文化（例えば、異文化心理学において）がそのような本質から構成されていると仮定している。対照的に、弁証法的視点は、安定しているように見える（したがって分類可能な）あらゆる現象に変化をもたらすことを公理的に仮定している。

②**弁証法においては、成立途中の状態（status nascendi）は現状（status quo）よりも優先される。**分析の焦点は、すでに現れたものや存在しないものではなく、創発するプロセスにおかれる。

③**弁証法は、相互に矛盾を抱える側面を含むある現象の内部関係に着目する。**現象は全体と部分からなる動態的な構造を持っていると推定される。このような2層の構造の描写があって初めて、**内部関係**を語ることができる。存在論的カテゴリーとして描かれた現象（例えば、「エストニア人」）には内部関係はなく、さまざまな本質の間には外部関係のみが想定される。このため、心理学では、外部関係を定量化した指標を、内部関係にも同型的に適用されると想定されるモデルに転化する相関的アプローチ（Valsiner, 2014）の有用性が受け入れられている（Valsiner, 1986）。

④**弁証法は、観察する主体と観察される現象の相互依存性を強調する。**ここでは、全体における部分間の収縮という弁証法的な焦点が、研究プロセスそのものに適用されている。研究者と研究対象者（最近では「研究参加者」と呼ばれ、研究者も研究の一部であるという事実に焦点を当てていない）は共同で「研究上の出会い」に関与しており、その関係は、研究手続きに対する応答の交渉過程におけるさまざまな目標の違いや矛盾に開かれている。

⑤**弁証法は、矛盾を通した変化に現象の本質があると考える。**本質主義思想から借用できる本質の概念（上記①参照）が何らかの理由で理論的に重要であるとすれば、それは矛盾への着目を通じて再定義される（上記③参照）。

⑥**弁証法は、具体的な状況の具体的な分析に焦点を当てている。**この点が、弁証法における2つの方向性の違いにつながっている。第一に、ある現象の中にある具体的な矛盾の輪郭を描き、それを「弁証法的事実」として「研究文献」に残し、他の人が解釈し、利用する傾向があることである。この経験主義的な弁証法は、一般化の必要性から焦点を外し、局所的な知識の文脈依存性というポストモダニズムの信条を事実上支持するものである。これとは反対に、相反する側面として、ある現象における矛盾の具体的な分析に基づいて、一般化しようとする努力もある。例えば、18世紀末のフランス革命で生じた矛盾の基本的な動態的な構造が、21世紀の「アラブの春」の弁証法について、どのように一般化された知識を与えてくれるのだろうか？　この

ような一般化の可能性を歴史家が否定すれば、新しい国の新しい「春」はすべて具体的な現象であり、その中の矛盾は説明できても、結論は導き出せないことになる。

⑦**弁証法は、価値中立的な記述や理論の可能性を認めず、実践を通じて変革を達成することを目的としている。**ここに、弁証法的理解の最も大きな弱点があり、それは必然的に、それ自身の社会歴史的文脈に埋め込まれている。実践を通じて変化を生み出すという原則といくつかの価値観のバージョンにおけるその根拠への固執は、弁証法的な考えを利用しようとするすべての努力を自己破壊的なものにしている。重要な疑問が残っている。誰の価値観が使われているのか？　どのような意図で使われるのか？　誰によって？　ヘーゲルは、当時の社会的価値観を利用することで、局所的に大きな支持を得たが、彼の死後、その思想は終焉を迎えた。1920 年代半ばに弁証法的な言説を引き継ぎ、その反対である静的な正統主義に変えて自分たちの政策を支持したロシアの新しい共産主義的な権力者の価値観は、価値に基づく実践への焦点のもう 1 つの顕著な例である。心理学における現代の「アクション・リサーチ」は、「社会」を助けるというポジティブな価値への純粋な関心に基づいているが、「社会」のある部分の利益を他の部分に反して提供することになりかねない。どのような視点も「価値中立的」ではないという認識からの移動は、弁証法的な研究の視点が一元的に示された思想的価値に基づく必要があるということを意味するものではない。むしろ、すべての研究と実践の価値に満ちた性質は、研究者<>研究対象者のような弁証法的統一を構成している（上記④参照）。

明らかに、弁証法的な視点は、心理学や社会科学全般での応用よりも広い範囲に及んでいる。変化と発展は人間の意識と限られた人間のライフコースが関係しない他の開 放 系_{オープンシステム}でも起こる。銀河は生まれ、宇宙の変化が常に起こり、地球では氷の覆いが溶けたり成長したりする、等々。現代の弁証法的思考は、18 世紀末の自然哲学の発展から生まれたものである。しかし、弁証法的視点の有用性あるいは効用をめぐる言説的な争いをどのように乗り越えればよいのだろうか？

循環からの脱却：包括体系的動態性_{システミックダイナミクス}から弁証法的総合へ

既存の弁証法的な考え方の弱点は、具体的な実践に焦点を当てることが謳われているにもかかわらず、その具体性に欠けることである。動態的な安定性と革新

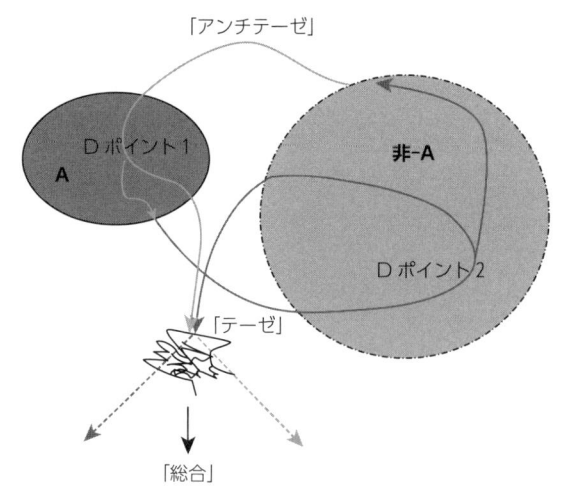

図 10.9　弁証法的総合のモデル

性の統一を概念化するために、どのように思考を進めればよいのだろうか。図 10.9 は、対立するものが全体の中に存在し（互いに作用し合い）、ある状況下ではその矛盾が新しい対立の総合をもたらすという弁証法的発想の拡張の一例を示している。

　それぞれの対極（A と非-A）は互いに動態的な関係で作動し、「移動すること」の道筋を提供する。したがって、テーゼの提起（**A→非-A** という動き、図 10.9 参照）は、最初の位置（A）とは反対のものを非-A という場の形で呼び起こす（Josephs et al., 1999）。その結果、今度は反対の位置づけ（「アンチテーゼ」：**非-A→A** の動き）が生まれる。後者は前者に食い込み、その循環は反復の連続に入ることができる。そうなると、「テーゼ」→「アンチテーゼ」→「テーゼ」のループは、メビウスの輪のようなものになる。調和的な緊張の上に、2 つの「転換点」（図 10.9 の D ポイント 1 と D ポイント 2）におけるプロセスの多様化によって、非調和的な緊張が生まれると、システムは新しい構造形態に移行することができる。

　D ポイントの概念は、そのプロセスを背景（その差異に対抗するという意味でそれぞれが他を「否定」する対立物の統一）として概念化することを可能にするものである。この背景は、対話的自己理論の文脈では、心理療法参加者の観念の流れに広く存在する「相互供給」（Valsiner, 2002）として捉えられてきた。しかし、それ自体では、何のブレークスルーにも到達していない。それは単に、総合

が構築できる基礎となるプロセスを構成しているにすぎない。実際の総合への動きは、A と非-A の両方における、最初の否定を「否定」する（マイモンやフィヒテの古典的弁証法思想でいうところの「二重否定」）並行チャンネルプロセスから生まれる。この不調和な緊張が、突然の質的飛躍である弁証法的総合をもたらすのである（図 10.9）。

二重否定の例：ユカギールのヘラジカ狩り

　レイン・ウィラーズレフ（Willersev, 2004, 2007）は、シベリアのユカギールの狩猟習慣について、猟師と獲物（ヘラジカ）の間に生まれる強調された関係（猟師の想像の中のヘラジカ）に焦点を当て、詳しく考察している。ユカギールの信仰によれば、狩人はヘラジカを模倣し、ヘラジカは猟師を模倣している。その結果、猟師は獲物を人間と見なすというアニミズム的な省察が生まれる。

　このような模倣の実践は、「二重の視点」を可能にする。猟師は動物の視点に立つことができるが、それでも動物を殺すのは人間の猟師であることに変わりはない。逆に、動物が猟師の視点に立つことも可能であると考えられている。概念的には次のようなものがある。

> 　……私と私でないものの奇妙な融合あるいは総合が、私でないものへと変化している。私はヘラジカではないけれど、ヘラジカでないわけ**でもない**。そして同様に、ヘラジカは人間ではないけれど、人間でないわけ**でもない**。……さらに、擬態の文脈で猟師が遭遇するのは、固有の個体としての動物ではなく、むしろ人の原型としての動物である。　　　　　　　　　（Willerslev, 2004, p. 642）

　このユカギールの「アニミズム」の分析は、戦争を可能にする心理的メカニズムの一例と言える。「敵」のイメージは一般的なものであるように作られる。それが現れないとき、つまり親しい間柄の場合（「彼は敵ではない、私の友人だ」）、殺害という行為は不可能になる。これに対して、「**私**（＝**私たち**）」対「**敵**」という区別がうまくいくと、戦争、革命、ストリート・ファイト、家畜の略奪などにおいて、他者を殺すことが驚くほど簡単にできるようになる。平和はどうしてこんなに早く終わり、暴力に変わるのだろうと、いつも不思議に思う。

　他者（「敵」）の理性を理解する可能性があるからこそ、自己は他者が入り込むことのできる罠を仕掛けることができるのである。このプロセスの中心的な層は、共感（他者への相互感情移入の仮定）の関係である。

第一の主張：A は A であり（「私は人間である」）、非-A は非-A である（「ヘラジカはヘラジカである」）。

第一の否定（反対意見）：「もし私が人間なら、私は非-人間ではない」「もしヘラジカがヘラジカであるならば、それは非-人間である」

第二の否定（第一の否定）：「私は人間であり、ヘラジカは人間ではない」というのは真実ではない。接続の「または」の排他的形式（「どちらか……または」）は否定され、その包括的形式（「または」=「および」）に置き換えられる。

第二の主張（相互感情移入）：「私は人間であると同時にヘラジカでもあり、ヘラジカは人間ではないが部分的に人間でもある→私はヘラジカでもあり、ヘラジカは私でもある」。

可能性のある結果（「総合」）

①ヘラジカを殺す――権力者の立場から「他者」を殺す

②ヘラジカを称える――非-権力的な立場から

③自分を殺す

④誰も殺さず、調和して生きる

結果①と②は、想定される権力者の立場によって異なる。ユカギールの猟師たちは、熊という危険な力を持つ動物に対して、さまざまなバージョンの敬愛の儀式を示しながら、彼らを殺す準備をする。ヨルバの双子嬰児殺しの歴史では、双子を生かすだけでなく、慈悲深い力ある者として敬うという反対の動きもある。

興味深いのは③で、自殺やその他の自己主導的な暴力行為は、ここでは自分の中にある対立するものが一体となった結果として扱われるようになることである。キリスト教の修道院で行われる「自己鞭打ち」は、「**自分の中の悪魔を殺す**」ことであり、ユカギールの猟師が、自分自身がヘラジカの一部であり、ヘラジカも自分の一部だと考えているように、自己（私）と他者（悪魔）の一体化を意味する。同じように、心理療法では、心理療法家はクライエントの一部となり、クライエントは心理療法家の一部となる（Salvatore & Gennaro, 2012; Guimarães, 2013; Salvatore, 2013）。心理療法では（一時的に）「他者」になることを含むのである。

人間同士、あるいはモノとの関係など、すべての関係において、このような相互の織り込みが行われていると言えるかもしれない。魂のないガジェットである私の携帯電話は私の一部となり、ガジェットを個人化した私はガジェットの一部となる。そして、フォン・デン・シュタイネンやレヴィ=ブリュールがあれほど

までに困惑したボロロ族の有名な言葉、「私たちはアララ（赤いオウム）である」は、ユカギールの例を通して考えると、別の意味を持つようになるのかもしれない。

このような第二の否定（すなわち、私と同じ人間でありながら私ではない他者→私たちの典型的な「敵」）の役割を具体的に証明するのは、「敵」を殺した兵士が、その死体を調べているうちに殺された者の妻子の写真を見つけて瞬時に深い自責の念を抱くように、その「強固な他者」構築が崩れたときである。原型が崩れ、共感が勝った瞬間に、殺すという行為は英雄的行為から単なる殺人行為に変容してしまう。あるいは、敵対する軍隊の2人の兵士が突然対面し、互いに撃ち合うのではなく、振り返って反対方向に去っていく例もある。戦争は、狩猟の一例となる。ただし、そのような狩猟行為を通じて消費可能な栄養資源を得るという目的はない[6]。敵は、私が彼／彼女を攻撃しようとするように、彼／彼女もまた私と同じように私を攻撃しようとする限り、私の一部である。私は彼／彼女と友好的になれるが、典型的な敵とであれば、友好的になることはできない。しかしその場合、私は後悔の感情なしに彼／彼女を殺すことができる。心理的な距離感は、プロトタイプ化を通じて相互性を基礎として現れる。

更一般化された他者としての自己：動態的な緊張の維持

ほとんどの普通の人間は、人類学者が呼び始めたように、「ただの人々」であり、自己の本質についてあまり熟考することなく、日常生活の仕事に従事している。自己省察を含む個人的・文化的領域における数々の革新の引き金となるのは、正式な教育である。最も一般的な意味で、自己は次のように見なされうる。

> ……全体性と空白の間の動態的な緊張である。
>
> （Tateo & Marsico, 2013, p. 13）

その緊張は、更一般化された全体（自己——場所や境界がはっきりしない概念）と空白の対応物（非-自己——もう1つの更一般化の場）の境界で維持される。それは空白であるため、私たちはそれに注意を払わない（「何も見ない」ことは、それ自体が無の一部であるようなものである）。ドーナツの穴のように、何もない部分がたまたま対象の中心にあるときだけ、私たちはそれに注意を払う。しかし、空白は重要である。

> 全体性、空白、そしてその境界域は、自己の進化的な緊張を生み出す要素で

> ある。……自己の記号論的構築は、象徴的な空虚ではない空白から立ち現れ
> る。
> (Tateo & Marsico, 2013, p. 15)

　もしそれが象徴的な空虚でないとしたら、それは何なのだろう？　それは、人
が思い描くことができるけれども、一度も起こったことのない、人の人生の代替
シナリオに見ることができる。その空白を埋めるのが、構築された代替物である
（A<>非-A の関係を参照）。「もし、私が生まれてこなかったら、このあたりの生
活はどうなっていたのだろう」と考えたことがある人は、空白を埋めるために構
築された例を持っている。そしてもちろん、未来の不確かさ、つまり今この瞬間
の先にある空白は、そのような空白を埋めるイメージによってあらかじめ適応さ
れる必要がある。

結論：緊張は、自ら修正することを可能にする規範である

　弁証法的な図式は魅力的であるが、同時に誤解を招くものでもある。人間の生
活のいたるところに見られる対立や矛盾を変えることは、日常生活を革命的に、
あるいは神経症的に見ることに適合するかもしれない。たとえ対立するものの間
の緊張（A<>非-A）が私たちの生活のすべての生成メカニズムと考えられるとし
ても、そのような緊張の通常の結果は、それらがうまく維持されることであ
り、人生の流れは大部分が平凡である。緊張は、その反対である非-緊張に変わ
る。それによって、普通の生活の安定は、リラックスした、問題のない、即効性
という意味では非生産的な、それゆえに生きるために重要な瞬間を与えられるの
である。このようなリラクセーションのための文化的な道具を創造する――ビー
チの概念（Corbin, 1994）、夏休み、フットマッサージ、小説を読む――ことは、
すべて緊張を軽減し克服する例である。
　ここで私たちは一見矛盾しているように見えるが、今ここにいる私たちの状態
の（いくつかの）静けさは、私たちの過去の激しい動揺や不安を克服することに
成功した行為の結果である。人前でわがままを言って親を困らせるような泣き虫
の赤ちゃんは、「思春期」と呼ばれる同様に恥ずかしい存在へと変わるが、数年
後にはビジネススーツを着て、一般的な慣習に従って振る舞うようになるのであ
る。明白な行為のレベルにおいて、社会的・個人的な混乱と「安定した状態」の
調和をともに織り交ぜる世代間のプロセスの間には、不一致が存在している。記
号的媒介の動態性の文化心理学は、戦争と平和、混乱と静寂という相反するもの
の統一を、記号の階層の機能によって説明する。しかし、これは物語の終わりで

はなく、むしろ始まりである。非可逆的時間の中で展開される対立の統一は、文化心理学の方法論に非常に難しい制約を課している。それは、1 世紀以上にわたって社会科学を支配してきた伝統的な数量化の方法（Porter, 1995）を、記号化の質的モデルの構築（Salvatore, 2012）に置き換え、私たちの方法論に対する新しい考え方を導くものである。

エピローグ

文化の普遍性の科学としての文化心理学

　現実の人間は、生まれる苦しみや喜び、生きていく苦難、そして死の悲しみを経験する。そして彼らは生き続ける。そして、心理学が科学として誕生する何世紀も前から、心理学的に生き続けてきたのである。こうした時代において、彼らはまだ「トラウマ」や「心理療法（治療）」という概念を持ち合わせておらず、「心理療法」によって「トラウマ」を治す義務もなかった。19世紀半ばのアメリカにおける汽車乗車時のトラウマの話から始まり、乗客にとって乗車の危険性やその予防の必要性を説く言説は、ずっと続いてきた。最初の飛行機では、恐怖におののく乗客のニーズに応えるため、看護師が機内に乗り込んだ。今日の客室乗務員のサービスは、恐怖というトラウマ的な感情から始まったのである。しかし、それ以前の何世紀もの間、精神は、サバイバルプロセスの中で、自己治癒という不幸と贅沢を味わってきたのである。

　文化心理学という新しい領域は、どのような違いをもたらしてくれるのだろうか？　最も一般的な言葉で言えば、本書の「招待」は、人間を幸せにし、豊かにし、永遠に健康にすることを約束する何百もの広告キャンペーンと何が違うのだろうか？　文化心理学はこの種の約束はまったくしない。このような美しい約束に対抗することは、どんな本格的な科学でも不可能であろう。これらの約束は、ジャーナリストのビジネス的利益によって増　幅（エスカレート）された公的な言説における通貨なのかもしれない。あるいはせいぜい科学と社会のコミュニケーションの中の通貨なのかもしれない。科学はこのような言説に還元されえない。

　本書は、新しい科学である文化心理学への招待であり、過去2世紀にわたってヨーロッパの社会的文脈の中で生まれた心理学という学　範（ディシプリン）の2つの限界を修正するものである。第一に、心理学が人間に関連したものであるならば、そのようなものとして研究されるべき、**人間の人生の意味ある性質**を指し示している。本書での私の焦点は、主にウィリアム・シュテルンの仕事から始まる人格学的なものである。文化心理学を客観的な文化領域における価値観に基づく作用における精神の研究として図式化したのはシュテルンである（Stern, 1935, p. 39）。精神

の構造的形態（Strukturformungen[独]）と客観的な文化的設定との間の関係は、一般心理学の下位分野の焦点となるものであった。

　価値観に基づく現象に焦点を当てる学範（ディシプリン）として、文化心理学は、心理学の経験的伝統との根本的な決別を伴うものである。文化心理学は、精神機能の最も低いレベルを見るのではなく、意図的に最も高いレベルから始めるのである。したがって、宗教、儀式化、人生哲学、文学、演劇、音楽、映画撮影といった概念や、人々の日常生活におけるそれらの使用が、科学としての心理学の出発点となる現象を構成しているのである。心理学において行動が意味を持つのは、それが行為となり、将来現れるであろうさらなる意味づけの内化につながる場合のみである。私たちは、『生きることのメロディ（*Melodies of Living*）』（Zittoun et al., 2013）という共著の中で、ライフコースの意味づけに関する人間心理の精緻化に着手し始めた。その本の中で、私たちはライフコース全体にわたる人間の生活における想像力の中心性を動態的システムの基本的なアイデアに統合した。本書は、同じ方向への継続的な取り組みであり、個人のライフコースに焦点を当てるのではなく、学術的な分野（文化心理学）の観点から述べたものである。

　第二に、文化心理学は**その一般的な方法論的スタンスにおいて質的**である。定量化は、特定の制限のもとでは有効な手段だが、関連する研究課題に関係する知識を保証するものではない。量は質の一部であり、実に微々たるものである。その従属的な地位は、定量化の適用可能性の限界を見つけたときに明らかになる。数字の使用は科学の保証にはならない。新しい学範（ディシプリン）の質的性質は、数学の発展（Rudolph, 2013）と合致しており、質的な数学の形式的モデルは社会科学の新しい地平となりうるのである。

　第三に、**文化心理学は、心理的現象の必然的な独自性を受け入れている**。これは、文化心理学が心理学における質的な焦点を再び活性化させるもう１つの理由であり、それは、時間の非可逆的な流れの中で、１つ１つの人間の経験が必然的に位置づけられるということである。精神は、常に部分的に不確定な未来に対して、生きている人間をあらかじめ適応させるための道具である。したがって、心理学が扱う現象の一部は現在に位置し、一部は過去の出来事になりつつあるが、常に先には差し迫った未来が待ち受けている。こうした種の現象は独自であり、創発的である。その頻度は 0（まだ起きていない）から 1（今起きている）へと常に移動している。そして、「1」という頻度は決して大きくなることはなく、「2」以上になることもない。なぜなら、それぞれの新しい創発は必ず独自であるからである。一群の独自の現象の中に類似性を認識することは、**同一性**ではなく、**類似性**に基づいて可能である（Sovran, 1992）[1]。

一般化の科学はどのように独自性を扱うことができるのだろうか。2004 年以降（Molenaar, 2004, 2007; Salvatore & Valsiner, 2010）、心理学は**個性記述的**科学という概念によって豊かになってきた。一見、ケトレの「社会物理学」とその続編の枠組みの中で見れば、このラベルは矛盾しているように見えるかもしれない。現象が個性記述的（＝独自）であることを重視するならば、一般化はありえない。しかし、記号論的動態性（ダイナミクス）の構築主義的文化心理学に由来する立場は、まさにその逆であり、そのような独自性があるからこそ、一般化が可能なのである。ただし、それは、所与の現象から仮説的な「典型的な」形（例えば「平均的な X」）への一般化ではなく、常に新しい独自性の創発を司る原理への一般化である。

　科学の世界では、〔複数の〕単一事例から、これらの事例を可能にする一般的なプロセスへと一般化することは、古くからの伝統になっている。天体物理学的な一般化は、銀河、惑星系、単一の惑星や彗星などの自己組織化システムの独自の事例に基づいている。免疫学のような一般的な生物論理の原則は（新種のウイルスに対する免疫の創発を説明する必要がある）、既知または未知のそれぞれの事例に適用されなければならないのである。イワン・パブロフの生理学的発見の役割を当時（1920 年代）の一般聴衆に説明したレフ・ヴィゴーツキーは、パブロフが数頭の犬を使って行った実験的研究は、種としての犬やその唾液分泌、また特定の犬にだけ関するものではない、と強調した。

> 　この犬の事例において、パブロフは犬ではなく、動物一般の唾液分泌、反射全般を研究していた。つまりこの動物、この機能において、彼はそれがすべての類似した機能と共通するものがあることを指摘したのである。だからこそ、彼の結論は、すべての動物だけでなく、すべての生物学に通じるのである。
>
> （Vygotsky, 1926/1982, p. 404）

　読者に対する私たちの文化心理学への招待は、ヴィゴーツキーの主張と一致している。どんな独自の文化現象も、それを可能にする記号的媒介の一般原則を内包している。したがって、「局所的文化（local culture）」（Geertz, 1983）のすべての現象は、記号化の一般的なプロセスによって可能になるのである。これらのプロセスは、可変性の増幅（Maruyama, 1963）を指向しており、その結果、文化現象のますます新しい「局所的」なバージョンが生まれるのである。

　第四に、**文化は物ではなく、記号的媒介のプロセスである**。文化は、人間の生活の記号的媒介のプロセスとして見た場合、人間の精神がさまざまな状況に柔軟

に対応するための道具である。その中には、新しいものを構築し、理解や存在の新たな境地に達することを目指すものもある。また、破壊につながるものもある。人間の歴史は災難に満ちており、戦争は平時に築かれたものを荒廃させ、疫病は人間が住んでいる場所で猛威を振るい、飢饉は作物を破壊する。興味深いことに、人間の心理に関する私たちの通常の記述は、人間存在のポジティブな側面に焦点を当てている。心理学者たちは、戦争体験や洪水、地震よりも、子どもの認知的・社会的発達における遊び場の環境の役割について話したり、書いたりする傾向が強い。あるいは、もし彼らが後者を扱うなら、それは、将来の災難に対処するために新しい形の回復力を鍛え上げる人間の能力ではなく、トラウマ的な側面（例えば、心的外傷後ストレス）である。

　心理学的な説明において、恐ろしいことを見落とし、ポジティブなことを好むのは、それ自体が、前者への対処法であるかもしれない。なぜ悲惨な過去にこだわるのか、それを説明しようとするのか、つまり、それを延々と現在に持ち込むのか。それよりも、過去から距離を置き、何かポジティブなものを生み出すために前進したほうがいい。現実の生活では、これが普通のあり方かもしれない。しかし、科学の充実のためには、心理学は、人間存在の「ダークサイド」の機能を明確にする必要がある。つまり、殺人の準備、仲間に対抗する行為の命令への服従、そうした破壊行為のための計画や道具を作る準備などである。ライフル、銃剣、戦車、ドローン、地雷など、武器を製造する人々の心理を調べた研究はまだ見当たらないが、中には子どものおもちゃの形で製造されているものもある。そのような「おもちゃ工場」で働く人は、自分の仕事に対してどのような意味を構築しているのだろうか。多くの場合、武器の密売に関する世間の不安は、麻薬取引に関する社会的言説と同じようには表現されていない。

　このような人間精神の「影の部分」を扱うことへの研究者自身の不安に加えて、生と死の境界上にある人間にとって中心的な現象へのアクセス〔のしづらさ〕の問題もある。心理学者は戦場で、次の瞬間に殺されるかもしれない兵士にインタビューをしたり、戦闘の合間に記入するためのアンケート用紙を配ったりすることはできない。最前線は、戦闘員にとっても心理学者にとっても危険な場所である。彼らは殺されるかもしれないし、指揮官が嫌がるようなことを発見するかもしれない。

　さらに、過去に起こった現象に心理学者が直接アクセスすることはできない。「人道的[2]」な処刑の文化的道具であるギロチンの刃にさらされた当時の権力者の政敵たちの幸福に与える影響を調査するために、心理学者を派遣することはできない。そのような研究者が、政治的に儀式化された行為の近くに置かれること

もなく、もしかしたら「スパイ」として逮捕されるかもしれない。過去の心理的な出来事の証拠はすべて、文化的に媒介された記号を通じてもたらされる。この意味で心理学は、過去に現実に存在していたが今は存在していない記号を媒介とした資料から推論を行う必要があるという点で、考古学や歴史学のような近隣の多くの学範（ディシプリン）に近いものである。このように、心理学のデータは記号であり、事実ではない。この認識は、心理学では19世紀半ばまで遡り、ヘルマン・ロッツェの局所記号[1]（Lokalzeichen（独）——Valsiner, 2012）の考え方にその前身を見いだすことができる。

　記号としてのデータを中心に置くこうした心理学研究の特徴は、現象への新しい接近法を与えてくれる。年代記作家や小説家、肖像画家や風景画家は、いずれも現存する記録を残しており、心理学的調査に利用できる文化的に符号化された証拠を提供してくれる。**これらの文学的な情報源からの証拠は、生きている研究参加者が直接記録する証拠と同等のものであると考える必要がある**（Brinkmann, 2009）。今日、アンケートやインタビューでデータを収集している心理学者は、——コンピュータのスクリーン上に現れる——歴史的な記録〔取ったデータは過去の記録だという意味〕を分析することになるだろうが、それは原則として、小説の中の架空の登場人物の発言や行動を分析するのと似ているのである。アンナ・カレーニナの精神は、レオ・トルストイによって完全に創作されたものであり（Eco, 2009; Valsiner, 2009）、心理学者の隣に住んでいるかもしれないアンナ・イワノヴァの精神と同じくらいリアルである。ある時代の生活や社会環境についての小説家の記述は、魂のない歴史的記録からそれを復元しようとする努力よりも優れていることがある（例えば、マルセル・プルーストに関するハイダー（Heider, 1959）など）。ミハイル・バフチンやレフ・ヴィゴーツキーといった文学者の考え方が、心理学の理論構築に容易に転用できるのは驚くにはあたらない。文化心理学は記号とその機能に関する科学である記号論に密接に結びついている。そのため、調査の対象は記号圏という統一された宇宙を形成している。

　すべての心理学的データをフィクションとして考えたからといって、歴史的記録という性質のデータからとられたときから始まっているので、データを貶（おとし）めることにはならない。人間の生活においてフィクションは重要であり、人間の言語は、私たちの日常生活で中心的な役割を果たす非−存在の対象[3]を作り出すための、日常生活における主要な記号論的な源なのである。私たちの一般的な概念である**自己、愛国心、愛、正義**などはすべて、更一般化された域的な記号である。存在論的にはこれらは存在しない対象であるが、機能的には、私たちの生活を劇的に変化させ、時にはその終焉をもたらす記号である。戦死した英雄や殉教

者の記念碑は、実在しないもののために、現実の命が失われる出来事を意味する記号論的な目印である。

　私たちは文化を創造し、文化を通じて自分自身を創造する。人は、社会的に構造化された生活の場の中で社会的に発生した主観的な行為者であり、常に手の届かないところにある地平線に向かって動き続けている。しかし、誕生から成熟、そして死に至るまでのその動きの中で、人は自分の意味あるライフコースを創造する。それを理解することが、文化心理学という新しい分野の課題である。この学範（ディシプリン）が常に「危機的状況」にあるかのような自己探求を続けてきたことを読者に理解してもらうのに、説得は必要ない（Valsiner, 2012, Chapter 8）。文化心理学は、1990 年代には「新進気鋭の学範（ディシプリン）」であったが（Cole, 1996）、21 世紀には人間生活の完全な複雑さに新たな洞察を提供する学問として確立されているのである。

原 注

日本語版への序 ─────────────────────────────────

[1]　2014 年に書き上げた本書のオリジナル原稿から削除された部分は、最終的には方法論に関する拡張された小冊子となりました（Valsiner, 2017b）。終わりよければすべてよし。

はじめに ─────────────────────────────────

[1]　例えば、スーダンでは若い女性が公共の場でズボンを履いただけで有罪判決を受けた（Fadlalla, 2013）。

第 1 章 ─────────────────────────────────

[1]　科学としての心理学の**移境態的な性質**──過去 2 世紀にわたって発展してきたもの──については、別の場所で分析されている（Valsiner, 2012a）。自然科学と人間科学の交差点に位置する心理学は、強力な社会的イデオロギーの人質となってきた。

[2]　ソブラン（Sovran, 1992）は、**同一性**は、非可逆的な時間の世界では、実際には**類似性**の観点からのみ可能であることを実証している。

[3]　そのような「プロセスをモノにする」例は心理学にあふれている。人格的特徴（Arro, 2013; Uher, 2013 参照）、さまざまなバージョンの「知性」、愛着のタイプ、対処スタイルなど。

[4]　もちろん、心理学者は「非行動」、つまり、期待されるべき瞬間に何らかの行動の形がないことを考えることができるが、「反行動」の概念（物理学者が考える「物質」と「反物質」との類推）は実践されていない（たとえ可能であっても：統計的分析によっても「タイプ」と「反タイプ」を発見することについては、フォン・アイら（von Eye et al., 2009）を参照のこと）。「反」という接頭語の使用は、心理学では、「反社会的行動」のように、何かの障害、つまり社会的規範に対して指向されている行動に対して、習慣的に留保されているが、ここでは、それは**全体の反対指向的な部分**ではなく、何かの組織形態の**破 裂**（ラプチャー）を示す（例：Tarde, 1897）。

[5]　「一般化の 3 つの方法は相互に補完的である。**帰納的一般化**は、観察された例の増加する数（1 から始まる）の経験から一般的なアイデアに到達することを伴う。それは、可能な（しかし、まだ観測されていない）例の領域を見落としている。演繹的一般化は、実際に観測された例と原理的に観測可能な例の両方によって、一般的な抽象的なスキームを「埋める」ことを伴う。**演繹的一般化**は、一般的な抽象スキームでは期待されていない例を発見することで検証可能である。**発 綻的一般化**（アブダクション）は、前者と後者のハイブリッドである。チャールズ・S・パースの言葉を借りれば、次のような形になる。
　　　「それは、論理的なルールに妨げられることはほとんどないが、それにもかかわらず、発 綻（アブダクション）は論理的な推論であり、その結論を問題なく、または憶測的にだけ主張し、それは真であるが、それにもかかわらず、完全に明確な論理的な形式を持っていることを覚えておく必要がある。……推論の形式は、したがって、これである。**驚くべき事実、C が観察されている；しかし、もし A が真であれば、C は当然のことであり、したがって、A が真ではないかと疑う理由がある。**」
　　　　　（ハーバード・レクチャー・オン・プラグマティズム、CP 5.188-189、1903/1997、太字は引用者）

[6]　生物学的、心理学的、社会学的、歴史的な現象はすべて**オートポイエティック**（自己生成的）であり、標本間変動の増大を生み出している。

[7]　このような代用は、特定の機能のために人を必要とし、その人の過去や将来を考慮しない社会的な機関に好まれる。軍司令官にとっては、生き残った兵士が殺された他の兵士の代わりになるような部隊で活動することが重要である。企業は人を解雇し、指定された役割を果たすために他の人を雇う。

[8]　"Die Verwirrung und Öde der Psychologie ist nicht damit zu erklären, dass sie eine 'junge

Wissenschaft' sei... Das Bestehen der experimentellen Methode last uns glauben, wir hätten das Mittel, die uns beunruhigen, loszuwerden; obgleich Problem und Methode windschief aneinander vorbei laufen"(ibid.).

[9]　ギーゲレンツァーら（Gigerenzer et al., 1989）が最もよく概説している。

[10]　この動きを逆転させようとする努力については、モレナー（Molenaar, 2004）を参照のこと。

[11]　規範的輔助（normative guidance）の循環を支持して直接の因果関係に心理学の焦点を克服する規範的心理学（normative psychology）のロム・ハレの概念（Harré, 2012）を参照のこと。

[12]　アンナ・Oの歴史については、Cabell & Valsiner（2012）を参照のこと。

[13]　継続的な日常活動を意味づけによってフレーミングすることは、一次的な活動に随伴する二次的な記号形成の場合に最も明白である。かくして、綿を紡ぎながら歌う女性の姿や機織りは、ヨーロッパの歴史の中での日常生活のイメージとしてよく記録されているものである。歌うことは、その活動をフレーミングするものであり、その活動を完了させるための記号であると同時に、同様の活動へと引き継ぐものとしても機能する。このように、蜂蜜採取のジェヌ・クルバ族（南インドの先住民部族の1つ）の実践は、他の方法では歌われていない特別な歌（Demmer, 1997, p. 168）を伴っているが、蜂蜜採取の語りの説明は、地域社会内の異なる蜂蜜採取エピソードとのつながりを作成している。

[14]　ウィリアム・シュテルン（心理学における人格学的焦点の指導者）もまた、20世紀の文化心理学の創始者の一人であり、その目的は「魂と文化の肯定的意味づけ関係」（"positive Sinnbeziehung von Seele und Kultur" — Stern, 1935, p. 30）であると宣言した。

[15]　祈りとは、現在の設定の中での行動を通じて、現在を超えて2つの無限を交渉するための社会的に構築された枠組みである。ロジャー・バスティードが詳しく述べているように、祈りには3つの段階がある。

　　　　「第一に、それは呪文である：願望を表現することで、魔術師は要素や神々に働きかけ、それらを自分の意志に従わせる。願いはそれ自体が効果的である。名づけられることで、神は依存するようになる。……以来……その名前は、その個性の不可欠な部分である。次に契約や取引の概念がある。そして祈りは要求になる。『神よ、祖先よ、お願いだ……』。この定型文は単調に繰り返され、最初は霊的な恩恵ではなく、物質的な財物、平安、雨、敵の死などを求める。祈りの要求に、徐々に礼拝と供物の祈りが追加されます。この進化は、ギリシャ人の抒情詩、テオグニスやクレアンテスの賛美歌、ストア派の哲学、セネカとエピクテトゥスの祈り、そしてヘブライ語の詩篇にも見られる。」　　　　　（Bastide, 2003, pp. 106-107）

[16]　イスラム教では、神を視覚的に描写することを禁じている。これと同様に、西欧キリスト教でも、さまざまな形の偶像破壊的な運動の中で、絵画的なイメージの使用を禁止する動きが波紋を広げている（Louthan, 2005など）。

[17]　人間の活動は建設と破壊の両方を伴うので、生き物を殺すことは、行動規範と、殺すことを可能にする心理学的内的な感覚形成のシナリオによって調整される、文化的に組織化された主要な活動である（Zimmermann & Valsiner, 2009）。生き物を食べ物に変えるために殺すことは、非菜食主義者の摂食循環は広く行われている。家畜動物は屠殺され、野生動物は狩猟される。しかし、狩られた動物を殺すという行為の中には、狩猟者から狩猟されるものへ、そして再び狩猟者に向かうという、強調されたプロセスが見られる（Willerslev, 2007, pp. 100-114, シベリアのユカギール・ハンターにおける獲物への模倣的共感について）。

[18]　高等霊長類を除く（C. Boesch, 2012参照）。

[19]　この特徴は、霊長類や赤ちゃんの自己認識の実験に利用されている。赤ちゃんの顔に点が付けられ、鏡を通して彼らに見せられる。その鏡像をもとにして顔の上の点に注意できるなら、赤ちゃんは鏡像の中の自分を認識していることになる。

[20]　もちろん、ここでの赤ちゃんは、このプロセスを意識していないが、しつこい模倣のメカニズムによって、このプロセスに引き込まれている。これは、**幻想的な間主観性**（Rommetveit, 1992参照）が、**実際の間主観性**を確立する社会的相互作用のルーティーンを生み出し、相互作用するお互いの自己省察性を高める、人間の個体発生における文脈である。

[21]　アンリ・ベルクソンの「持続」の意味では、身体の記憶は、自己省察性の付加を可能にするために、非可逆的な時間の中で安定性を獲得する必要がある。

[22]　このような述語の追加は、追加された述語（例えば「私は幸せだ（I am happy)」）を「私」に投影された実体（例えば「私は幸福を有する（I have HAPPINESS)」）へと変容させる**実体的抽象化**（C. S. パースの用語——Neuman, 2009, p. 20参照）のプロセスを解き放つ。心理学は、このような抽象化の形式の結果にすぎない概念で満たされており、常識の範囲内にとどめる脆弱なものにしている。

[23]　社会的規範は、活動の文脈の中で構築され（Sherif, 1936）、社会的に調整され、与えられた状況が要求するように、行為者によって維持されたり、放棄されたりする。これらの規範は、意味づけ——すなわち記号論的な媒介者——を通して機能する。人間を対象とする心理学は、規範的心理学としてのみ概念化することができる（Brinkmann, 2011, 2012; Harré et al., 2012）。I (YOU) SHOULD と I (YOU) MAY NOT という命令形は、疑う余地のない意味づけとして維持されている。

[24]　迂回戦略の概念は、意識の流れの中で情動的に負荷のかかったアイデアを対処することができる方法の例として 1998 年に導入された（Josephs & Valsiner, 1998）。

[25]　転移性の条件が適用されない場合、すなわち、A＞B と B＞C の場合、A＞C には従わない（推移律性）が、C＞A には従わない（循環になる）ことがある（Poddiakov & Valsiner, 2013）。

[26]　記号論に関するタルトゥ・モスクワ学派の創始者であるユーリ・ロトマン（1990, 1992）によって、生物圏との類推で記号論に導入された概念である。

第 2 章

[1]　1920 年代から 1930 年代にかけて、文化に関する英語の言説の中で、単数形から複数形へと変化してきたことに注目してほしい。これにより、文化が因果関係を持つものとして認識されるようになったのである。それが因果関係としての文化の何かに客観的な存在を与える行為につながった。例えば、ある社会 X の現在の社会政治的事象の因果関係を「X の文化」に帰属させることは、社会 X の異なる社会集団や人物が、その社会の歴史の中で交渉しようとしている問題を覆い隠してしまう。文化にはエージェンシーがない（Wikan, 2002）が、人にはエージェンシーがあるのである。

[2]　これらの言説の歴史は、「他者」の植民地統治の社会的ニーズと密接に結びついている。
　　　「植民地時代の原住民政策は……原住民の統制不能な文化的変動を制限しようとするすべての試みを包含しており、**彼らが植民地支配者の立場に全面的に移行することも、文化的な非互換性という超えられない壁の向こうで自分自身を閉じ込めることもない**ことを保証するために行われた。それに対して、植民地以前の接触地では、植民地国家に匹敵するような、被植民者を差異と同一性の間を走る単一の連続体に閉じ込めようとする制度は存在しなかったのである。しかし、植民地以前の非公式なヨーロッパ人の観察者たちは、**接触状況を統制し、他者を安定させたいという植民地支配者の願望**を共有するのが普通であった。そのため、彼らは非ヨーロッパの文化を、**不変で内面的に均一なものとして描写することに傾倒していった。**」
　　　　　　　　　　　　　　　　　　　　　　　　　　（Steinmetz, 2004, p. 254, 強調は引用者）

[3]　例えば、科学の「硬さ」や「柔らかさ」を巡る論争（「本物の」科学とそうでない科学）や、量的方法と質的方法を巡る論争は、どちらも科学者が自ら従順な被験者として参加するという社会的統制の戦術と見ることとができる。

[4]　このことは、文化史（Kulturgeschichte^(独)）に関するさまざまな論説の出版にほとんど表れていた（Kelley, 1996）。ヨハン・ゴットフリート・ヘルダーは、18 世紀に文化に焦点を当てた重要な人物であった（Jahoda, 1993a, 2012a, 2012b）。

[5]　ケリー（Kelley, 1996, p. 114）は、ベルリン〈〉ライプツィヒ（Berlin〈〉Leipzig）のライバル関係がいかにヴントの思想と文化史家の思想との共生をもたらしたかを示している。ラツァルスとシュタインタールによる民族心理学が確立されたベルリンとは対照的であり、19 世紀後半にはヴィルヘルム・ディルタイの歴史哲学やカール・シュトゥンプの音楽心理学に続いていった。

[6]　コール（Cole, 1995, pp. 34-35）は次のように述べている。
　　　「16 世紀頃から、農作物や動物の世話だけでなく、人間の子どもの世話をすることも文化として指すようになった。当初から、物事の成長を助けるプロセスとしての文化の核心的な考え方と、成長を促進するための一般的な理論、すなわち、若い生物が成長するための最適な条件を与える人工的な環境を作るということが結びついていた。」

[7]　マラン（Maran, 2004）は、生物記号学的観点から庭園を分析している。——常に耕されてきた場所は、人間社会の変容を反映している。

[8]　アンナ・ヴェジビッカは次のように指摘している。
　　　「一般の英語に『文化』が浸透する最も可能性の高い原因は、世界で英語が広く普及し、多くの英語話者が自分たちとは異なる生き方や考え方を経験してきたことにある。おそらく、イギリスの植民地時代の過去もここでは関係していると思われる。イギリス人は、多くの異なる『人種』（彼らはかつてそう呼ば

254

れていた）の人々との歴史的経験から、他のほとんどのヨーロッパ言語の話者よりも、異なる生き方や考え方が存在することを認識していたようである。その結果、**（自分たちの思い込みを規範として扱う傾向がありながらも）**「文化」という考え方に対してよりオープンになったのだと思われる。」

（Wierzbicka, 2005, p. 590, 強調は引用者）

[9] グスタフ・クレム（1802-1867）の著作には、*Allgemeine Cultur-geschichte der Menscheit*（1843）と *Allgemeine Culturwissenschaft*（1854）がある——KではなくCをドイツ語で使用していることに注目してほしい。これらは、タイラーが英語の言説に文化を導入するためのモデルとなった（Jahoda, 2012a, p. 14）。イマヌエル・カントはもちろん、彼の『人間学』の中でそれを使用していた（Kroeber, 1949, p. 183）。

[10] クローバー（Kroeber, 1949, p. 183）による文化の意味づけについての言明は、イギリスの言説の中にゆっくりと浸透してきた。タイラーが唯一の創始者であり、32年後にはさらなる定義がなされた。1919年以降、英語の言説では文化の定義が横行するようになった（Voeglin & Pierce, 1953, p. 237）。

[11] 「自分の人生を理解したい人は、自分の意見や習慣がどのようなものになっているか、その段階を知るべきである。」（Tylor, 1871, p. 17）

[12] ヤホダ（Jahoda, 2012a, p. 41）が指摘するように、フロイトの古典 *Die Unbehagen der Kultur* の英訳は *"Civilization and its discontents"* となる。

[13] 猿のイメージは、その人にとっての他者である（Ohnuki-Tierney, 1987）。

[14] 日本の記号圏における米の中心的存在と同様に、ドイツでは黒パン（ライ麦パン）、フランスではバゲット、イタリアではパスタ、ロシアではウォッカの社会的役割を研究することができる。いくつかの食べ物は、与えられた民族グループの「典型的な」ものとして一般的に知られるようになるが、心理学的に関連しているのは、そのようになるための絶え間ない進歩である。ロシア人男性が、かなり真面目な社交の場で、ウォッカを飲んだ経験（完全に酔っぱらった経験も含む）を、とても楽しそうに、誇らしげに語るのを見ると、私はいつも驚かされるのである。

[15] **具現化**（自分の身体の周囲にある文化の符号化）の概念と類似し、また逆に区別するために、私たちは**セミオアリメンテーション**（semioalimentation）という言葉を発明する必要があるかもしれない。これは日常生活の中で最もありふれた食事、または食事を控えるという習慣を繰り返し行うことによって自己を記号的に構築することである。

[16] アシャンティ（ガーナ）の親密な関係の中で実証されているように、「誰が誰のために料理をするか」が親密さの指標となっている（Clark, 1989, 1994, pp. 344-354）。同様に、男性関係におけるサンビアの精液飲用の慣習も摂食活動の例である（Herdt, 1980）。これらの慣習は、成人男性の精液を飲むことによって、男性の象徴的な力を育むことを意味している。欧米人の素朴な感覚では、セクシュアリティをテーマとするこうした慣習は、男性の同性愛を文化的に促進するものとして解釈される可能性が高い。

[17] ロシア語原文に存在する単位の弁証法的動態性（ダイナミクス）との複雑なつながりが、英訳では失われていることに注意することが重要である。簡潔に言えば、要点は「複雑で全体的なシステムの研究を目指す心理学は、要素への分析方法を単位への分析方法に置き換えなければならない」（Vygotsky, 1986, p. 5）ということである。しかし、英訳では、どのような種類の単位が構築されるのかが不明なままであるが、ロシア語原文では明らかになっている。

[18] リーゲル（Riegel, 1978）を参照してもらいたい。心理療法の文脈で弁証法を応用することには成功している（Verhofstadt-Deneuve, 2000）。

[19] 例えば「ポジティブ心理学」や「情動知能」。

[20] 例えば「進化心理学」。

[21] コミュニケーション・プロセスの双方向性と（再）構築性は、カール・ビューラーの**オルガノンモデル**（Bühler, 1934/1965, 1990）によって定義されている。これは、技術システムのみに適用されるものの生物（オートポイエティック）システムには適用されないシャノンとウェーバーの単一方向の伝達モデルを超越したものである。技術システムには、伝達されたメッセージの最大（100％）複製は期待できるが、新しいメッセージを生み出す創造性は期待できない。これに対して、メッセージを受け取った人間は、そのメッセージに基づいて行動し、常に新しい方法でメッセージを再構築する。いわば、送信されたメッセージの完全な（100％の）精度を超えた受信ということができる。

[22] **境界域的不確定性**という概念は、近い将来に起こりうるさまざまな新しい形態の**排除と提供が同時に行わ**れることを概念化するために導入された（Valsiner, 1997）。決定性と非決定性という、通常、正反対の概念と

されるものが、相互のつながりを可能にするものとして設定されている。

[23] 心理的システムと社会的システムの共進化としての文化についてはトーメンとヴェットシュタイン（Thommen & Wettstein, 2010）、「織る」文化の「縄のイメージ」についてはコール（Cole, 1996）を参照してもらいたい。

[24] このような対話性の形態は、ヴァルシナー（Valsiner, 2002）に記述されている。これらの形態のほとんどは、心理学的システムの対話性を維持するか、あるいは減少させるかのどちらかであるが、一方で、弁証法的な拡張への道を開くものもある（心理療法の例としては、クーニャら（Cunha et al., 2012）を参照）。言語学と心理学における対話的視点の詳細については、リンネル（Linell, 2009）を参照のこと。

[25] このような心理内過程と心理間過程の同型性が見られるまれな現象は、トランス状態（「外部ループ」が「内部ループ」を収束に導くことによって引き起こされる）、完全なる献身（「内部ループ」が外部のパートナーを収束統一に輔する）、およびオーガズムである。

[26] 二重（dual）は二元論的とは質的に異なる。前者は、全体の異なる部分の包括的分離（Valsiner, 1997）の結果であり、部分と部分の間に空間（「膜」）を作り、機能的にそれらを結合させるものである。これに対して、排他的分離の行為は部分の断絶へと導く、まさに二元論的な立場である。

[27] 一方、A→B→C→という一連の発達過程を状態間の変化と見なすには、ある状態から次の状態への変容を「説明」すると仮定される固有の因果的「発生源」（例えば児童心理学の説明における「遺伝子」）を仮定する必要がある（例えば、因果的要因XがA→Bへの変化を、因果的要因YがB→Cの変化を引き起こす）。

[28] ベネディクト（Benedict, 1959, pp. 50-52）は自身の文化観を、ウィリアム・シュテルンの人格学、ウィルヘルム・ヴォリンガーの全人的美学、ゲシュタルト心理学、およびヴィルヘルム・ディルタイの精神科学（Geisteswissenschaft〈独〉）と明示的に結びつけている。

[29] 個人的文化という概念は、ゲオルク・ジンメルの主観的文化という概念（Simmel, 1971/1908）のアナロジーとして導入された（Valsiner, 1998）。社会的な対極にある集合的文化とともに、環境とのすべての主観的な関係の場となるのが個人的な文化である。詳細は第9章を参照してほしい。

[30] ウニ・ウィカン（Wikan, 2002）は次のように主張している。Aという人が見せた行為Xは、Bという人からは「Aの文化」に属しているかのように見られ、Aの行ったXという行為は「Aの文化」に起因するというトートロジーによって説明され、**BのXへの注目**は「Bの文化」に**起因するものではない**。BがXを変えたいという要求を導入しても、社会的権力者の支配によってAはBにXへの関心を捨てさせることはできない。

第3章

[1] 一般的に、交感とは、親密な考えや感情を共有したり交換したりすることを意味し、特に精神的なレベルでの交換を意味する。この意味づけのニュアンスには、この言葉の宗教的なルーツがすぐに見て取れる。人間の活動という点では、この言葉は精神的または情動的な経験への**参加**、おそらく社会的な儀式を通しての参加を含んでいる。

[2] この点については、丸山孫郎が「第二のサイバネティクス」（Maruyama, 1963, 1988, 1992）で実質的に指摘しているところである。

[3] これらは諸個人として見られる必要はない。家族、親族、コミュニティ、政党、専門職社会、ひいては国など、あらゆる社会的単位間のコミュニケーションにも、同様のプロセスが存在するのである。

[4] 言語は「一方が他方に物事の何かを知らせるための**器官**」である（Bühler, 1990, p. 30）。

[5] Feldfähig〈独〉（Bühler, 1934/1965, p. 187）.

[6] ことわざのイメージとは、「抽象的な真理をもたらすために一般化することができる情景の具体的な描写」（Norrick, 1985, p.107）である。

[7] **直喩**は、XがYに似ていることを示し（「私の愛は一輪の赤いバラ**のようだ**」）、**隠喩**はXをYと見なす（「私たちボロロ人は赤いオウム**だ**」）。

第4章

[1] 肌の色や柔らかさを改善することを目的とした各種クリームなど。化粧品や健康産業では、肌を通じた人間の意味形成を商品化している。

[2] 美しさを求めて仕事場やビーチで行われる、身体を焼く行為。

[3] 口紅、アイライナー、一時的なタトゥー、永久的なタトゥーなど、すべてのバージョンの化粧品。

[4] デーヴィスとネンセル（Davis & Nencel, 2011）は、同化レベルの高い移民との社会的境界の形成について、話す際のアクセントの些細な違いに基づいて論じている。

[5] 1983年のイラン憲法改正により、頭を覆わずに公の場に現れた女性には74回の鞭打ち刑が科せられることになった（Patel, 2012, p. 319）。

[6] アーネスト・ゲルナーは次のように述べている。

> 「アウトサイダーが一般的に考えていることとは逆に、イスラム教の都市に住む典型的なイスラム教徒の女性は、祖母がそうしていたからベールを被っているのではなく、祖母がそうしていなかったからベールを被っているのである。」
> (Gellner, 1992, p. 16)

そのような慣行がなかった状況での新しい、そして極端な形態でのベール慣行の再構築は、外化プロセスの**構築的**な性質を示している。これに基づいて、社会的なルールに従うためのさまざまな社会的な提案に対する抵抗や過剰適応が想定できる。このことから、そのようなルールを新しい状態に変容するプロセスが組み込まれている。

[7] メレオトポロジーは、抽象的な意味での境界の問題についての位相幾何学の一部である質的数学的な視点である（Smith, 1997; Varzi, 1998）。

[8] 規定された層の数は重要ではない。私は3つの層を使用しているが、他のどのような数でも構わない。境界域をゾーン（構造化された種のフィールド）として見るという原理が、ここでの理論構築の核である。

[9] 一般の人が心理学者を恐れるのも、これと同様の種のものである。心理学を学んでいることを知った他人が、本気であれ冗談であれ、「あなたは私の心を見抜くことができる」と発言することに不満を持った心理学徒は少なくないだろう。

第5章

[1] **境界域的不確定性**という概念は、直近の未来において可能な新しい形態の範囲の**排除**と**提供**を同時に概念化するために導入された（Valsiner, 1997）。その概念は、通常は対極に位置する——決定性と不確定性——という概念が相互に結びつくように設定されている。これは一般化においても同様で、特殊なものから抽象化（距離を置く）していくことで、これらの特殊なものをさらに評価するための文脈が設定される（**具体的一般性**——Falmagne, 2006を参照）。

[2] このような意味づけのプロセスの詳細については、ニキータ・ハルラモフの都市における意味づけに関する研究（Kharlamov, 2012）を参照されたい。ここでは、人がある場所から別の場所に移動しながら都市環境を経験し、その途中で驚きに遭遇し、すでに移動しながらその驚きを意味づけるという、まさに移動中の解釈の創発と展開に焦点が当てられているのである。

[3] 解釈とは、システムのパーツ間の抽象的な関係であり、個人の生活における他者（あるいは自分自身）の行為を解釈するという主観的な行為ではない。このように、生物学的なシステムの一部は、その機能の状態を解釈する。免疫システムは、入ってきたある生物学的エージェントを、身体の一部そのものではなく「異物」として「検出」（解釈）し、「ウイルスを殺す」ことによって身体を守る。パースの記号論的な理論的考えは、生物学的なプロセスのレベルでも適用可能である（Hoffmeyer, 1998）。

[4] これが、フェルディナン・ド・ソシュールの「シニフィアン〈〉シシニフィエ」のような二項関係的概念に対する、パースの三項関係的概念の長所である。

[5] 図5.4に描かれた女性が誰であるかは、美術専門家の間でも意見が分かれており、アルバ公爵夫人マリア（1762-1802）であるとか、当時のスペイン首相マヌエル・デ・ゴドイの愛人で後に妻となるカスティージョ・フィール伯爵夫人ホセファ・デ・トゥド（1779-1869）であるとか、その話はまだ開かれている。

[6] フランシスコ・デ・ゴヤ（1746-1828）が1797年から1800年頃に描いたもので、スペインの郵便切手に掲載された際、現地の郵便局からアメリカへの到着を禁じられたヌード版もある（http://www.artonstamps.org/goya.htm）。社会的な象徴性を獲得した類像的なイメージは、常に、中立とは程遠い社会的な行為の対象となる（図1.2、図1.3も参照）。

[7] 例えば、あるオジブワ族の情報提供者は次のように述べている。「たばこを使うことは重要です。それが私たちなのです。……私は言語には圧力をかけません。たばこに圧力をかけるのです。たばこがなければ、私たちは無価値です。私たちは存在しなくなるのです。」（Struthers & Hodge, 2004, p. 221）

[8]　アメリカ先住民の領土に商業的に作られたたばこが導入されたことで、「神聖なたばこ」と「快楽のたばこ」の境界線が守られるようになった。オジブワ族の伝統的な治療師はこう説明した。「このたばこ、シガレットたばこは快楽のためのたばこであり、私が祈りのために使うたばことは目的が違う。……巻紙の中のたばこと私がパイプに入れるたばこ、そして私が見る他の人たちがパイプに入れるたばこは目的が違うのです」(Struthers & Hodge, 2004 p. 219)。しかし、紙巻たばこについても、あるオジブワ族の女性は次のように述べた。「私は今でもこのたばこを尊敬しています。私はそれがとてもパワフルなものだと分かっています。……私はたばこをパイプで吸うときは、吸い込みません。私はそれを創造主に捧げるだけです。口に含んで、ただ送り出すだけです。……」(同書、p. 218)。

[9]　シュミットは 17 世紀のオランダの態度を説明する。「たばこは癒し、栄養を与え、活力を与える。アメリカの戦士たちにスタミナを与え、ヨーロッパの弱った女性たち、**特**に妊娠中の女性たちに勧められた。それは砂糖のように胃の病気を癒し、ワインのように心の曇りを取り除いてくれる」(Schmidt, 2001, p. 267)。

[10]　ここでの喫煙は「氷山の一角」(あるいは「煙突からの煙」) にすぎず、モラリストたちがこれらの新しい習慣に見いだした、より一般的な燃える「悪徳」である。それは 17 世紀オランダ社会における消費主義の高まりへの動きであり、若者文化の創発と一緒に起こった (Roberts, 2006, p. 83)。

[11]　例えば、キリスト教が定着してからの数世紀にわたるヨーロッパの人々の生活は、教会の鐘によって統制されてきた (この鐘との関係の複雑さについての分析は、コービン (Corbin, 1998) により美しく述べられている)。同様に、モスクのミナレットから聞こえるイスラム教の祈りの声は、与えられたコミュニティの人々にとって独自の音響的意味の環境を生み出す。科学としての歴史は、聴覚的環境の社会的関連性をほとんど見落としてきた (Müller, 2012)。

[12]　「ゼロシニフィアン」(Ohnuki-Tierney, 1994) とは、記号の不在が記号となるような記号のことである。ある神について直接言及することは不可能だが、間接に、あるいは沈黙によって崇めることは、その神の強力な印となる。

[13]　超越論的神話とは、既存の社会秩序を弱体化させる物語である (現在の社会秩序を動態的安定性において維持する神話と対抗する神話によって共創されたもの)。それらは、与えられた社会の変容につながるかもしれない破裂 (Zittoun, 2006) を示唆している。宗教的な活性化や革命を呼びかけるテキストや、差し迫った「世界の終わり」について人々に知らせるテキストは、超越論的神話の一例である。

[14]　神話素の例としては、社会的関係における平等の考え (不平等な考えに対して) がある。ナンシー・ムッフは次のように説明する。

> 「アメリカでは、すべての人が社会的階層が実際に存在することを認識しており、誰もがその結果を暗黙のうちに尊重している。平等という理想への尊重を反映する社会的エチケットとしての規範は、人々が言動においてその重要性を体系的に否定することを要求する。つまり、人間関係は平等で自律したエージェントが自由に結んだ契約であるという、彼らが好む社会的神話により合致した別の理由で行動していることを伝えるのである。伝統的なヒンドゥー教のオリッサ州では、年長者が上位者である階層的に組織された家族のモデルが好まれる神話である。」　　　　　　　　　　(Much, 1997, p. 83)

　ムッフの神話概念は、ボッシュの神話素と同じである。ここで重要なのは、与えられたテーマ——不平等——を、そのコミュニケーション上の反対語——平等を強調することによって支えることである。

[15]　ファッションがその規範を正反対に再定義するまでは (第 10 章参照)。

[16]　これは、新天地への移民が、道徳的に示唆的なコミュニケーションの規範からしばしば自由になる、無能さの生産的利用の 1 つである。著者の 30 年以上にわたる米国での生活は、正しい行動を促すさまざまな微妙なメッセージを、ナイーブに、そして幸いにも無視する無知から恩恵を受けてきた。本書のアイデアの多くは、このような無知から生まれたものである。個人的には、無能であることが自分を自由にしてくれるし、専門的には、与えられた社会秩序の「内部者」が、それが出現する前に可能性の領域から排除してきた洞察を可能にすることができる。

[17]　心理療法家はこうコメントしている。「3 人の患者を治療している間、ある患者の考えを修正することに成功すると、その患者はすぐに、特定の方向にだけ、再び妄想を膨らませる傾向があることが観察された。例えば、息子は、妹のための裕福な結婚という妄想は捨てたが、父親の『偉大な地位』を獲得するという妄想は捨てなかった。」(Deutsch, 1938, pp. 308-309)

第 6 章 ───────────────────────────────

[1] 径路 X は、非推移律（intransitivity）の循環を除外し、推移律的な循環に変え、動態的な連続性を停止させる。状態 S では、そのシステムは「絶滅」し、P → Q → という以前のインプットを失う。

[2] 第 2 章も参照のこと。パースの場合、繰り返すこと、すなわち指標は、別の対象への影響によって、ある対象を表象する記号である。それは、一時性という特別な特性を持っている。すなわち、次のように記されている。

> 「……記号は、その対象が取り除かれたら、すぐに記号としての性質を失ってしまうが、解釈者がいなくてもその性質は失われない。例えば、弾丸の穴が開いた金型は、銃撃の痕跡である。銃撃がなければ穴は開いていないが、誰もがそれを銃撃の痕跡だと思うか否かにかかわらず、そこには穴が開いている。」

(Peirce, 1902, p. 527)

人間の知識のさまざまな領域は、このタイプのそれぞれ異なる記号に依拠している。古人類学では、すべてのオリジナルの証拠は、特定の堆積層で発掘された原人の骨格の断片という指標的記号によってもたらされる。

[3] 画家のスタジオで何度も何時間もポーズをとった後に、初めて自分の肖像画と向き合うことは、その類像的記号に関わる心理的な距離の取り方の複雑さを示している。

> 「この作品を見たとき、私はショックを受け、失望し、そして畏敬の念を抱きました。この肖像画は自分に似ていないのに、自分の本質を捉えているという奇妙な感覚がありました。目がうつろに見える、口がきつくて厳しい、表情が真面目すぎると、いろいろとあら探しをしました。私は自分がハイウエストだとは思わなかったし、褐色の肌が黄ばんでいることも自覚していませんでした。肖像画の女性は、私が感じていたよりも大人びていて、静的な印象を受けました。『彼女は 30 歳も年上なのに……』と私は自分に言い聞かせていました。友人たちがこの絵を見て、実際の私はどのぐらい若く見え、私の活力や精神を捉えていないとコメントしてくれたので、私はほっとしました。」(Lawrence-Lightfoot, 2005, p. 4)

この例は、類像的記号と象徴的記号の、その働きにおける複雑に入り組んだ結びつきを示している。類像的記号は、その対象（この事例では、その人自身）の象徴的な構成の基礎となる。さらに、人々が髪型を変えた後に象徴的に行う、日々の自己点検は、私たちの意味のある生活の組織化が単一の記号によってではなく、さまざまな種類の記号が互いにフィードし合う記号の複合体によって構成されていることを示している。

[4] ヨーロッパの教会では、偶像破壊運動のさまざまな動きの中で、類像性に対する一時的な反発を伴った（Duffy, 2005）。

[5] 被害者は通常男性だが、女性による「乳房窃盗」の事例も（まれに）存在していた。

[6] そのような証拠がたとえ要求され、提供され、「盗まれた陰茎」が無事であったと判断したとしても、性器の内部はもはや「盗まれた」ために、（もとの性器と）同じものではないという被害者の主張は納得のいくものだった。

[7] 大衆は、被害者の性器がもとの位置にあることを確認した後も、容疑者を攻撃し続けることができる。被害者は当然、「盗まれた」のと同じくらい即座に「返された」と主張できたが、彼らはもはや、同じものとは感じていない。

[8] 興味深い悪魔の記号は、悪夢のようなセックスパートナーの足ではなく「鳥の爪」であることが分かった。

[9] 南インドとベンガルのバクティの伝統の文脈において、性的快楽の敬虔さを強調する詩と歌を用いたキリスト教とは正反対の努力、すなわち性の神性を高める努力を見つけることができる。

[10] 興味深いことに、このような「境界なき記号を促進させる」コミュニケーション・メッセージ（communication messages）の受け手は、しばしばそのようなメッセージに自らが心を開き、**自らの自由意志でそれを求めることさえある**。当然、このような依存関係は、歴史上のあらゆる形の宗教的サービスの慣習の結果であり、そこでは、聴衆は、レベル 3 以下（具体的な行為の要求に対応）で明示されたコミュニケーション・メッセージを、レベル 4 の言及されていない文脈の中で提供され、期待している。

第 7 章 ───────────────────────────────

[1] ティルマン・ハーバーマス（Habermas, 1996）は、対象が人間の生活の中で占めることのできる機能の全体像を包括的に示している。個人的文化（personal culture, 第 9 章参照）の外化である対象は、人間が自らの発達を輔するための手段である。

[2] Wikan, 2002.

[3] このことは、特に公の場の人々の輔助において重要である。そうした人々は、目を通した参加（「眼的参加」——Wood, 1988, p. 34 を参照）に関わっているのである。歴史上、人間の生活の中で雪崩のように行われる公的な儀式（宗教的なドラマ、公開処刑、軍事パレード、葬儀行列など）は、人々にさまざまな出来事を観察させる。歴史的すべては、人々の意味形成システムを輔助することが期待されている。また、混雑した都市で私たちが経験するような「触覚」や「嗅覚」での参加を加えることもできるだろう。

[4] 人類の文化史におけるクラフトマンシップの中心性は、注目すべきものである。いかなる種の工芸品であっても、——食べ物の調理から衣服の製造、機械の製造まで——、それは常に「反復の教育学」（Brinkmann & Tanggaard, 2009, p. 10）を必要としてきた。つまり、イノベーションを導く創造性は、観察と参加的経験による既存のスキルの習得に基づいているのである。

[5] ちなみに、「スウィッツァー（Switser）」という球根の価格は、1636 年 12 月 31 日には 1 ポンドあたり 125 フローリン、1637 年 2 月 3 日には 1 ポンドあたり 1500 フローリンと、1 か月で 12 倍に増加した（Goldgar, 2007, p. 202）。

[6] 1637 年 2 月にチューリップ市場を法的に再規制し、チューリップ取引を先物契約からオプション契約に変えたことで、暴落が緩和されたことが指摘されている（Thompson, 2007）。

[7] この見落としが、志向的な（intentional）プロセスとしての高次の心理機能についての私たちの知識と、低次の心理機能とともに機能する高次の心理機能（認知、行動）の創造性（文化的人工物の形をとる）とを統合していく分野の発展を妨げてきた。

[8] 一見すると普通の物が異常な役割である武器として使われるようになった 9.11 テロ事件の事後検証において、対象のアフォーダンスがこのように変容する例が見られる。目的志向は、対象の変容と新しいアフォーダンスの創発を輔助する。

[9] 実際のところ、リサイクルは利益を生むビジネスである。捨てられた対象の所有は、その対象の所有者に、何の対価も支払われることなく行われるのである（もとの所有者にとっての「ゴミ」は、今やリサイクルの原材料となっている）。「ゴミ」がひとたび、その所有者によってリサイクルのカテゴリーに分類されると、それを新しい対象に変えるリサイクル会社の所有物となる。

[10] 現代における赤ちゃんポストに類似する、（中世ヨーロッパにおける）教会の階段や、（後の）捨児養育院の回転扉、孤児院などにおける新生児や乳児の捨て子は、現代でいう、捨てられたものを再循環（リサイクル）させる実践の前例と考えられる。

[11] このことは、ある有名人の古着が、新品の価格よりもはるかに高い価格で再販売することに成功してきたことから示されている。有名人の身体がそのような対象に包まれていたかもしれない、という想像上の事実が、「中古」品に高い価格を支払わせるのである。

[12] 5 世紀前のこうした商品化の終着点である、ローマ・カトリック教会の免罪符の販売には、興味深い類似点がある。罪人は免罪符を買うことはできても、再販売することはできなかった（Kopytoff, 1986, p. 75）。対照的に、現代の銀行は、銀行に対する借り手の金融債務という、ともすれば終焉を迎えた価値を再商品化する方法を生み出した。債務——資金がないということ——は、再販売可能な商品となる。

[13] これは、アメリカ（独立したばかり）と、イギリス軍（現在のカナダに位置）との間の軍事衝突であり、アメリカ先住民との戦争ではなかった。その戦場周辺の土産観光業にアメリカ先住民を取り入れたことは、真正の衝突を、創作された衝突へと拡張した 1 つの例である。

[14] このことは、学生に対する統計学の教師の懸念を適切な場所に置くことができるかもしれない——学生は、さまざまな種類の確率を推定する際に、日常生活の意味を定量化された形に変えることに苦労している。その困難さの理由は、統計学的な考え方を習得しようとする意欲の欠如ではなく、現実のライフの文脈における記号構築において、そのような方向性を認めることに対する意味づけのプロセス全体の抵抗にある。

[15] 類似した状況は、（極めて少額な財源であるが）学術的な雇用市場を通じて行われる学術的評価にも見られる。若い博士や年を重ねた教授の「値打ち」は、しばしば提示される基本給と同等と見なされる。

[16] メアリー・ダグラス（Mary Douglas, 1984）は、さらに次のように述べている。「汚れとは、秩序づけ（ordering）に、不適切な要素を排除することが含まれる限りにおいて、物質の体系的な秩序づけと分類の副産物である。……靴は、それ自体は汚れていないが、ダイニングテーブルに靴を置くことは汚ないことである。」（p. 35）

[17] ロマネ・コンティ（Romanee Conti）は、フランスのブルゴーニュ地方の赤ワイン（ピノ・ノワールとい

うブドウの品種）において、現在、販売時に世界で最も高価なワインである。2002 年のヴィンテージは現在、
1 本あたり 6,000 米ドル以上で取引されている。

[18] 指 標 的記号（インデックス）の関連性に関する類似の問題は、トリノの聖骸布（Turin Shroud; Sindone di Torino（伊））
への関心に見いだすことができる。聖骸布に残された体液の痕跡は遺体の指 標 的記号（インデックス）であるが、その遺骸
がイエス・キリストのものであったという可能性が、トリノの聖骸布を象徴的に複雑なものにし、常に世間
の関心を集めている。その可能性がなければ、聖骸布は汚れた古い布のかけらであり、他の汚れたベッドリ
ネンと一緒に洗濯されてしまうかもしれない。

[19] 〈汚れ〉は、「痛み」とは対照的である[7]。つまり「痛みはそれ自体の教師である」（Kubie, 1937, p. 417）。
　　「痛みとは何かを説明するために論文を書く必要はない。大人の役割は、子ども自身の経験を拡大し、
痛みの源となりうるものを警告し、耐え難い緊張を本能的に回避する子どもの味方になるという、比較的
単純なものである。」

[20] パプアニューギニアのサンビア族男性の「精液飲用」伝統のように、与えられた液体に栄養の力があると
想定される場合は除く。ここでは、若い少年が、男性の儀式的秘密として、年上の男性の精液を飲むことで、
栄養を補うのである（Herdt, 1980）。このような行為は、西洋の常識からすると「同性愛」の行為のように見
えるが、実際には栄養を補給する（feeding）行為であり、母親が乳児に母乳を与えることと変わらない。

[21] これはインドのベンガル州、オリッサ州、タミル・ナードゥ州のバクティ信仰運動で最も顕著に表現され
ている（Schelling, 2011）。官能性は、祈りの詩（devotional poetry）、踊り、歌、そして他の信者との、ある
いは寺院における、神に期待され、規定された肯定的な性経験につながる（Valsiner, 1996）。

[22] 例えば、古代ローマのルペルカリア祭では、少女や若い女性が儀式の指導者たちの鞭による鞭打ちを受け
るために列をなした。これは、子宝に恵まれやすくし、女性の不妊を防ぎ、出産の痛みを和らげるとされて
いた。

[23] 身体の非真正化については、さまざまな専門分野が溢れている。爪や足の手入れをするネイリスト、皮膚
に模様やメッセージを刻むタトゥーのメーカー、歯並びを矯正するためにワイヤーを取り付ける歯科医、肌
を焼いて日焼けしたような印象を与える日焼けサロン、肌を暗くしたり、明るくしたりするためのさまざま
なクリームを提供する化粧品メーカー、唇を深紅から「自然な」色まで、どんな色にも見せる口紅を提供す
る化粧品メーカーなどである。身体の非真正化における最高の水準は、その化学的処理によって「自然」に
見せることの実践である。

[24] 豊穣的<>枠組的（pleromatic<>schematic）の区別については、第 10 章を参照。

第 8 章

[1] クラスの名前（例えば、椅子という言葉）は、それが包含する対象のクラス（異なる椅子）には属さな
い。人はそれぞれの椅子に座ることができるが、「椅子」という言葉の上に座ろうとすると、必然的にバラン
スを崩すことになる。

[2] ロジャー・バーカー（1903-1990）の意味において。バーカーは、環境条件とは、人と環境との接点である
行動設定の創造を可能にするものだと考えた。クルト・レヴィンの理論的遺産に基づいて、彼は行動設定を
人間の活動のための機能的環境の最小構造単位として定義することを試みた。そして、環境構造がその中で
起こる行動を決定するとしたのである。バーカーの生態心理学の研究プログラム（Barker, 1968）には、単一
事例の環境の研究、行動設定のレパートリーの観点から見た学校やコミュニティの比較などが含まれていた
（Barker & Wright, 1955; Barker & Gump, 1963; Barker & Schoggen, 1973）。当初の行動設定の概念には、
人格学的、発達的、文化的なニュアンスがなかったが、近年の文化心理学の方向性でこの概念を発展させよ
うとする努力が、そのギャップを埋めている（Georgiou & Carspecken, 2002）。文化心理学におけるバーカー
の考え方の包括的な精緻化については、ウルス・フューラーの *Cultivating Minds*（Fuhrer, 2004）を参照さ
れたい。

[3] ニキータ・ハルラモフ（Kharlamov, 2012）の作品は、ある都市環境を探求する機能的な風景をさらに精
緻化することができる。

[4] カテゴリー名は当該カテゴリーに含めることができない。「椅子」という単語は、（他の多くの使用の中
で）座ることができる物体（つまりは椅子）を指すが、この椅子という単語が誰かを座らそうと促すことは
できない。

[5] 例えば、平時の同じ環境と区別される「戦争の風景（war landscape）」（Lewin, 1917）。

[6]　文化心理学における考古学の役割については、ゴンザレス・ルイバル（2012）によって詳細な説明がなされている。

[7]　**独立的依存**（または**依存的独立**）の概念を考慮のこと（Valsiner, 1997）。開放系（オープンシステム）の場合、システムの機能（「独立性」）は、環境（「依存性」）との関係に存在する限界によって完全に決定される。私たちは皆、自律的で、特定可能な限界の範囲内で、行動の選択肢の可能性（「自由意志」）を持つエージェントであり、それは周囲との関係という外的な限界によって制約されている。自由は制約によって規定されるのである。

[8]　ロンドン人の庭におけるそのような交渉プロセスの魅力的な記述は、ヒッチンズ（Hitchins, 2006）によって示されている。

[9]　バビロニア人／アッシリア人の「空中庭園」についての物語が楽しませてくれるように。

[10]　それらの伝統では、本当は造園家が創造したものであるにもかかわらず、あたかも自然であるかのように、自然の要素をミニチュアの日本庭園を作る際に持ち込んでいる。伝統的な庭における水の重要な役割は、ベルサイユ宮殿において例証されるような西洋の庭園と大きく区別される点となる。

> 「日本の池はほとんどが不規則な形をしている。人工的に創造されているものの、庭の池の土手や汀線（shore lines）は、自然の景観の中の水の特徴を忠実に模倣している。……それに比べて、フランス庭園に特有の水の特徴は、人工的に取り込まれた高圧の噴水である。……その庭園の噴水は、日本庭園の地盤条件や重力の法則に従った水の自然な流れと直接的な対比となる。」　　　　　　　　（Yoon, 1994, p. 477）

[11]　16世紀末のヨーロッパとの接触以前の1337年から1573年までの期間。

[12]　抽象的な理解に到達するという目的的視座から、2つの可能な読書の文脈を考えてみたい。詩を読む場合と電話帳を読む場合である。通常、情感的な曖昧さを含む詩は、抽象的一般化を導くことができるが、一方で、電話帳における完全に明確な情報はそうでないかもしれない。

[13]　「庭は、正確なコミュニケーション的効果に到達するために、限定された記号論的な素材と様式のセットを利用する。それらの組み合わせと協同によって、これらの記号論的な素材と意味形成の原理はさまざまな意味づけの配列を同時に、効果的に伝えている。」（McGovern, 2004, p. 357）

[14]　先進国における「家の所有権」の多くは、銀行でローンを組んで購入した家が、「所有者」である購入者の「所有物」であると示唆されていることに注目してほしい。しかし、実際には、銀行のローンが返済されるまでの間、所有者は、ローンを組んだ銀行なのである。

[15]　もちろん、家の中には、「家の中の非-家」に対応する境界域が存在する。それは、外部からの内部への技術的な浸透（ラジオ、テレビ、インターネット）という形であり、隣人が時々立てるダンスの音は言うまでもない。

[16]　煉獄の意味づけの複合性に関する歴史については、ル・ゴフ（LeGoff, 1990）を参照のこと。

[17]　町の真ん中にある教会の墓地には牧歌的なものは何もなかった。ロンドンでは、現在のポルトガル・ストリートにあるロンドン・スクール・オブ・エコノミクスがある埋葬地の近くにある（イギリスでは19世紀まで教会葬が行われていた）。

> 「19世紀初頭の都市部の教会墓地は、土壌は有害な黒い粘液で覆われ、地面は頻繁に新しい埋葬のために壊されていたため、木や芝生を設置できない悪臭を放つ場所だった。教会の中では、床下や身廊の下に埋葬され続けていました。……そして、時には教会の中の臭いに圧倒され、信徒が出て行かなければならないこともあった。」　　　　　　　　（Tarlow, 2000, p. 225）

[18]　画家のワシリー・カンディンスキーは、1896年以降、ミュンヘンの芸術的に豊かな環境を共有し、1920年代初頭にワイマールで美大生たちに指導する中で、リップスの考えをさらに発展させた（Kandinsky, 1926）。

[19]　ローマのサン・ピエトロ大聖堂の中央にある、ベルニーニが制作したソロモン教の円柱。

[20]　私は、**意味づけ**と**意味**という概念について、レフ・ヴィゴーツキーが提案した区別を使用している。

> 「言葉の意味とは、その言葉の結果として私たちの意識の中に生じるすべての心理的事実の集合体である。意味は、動態的で、流動的で、複雑な形成物であり、安定性が異なるいくつかのゾーンがある。意味づけは、言葉が会話の文脈の中で獲得する感覚のこうしたゾーンの1つにすぎない。これらのゾーンの中で**最も**安定し、統一され、正確なものである。異なる文脈では、言葉の意味は変化する。これに対して、意味づけは**比較的**固定された安定した点であり、さまざまな文脈での使用に伴う語義のすべての変化に対して不変である。語感の変化は、音声の意味解析の基本的な要素である。**実際の語義は不変である。**ある操作では、単語はある意味づけで出現し、別の操作では、別の意味づけが獲得される。……辞書の中で孤

立したその言葉は、ただ1つの意味づけを持っている。しかし、**この意味づけは、生きた発話においてのみ実現できる潜在的なものにすぎず、生きた発話においては、意味づけは意味の構築物における礎石でしかない。**」

（Vygotsky, 1987, pp. 275-276; ロシア語版の原文に沿って強調を加えたもの——Vygotsky, 1934, p. 305）

[21]　破壊行為の多くは象徴的なものである。ヨーロッパとビザンティン帝国における偶像破壊的な運動、そして最近では、バーミヤンの石仏やトンブクトゥ図書館を破壊しようとする過激派の動きは、もちろんここでの主要な例である。

[22]　このシュパンダウ刑務所のレンガの写真は、イギリスの美術品評価「ロードショー」の一環としてインターネット上に掲載されたもので、次のような解説がされていた。

　　「このレンガの持ち主は、昔、軍人だったそうだ。1987年、シュパンダウ刑務所が解体されたとき、彼はベルリンにいた。……この歴史の断片を評価することはほとんど不可能である。レンガという観点からは、ほとんど何の価値もないが、歴史の断片として、（歴史的遺品としての）軍事関連物の収集家は100ポンド程度なら喜んで払うかもしれない。」

第9章

[1]　社会的な移境態は、中央からの社会的統制の外にあり、すべては社会的に統制されるために行われる。これは、どちらか一方の言葉（「あなたは私たちのものであって、彼らのものではない」）でアイデンティティの要求を重ね合わせることによって起こるか、あるいは、ますます発展していく消費社会の文脈の中で、移境態の特徴を中心的な特徴に変えてしまうことができる。また、消費社会の発展に伴い、移境態の特徴を中心的な特徴に変えることができる。「駆動と欲望」を欠き、「選択をする」ことに主眼を置く理想的な個人は、（新しい選択を創造することとは対照的に）「選択する自由」とされる流行やファッションで「飽和した自己」を圧倒することで、移境態において社会的に統制することができる。社会構成主義の信条は、産業革命後の「ネットワーク社会」にも当てはまることが示されている（Brinkmann, 2006）。

[2]　この場所は、夢、より適切には、悪夢の場所でさえある。フロイトは、人間の悪夢における「裸でいるところを見られる」という特殊なジャンルを指摘している（Freud, 1978, p. 141; 1911, p. 175）。

　　「裸にされた性質や方法は、たいていの場合、かなり曖昧である。夢主はおそらく『私はシュミーズ[1]を着ていた』と言うだろうが、それがはっきりとしたイメージであることはほとんどない。……通常、衣服の不足はそれに伴う羞恥の感情を正当化するほど深刻ではない。……人が恥じている相手はほとんどの場合、見知らぬ人であり、その顔は不明確なままである。……夢の中の人々はまったく無関心であるようにみえる。」

　　フロイトの観察は、露出した状態でいることへの恐怖が内面化されていることを明示している。しかし、ケーララ州の事例では、社会的役割によって義務づけられている非露出への恐怖が、個人的な良識の感情ではなく、社会的地位を変えるための着衣への欲求に変わっていることが分かる。

[3]　ここでは、現実のシナリオと想像上のシナリオの両者が社会的に機能する。実際に核兵器を保有している国は核兵器を使用せず（広島・長崎の記憶は数十年後もトラウマとなる影響を与え続けている）、その知識をエピソード的に公にすること（核兵器をある場所から別の場所に移動させ、その秘密の行為をメディアに漏洩したり、また地下実験を実行したり）が、現代の政治関係の交渉に働くのである。ある条件下では、兵器の存在を推定することは、抑制的な行動につながる可能性がある。その後、推定される武器は存在せず見つけ出すことは不可能であったが、政治的な権力の変動は起こっていたのである。

[4]　現代のマスメディアの提示では、社会生活における傍観者の非介入体験の使用例が豊富にある。観客は肘掛け椅子に座ったままで、またもや大金持ちの実業家が刑事責任を問われて逮捕されるというドラマを数秒間だけ見ることができる。カメラには、手錠をかけられた男性（または女性）が警察官に車に乗せられ、警察署に連れて行かれる様子が映っている（そこで手錠が外され、保釈金が設定され、帰宅する）。傍観者は、その出来事を阻止するのではなく、**行われている正義の行為**を記録することが期待されている。これは、テ

レビが登場する前の時代、公開処刑の傍観者として**一斉に**召喚された人々にも同様の社会的機能があった。

[5]　現代のマスメディアが導入するコミュニケーション形態は、トークショーやリアリティショーの参加者など、即座に関係する人々に独自な集合的文化的条件を作り出している。メディアのチャンネルを通じて、こうした「局所的な」集合的文化的パターンは、広域的で、しばしば熱狂的な聴衆に提供される。明示的な競争から非競争のための競争（マドセンとブリンクマン（Madsen & Brinkmann, 2012）のパラダイス・ホテルの分析）に至るまで、あらゆるバージョンの社会的課題の要求は、視聴者を番組のサスペンスに引き込み、それらを通じて視聴者の内化／外化システムに価値志向を入れようとしている。

[6]　13歳のカレン・ホーニー、日記に告白。「まだ13歳なのに初めて髪をピンで留めたので、今日はとても威厳を感じます。スピリチュアルなことに関しては、私はまだとてもふさわしくないと感じています。」（Horney, 1980, p. 4）。

[7]　同様の問題は、自分自身に見えるタトゥーの位置（正面）、他人から見えるタトゥーの位置（正面と背面）、期待される通常の身体被覆による非可視化にも再現されている。私的な身体の改造を公的に展覧することの交渉は、その人の身体的な展覧に期待される観衆を区別する上で、これらの改造が果たす役割を示している。

[8]　田舎の果樹園から果物を盗んだり、町の他の近所のストリートギャングと喧嘩したり。大人の公的な場で見られる戦争や平和は、子どもたちのお手本になるだろう。

[9]　これはもちろん、しばしば観光ガイドらによる社会的輔助のもとで生じる。観光ガイドらは、何が「必見」の見どころかについて注意を集める。ここで私は、読者をラダック（Ladakh）にいるイギリス人観光客についてのアレックス・ギレスピーの必読本へとガイドしたい。

第 10 章

[1]　ギリシャ語のpleromaまたは英語のfullnessに由来する。**豊穣的な径路**は、別のより一般的な複合体による複雑な出来事を提示する意味づけの戦術であり、それは域的な一般化に対して開かれている。

[2]　ハインリッヒ・ヴェルフリン（Wölfflin, 1950/1915）は、バロックは「大衆に輸入された運動」であり、ルネサンスの美的世界観に反する芸術であると指摘した。バロックは、彫刻、絵画、建築、文学、舞踊、音楽などにおいて、誇張された動きと明確で解釈しやすい細部を用いて、ドラマ、緊張、高揚、壮大さを演出した。1600年頃にイタリアで始まったこの様式は、宗教的なテーマを直接的な方法で伝え、人々に感情移入を促そうとするカトリック教会の努力がはっきりと表れている。

[3]　18世紀フランスの芸術様式で、イタリア語の「バロッコ」（不規則な形の真珠、「バロック」の語源と思われる）とフランス語の「ロカイユ」（貝や小石を使った庭や室内装飾の流行）を組み合わせたもの。18世紀にヨーロッパの一部で流行した、洗練され奇抜なファッションを表すのに使われることもある。

[4]　それは現在である。生物学的・心理学的システムの現実の場合、その現在とは、過去と未来の間の限りなく小さな瞬間である（C. S. パースがよく指摘した点である）。現在についての主観的な省察では、まさにその逆で、現在が実際の存在の瞬間から過去（同一人物のライフヒストリーの物語で「私がいる」ことが「私がいた」ことによって描かれる）にも未来（「私がいる」ことが「私がなる」ことによって描かれる）にも拡張されるのである。**アイデンティティ**という概念は、「過去にいること」と「未来にいること」を豊穣的に再構成するための枠組的一般化である。

[5]　この概念は、1858年にドイツの2人の科学者、ヨハン・ベネディクト・リスティングとアウグスト・メビウスによって紹介され、この画像のような形になっている。

[6]　軍事衝突における食人行為の報告（しばしば根拠がない）は、この点を反証するものではない。たとえこのような習慣があったとしても、人肉食は決して通常の栄養源ではなく、強力な敵の肉を食べることによって、殺す者／食べる者が敵に起因する象徴的な力の一部を引き継ぐと見なされる象徴的な慣習であった。

エピローグ

[1]　類似性を同一であるかのように扱うやり方は、事象のカテゴリーを類似性の認識によって確立し、カテゴ

リーに統合し、あたかもそれらが均質のクラスの代表であるかのように扱う静的視点の基礎となるものである。類似性が優勢なクラスの異種混交性はその均質性で置き換えられ、曖昧な集合は明確なものとして扱われ、時間はこれらの事象が検出される唯一の次元と見なされるようになる。

[2]　ギロチンが導入されたとき、この新しい処刑技術は、人間の処刑人の手刀よりも「人道的」であると推定されていた（Smith, 2003）。戦争でも平時でも、人を殺す仕事に人間性という概念を使うことは、それ自体、驚くべき文化的意味構築である。

[3]　心理学の「グラーツ学派」のアレクシウス・マイノング（1853-1920）の意味において。マイノングは、存在するものと存在しないもの（「黄金の山」のように成立するもの）を区別し、記号の階層の観点から心理的調節を見るための存在論的前提条件とした。このような階層において、存在する非存在の対象を提示する記号は、意味形成の過程において、精神を「今ここ」の設定の限界から超越させることができるようにする。

訳　注

序文
〔1〕　サルバドール、バイーア、ブラジリアは、いずれもブラジルの都市。
〔2〕　キッチンセミナーは、1997年にクラーク大学で（文化）心理学の理論、方法、研究を前進させるために発足した、学際的・国際的なセミナー。クラーク大学（アメリカ）、オールボー大学（デンマーク）、学期ごとに変わる世界各地の4つの国際的な拠点間でオンライン会議が開催されている。
〔3〕　ニールス・ボーア・プロフェッサーシップ・センターは、デンマーク国立研究基金から得たニールス・ボーア助成金によってオールボー大学に開設された、ヨーロッパで初の文化心理学のセンター。現在は、文化心理学センター（Centre for Cultural Psychology）と呼称。ニールス・ボーア（1885-1962）はデンマーク出身の著名な理論物理学者の名前である。

はじめに
〔1〕　ミナレットは、イスラム教のモスク（イスラム寺院）やマドラサ（学校）に付随する塔。

第1章
〔1〕　『コン・ティキ号探検記』は、トール・ヘイエルダール（1914-2002）らが実際に古代ペルーで作られた 筏（いかだ）を模したコン・ティキ号で太平洋を横断した際の冒険記。ヘイエルダールらは、古代ペルー人は太平洋をバルサ材で作った筏で渡ってポリネシア人の祖先となったのではないかという仮説を持っていた。
〔2〕　『デカメロン』は、イタリアの詩人・作家であるジョヴァンニ・ボッカッチョ（1313-1375）の代表作。黒死病（ペスト）が蔓延する中、郊外で過ごす10人の男女が、10日間かけて一晩に一人が物語を語り合う。人間の欲や行動が開放的に描かれているため、卑猥であるという批判を受けることもあるが、近代小説の最初の傑作とも評される。
〔3〕　『世界の起源』は女性器から腹部を中心に写実的に描かれた作品。作者のギュスターヴ・クールベ（1819-1877）は、フランスの画家。写実主義運動を牽引したことで知られる。
〔4〕　ヘラクレイトスは自然哲学者の一人で、万物の根源は常に変化すると考え、「万物は流転する」（パンタレイ）と言い、そのような変化の象徴として火があると考えた。「誰も同じ川に二度入ることはできない」という言葉でも有名。古代ギリシャでは宇宙の根源的原理に関するさまざまな思想（自然哲学）が展開された。
〔5〕　フランクフルト・アム・マインは、一般にフランクフルトとも呼ばれるドイツ連邦共和国ヘッセン州にある都市。ツァイルは通りの名称で、写真はマイツァイルという大型ショッピングセンターのもの。
〔6〕　『アンナ・カレーニナ』はレフ・トルストイ（1828-1910）による長編小説。『戦争と平和』に並ぶトルストイの代表作とされる。「幸せな家族はどれもみな同じようにみえるが、不幸な家族にはそれぞれの不幸の形がある。」（望月 哲男(訳)（2008）.『アンナ・カレーニナ1（光文社古典新訳文庫）』 光文社）という書き出しで有名。

第2章
〔1〕　低次心理機能は、高次心理機能である思考や記憶とは異なり、感覚や知覚のこと。
〔2〕　ハロー効果とは、ある個人の顕著な特徴（容姿・肩書など）から強い影響を受けることによって、偏った判断をしてしまうこと。

第 3 章 ──────────

〔1〕 図中では矢印によって非可逆的時間における一般化が表記されている。

〔2〕 「インドの宗教、とくにヒンドゥー教における重要概念。これは、最高の人格神に、肉親に対するような愛の情感を込めながらも絶対的に帰依することであり、ふつう〈信愛〉と訳されている。」(宮元 啓一 (2007). バクティ. 平凡社(編) 『世界大百科事典（改訂新版）』 平凡社)

第 4 章 ──────────

〔1〕 ヒジャブは、イスラム教徒の女性が頭を覆うために用いるベール。

〔2〕 妨害子は、妨害する機能を果たすものという意味である。

〔3〕 探索子は、探索する機能を果たすものという意味である。

〔4〕 積荷崇拝は、主としてメラネシアなどに存在する招神信仰である。神聖なものが、海や空などの別の文明から自分達のもとに現れる、という物質主義的な信仰である。

〔5〕 堅信礼は、自分の意思でキリストを信仰するということを公に告白し、キリスト教徒になったということを教会から認めてもらう儀式。

〔6〕 聖体拝領は、イエス・キリストの血と肉を表すブドウ酒とパンを集まった人々に分け与えるキリスト教の儀式。

第 5 章 ──────────

〔1〕 表象体とは記号そのものであり、何らかの観点や何らかの能力で、誰かに何かを示すものであると定義されている。パースは、記号現象を記号、対象、解釈項の 3 つの構成要素からなると捉えている。

〔2〕 3 行目の分類は、論理学における古典的区別である名辞、命題、論証に依拠することる。パースによれば、名辞は人間の道徳性のような真でも偽でもない任意の記号であり、命題は主張することができる記号であり、論証は思考あるいは記号群における変化のプロセスを表象しており、あたかもこの変化が解釈者において誘発されているかのように、自己制御を通じてその解釈者に働きかける形式を持つ記号である。なお、名辞、命題、論証の訳語は、『パース著作集 2 記号学』(内田 種臣(編訳)、1986 年、勁草書房)に依拠した。

〔3〕 訳注〔2〕を参照。

〔4〕 十字軍とは、11 世紀末から 13 世紀にかけて西欧カトリック諸国が聖地エルサレムをイスラム教諸国から奪還することを目的に派遣した遠征軍のこと。

〔5〕 たばこクラブは、たばこを楽しみながら社交をするために定期的に集まる、主に男性のグループのこと。歴史的には、プロイセン王フリードリヒ・ヴィルヘルム 1 世のもとで設立された団体を指すことが多い。

〔6〕 低地諸国については、第 7 章コラム 7.1 を参照。

〔7〕 巨発生は、微発生的なレベルを超えた次元における社会的レベルの発生のこと。

〔8〕 微発生（microgenesis）とは、生物学的、心理学的形態の直接的な短時間枠内での発生（と消失）の形態のこと。例えば、何か言いたいと思って発話を生み出す──このプロセスは発話の微発生である。

第 6 章 ──────────

〔1〕 交渉子は、交渉する機能を果たすものという意味である。

〔2〕 ラサは、ヒンディー語で「気分、感情、香り」を意味する。

〔3〕 分節は、「ゲシュタルト心理学において、構造の中に含まれる複雑さのレベルを指す。」(ファンデンボス, G. R. 繁桝 算男・四本 裕子(監訳) (2013). 『APA 心理学大辞典』(p. 802) 培風館)

第 7 章 ──────────

〔1〕 リーフケン提督は、チューリップの品種。当時の品種には、しばしば提督や司令官などの名前がつけられていた。

〔2〕 ジンメル, G. 鈴木 直(訳) (1999). 「取っ手」 北川 東子(編訳) 『ジンメル・コレクション（ちくま学芸文庫）』(p. 73) 筑摩書房より。

〔3〕 ジンメル, G. 鈴木 直(訳) (1999). 「取っ手」 北川 東子(編訳) 『ジンメル・コレクション（ちくま学芸文庫）』(pp. 74-75) 筑摩書房より。

〔4〕 ともにヒンドゥー教の神話に登場する女神である。ドゥルガーは母性や戦いの女神として信仰されてお

り、10本の腕に神器を持ち、アスラ神族を討伐したと伝えられる。なお、アスラ神族は、阿修羅の語源でもあり、ヒンドゥー教において信仰の対象となっているデーヴァ神族に敵対する存在として描かれる。カーリーは、殺戮や時間の女神とされており、アスラ神族との戦いの中でドゥルガーから生まれ、極めて残虐な戦いをしたと伝えられている。

(5) ジョイス，J.　丸谷 才一（訳）（1994）.『若い芸術家の肖像〔新潮文庫〕』(pp. 153-155)　新潮社より。

(6) ジンメル，G.　円子 修平（訳）（2004）.「流行」円子 修平・大久保 健治（訳）『文化の哲学〔ジンメル著作集7. 新装復刊〕』(pp. 33-34)　白水社より。ただし、邦訳における「流行」を、ここでは「ファッション」に置き換えている。

(7) 例えばケガをしたときには、「痛い」ということは言われなくてもわかるように、「痛み」それ自体が「痛い」ということを教えてくれるという意味であると考えられる。これは〈汚れ〉（ないし〈清潔〉）が、記号的に理解されることとは対照的である。

第8章

(1) ここでは「今ここ」という現実を生きるというプロセスと、「今ここ」から記号的媒介によって距離を取るイマジネーションのプロセスという二重性について言及していると考えられる。

(2) symbolic remove は、文化的レベルで存在する象徴的な形態が、個人の心を通じて作り出され、再創造されるプロセスというのが原義であるため、再創造されるという原語のニュアンスを生かしつつ象徴的再移創という訳にした。

(3) シャクティ（Śakti^(梵)）とは、ヒンドゥー教またはインド哲学における宇宙の根理。元来は「性的能力」を意味する女性名詞であるが種々の哲学的概念を意味する語としても用いられた。

(4) アムリタ（amṛta^(梵)、甘露）は、インド神話に登場する神秘的な飲料の名で、飲む者に不死を与えるとされる。乳海攪拌によって醸造された。

(5) アヴァターラ（Avatāra^(梵)）とは、ヒンドゥー教において、不死の存在、または究極に至上な存在の「化身」「権現」（肉体の現れ）である。

(6) Begeisterung はドイツ語で、感動、感激、熱狂、熱中を意味する語。

(7) Faszination はドイツ語で、魅力、魅惑、魅了を意味する語。

(8) 植物の一種。庭においては、生垣として用いられたり、幾何学的な形態や動物の形にかたどられたりする（トピアリーと呼ばれる）ことがある。

(9) 豊穣化（pleromatization）とは、経験の意味づけのプロセスの1つで、現象の複雑さを保存する一般化のプロセスのこと。豊穣化と枠組化は互いに記号論的な共生関係にあると考えられている。詳しくは第10章参照のこと。

(10) 枠組化（schematization）とは、経験の意味づけのプロセスの1つで、概念の形成、分類、意味の固定化という形で現象の複雑さを減じる一般化のプロセスのこと。豊穣化と枠組化は互いに記号論的な共生関係にあると考えられている。詳しくは第10章参照のこと。

(11) ジョン・ケージ（1912-1992）はアメリカの作曲家、思想家。作品に「易の音楽」「イマジナリ・ランドスケイプ第五番」、主著に「沈黙」など。

(12) 異空間混在場は、フーコーがユートピアとの対照で提示した概念で、差異化された社会的空間のこと。ある種の文化的、制度的、言説的な空間を説明するもので、何らかの形で「他者」であり、邪魔をしたり、強烈で、相いれない、矛盾したり、変容したりするもの。

(13) 感情移入（Einfühlung^(独)）は、特定の記号論的風景（他者も含むことがある）の中に感情づけし浸っていくこと。

(14) キューポラとは、屋根に取り付けられている、小さな屋根の構造体のこと。形状は半球や円すい、四角すいなどさまざまで、屋根裏の換気をするためや、飾りとして付けられている。

(15) ミナレットはイスラム教のモスクやマドラサなどの宗教施設に付随する塔のこと。

(16) ユーゲント・シュティールは、ドイツ語圏の世紀末美術の傾向を指す。ユーゲントは若さ、シュティールは様式を意味するドイツ語で、アール・ヌーヴォーと同様の意味であり、「青春様式」と表記されることもある。

(17) 火葬は仏教由来の習慣で、現代日本の火葬率は100%近くとなっている。日本では火葬し散骨することに否定的印象を持つ人は多くないと考えられるが、キリスト教徒やイスラム教徒などには火葬を禁忌と捉える

人々も多い。

[18] 自然哲学（Naturphilosophie^(独)）は、19世紀初頭の自然研究に適用されたドイツ観念論の哲学的伝統における潮流を特定するために、英語圏の哲学において使用される用語である。

[19] 独立居住婚は新規居住婚ともいう。婚姻居住方式の1つで、結婚後夫と妻が双方の親から独立して、まったく新たな居所を定めること。主として西欧社会や都市化された地域で行われている。

第9章

[1] シュミーズは、中世以降に西洋で使われてきた女性用下着。肩紐があり、筒型で緩やかに布で身体を覆う。皮膚の保湿など実用性が高い。

[2] カーストは、インドの中世以降における社会集団を表す英語。この社会集団は何らかの基準で上下に序列ができ、形成されたのがカースト制度である。ケーララ州（インド南部）は、紀元後11世紀以降に統一王権を失い慢性的戦争状態にあり、イギリス植民地後も形式的に藩王国が残された。この地域の2つの藩王国コーチンとトラバンコールの支配機構は、軍事組織に基づく政治位階および土地保有に基づいた経済的位階によって構成されていた。王権を頂点とする政治経済の支配秩序は、高僧・司祭ナンブーディリ・ブラフマンを清浄さの頂点とする「ケガレ」の儀式的な秩序で正当化され、「ケガレ」の観点から、各カーストによって接近距離が明確に規定されていた。また、カーストの階層により、自分よりも身分が上の人々に対して適切な敬意表現するための着衣の規制があったとされる。ナーダル、ナーヤルはカースト階層の集団名。

[3] ゲマインシャフトとゲゼルシャフトはドイツ語であり、ドイツの社会学者フェルディナント・テンニースによって提唱されたもので、前者は人間の本来備わる本質意志によって結合する有機的な共同体（community）、後者は人間がある目的達成のため作為的に形成した機械的な結合をなしている利益社会（society）の意味である。

[4] ピューリタンは清教徒のこと。イングランド国教会キリスト教プロテスタント派。エリザベス1世の宗教改革を不服とし、カルヴァニズム的思想を背景に、内部から変革する者や長老派、ピルグリム・ファーザーズのように国外を脱出して理想実現を目指すなどさまざまな諸派に分かれている。

[5] ニカブ（niqāb）とは、目を除く体と顔全体を覆うためにイスラム教徒の女性が着用するペールのこと。

[6] ウルビ・エト・オルビはラテン語で、直訳すると「都市と世界へ」。ローマ帝国において、「帝都ローマと属領へ」という意味で、布告文の冒頭の定型として使用されていた。今日ではカトリック教会のローマ法王が、「ローマ市と全世界へ」という意味で、公式な祝福として用いられる。

[7] ジョイス，J. 丸谷 才一（訳）（1994）．若い芸術家の肖像（新潮文庫，pp. 219-222）．新潮社より。

第10章

[1] ハイファッションは、一般に流行する前に先取りされた最先端のファッションの意。ハイファッションのメーカーとは、そういったファッションを生み出すメーカーのこと。

[2] キャットウォークは、ファッションモデルが歩く舞台や通路。モデルが猫のように歩くことからこの名がついた。

[3] 「砂漠の教父」の伝説は、聖アントニオスの伝説。西暦270年から271年に砂漠に移住し、砂漠の修道院の父および創始者として知られている。諸々の誘惑を象徴するかのような怪物に囲まれ、苦闘する聖アントニオスの姿は美術の題材にされてきた。

[4] シュールレアリスムは、1920年代から唱えられた芸術論の1つ。現実世界にとらわれず、作者の主観による、自由な想像を表現するもの。

[5] 生態心理学は、生態学の視点を人間行動の理解に応用しようとする心理学の総称。知覚心理学者であるJ. J. ギブソンは、人間にとっての環境は知覚世界であること、環境内に存在する事物の意味ないし価値が直接的に知覚されることを強調し、アフォーダンス理論を展開した。

[6] アハ体験はドイツの心理学者カール・ビューラーが提唱した心理学上の概念で、未知の物事に関する知覚関係を瞬間的に認識する事を指す。

[7] 臨床実践において、カウンセラーとクライエントがお互いになれあって現状維持をもくろむような関係になっていること。

[8] ポワント（pointe）はフランス語。頂点、ピーク、先端、突出部などの意。

[9] 弁証法は、本来は対話の技術の意味でソクラテス・プラトンでは概念の真の認識に到達する方法であっ

た。現代において使用される場合、ヘーゲルによって定式化された弁証法を指すことが多く、ある命題（テーゼ）と対立関係にある命題（アンチテーゼ）を統合し、より高い次元の命題（ジンテーゼ）を導き出す止揚（アウフヘーベン）の考え方を土台とした思考法として捉えられている。

エピローグ

〔1〕　局所記号は、ドイツ語では Lokalzeichen。刺激の受容部位に応じて感覚が質的に異なるという考えに基づく局所的な特徴をさす。このような局所的な特徴に応じて、刺激部位の定位が可能になるとする学説を局所記号説あるいは局所徴験説という。

引用文献

Abbey, E. (2006). Triadic frames for ambivalent experience. *Estudios de Psicologia, 27*(1), 33-40.

Abbey, E. (2012). Ambivalence and its transformation. In J. Valsiner (Ed.), *The Oxford Handbook of Culture and Psychology* (pp. 989-997). Oxford University Press.

Abbey, E., & Diriwächter, R. (Eds.). (2008). *Innovating Genesis: Microgenesis and the Constructive Mind in Action.* Information Age Publishers.

Abbey, E., & Surgan, S. (Eds.). (2012). *Emerging Methods in Psychology.* Transaction.

Adams, G., & Dzokoto, V. A. (2007). Genital-shrinking panic in Ghana. *Culture & Psychology, 13*(1), 83-104.

Adams, G., & Markus, H. R. (2001). Culture as patterns: An alternative approach to the problem of reification. *Culture & Psychology, 7*(3), 283-296.

Allaire, Y., & Firsirotu, M. E. (1984). Theories of organizational culture. *Organizational Studies, 5*(3), 193-226.

Andriani, C. M., & Manning, J. R. (2010). "Negotiating with the dead": On the past of Auschwitz and the present of Oswiecim. *Psychology & Society, 3*(1), 42-58.

Arro, G. (2013). Peeking into personality test answers: Inter- and intraindividual variety in item interpretations. *IPBS: Integrative Psychological & Behavioral Science, 47,* 56-76.

Bachelard, G. (2002). The formation of the scientific mind. Clinamen Press [original in 1938]. 〔バシュラール, G. 及川 馥(訳) (2012). 科学的精神の形成：対象認識の精神分析のために (平凡社ライブラリー). 平凡社.〕

Baldwin, J. M. (1895). *Mental Development in the Child and the Race.* Macmillan.

Baldwin, J. M. (1908). *Thought and Things* (Vol. 2). George Allen & Co.

Baldwin, J. M. (1930). James Mark Baldwin. In C. Murchison (Ed.), *A History of Psychology in Autobiography* (Vol. 1, pp. 1-30). Russell & Russell.

Bang, J. (2009a). Nothingness and the human Umwelt: A cultural-ecological approach to meaning. *IPBS: Integrative Psychological & Behavioral Science, 43,* 374-392.

Bang, J. (2009b). Synthetic phenomena and dynamic methodologies. In J. Valsiner, P. Molenaar, M. Lyra, & N. Chaudhary (Eds.), *Dynamic Process Methodology in the Social and Developmental Sciences* (pp. 567-594). Springer.

Barker, R. G. (1968). *Ecological Psychology.* Stanford University Press.

Barker, R. G., & Gump, P. (1963). *Big School, Small School.* Stanford University Press. 〔バーカー, R. G.・ガンプ, P. 安藤 延男(訳) (1982). 大きな学校, 小さな学校：学校規模の生態学的心理学. 新曜社.〕

Barker, R. G., & Schoggen, P. (1973). *Qualities of Community Life.* Jossey-Bass.

Barker, R. G., & Wright, H. F. (1955). *Midwest and its Children.* Harper & Row.

Barthes, R. (1994). The kitchen of meaning. In R. Barthes, *The Semiotic Challenge* (pp. 157-159). University of California Press.

Bastide, R. (2003). *Social Origins of Religion.* University of Minnesota Press.

Beckstead, Z. (2012). Crossing thresholds: Movement as a means of transformation. In J. Valsiner (Ed.), *The Oxford Handbook of Culture and Psychology* (pp. 710-729). Oxford University Press.

Bekhterev, V. M. (1903). Vnushenie I ego rol'v sotsial'noi zizni [Suggestion and its role in social life]. K. L. Rikker [English translation 1998 by Transaction].

Benedict, R. (1959). Patterns of culture. Houghton Mifflin [original in 1934]. 〔ベネディクト, R. 米山 俊直

（訳）（2008）．文化の型（講談社学術文庫）．講談社.〕

Bergman, I. (2007). *The Magic Lantern: An Autobiography*. University of Chicago Press.

Bergson, H. (1911). *Creative Evolution*. Henry Holt.〔ベルクソン，H.　合田 正人・松井 久（訳）（2010）．創造的進化（ちくま学芸文庫）．筑摩書房.〕

Berns, G. S., Chappelow, J., Zink, C., Pagnoni, G., Martin-Skurski, M., & Richards, J. (2005). Neurobiological correlates of social conformity and independence during mental rotation. *Biological Psychiatry, 58*, 245-253.

Bishnoi, R. S. (1992). *A Blueprint for Environment: Conservation as Creed*. Surya Publication.

Boesch, C. (2012). From material to symbolic cultures. In J. Valsiner (Ed.), *The Oxford Handbook of Culture and Psychology* (pp. 677-694). Oxford University Press.

Boesch, E. E. (1991). *Symbolic Action Theory*. Springer.

Branco, A. U., & Valsiner, J. (1997). Changing methodologies: A co-constructivist study of goal orientations in social interactions. *Psychology and Developing Societies, 9*(1), 35-64.

Braudel, F. (1967). *Structure of Everyday Life*. University of California Press.〔ブローデル，F.　村上 光彦（訳）（1985）．日常性の構造：物質文明・経済・資本主義——15-18 世紀（全 2 巻）．みすず書房.〕

Brinkmann, S. (2004). The topography of moral ecology. *Theory & Psychology, 14*(1), 57-80.

Brinkmann, S. (2006). Questioning constructionism: Toward an ethics of finitude. *Journal of Humanistic Psychology, 46*(1), 92-111.

Brinkmann, S. (2008a). Comte and Houellebecq: Towards a radical phenomenology of behavior. In K. Nielsen, S. Brinkmann, C. Elmholdt, L. Tanggaard, P. Musaeus, & G. Kraft (Eds.), *A Qualitative Stance: Essays in Honor of Steinar Kvale* (pp. 177-186). Aarhus University Press.

Brinkmann, S. (2008b). Changing psychologies in the transition from industrial society to consumer society. *History of the Human Sciences, 21*(2), 85-110.

Brinkmann, S. (2009). Literature as qualitative inquiry: The novelist as a researcher. *Qualitative Inquiry, 15*(8), 1376-1394.

Brinkmann, S. (2011). Towards an expansive hybrid psychology: Integrating theories of the mediated mind. *IPBS: Integrative Psychological & Behavioral Science, 45*, 1-20.

Brinkmann, S. (2012). The mind as skills and dispositions: On normativity and mediation. *IPBS: Integrative Psychological & Behavioral Science, 46*, 78-89.

Brinkmann, S., & Tanggaard, L. (2009). Toward an epistemology of the hand. *Studies on Philosophy of Education*, DOI 10.1007/s11217-009-9164-0.

Brown, P. (1988). *The Body and Society: Men, Women and Sexual Renunciation in Early Christianity*. Columbia University Press.

Buitelaar, M. (1998). Public baths as private places. In K. Ask & M. Tjomsland (Eds.), *Women and Islamization* (pp. 103-123). Berg.

Bühler, K. (1934/1965). *Sprachtheorie*. Gustav Fischer.〔ビューラー，K.　脇阪 豊他（訳）（1983-1985）．言語理論：言語の叙述機能（全 2 巻）．クロノス.〕

Bühler, K. (1951). On thought connections. In D. Rapaport (Ed.), *Organization and Pathology of Thought* (pp. 39-57). Columbia University Press〔originally published in German in 1908〕.

Bühler, K. (1990). *Theory of Language: The Representational Function of Language*. John Benjamins.

Cabell, K. R., & Valsiner, J. (2012). Affective hypergeneralization: Learning from psychoanalysis. In S. Salvatore & T. Zittoun (Eds.), *Cultural Psychology and Psychoanalysis: Pathways to Synthesis* (pp. 87-113). Information Age Publishers.

Cabell, K. R., & Valsiner, J. (Eds.) (2013). *The Catalyzing Mind*. Springer.

Chang, R. S. (Ed.) (2009). *Relating with Environment: A New Look at Umwelt*. Information Age Publishers.

Chaudhary, N. (2012). Affective networks: The social terrain of a complex culture. In J. Valsiner (Ed.), *The Oxford Handbook of Culture and Psychology* (pp. 901-916). Oxford University Press.

Clark, G. (1989). Money, sex and cooking: Manipulation of the paid/unpaid boundary by Asante market women. In H. J. Rutz & B. S. Orlove (Eds.), *The Social Ecology of Consumption* (pp. 323-348).

University Presses of America.

Clark, G. (1994). *Onions are My Husband: Survival and Accumulation by West African Market Women.* University of Chicago Press.

Clegg, J. (2009). Considering the foundations for a holistic empirical psychology. In J. Clegg (Ed.), *The Observation of Human Systems* (pp. 167-175). Transaction.

Clegg, J. (2012). *Self-Observation in the Social Sciences.* Transaction.

Cohn, B. S. (1996). *Colonialism and its Forms of Knowledge.* Princeton University Press.

Cole, M. (1995). Culture and cognitive development: From cross-cultural research to creating systems of cultural mediation. *Culture & Psychology, 1*, 25-54.

Cole, M. (1996). *Cultural Psychology.* Harvard University Press.〔コール, M. 天野 清(訳) (2002). 文化心理学：発達・認知・活動への文化−歴史的アプローチ. 新曜社.〕

Collins, H. (2004). *Gravity's Shadow: The Search for Gravitational Waves.* University of Chicago Press.

Collins, H. (2010). *Gravity's Ghost: Scientific Discovery in the Twenty-First Century.* University of Chicago Press.

Corbin, A. (1994). *The Lure of the Sea.* Penguin Books.

Corbin, A. (1998). *Village Bells: Sound and Meaning in the 19th-Century French Countryside.* Columbia University Press.

Cunha, C. A., Gonçalves, M., & Valsiner, J. (2012). Transforming self-narratives in psychotherapy: Looking at different forms of ambivalence in the change process. In R. A. Jones & M. Morioka (Eds.), *Jungian and Dialogical Self-Perspectives* (pp. 43-66). Palgrave Macmillan.

Cunha, H. P. (1989). *Woman Between Mirrors.* University of Texas Press.

Danet, B. (1980). 'Baby' or 'fetus'?: Language and the construction of reality in a manslaughter trial. *Semiotica, 32*(3-4), 187-219.

Davis, K., and Nencel, L. (2011). Border skirmishes and the question of belonging: An autoethnographic account of everyday exclusion in multicultural society. *Ethnicities, 11*(4), 467-488.

Demmer, U. (1997). Voices in the forest: The field of gathering among the Jenu Kurumba. In P. Hockings (Ed.), *Blue Mountains Revisited: Cultural Studies on the Nilgiri Hills* (pp. 164-178). Oxford University Press.

Deutsch, H. (1938). Folie a deux. *Psychoanalytic Quarterly, 7*, 307-318.

Dimaggio, P., & Markus, H. R. (2010). Culture and social psychology: Converging perspectives. *Social Psychology Quarterly, 73*, 347-352.

Diriwächter, R. (2009). Idiographic microgenesis: Re-visiting the experimental tradition of Aktualgenese. In J. Valsiner, P. Molenaar, M. Lyra, & N. Chaudhary (Eds.), *Dynamic Process Methodology in the Social and Developmental Sciences* (pp. 319-352). Springer.

Diriwächter, R. (2012). Völkerpsychologie. In J. Valsiner (Ed.), *The Oxford Handbook of Culture and Psychology* (pp. 43-57). Oxford University Press.

Dorazio-Migliore, M., Migliore, S., & Anderson, J. (2005). Crafting a praxis-oriented culture concept in the health disciplines: Conundrums and possibilities. *Health, 9*(3), 339-360.

Douglas, M. (1984). *Purity and Danger: An Analysis of the Concepts of Pollution and Taboo.* ARK Paperbacks.〔ダグラス, M. 塚本 利明(訳) (2009). 汚穢と禁忌（ちくま学芸文庫）. 筑摩書房.〕

Doumato, E. A. (2000). *Getting God's Ear: Women, Islam and healing in Saudi Arabia and the Gulf.* Columbia University Press.

Driesch, H. (1925). *The Crisis in Psychology.* Princeton University Press.

Dumont, L. (1990). *Homo Hierarchicus: The Caste System and its Implications* (revised ed.). University of Chicago Press.〔デュモン, L. 田中 雅一・渡辺 公三(訳) (2001). ホモ・ヒエラルキクス：カースト体系とその意味. みすず書房.〕

Eayrs, M. A. (1993). Time, trust, hazard: Hairdressers' symbolic roles. *Symbolic Interaction, 16*(1), 19-37.

Eck, D. L. (1982). Ganga: The goddess in Hindu sacred geography. In J. S. Hawley & D. M. Wulff (Eds.), *The Divine Consort: Radha and the Goddesses of India* (pp. 166-183). Graduate Theological Union.

Eckstein, H. (1996). Culture as a foundation concept for the social sciences. *Journal of Theoretical Politics,* *8*(4), 471-497.

Eco, U. (2009). On the ontology of fictional characters. *Sign System Studies, 37*(1), 82-96.

Ehrenfels, C. von (1890/1967). Über Gestaltqualitäten. In F. Weinhandl (Ed.), *Gestalthaftes sehen: Ergebnisse and aufgaben der Morphologie* (pp. 11-43). Wissenschaftliche Buchgesellschaft [originally in *Vierterjahreschrift für wissenschaftliche Philosophie, 14,* 242-292].

Eliade, M. (1958). *Rites and Symbols of Initiation.* Harvill Press.〔エリアーデ，M.　前野 佳彦(訳)　(2014).　加入礼・儀式・秘密結社：神秘の誕生──加入礼の型についての試論(叢書ウニベルシタス).　法政大学出版局.〕

Eliade, M. (1993). *Bengal Nights.* Rupa & Co.〔エリアーデ，M.　住谷 春也(訳)　(1999).　マイトレイ.　作品社.〕

Ericsson, K. A., & Simon, H. (1993). *Protocol Analysis: Verbal Reports as Data* (2nd ed.). MIT Press.

Fadlalla, A. H. (2013). Vulnerability unveiled: Lubna's pants and humanitarian visibility on the verge of Sudan's seccession. In E. P. Renne (Ed.), *Veiling in Africa* (pp. 205-223). Indiana University Press.

Falmagne, R. J. (2006). The dialectic of the particular and the general. *International Journal of Critical Psychology, 17,* 367-384.

Flaccus, L. W. (1906). Remarks on the psychology of clothes. *Pedagogical Seminary, 13,* 61-83.

Foucault, M. (1980). *History of Sexuality* (Vol. 1). Vintage Books.〔フーコー，M.　渡辺 守章(訳)　(1986).　知への意志(性の歴史1).　新潮社.〕

Fowler, M. (2009). Finding Cage at Ryoan-ji through re-modelling of "Variations II". *Perspectives of New Music, 47*(1), 174-192.

Freeman, M. (2011). Toward poetic science. *IPBS: Integrative Psychological & Behavioral Science, 45,* 389-396.

Freud, S. (1911). *Die Traumdeutung.* Franz Deuticke.〔フロイト，S.　高橋 義孝(訳)　(1969).　夢判断(全2巻，新潮文庫).　新潮社.／フロイド，S.　高橋 義孝・菊盛 英夫(訳)　(1994).　夢判断(全2巻，改装版).　日本教文社.／フロイト，S.　大平 健(編訳)　(2019).　夢判断(新訳，新潮モダン・クラシックス).　新潮社.〕

Freud, S. (1978). *The Interpretation of Dreams.* Modern Library.

Fuhrer, U. (2004). *Cultivating Minds.* Routledge.

Geary, P. (1986). Sacred commodities: The circulation of mediaeval relics. In A. Appadurai (Ed.), *The Social Life of Things* (pp. 169-191). Cambridge University Press.

Geary, P. (1994). *Living with the Dead in the Middle Ages.* Cornell University Press.〔ギアリ，P.　杉崎 泰一郎(訳)　(1999).　死者と生きる中世：ヨーロッパ封建社会における死生観の変遷.　白水社.〕

Geertz, C. (1973). *The Interpretation of Cultures.* Basic Books.〔ギアーツ，C.　吉田 禎吾・柳川 啓一・中牧 弘允・板橋 作美(訳)　(1987).　文化の解釈学(全2巻，岩波現代選書).　岩波書店.〕

Geertz, C. (1983). *Local Knowledge.* Basic Books.〔ギアーツ，C.　梶原 景昭・小泉 潤二・山下 晋司・山下 淑美(訳)　(1999).　ローカル・ノレッジ：解釈人類学論集(岩波モダンクラシックス).　岩波書店.〕

Gellner, E. (1992). *Postmodernism, Reason, and Religion.* Routledge.

Georgiou, D., & Carspecken, P. (2002). Critical ethnography and ecological psychology: Conceptual and empirical explorations of a synthesis. *Qualitative Inquiry, 8*(6), 688-706.

Gigerenzer, G. (2007). *Gut Feelings.* Viking.〔ギーゲレンツァー，G.　小松 淳子(訳)　(2010).　なぜ直感のほうが上手くいくのか？：「無意識の知性」が決めている.　インターシフト.〕

Gigerenzer, G., Swijtink, Z., Porter, T., Daston, L., Beatty, J., & Krüger, L. (1989). *The Empire of Chance: How Probability Changed Science and Everyday Life.* Cambridge University Press.

Gillespie, A. (2006). *Becoming Other: From Social Interaction to Self-Reflection.* Information Age Publishers.

Glaveanu, V.-P., Gillespie, A., & Valsiner, J. (Eds.) (2014). *Outside the Box: Rethinking Creativity from the Perspective of Cultural Psychology.* Routledge.

Godbeer, R. (1995). Chaste and unchaste covenants: Witchcraft and sex in early modern culture. In P. Benes (Ed.), *Wonders of the Invisible World: 1600-1900* (pp. 53-72). The Dublin Seminars for New

England folklife, Annual Proceedings 1992. Boston, MA: Boston University.

Godbeer, R. (2002). *Sexual Revolution in Early America*. Johns Hopkins University Press.

Godelier, M. (2011a). What is a sexual act? *Anthropological Theory, 3*(2), 179-198.

Godelier, M. (2011b). *The Metamorphosis of Kinship*. Verso.

Goldgar, A. (2007). *Tulipmania: Money, Honor, and Knowledge in the Dutch Golden Age*. University of Chicago Press.

González-Ruibal, A. (2012). Archaeology and the study of material culture. In J. Valsiner (Ed.), *The Oxford Handbook of Culture and Psychology* (pp. 132-162). Oxford University Press.

Graumann, C.-F. (1959). Aktualgenese. *Zeitschrift für experimentelle und angewandte Psychologie, 6*(3), 410-448.

Grima, B. (1991). The role of suffering in women's performance of Paxto. In A. Appadurai, F. J. Korom, & M. A. Mills (Eds.), *Gender, Genre and Power in South Asian Expressive Traditions* (pp. 78-101). University of Pennsylvania Press.

Grosz, G. (1998). *George Grosz: An Autobiography*. University of California Press.

Guimarães, D. S. (2013). Self and dialogical multiplication. *Interacçoes, 24*, 214-242.

Habermas, T. (1996). *Geliebte Objekte: Symbole und Instrumente der Identitätsbildung*. Walter de Gruyter.

Hadamard, J. (1954). *An Essay on the Psychology of Invention in the Mathematical Field*. Dover. 〔アダマール, J. 伏見 康治・尾崎 辰之助・大塚 益比古 (訳) (2002). 数学における発明の心理 (新装版). みすず書房.〕

Hagen, J. (2009). Architecture: Urban planning, and political authority in Ludwig I's Munich. *Journal of Urban History, 35*(4), 459-485.

Hall, G. S. (1897). A study of fears. *American Journal of Psychology, 8*, 147-249.

Halliday, M. A. K. (1976). Anti-languages. *American Anthropologist, 78*, 570-584.

Hamburger, L., & Hamburger, J. (1991). *Contemplating Adultery: The Secret Life of a Victorian Woman*. Fawcett Colombine.

Hardgrave, R. L. (1969). *The Nadars of Tamilnad*. University of California Press.

Harré, R. (2012). Positioning theory: Moral dimensions of socio-cultural psychology. In J. Valsiner (Ed.), *The Oxford Handbook of Culture and Psychology* (pp. 191-206). Oxford University Press.

Hegland, M. E. (1998). Flagellation and fundamentalism: (Trans)forming meaning. *American Ethnologist, 25*(2), 240-266.

Heider, F. (1959). The description of the psychological environment in the work of Marcel Proust. In F. Heider, *On Perception, Event Structure, and Psychological Environment* (pp. 85-107). International Universities Press.

Heinrich, J., Heine, S. J., & Norenzayan, A. (2010). The weirdest people in the world. *Behavioral and Brain Sciences, 33*, 61-135.

Hentschel, K. (1993). Einstein's attitude towards experiments: Testing relativity theory 1907-1927. *Studies in the History and Philosophy of Science, 23*(4), 593-624.

Herbst, D. P. (1995). What happens when we make a distinction: An elementary introduction to co-genetic logic. In T. Kindermann and J. Valsiner (Eds.), *Development of Person-Context Relations* (pp. 67-79). Lawrence Erlbaum Associates.

Herdt, G. (1980). Semen depletion and the sense of maleness. *Ethnopsychiatrica, 3*, 79-116.

Hermans, H. (2001). The dialogical self: Toward a theory of personal and cultural positioning. *Culture and Psychology, 7*(3), 243-281.

Hermans, H., & Gieser, T. (Eds.). (2012). *Handbook of Dialogical Self Theory*. Cambridge University Press.

Hermans, H., & Hermans-Konopka, A. (2010). *Dialogical Self Theory: Positioning and Counter-Positioning in a Globalizing World*. Cambridge University Press.

Hermans, H., & Kempen, H. (1993). *The Dialogical Self: Meaning in Movement*. Academic Press. 〔ハーマンス, H.・ケンペン, H. 溝上 慎一・水間 玲子・森岡 正芳 (訳) (2006). 対話的自己：デカルト／ジェームズ／ミードを超えて. 新曜社.〕

Hitchins, R. (2006). Expertise and inability: Cultured materials and the reason of some retreating lawns in London. *Journal of Material Culture, 11*(3), 364-381.

Hoffmeyer, J. (1998). Semiotic aspects of biology: Biosemiotics. In R. Posner, K. Robering, & T. A. Sebeok (Eds.), *Semiotik* (pp. 2643-2666). Walter de Gruyter.

Holton, G. (1998). The advancement of science, and its burdens. Harvard University Press.

Hondagneu-Sotelo, P. (2010). Cultivating questions for a sociology of gardens. *Journal of Contemporary Ethnography, 39*(5), 498-516.

Hori, G. V. S. (1994). Teaching and learning in the Rinzai Zen monastery. *Journal of Japanese Studies, 20*(1), 5-35.

Horney, K. (1980). *The Adolescent Diaries*. Basic Books.

Hsu, M.-T., Kahn, D. L., & Hsu, M. (2003). A single leaf orchid: Meaning of a husband's death for Taiwanese widows. *Ethos, 30*(4), 306-326.

Humphrey, G. (1951). *Thinking*. Methuen.

Iccheiser, G. (1943). Ideology of success and the dilemma of education. *Ethics, 53*(2), 137-141.

Ikegami, E. (2005). *Bonds of Civility*. Cambridge University Press. 〔池上 英子 (2005). 美と礼節の絆：日本における交際文化の政治的起源. NTT 出版.〕

Ilechukwu, S. T. C. (1992). Magical penis loss in Nigeria: Report of a recent epidemic of a Koro-like syndrome. *Transcultural Psychiatry, 29*, 91-108.

Ingold, T. (1993). The temporality of the landscape. *World Archaeology, 25*(2), 152-174.

Ingold, T. (2004). Culture on the ground: The world perceived through the feet. *Journal of Material Culture, 9*(3), 315-340.

Ingold, T. (2011). *Being Alive: Essays on Movement, Knowledge and Description*. Routledge. 〔インゴルド, T. 柴田 崇・野中 哲士・佐古 仁志・原島 大輔・青山 慶・柳澤 田実(訳) (2021). 生きていること：動く, 知る, 記述する. 左右社.〕

Innis, R. E. (1983). The semiotic relevance of Bühler's Sprachtheorie. In T. Borbé (Ed.), *Semiotics Unfolding* (Vol. 1, pp. 143-149). Mouton.

Innis, R. E. (1988). The thread of subjectivity: Philosophical remarks on Bühler's language theory. In A. Eschbach (Ed.), *Karl Bühler's Theory of Language* (pp. 77-106). John Benjamins.

Innis, R. E. (2012). Meaningful connections: Semiotics, cultural psychology and the forms of sense. In J. Valsiner (Ed.), *The Oxford Handbook of Culture and Psychology* (pp. 255-276). Oxford University Press.

Jahn, H. F. (1995). *Patriotic Culture in Russia during World War I*. Cornell University Press.

Jahoda, G. (1982). *Psychology and Anthropology: A Psychological Perspective*. Academic Press. 〔ヤホダ, G. 野村 昭(訳) (1992). 心理学と人類学：心理学の立場から. 北大路書房.〕

Jahoda, G. (1993a). *Crossroads between Culture and Mind*. Harvard University Press.

Jahoda, G. (1993b). The color of a chameleon: Perspectives on concepts of "culture". *Cultural Dynamics, 6*(3), 277-287.

Jahoda, G. (1995). The ancestry of a model. *Culture & Psychology, 1*, 11-24.

Jahoda, G. (2012a). Culture and psychology: Words and ideas in history. In J. Valsiner (Ed.), *The Oxford Handbook of Culture and Psychology* (pp. 25-42). Oxford University Press.

Jahoda, G. (2012b). Critical reflections on some recent definitions of "culture". *Culture & Psychology, 18*(3), 289-303.

James, W. (1950). *Foundations of Psychology*. Dover.

Janet, P. (1919). *Les Medications Psychologiques*. Felix Alcan.

Janet, P. (1921). Fear of action. *Journal of Abnormal and Social Psychology, 16*,(1), 150-160.

Janet, P. (1928). Fear of action as an essential element in the sentiment of melancholia. In M. Reymert (Ed.), *Feelings and Emotions: The Wittenberg Symposium* (pp. 297-300). Clark University Press.

Järvinen, I.-R. (1999). Cemetery sacrilege and folk conceptions of God and punishment in Russian Karelia. In Ü. Valk (Ed.), *Studies in Folklore and Religion* (Vol. 2, pp. 121-130). Tartu University Press.

Johnson, P. (2006). Unravelling Foucault's 'different spaces'. *History of the Human Sciences, 19*(4), 75-90.

Josephs, I. E., & Valsiner, J. (1998). How does autodialogue work? Miracles of meaning maintenance and circumvention strategies. *Social Psychology Quarterly, 61*(1), 68-83.

Josephs, I. E., Valsiner, J., & Surgan, S. E. (1999). The process of meaning construction. In J. Brandtstädter & R. M. Lerner (Eds.), *Action and Self-Development* (pp. 257-282). Sage.

Joyce, J. (1964/1914). *A Portrait of the Artist as a Young Man*. Viking Press.〔ジョイス, J. 丸谷 才一(訳)(1994). 若い芸術家の肖像(新潮社文庫). 新潮社.〕

Kaelber, L. (1998). *Schools of Asceticism*. Pennsylvania State University Press.

Kandinsky, V. (1926). *Punkt und Linie zu Fläche*. Verteli.〔カンディンスキー, V. 宮島 久雄(訳)(2017). 点と線から面へ(ちくま学芸文庫). 筑摩書房.〕

Katriel, T. (1987). "Bexibùdim!": Ritualized sharing among Israeli children. *Language in Society, 16*, 305-320.

Kelley, D. R. (1996). The old cultural history. *History of the Human Sciences, 9*(3), 101-126.

Kharlamov, N. A. (2012). The city as a sign: A developmental-experiential approach to spatial life. In J. Valsiner (Ed.), *The Oxford Handbook of Culture and Psychology* (pp. 277-302). Oxford University Press.

King, W. L. (1970). A comparison of Theravada and Zen Buddhist meditational methods and goals. *History of Religions, 9*(4), 304-315.

Klemm, G. (1843). *Allgemeine Kultur-geschichte der Menscheit*. Teubner.

Klemm, G. (1854). *Allgemeine Culturwissenschaft*. Romberg.

Knorr-Cetina, K. (1999). *Cultures of Science*. University of Chicago Press.

Kolenda, P. (1981). *Caste, Cult and Hierarchy: Essays on the Culture of India*. Folklore Institute.

Komatsu, K. (2010). Emergence of young children' presentational self in daily conversations and its semiotic foundation. *Human Development, 53*, 208-228.

Kopytoff, I. (1986). The cultural biography of things: Commoditization as a process. In A. Appadurai (Ed.), *The Social Life of Things* (pp. 64-91). Cambridge University Press.

Koslofsky, C. (1999). "Pest"- "Gift"- "Ketzerei": Konkurierende Konzepte von Gemeinschaft und die Verlegung der Friefhöfe. In B. Jussen & C. Koslofsky (Eds.), *Kulturelle Reformation* (pp. 193-208). Vanderhoeck & Ruprecht.

Koslofsky, C. (2002). From presence to rememberance: The transformation of memory in the German Reformation. In A. Confino & P. Fritzsche (Eds.), *The Work of Memory* (pp. 25-38). University of Illinois Press.

Kroeber, A. L. (1949). The concept of culture in science. *Journal of General Education, 3*(3), 182-196.

Kroeber, A. L., & Kluckhohn, C. (1952). *Culture: A Critical Review of Concepts and Definitions*. Harvard University Press.

Kubie, L. S. (1937). The fantasy of dirt. *Psychoanalytic Quarterly, 6*, 388-425.

Kuczynski, L., & De Mol, J. (2014). Socialization in the family: Transactional and dialectical. In R. Lerner, W. Overton, & P. Moldenaar (Eds.), *Handbook of Child Psychology and Developmental Science: Vol. 1. Theory and Method* (7th ed.). Wiley.

Kumar, P. (2006). Gender and procreative ideologies among the Kolams of Maharashtra. *Contributions to Indian Sociology, 40*(3), 279-310.

Kvale, S. (1976). Facts and dialectics. In J. F. Rychlak (Ed.), *Dialectic: Humanistic Rationale for Behavior and Development* (pp. 87-100). Karger.

Lawrence, J. A., & Valsiner, J. (1993). Conceptual roots of internalization: From transmission to transformation. *Human Development, 36*, 150-167.

Lawrence, J. A., & Valsiner, J. (2003). Making personal sense: An account of basic internalization and externalization processes. *Theory & Psychology, 13*(6), 723-752.

Lawrence-Lightfoot, S. (2005). Reflections on portraiture: A dialogue between art and science. *Qualitative Inquiry, 11*(1), 3-15.

Lea, V. (2004). Mebengokre ritual wailing and flagellation: A performative outlet for emotional self-reflection. *Indiana, 21*, 113-125.

LeGoff, J. (1990). *The Birth of Purgatory*. Scholar Press.

Lévi-Strauss, C. (1983). *The Raw and the Cooked: Introduction to the Science of Mythology* (Vol. 1). University of Chicago Press.〔レヴィ゠ストロース，C. 早水 洋太郎(訳) (2006). 生のものと火を通したもの：神話論理I．みすず書房.〕

Lévi-Strauss, C. (1985). *The View from Afar*. Basic Books.〔レヴィ゠ストロース，C. 三保 元(訳) (2006). はるかなる視線（全2巻，新装版）．みすず書房.〕

Lewin, K. (1917). Kriegeslandschaft. *Zeitschrift für angewandte Psychologie, 12*, 440-447.

Lewin, K. (1927). Gesetz und Experiment in der Psychologie. *Symposion, 1*, 375-421.

Liebau, H. (2003). Country priests, catechists, and schoolmasters as cultural, religious, and social middlemen in the context of the Tranquebar Mission. In R. E. Frykenberg (Ed.), *Christians and Missionaries in India*. William Eerdman's.

Lindahl, M. (2011). The vanishing collectable: On economy, honor and the "English garden". *Management & Organization, 6*(2), 209-222.

Linell, P. (2009). *Rethinking Language, Mind, and the World Dialogically*. Information Age Publishers.

Lipps, T. (1891). *Ästhetische Faktoren der Raumanschauung*. Leopold Voss.

Lipps, T. (1897). *Zur Psychologie der Suggestion*. J. A. Barth.

Lipps, T. (1906). *Die ästhetische Betrachtung und die bildende Kunst*. Leopold Voss.

Loewenstein, J. P. (1941). The swastika, its history and meaning. Man, o.s., 41, 38-57.

Löfgren, O. (1999). On Holiday: A history of vacationing. University of California Press.

Longkumer, A. (2011). "Cleanliness is next to godliness": Religious change, hygiene and the renewal of Heraka villages in Assam. *Contributions to Indian Sociology, 45*(2), 189-216.

Lorino, P. (2014). Charles Sanders Peirce. In J. Helin, T. Hernes, D. Hjorth, & R. Holt (Eds.), *The Oxford Handbook in Business and Management* (pp. 143-165). Oxford University Press.

Lotman, J. (1992). *Kul'tura I vzryv*. Gnozis.

Lotman, Y. M. (1990). *Universe of Mind*. Indiana University Press.

Louthan, H. (2005). Breaking images and building bridges: The making of sacred space in early modern Bohemia. In W. Coster & A. Spicer (Eds.), *Sacred Space in Early Modern Europe* (pp. 282-301). Cambridge University Press.

Luijten, G. (1996). Frills and furbelows: Satires on fashion and pride around 1600. *Simiolus: Netherlands Quarterly for the History of Art, 24*(2/3), 140-160.

Macdonald, S. (2006). Words in stone? Agency and identity in a Nazi landscape. *Journal of Material Culture, 11*(1/2), 105-126.

Mackay, C. (1852). *Memoirs of Extraordinary Popular Delusions and the Madness of Crowds*. National Illustrated Library.〔マッケイ，C. 塩野 未佳・宮口 尚子(訳) (2004). 狂気とバブル：なぜ人は集団になると愚行に走るのか（ウィザード・ブック・シリーズ），パンローリング.〕

Madsen, O. J., & Brinkmann, S. (2012). Lost in paradise: Paradise Hotel and the showcase of shamelessness. *Cultural Studies ↔ Critical Methodologies, 12*(5), 459-467.

Madureira, A. F. (2012). Belonging to gender: Social identities, symbolic boundaries and images. In J. Valsiner (Ed.), *The Oxford Handbook of Culture and Psychology* (pp. 582-601). Oxford University Press.

Maran, T. (2004). Gardens and gardening: An ecosemiotic view. *Semiotica, 150*(1/4), 119-133.

Marglin, F. A. (1985). Types of oppositions in Hindu culture. In J. Carman & F. A. Marglin (Eds.), *Purity and Auspiciousness in Indian Society* (pp. 65-83). E. J. Brill.

Marková, I. (1982). *Paradigms, Thought and Language*. Wiley.

Markus, H. R., & Kitayama, S. (2010). Cultures and selves: A cycle of mutual constitution. *Psychological Science, 5*(4), 420-430.

Marsico, G., & Iannaccone, A. (2012). The work of schooling. In J. Valsiner (Ed.), *The Oxford Handbook of Culture and Psychology* (pp. 830-868). Oxford University Press.

Märtsin, M. (2012). On mind, mediation and meaning-making. *Culture & Psychology, 18*(3), 425-440.

Maruyama, M. (1963). The second cybernetics: Deviation-amplifying mutual causal processes. *American Scientist, 51*, 164-179.

Maruyama, M. (1988). Citation classic. *Current Contents: S&BS, 20*(8), 12.

Maruyama, M. (1992). Entropy, beauty, and eumorphy. *Cybernetica, 35*(3), 195-206.

Maslow, A. (1960). Resistance to being rubricated. In B. Kaplan & S. Wapner (Eds.), *Perspectives in Psychological Theory: Essays in Honor of Heinz Werner* (pp. 173-178). International Universities Press.

Maslow, A. (1966). *The Psychology of Science*. Gateway Editions. 〔マスロー, A. 早坂 泰次郎 (訳) (1971). 可能性の心理学. 川島書店.〕

McCabe, D. P., & Castel, A. (2008). Seeing is believing: The effect of brain images on judgments of scientific reasoning. *Cognition, 107*, 343-352.

McGinty, A. M. (2006). *Becoming Muslim: Western Women's Conversion to Islam*. Palgrave Macmillan.

McGovern, S. (2004). The Ryoan-Ji Zen garden: Textual meanings in topographical form. *Visual Communication, 3*(3), 344-359.

Mead, G. H. (1930). The philosophies of Royce, James and Dewey in their American setting. *International Journal of Ethics, 40*, 211-231.

Mernissi, F. (1987). *Beyond the Veil: Male-Female Dynamics in Modern Muslim Society*. Indiana University Press.

Mernissi, F. (1994). *Dreams of Trespass: Tales of a Harem Childhood*. Perseus Books. 〔メルニーシー, F. ラトクリフ川政 祥子 (訳) (1998). ハーレムの少女ファティマ：モロッコの古都フェズに生まれて. 未来社.〕

Miller, D. S., & Rivera, J. D. (2006). The cemetery and the creation of place. *Space & Culture, 9*(4), 334-350.

Miller, G. (2008). Growing pains for fMRI. *Science, 320*, 1412-1414.

Moghaddam, F. (2012). The omnicultural imperative. *Culture & Psychology, 18*(3), 304-330.

Molenaar, P. (2004). A manifesto on psychology as idiographic science: Bringing the person back into scientific psychology, this time forever. *Measurement, 2*, 201-218.

Molenaar, P. (2007). Psychological methodology will change profoundly due to the necessity to focus on intra-individual variation. *IPBS: Integrative Psychological & Behavioral Science, 41*, 1, 35-40.

Molenaar, P., Huizenga, H., & Nesselroade, J. (2002). The relationship between the structure of inter-individual and intra-individual variability. In U. Staudinger & U. Lindenberger (Eds.), *Understanding Human Development* (pp. 339-360). Klüwer.

Molina, M. E., & del Rio, M. T. (2009). Dynamics of psychotherapy process. In J. Valsiner, P. Molenaar, M. Lyra, & N. Chaudhary (Eds.), *Dynamic Process Methodology in the Social and Developmental Sciences* (pp. 455-475). Springer.

Moore, J. H. (1974). The culture concept as ideology. *American Ethnologist, 1*(3), 537-549.

Moore, W. J. (1989). *Schrödinger: Life and Thought*. Cambridge University Press. 〔ムーア, W. J. 小林 澈郎・土佐 幸子 (訳) (1995). シュレーディンガー：その生涯と思想. 培風館.〕

Morgan, D. (1996). The enchantment of art: Abstraction and empathy from German Romanticism to Expressionism. *Journal of the History of Ideas, 57*(2), 317-341.

Morgando, M. A. (2007). The semiotics of extraordinary dress. *Clothing & Textiles Research Journal, 25*(2), 131-155.

Mori, N. (2009). The schema approach: A dynamic view on remembering. In J. Valsiner, P. Molenaar, M. Lyra, & N. Chaudhary (Eds.), *Dynamic Process Methodology in the Social and Developmental Sciences* (pp. 123-140). Springer.

Mori, N. (2010). Remembering with others: The veracity of an experience in the symbol-formation process. In B. Wagoner (Ed.), *Symbolic Transformation* (pp. 142-158). Psychology Press.

Morinis, E. A. (1982). Levels of culture in Hinduism: A case study of dream incubation at a Bengali pilgrimage center. *Contributions to Indian Sociology, 16*(2), 255-270.

Morris-Suzuki, T. (1995). The invention and reinvention of "Japanese culture". *Journal of Asian Studies, 54*(3), 759-780.

Much, N. C. (1997). A semiotic view of socialization, lifespan development and cultural psychology, with vignettes from the moral culture of traditional Hindu households. *Psychology and Developing Societies,*

9(1), 65-106.

Müller, J. (2012). The sound of history and acoustic memory: Where psychology and history converge. *Culture & Psychology, 18*(4), 443-464.

Musaeus, P., & Brinkmann, S. (2011). The semiosis of family conflict: A case study of home-based psychotherapy. *Culture & Psychology, 17*(1), 47-63.

Nakane, S. (2006). Structure in the Japanese garden. *The Antioch Review, 64*(2), 217-220.

Naty, A. (2000). Protestant Christianity among the Aari people of southwest Ethiopia, 1950-1990. In V. Böll, S. Kaplan, A. Martinez d'Alois-Moner, & E. Sokolinskaia (Eds.), *Ethiopia and the Missions* (pp. 141-152). LIT Verlag.

Neuman, Y. (2009). Peter Pan's shadow and the relational matrix of the "I". *Semiotica, 176*(1/4), 15-27.

Nir, D. (2012). Voicing inner conflict: From a dialogical to a negotiational self. In H. Hermans & T. Gieser (Eds.), *Handbook of Dialogical Self Theory* (pp. 284-300). Cambridge University Press.

Nishida, K. (1979). Affective feeling. In Y. Nitta & H. Tatematsu (Eds.), *Japanese Phenomenology* (Vol. 8, pp. 223-247). Reidel.

Norrick, N. (1985). *How Proverbs Mean: Semantic Studies in English Proverbs*. Mouton.

Obeyesekere, G. (1981). *Medusa's Hair*. University of Chicago Press.〔オベーセーカラ, G. 渋谷 利雄(訳) (1988). メドゥーサの髪：エクスタシーと文化の創造. 言叢社.〕

Obeyesekere, G. (1984). *The Cult of the Goddess Pattini*. University of Chicago Press.

Obeyesekere, G. (1990). *The Work of Culture*. University of Chicago Press.

Ohnuki-Tierney, E. (1987). *The Monkey as Mirror*. Princeton University Press.

Ohnuki-Tierney, E. (1993). *Rice as Self: Japanese Identities Through Time*. Princeton University Press.

Ohnuki-Tierney, E. (1994). The power of absence: Zero signifiers and their transgressions. *L'Homme, 29*(2), 59-76.

Ohnuki-Tierney, E. (1995). Structure, event and historical metaphor: Rice and identities in Japanese history. *Journal of Royal Anthropological Institute, 1*(2), 227-253.

Pamuk, O. (2006). My father's suitcase. Nobel Prize Lecture, December, 7. http://nobelprize.org/cgi-bin/print?from=/nobel_prizes/literature/lau-reates/2006/pamuk-lecture [accessed September, 23, 2013].

Parish, S. M. (1994). *Moral Knowing in a Hindu Sacred City*. Columbia University Press.

Parsons, T. (1951). *The Social System*. Free Press.〔パーソンズ, T. 佐藤 勉(訳) (1974). 社会体系論 (現代社会学体系). 青木書店.〕

Patel, D. S. (2012). Concealing to reveal: The informational role of Islamic dress. *Rationality & Society, 24*(3), 295-323.

Peirce, C. S. (1902). Sign. In J. M. Baldwin (Ed.), *Dictionary of Philosophy and Psychology* (Vol. 2., pp. 527-528). Macmillan.

Peirce, C. S. (1903/1997). Lecture Five: The normative sciences. In C. S. Peirce, *Pragmatism as a Principle and Method of Right Thinking* (pp. 205-220). Ed. P. Turrisi. SUNY Press.

Peirce, C. S. (1935). *Collected Papers of Charles Sanders Peirce*. Harvard University Press [original in 1901].

Perrott, M. (1990). *History of Private Life, Vol. 4: From the Fires of Revolution to the Great War*. Harvard University Press/Belknap Press.

Pickering, M., & Keightley, E. (2006). The modalities of nostalgia. *Current Sociology, 54*(6), 919-941.

Pizarroso, N., & Valsiner, J. (2009). *Why developmental psychology is not developmental: Moving towards abductive methodology*. Paper presented at the Society of Research in Child Development, Denver, CO, April, 3.

Poddiakov, A. N., & Valsiner, J. (2013). Intransitivity cycles and their transformations: How dynamically adapting systems function. In L. Rudolph (Ed.), *Qualitative Mathematics for the Social Sciences* (pp. 343-391). Routledge.

Polanyi, M. (1962). *Personal Knowledge*. University of Chicago Press.〔ポラニー, M. 長尾 史郎(訳) (1985). 個人的知識：脱批判哲学をめざして. ハーベスト社.〕

Porter, T. (1995). *Trust in Numbers: The Pursuit of Objectivity in Science and Public Life*. Princeton

University Press.〔ポーター, T. 藤垣 裕子(訳) (2013). 数値と客観性：科学と社会における信頼の獲得. みすず書房.〕

Porter, T. (2003). The social sciences. In D. Cahan (Ed.), *From Natural Philosophy to the Sciences* (pp. 254-290). University of Chicago Press.

Puche-Navarro, R. (2012). Modeling iconic literacy: The dynamic models for complex cultural objects. In J. Valsiner (Ed.), *The Oxford Handbook of Culture and Psychology* (pp. 303-315). Oxford University Press.

Rasmussen, S. (2009). Dynamic processes and the anthropology of emotions in the life course and aging. In J. Valsiner, P. Molenaar, M. Lyra, & N. Chaudhary (Eds.), *Dynamic Process Methodology in the Social and Developmental Sciences* (pp. 541-566). Springer.

Reed, E., & Jones, R. (Eds.) (1982). *Reasons for Realism: Selected Essays of James J. Gibson.* Lawrence Erlbaum Associates.〔リード, E.・ジョーンズ, R. 境 敦史・河野 哲也(訳) (2004). 直接知覚論の根拠：ギブソン心理学論集. 勁草書房.〕

Rescher, N. (1968). Can there be random individuals? In N. Rescher, *Topics in Philosophical Logic* (pp. 134-137). Reidel.

Ribes-Iñesta, E. (2004). Behavior as abstraction, not ostension: Conceptual and historical remarks on the nature of psychology. *Behavior and Philosophy, 32,* 55-68.

Riegel, K. (1978). *Psychology Mon Amour: A Countertext.* Houghton-Mifflin.

Rin, H. (1965). A study of the aetiology of Koro in respect to Chinese concept of illness. *International Journal of Social Psychiatry, 11,* 7-13.

Roberts, B. B. (2006). The "Marlboro Men" of the early seventeenth century. *Men and Masculinities, 9*(1), 76-94.

Roche, D. (1996). *The Culture of Clothing.* Cambridge University Press.

Roche, D. (2000). Water and its uses. In D. Roche, *A History of Everyday Things* (pp. 135-165). CUP.

Rommetveit, R. (1985). Language acquisition as increasing linguistic structuring of experience and symbolic behavior control. In J. Wertsch (Ed.), *Culture, Communication, and Cognition: Vygotskian Perspectives* (pp. 183-204). Cambridge University Press.

Rommetveit, R. (1992). Outlines of a dialogically based social-cognitive approach to human cognition and communication. In A. H. Wold (Ed.), *The Dialogical Alternative: Towards a Theory of Language and Mind* (pp. 19-44). Scandinavian Universities Press.

Rosa, A. (2007). Acts of psyche: Actuations as synthesis of semiosis and action. In J. Valsiner & A. Rosa (Eds.), *The Cambridge Handbook of Socio-Cultural Psychology* (pp. 205-237). Cambridge University Press.

Rothbaum, F., Weisz, J., and Snyder, S. (1982). Changing world and changing the self. *Journal of Personality and Social Psychology, 42,* 5-37.

Rudolph, L. (Ed.) (2013). *Qualitative Mathematics for the Social Sciences.* Routledge.

Runeberg, A. (1971). On the (un)translatability of some of Ferdinand Tönnies' principal sociological ideas. *Acta Sociologica, 14*(4), 227-235.

Salgado, J., & Gonçalves, M. (2007). The dialogical self: Social, personal, and (un)conscious. In J. Valsiner & A. Rosa (Eds.), *The Cambridge Handbook of Socio-Cultural Psychology* (pp. 608-622). Cambridge University Press.

Salvatore, S. (2012). Social life of the sign: Sense-making in society. In J. Valsiner (Ed.), *The Oxford Handbook of Culture and Psychology* (pp. 241-254). Oxford University Press.

Salvatore, S. (2013). The reciprocal inherency of self and context. *Interacçoes, 24,* 20-50.

Salvatore, S., & Gennaro, A. (2012). The inherent diagonality of the clinical exchange. *International Journal for Dialogical Science, 6*(1), 1-14.

Salvatore, S., & Valsiner, J. (2010). Between the general and the unique: Overcoming the nomothetic versus idiographic opposition. *Theory & Psychology, 20*(6), 817-833.

Santos, A., & Gonçalves, M. (2009). Innovative moments and change in psychotherapy: An exercise in new methodology. In J. Valsiner, P. Molenaar, M. Lyra, & N. Chaudhary (Eds.), *Dynamic Process*

Methodology in the Social and Developmental Sciences (pp. 493-526). Springer.

Sato, T., Fukuda, M., Hidaka, T., Kido, A., Nishida, M., & Akasaka, M. (2012). The authentic culture of living well: Pathways to psychological well-being. In J. Valsiner (Ed.), *The Oxford Handbook of Culture and Psychology* (pp. 1078-1091). Oxford University Press.

Schelling, A. (2011). *The Oxford Anthology of Bhakti Literature*. Oxford University Press.

Schieffelin, E. L. (2005). *The Sorrow of the Lonely and the Burning of the Dancers* (2nd ed.). Palgrave Macmillan.

Schlumbohm, J. (1980). Traditional collectivity and modern individuality: Some questions and suggestions for the historical study of socialization. *Social History, 5*(1), 71-103.

Schmidt, B. (2001). *Innocence Abroad: The Dutch Imagination and the New World, 1570-1670*. Cambridge University Press.

Shaw, M. (1994). *Passionate Enlightenment: Women in Tantric Buddhism*. Princeton University Press.

Sherif, M. (1936). *The Psychology of Social Norms*. Harper & Brothers.

Shweder, R., & Much, N. (1987). Determinations of meaning: Discourse and moral socialization. In W. Kurtines & J. Gewirtz (Eds.), *Moral Development Through Social Interaction* (pp. 197-244). Wiley.

Simão, L. M. (2012). The other in the self. In J. Valsiner (Ed.), *The Oxford Handbook of Culture and Psychology* (pp. 403-420). Oxford University Press.

Simmel, G. (1911). Die Mode. In G. Simmel, *Philosophische Kultur* (pp. 29-64). Werner Klinkhardt.〔ジンメル，G. 円子 修平・大久保 健治(訳)　(2004)．文化の哲学〔ジンメル著作集 7，新装復刊〕．白水社．〕

Simmel, G. (1959a/1911). The ruin. In K. H. Wolfe (Ed.), *Georg Simmel, 1858-1918* (pp. 259-266). Ohio State University Press〔German original in Philosophische Kultur, 1911〕.

Simmel, G. (1959b/1911). The handle. In K. H. Wolfe (Ed.), *Georg Simmel, 1858-1918* (pp. 267-275). Ohio State University Press〔German original Der Henkel, in Philosophische Kultur, 1911, in English also in The Hudson Review, 1958, 11, 3, 371-377〕.

Simmel, G. (1971/1904). Fashion. In G. Simmel, *Individuality and Social Structure* (pp. 294-323). University of Chicago Press〔also in Philosophische Kultur, 1911〕.

Simmel, G. (1971/1908). Subjective culture. In D. N. Levine (Ed.), *Georg Simmel on Individuality and Social Forms* (pp. 227-234). University of Chicago Press〔German original in 1908〕.

Simmel, G, (1991/1908). The problem of style. *Theory, Culture & Society, 8*, 63-71.

Simmel, G. (1994). Bridge and door. *Theory, Culture & Society, 11*, 5-10.

Simmel, G. (2007a). The metaphysics of death. *Theory, Culture & Society, 24*(7/8), 72-77.

Simmel, G. (2007b/1913). The philosophy of landscape. *Theory, Culture & Society, 24*, 20-29.

Simon, H. (2007). Karl Duncker and cognitive science. In J. Valsiner (Ed.), *Thinking in Psychological Science* (pp. 3-16). Transaction.

Slavin, S. (2003). Walking as spiritual practice: The pilgrimage to Santiago de Compostela. *Body & Society, 9*(3), 1-18.

Smedslund, J. (1978). Bandura's theory of self-efficacy: A set of common sense theorems. *Scandinavian Journal of Psychology, 19*, 1-14.

Smedslund, J. (1980). Analyzing the primary code: From empiricism to apriorism. In D. R. Olson (Ed.), *The Social Foundations of Language and Thought* (pp. 47-73). W. W. Norton.

Smedslund, J. (1995). Psychology: Common sense and the pseudoempirical. In J. A. Smith, R. Harré, & L. van Langenhove (Eds.), *Rethinking Psychology* (pp. 196-206). Sage.

Smedslund, J. (1997). *The Structure of Psychological Common Sense*. Lawrence Erlbaum Associates.

Smedslund, J. (2009). The mismatch between current research methods and the nature of psychological phenomena: What researchers must learn from practitioners. *Theory & Psychology, 19*, 778-794.

Smedslund, J. (2012). What follows from what we all know about human beings. *Theory & Psychology, 22*(5), 658-668.

Smith, B. (1977). A dialectical social psychology? *Personality and Social Psychology Bulletin, 3*, 719-724.

Smith, B. (1988). Materials towards a history of speech act theory. In A. Eschbach (Ed.), *Karl Bühler's*

Theory of Language (pp. 125-152). John Benjamins.

Smith, B. (1997). Boundaries: An essay in mereotopology. In L. Hahn (Ed.), *The Philosophy of Roderick Chisholm* (pp. 534-561). Open Court.

Smith, P. (2003). Narrating the guillotine: Punishment technology as myth and symbol. *Theory, Culture & Society, 20*(5), 27-51.

Sonesson, G. (2010). Here comes the semiotic species. In B. Wagoner (Ed.), *Symbolic Transformation* (pp. 38-58). Psychology Press.

Sorokin, P. (1985). *Social and Cultural Dynamics* (2nd ed.). Transaction.

Sovran, T. (1992). Between similarity and sameness. *Journal of Pragmatics, 18*(4), 329-344.

Steinmetz, G. (2004). The uncontrollable afterlives of ethnography: Lessons from "salvage colonialism" in the German overseas empire. *Ethnography, 5*(3), 251-288.

Stern, W. (1935). *Allgemeine Psychologie auf personalistischer Grundlage*. Martinus Nijhoff.

Stern, W. (1938). *General Psychology from the Personalist Standpoint*. Macmillan.

Strandbu, A. (2005). Identity, embodied culture and physical exercise: Stories of Muslim girls in Oslo with immigrant backgrounds. *Young, 13*(1), 27-45.

Strum, S. (2000). Science encounters. In S. Strum & L. Fedigan (Eds.), *Primate Encounters: Models of Science, Gender, and Society* (pp. 475-497). University of Chicago Press.

Struthers, R., & Hodge, F. S. (2004). Sacred tobacco use in Ojibwe communities. *Journal of Holistic Nursing, 22*(3), 209-225.

Tanggaard, L. (2014). *Having Fun*. Information Age Publishers.

Tarde, G. (1897). *L'Opposition Universelle: Essai d'une Théorie des Contraires*. Felix Alcan.

Tarlow, S. (2000). Landscapes of memory: The nineteenth-century garden cemetery. *European Journal of Archaeology, 3*(2), 217-239.

Tateo, L., & Marsico, G. (2013). The self as tension of wholeness and emptiness. *Interacçoes, 24*, 1-19.

Thomas, W. I. (1923). *The Unadjusted Girl*. Little, Brown & Company.

Thommen, B., & Wettstein, A. (2010). Culture as the co-evolution of psychic and social systems: New perspectives on the person-environment relationship. *Culture & Psychology, 16*(2), 213-241.

Thompson, C. J., & Haytko, D. L. (1997). Speaking of fashion: Consumers' uses of fashion discourses and the appropriation of countervailing cultural meanings. *Journal of Consumer Research, 24*, 15-42.

Thompson, E. A. (2006). The tulipmania: Fact or artifact? *Public Choice, 130*(1/2), 99-114 [DOI 10.1007/s11127-006-9074-4].

Tilly, C. (2004). Observations of social processes and their formal representations. *Sociological Theory, 22*(4), 595-602.

Toomela, A. (2007). Culture of science: Strange history of the methodological thinking in psychology. *IPBS: Integrative Psychological & Behavioral Science, 41*(1), 6-20.

Toomela, A. (2009). How methodology became a toolbox — and how it escapes from that box. In J. Valsiner, P. Molenaar, M. Lyra, & N. Chaudhary (Eds.), *Dynamic Process Methodology in the Social and Developmental Sciences* (pp. 45-66). Springer.

Toomela, A. (2012). Guesses on the future of cultural psychology: Past, present, and past. In J. Valsiner (Ed.), *The Oxford Handbook of Culture and Psychology* (pp. 998-1033). Oxford University Press.

Toren, C. (1999). *Mind, Materiality and History*. Routledge.

Turner, V. (1979). Frame, flow and reflection: Ritual and drama as public liminality. *Japanese Journal of Religious Studies, 6*(4), 465-499.

Turner, V. (1995). *The Ritual Process: Structure and Anti-Structure*. Aldine de Gruyter.〔ターナー, V. 冨倉 光雄(訳) (2020). 儀礼の過程 (ちくま学芸文庫). 筑摩書房.〕

Tylor, E. B. (1871). *Primitive Culture: Researches into the Development of Mythology, Philosophy, Religion, Art, and Custom*. John Murray.〔タイラー, E. B. 松村 一男(監修) 奥山 倫明・奥山 史亮・長谷 千代子・堀 雅彦(訳) (2019). 原始文化 (全2巻, 宗教学名著選). 国書刊行会.〕

Uher, J. (2013). Personality psychology: Lexical approaches, assessment: Methods, and trait concepts reveal only half of the story — why it is time for a paradigm shift. *IPBS: Integrative Psychological & Behavioral Science, 47*, 1-55.

Urban, G. (2001). *Metacultures: How Culture Moves Through the World*. University of Minnesota Press.

Valsiner, J. (1986). Between groups and individuals: Psychologists' and laypersons' interpretations of correlational findings. In J. Valsiner (Ed.), *The Individual Subject and Scientific Psychology* (pp. 113-152). Plenum.

Valsiner, J. (1988). *Developmental Psychology in the Soviet Union*. Indiana University Press.

Valsiner, J. (1996). Devadasi temple dancers and cultural construction of persons-in-society. In M. K. Raha (Ed.), *Dimensions of Human Society and Culture* (pp. 443-476). Gyan Publishing House.

Valsiner, J. (1997). *Culture and the Development of Children's Action* (2nd ed.). Wiley.

Valsiner, J. (1998). *The Guided Mind: A Sociogenetic Approach to Personality*. Harvard University Press.

Valsiner, J. (1999). I create you to control me: A glimpse into basic processes of semiotic mediation. *Human Development, 42*, 26-30.

Valsiner, J. (2000). *Culture and Human Development*. Sage.

Valsiner, J. (2002). Forms of dialogical relations and semiotic autoregulation within the self. *Theory & Psychology, 12*(2), 251-265.

Valsiner, J. (2006a). Ambivalence under scrutiny: Returning to the future. *Estudios de Psicologia, 27*(1), 117-130.

Valsiner, J. (2006b). *The overwhelming world: Functions of pleromatization in creating diversity in cultural and natural constructions*. Keynote lecture at the International School of Semiotic and Structural Studies, Imatra, Finland, June, 1.

Valsiner, J. (2007). *Culture in Minds and Societies*. Sage.〔ヴァルシナー, J. サトウ タツヤ (監訳) (2013). 新しい文化心理学の構築:〈心と社会〉の中の文化. 新曜社.〕

Valsiner, J. (2009). Between fiction and reality: Transforming the semiotic object. *Sign System Studies, 37*(1), 99-113.

Valsiner, J. (2012a). *A Guided Science*. Transaction.

Valsiner, J. (Ed.) (2012b). *The Oxford Handbook of Culture and Psychology*. Oxford University Press.

Valsiner, J. (2014). Needed for cultural psychology: Methodology in a new key. *Culture & Psychology, 20*(1), 3-30.

Valsiner, J., Bibace, R., & LaPushin, T. (2005). What happens when a researcher asks a question? In R. Bibace, J. D. Laird, K. L. Noller, & J. Valsiner (Eds.), *Science and Medicine in Dialogue: Thinking through Particulars and Universals* (pp. 275-288). Praeger.

Valsiner, J., & Cabell, K. R. (2012). Self-making through synthesis: Extending dialogical self theory. In H. J. M. Hermans & T. Gieser (Eds.), *Handbook of Dialogical Self Theory* (pp. 82-97). Cambridge University Press.

Valsiner, J., & van der Veer, R. (1993). The encoding of distance: The concept of the zone of proximal development and its interpretations. In R. R. Cocking & K. A. Renninger (Eds.), *The Development and Meaning of Psychological Distance* (pp. 35-62). Lawrence Erlbaum Associates.

Valsiner, J., & van der Veer, R. (2000). *The Social Mind: Construction of the Idea*. Cambridge University Press.

Valsiner, J., & van der Veer, R. (2014). Encountering the border: Vygotsky's zona blizhaishego razvitia and its implications for theories of development. In A. Yasnitsky, R. van der Veer, & M. Ferrari (Eds.), *The Cambridge Handbook of Cultural-Historical Psychology* (pp. 148-174). Cambridge University Press

Van der Spek, K. (2008). Faked antikas and "modern antiques". *Journal of Social Archaeology, 8*(2), 163-189.

van der Veer, R. (2009). Creating the future: Vygotsky as an experimenter. In J. Clegg (Ed.), *The Observation of Human Systems* (pp. 29-43). Transaction.

Vargas Llosa, M. (1996). The truth of lies. In M. Vargas Llosa, *Making Waves* (pp. 320-330). Farrar, Straus and Giroux.

Varzi, A. (1998). Basic problems of mereotopology. In N. Guarino (Ed.), *Formal Ontology in Informational Systems* (pp. 29-38). IOS Press.

Verhofstadt-Denève, L. (2000). *Theory and Practice of Action and Drama Techniques*. Jessica Kingsley.

Vignaux, G., & Moscovici, S. (2000). The concept of themata. In S. Moscovici & G. Duveen (Eds.), *Social Representations* (pp. 156-183). Polity Press.

Voeglin, C. F., & Pierce, J. E. (1953). Review of Kroeber's The Nature of Culture. *International Journal of American Linguistics, 19*(3), 237-242.

Vogt, E. A. (1996). Civilisation and Kultur: Keywords in the history of French and German citizenship. *Cultural Geographies, 3*, 125-140.

von Eye, A., Mun, E.-Y., & Mair, P. (2009). What carries a mediation process? Configural analysis of mediation. *IPBS: Integrative Psychological & Behavioral Science, 4*(3), 228-247.

Vygotsky, L. S. (1926/1982). Istoricheskii smysl psikhologicheskogo krizisa. In L. S. Vygotsky, *Sobranie sochinenii, Vol. 1: Voprosy teorii i istorii psikhologii* (pp. 291-346). Pedagogika. 〔ヴィゴツキー, L. S. 柴田 義松(訳) (2001). 思考と言語（新訳版）. 新読書社.〕

Vygotsky, L. S. (1934). *Myshlenie i rec'*. Gosudar stvennoe Sotsialno-eknomicheskoe Izdatel'stvo (in Russian).

Vygotsky, L. S. (1971). *Psychology of Art*. MIT Press. 〔ヴィゴツキー, L. S. 柴田 義松(訳) (2006). 芸術心理学（新訳版）. 学文社.〕

Vygotsky, L. S. (1982/1927). Istoricheskii smysl psikhologicheskogo krizisa. In L. S. Vygotsky, *Sobranie sochinenii, Vol. 1*. Pedagogika.

Vygotsky, L. S. (1987). *Thinking and Speech*. Plenum.

Vygotsky, L. S. (1999). *Psikhologia Iskusstva*. Pedagogika.

Wagoner, B. (2007). Overcoming psychology's methodology: Finding synthesis beyond the American and German-Austrian division. *IPBS: Integrative Psychological & Behavioral Science, 41*(1), 66-74.

Wagoner, B. (2009). The experimental methodology of constructive microgenesis. In J. Valsiner, P. Molenaar, M. Lyra, & N. Chaudhary (Eds.), *Dynamic Process Methodology in the Social and Developmental Sciences* (pp. 99-121). Springer.

Wagoner, B. (2012). Culture in constructive remembering. In J. Valsiner (Ed.), *The Oxford Handbook of Culture and Psychology* (pp. 1034-1054). Oxford University Press.

Wagoner, B. (2013). Bartlett's concept of schema in reconstruction. *Theory & Psychology, 23*(5), 553-575.

Wagoner, B., & Valsiner, J. (2005). Rating tasks in psychology: From static ontology to dialogical synthesis of meaning. In A. Gülerce, A. Hofmeister, I. Staeuble, G. Saunders, & J. Kaye (Eds.), *Contemporary Theorizing in Psychology: Global Perspectives* (pp. 197-213). Captus Press.

Waitz, R. (2001). Women and their hair: Seeking power through resistance and accommodation. *Gender & Society, 15*(5), 667-686.

Wallis, M. (1973). On iconic signs. In M. Wallis, *Recherches sur les Systèmes Signifiants: Symposium de Varsovie 1968* (pp. 481-498). Mouton.

Weiner, M. F. (1998). *Mistresses and Slaves: Plantation Women in South Carolina, 1830-80*. University of Illinois Press.

Welter, B. (1966). The Cult of True Womanhood: 1820-1860. *American Quarterly, 18*, 151-174.

Wescoat, J. L. (1994). The scale (s) of dynastic representation: Monumental tomb-gardens in Mughal Lahore. *Ecumene, 1*(4), 324-339.

West, C. (1989). *The American Evasion of Philosophy: A Genealogy of Pragmatism*. University of Wisconsin Press. 〔ウェスト, C. 村山 淳彦・堀 智弘・権田 建二(訳) (2014). 哲学を回避するアメリカ知識人：プラグマティズムの系譜（ポイエーシス叢書）. 未來社.〕

Wicker, A. W. (2012). Perspectives on behavior settings: With illustrations from Allison's ethnography of a Japanese hostess club. *Environment and Behavior, 44*(4), 474-492.

Wierzbicka, A. (2005). In defense of "culture". *Theory & Psychology, 15*(4), 575-597.

Wikan, U. (2002). *Generous Betrayal*. University of Chicago Press.

Willerslev, R. (2004). Not animal, not not-animal: Hunting, imitation and emphatic knowledge among the

Siberian Yukaghirs. *Journal of the Royal Anthropological Institute, 10,* 629-652.

Willerslev, R. (2007). *Soul Hunters: Hunting, Animism, and Personhood among the Siberian Yukaghirs.* University of California Press.〔ウィラースレフ, R. 奥野 克巳・近藤 祉秋・古川 不可知(訳) (2018). ソウル・ハンターズ：シベリア・ユカギールのアニミズムの人類学. 亜紀書房.〕

Wilson, T. (1896). *The Swastika.* Government Printing Press.

Wittgenstein, L. (1958). *Philosophical Investigations.* Blackwell.〔ウィトゲンシュタイン, L. 丘沢 静也(訳) (2013). 哲学探究. 岩波書店. ／鬼界 彰夫(訳) (2020). 哲学探究. 講談社.〕

Wood, S. S. (1988). In defense of images: Two local rejoinders to the Zwinglian iconoclasm. *Sixteenth Century Journal, 19*(1), 25-44.

Woolsey, J. M. (1961). The monumental decision of the United States District Court on December, 6, 1933 lifting the ban on "Ulysses". In J. Joyce, *Ulysses* (pp. vii-xii). Vintage Books.

Wölfflin, H. (1950/1915). *Principles of Art History.* Dover.

Wörringer, W. (1997). *Abstraction and Empathy.* Ivan R. Dee.

Yama, M. (2011). Listening to the narratives of a pre-modern world: Beyond the world of dichotomy. In R. A. Jones & M. Morioka (Eds.), *Jungian and Dialogical Self Perspectives* (pp. 30-42). Palgrave Macmillan.

Yoon, H.-K. (1994). Two different geomentalities, two different gardens: The French and the Japanese cases. *GeoJournal, 33*(4), 471-477.

Yurevich, A. V. (2009). Cognitive frames in psychology: Demarcations and ruptures. *IPBS: Integrative Psychological & Behavioral Science, 43,* 89-103.

Zimmerman, A., & Valsiner, J. (2009). The living, the un-living, and the hard-to-kill: Acting and feeling on the boundary. In R. Sokol Chang (Ed.), *Relating to Environments* (pp. 119-143). Information Age Publishers.

Zittoun, T. (2006). *Transitions.* Information Age Publishers.

Zittoun, T. (2009). Dynamics of life-course transitions. In J. Valsiner, P. Molenaar, M. Lyra, & N. Chaudhary (Eds.), *Dynamic Process Methodology in the Social and Developmental Sciences* (pp. 405-430). Springer.

Zittoun, T. (2010). How does an object become symbolic? In B. Wagoner (Ed.), *Symbolic Transformation* (pp. 173-192). Psychology Press.

Zittoun, T. (2012a). Life course: A sociocultural perspective. In J. Valsiner (Ed.), *The Oxford Handbook of Culture and Psychology* (pp. 513-534). Oxford University Press.

Zittoun, T. (2012b). On the emergence of the subject. *IPBS: Integrative Psychological & Behavioral Science, 46,* 259-273.

Zittoun, T., Valsiner, J., Vedeler, D., Salgado, J., Gongalves, M., & Ferring, D. (2013). *Melodies of Living.* Cambridge University Press.

Zurawska-Zyla, R., Chmielnicka-Kuter, E., & Oles, P. (2012). Spatial organization of the dialogical self in creative writers. In H. Hermans & T. Gieser (Eds.), *Handbook of Dialogical Self Theory* (pp. 253-263). Cambridge University Press.

人名索引

事項索引

■ た 行 ■

【著者紹介】

ヤーン・ヴァルシナー (Jaan Valsiner)

1951 年エストニア生まれ。1979 年に Ph.D.(エストニア・タルトゥ大学)を取得。1981-1997 年までアメリカ・ノースカロライナ大学チャペルヒル校で助教・准教授・教授、1997-2013 年までアメリカ・クラーク大学心理学部教授。2013 年よりデンマーク・オールボー大学の教授を務めている。文化心理学、発達心理学の世界的理論家の 1 人であり *Culture and Psychology* 誌を 1995 年に創刊するなど、旺盛な活動を続けている。そうした活動に対しては、1995 年に Alexander von Humboldt Research Prize for Social Sciences (Germany)、2020 年に APA Division 52 Award for Outstanding Psychologist outside of USA が授与されている。氏は 2004 年 1 月に立命館大学文学部客員教授として初来日して以降、何度も来日。サトウタツヤ・安田裕子らと共同研究を行い、質的研究法である TEA(複線径路等至性アプローチ)を開発し、その普及に努めてきた。2018 年度から 3 年間にわたり立命館大学大学院人間科学研究科の客員教授を務めた経験もある。

主 著　*Culture in Minds and Societies: Foundations of Cultural Psychology* (Sage, 1997) [サトウ タツヤ(監訳)『新しい文化心理学の構築:〈心と社会〉の中の文化』(新曜社、2013)]

　　　　Oxford Handbook of Culture and Psychology (Ed., Oxford University Press, 2012)

　　　　General Human Psychology (Springer, 2021)

【監訳者紹介】

サトウ タツヤ（佐藤 達哉）

1985 年　東京都立大学人文学部卒業
1989 年　東京都立大学大学院人文科学研究科心理学専攻博士課程中退
現　在　立命館大学総合心理学部教授、博士（文学　東北大学）
主　著　『人物で読む心理学事典』（共編、朝倉書店、2024）
　　　　『文化心理学（改訂版）』（共編、ちとせプレス、2023）
　　　　『カタログ TEA』（監修、新曜社、2023）
　　　　『心理検査マッピング』（共編、新曜社、2022）
　　　　『臨床心理学小史』（著、筑摩書房、2022）
　　　　『TEA による対人援助プロセスと分岐の記述』（共編著、誠信書房、2022）
　　　　『流れを読む心理学史（補訂版）』（共著、有斐閣、2022）

滑田 明暢（なめだ あきのぶ）

2007 年　立命館大学文学部卒業
2013 年　立命館大学大学院文学研究科博士課程後期課程修了
現　在　静岡大学大学教育センター講師、博士（文学　立命館大学）
主　著　『文化心理学（改訂版）』（分担執筆、ちとせプレス、2023）
　　　　『行動政策学ハンドブック』（分担訳、福村出版、2019）
　　　　『TEA 理論編』（共編、新曜社、2015）
　　　　『TEA 実践編』（共編、新曜社、2015）

土元 哲平（つちもと てっぺい）

2015 年　鹿児島大学理学部卒業
2020 年　立命館大学大学院文学研究科博士課程後期課程修了
現　在　中京大学心理学部心理学科任期制講師、立命館大学 OIC 総合研究機構ものづくり質的
　　　　研究センター客員研究員、博士（文学　立命館大学）
主　著　『人物で読む心理学事典』（分担執筆、朝倉書店、2024）
　　　　『文化心理学（改訂版）』（分担執筆、ちとせプレス、2023）
　　　　『カタログ TEA』（分担執筆、新曜社、2023）
　　　　『転機におけるキャリア支援のオートエスノグラフィー』（著、ナカニシヤ出版、2022）

宮下 太陽（みやした たいよう）

2005 年　立命館大学文学部卒業
2007 年　名古屋大学大学院環境学研究科社会環境学専攻博士前期課程修了
2023 年　立命館大学大学院人間科学研究科博士課程後期課程修了
現　在　日本総合研究所未来社会価値研究所研究員、株式会社ユーケット代表取締役社長、京
　　　　都橘大学客員研究員、博士（心理学　立命館大学）
主　著　『カタログ TEA』（共編、新曜社、2023）
　　　　『CSR に効く！企業 & NPO 協働のコツ』（分担執筆、風媒社、2007）

【訳者紹介】（担当箇所順、所属等は初版発行時のもの）

土元 哲平（つちもと てっぺい）［日本語版への序、第6章、第7章、第8章］
　　監訳者紹介参照

伴野 崇生（とものたかお）［序文、はじめに、第1章］
　　現　在　慶應義塾大学総合政策学部准教授（有期）、博士（人間科学　立命館大学）

上川 多恵子（かみかわ たえこ）［第2章］
　　現　在　立命館大学 OIC 総合研究機構専門研究員、博士（人間科学　立命館大学）

田中 千尋（たなか ちひろ）［第3章］
　　現　在　帝京大学福岡医療技術学部講師、博士（人間科学　立命館大学）

卒田 卓也（そった たくや）［第4章］
　　現　在　近畿大学心理臨床・教育相談センター非常勤講師

宮下 太陽（みやした たいよう）［第5章、第8章、第10章、エピローグ］
　　監訳者紹介参照

小澤 伊久美（おざわ いくみ）［第8章］
　　現　在　国際基督教大学教養学部日本語教育課程　課程上級准教授

横山 直子（よこやま なおこ）［第9章］
　　現　在　立命館大学大学院人間科学研究科博士後期課程、神戸常盤大学保健科学部非常勤助手

注：第8章の訳者の表記は、小澤・土元・宮下の順とする。

ヤーン・ヴァルシナー著
ぶんかしんりがく　　　しょうたい
文化心理学への招待
きごうろんてき
——記号論的アプローチ

2024 年 10 月 15 日　第 1 刷発行

監 訳 者	サトウタツヤ	
	滑　田　明　暢	
	土　元　哲　平	
	宮　下　太　陽	
発 行 者	柴　田　敏　樹	
印 刷 者	田　中　雅　博	

発行所　株式会社　誠 信 書 房

〒112-0012　東京都文京区大塚 3-20-6
電話　03 (3946) 5666
https://www.seishinshobo.co.jp/

印刷／製本　創栄図書印刷㈱
検印省略
©Seishin Shobo, 2024　Printed in Japan

TEAによる
対人援助プロセス
と分岐の記述
保育、看護、臨床・障害分野の
実践的研究

安田裕子・サトウタツヤ 編著

ＴＥＭから昇華したＴＥＡ（複線径路等至性
アプローチ）による対人援助に関する実践的
研究について、その内容紹介から研究の裏舞
台までをつまびらかにした。ＴＥＡを用いた
研究を行ううえで有益な示唆に富んでいる。

目次
第Ⅰ部　TEAのダイナミズム
第Ⅱ部　保育における対人援助プロセスを
　　　　記述する
第Ⅲ部　看護における対人援助プロセスを
　　　　記述する
第Ⅳ部　臨床・障害における対人援助プロ
　　　　セスを記述する

A5判並製　定価（本体3300円＋税）

TEMでひろがる
社会実装
ライフの充実を支援する

安田裕子・サトウタツヤ 編著

今やTEMは、質的研究法としてひろく用い
られるに至っている。外国語学習および教育、
看護・保健・介護などの支援の現場に焦点を
あてた論文に加え、臨床実践のリフレクショ
ンにおける実践的応用の事例を収録。

目次
序章　　TEA（複線径路等至性アプローチ）
　　　　とは何か
第1章　言語を学ぶ・言語を教える
第2章　学び直し・キャリア設計の支援
　　　　──看護・経営の現場から
第3章　援助者・伴走者のレジリエンスとエ
　　　　ンパワメント
第4章　臨床実践をリフレクションする
第5章　TEAは文化をどのようにあつかうか
　　　　──必須通過点との関連で

A5判並製　定価（本体3400円＋税）